本书内容为厦门市社会科学界联合会、厦门市社会科学院2011—2013年厦门市社会科学调研重大课题"闽台历史民俗文化遗产资源调查"系列课题研究成果之一，课题由厦门理工学院承接并组织完成。

《厦门社科丛书》编委会

顾　　问：叶重耕
主　　任：朱崇实
副 主 任：张　萍　周　旻
委　　员：林书春　黄珠龙　洪英士　陈振明
　　　　　周　宁　彭心安　黄晓舟　沈铁岩
　　　　　陈怀群　黄碧珊　王　琰　李　桢

《闽台历史民俗文化遗产资源调查》编纂委员会

编 委 会 主 任：周　旻　黄红武　林书春
副　主　任：王　琰　林志成　陈丽安　吴克寿
　　　　　　李　桢
委　　　　员：葛晓宏　项　茜　郭肖华　陈英涛
　　　　　　袁雅琴　王　伟　朱瑞元　罗善明
　　　　　　严　滨　王玥娟　詹朝霞　李文泰
　　　　　　刘芝凤　李秋香　徐　辉　林寒生
　　　　　　段宝林　欧　荔　和立勇　林江珠
　　　　　　黄金洪　蔡清毅　庄荣志　方　奇
总主持/总编审：刘芝凤
编　　　　审：王宏刚　张安巡　陈育伦　邓晓华
　　　　　　郑尚宪　蔡葆全　夏　敏　林德荣
　　　　　　戴志坚　陈少坚　曾凤飞

闽台历史民俗文化遗产资源调查系列

2013 年
厦门社科丛书

中共厦门市委宣传部
厦门市社会科学界联合会 合编

黄金洪 著

闽台

传统人生礼仪习俗文化遗产

资源调查

厦门大学出版社
XIAMEN UNIVERSITY PRESS
国家一级出版社
全国百佳图书出版单位

《闽台传统人生礼仪习俗文化遗产资源调查》

本 专 题 主 持 人：黄金洪

本 专 题 组 成 员：谢赐龙　　陈伟宏　　刘丽萍　　刘少郎
　　　　　　　　　陈春香

本专题图片摄影：黄金洪　　刘芝凤　　陈春香　　刘丽萍
　　　　　　　　　卓小婷　　王煌彬　　朱秀梅

参加田野调查人员：黄金洪　　刘芝凤　　林江珠　　谢赐龙
　　　　　　　　　陈伟宏　　刘丽萍　　刘少郎　　王煌彬
　　　　　　　　　郑慰琳　　朱秀梅　　陈春香　　卓小婷
　　　　　　　　　黄雅芬　　杜燕玲　　柯水城　　黄文婷
　　　　　　　　　曾晓萍　　陈阿静　　李蓓青　　许晶晶
　　　　　　　　　马娜芳

2

1

3

4

1. 漳州漳浦前亭的"穿灯脚"
2. 漳州漳浦赤湖的"穿灯脚"
3. 抓周
4. 闽南老人寿宴上的素食
5. 泉州惠安崇武的"七娘妈亭"
6. 莆田仙游女婿"担盘"祝寿

6

5

新娘出嫁前的"挽面"

龙岩永定洪坑土楼新娘踩着米筛进门

迎亲的"聘礼"

龙岩永定洪坑土楼迎亲队伍前的"拖青"

宁德蕉城新娘遮米筛进门

三明沙县夏茂镇的新娘由新郎舅舅背到新郎家

龙岩永定坎市的"打新婚"

泉州石狮永宁村新娘嫁妆中根叶俱全的甘蔗

莆田仙游迎亲的聘礼：石榴包

台湾丧俗中亲戚服丧装饰　　　　　　　　台湾客家人二次捡骨习俗

台湾丧俗中子孙跪灵　　　　　　台湾新北市丧俗中孙女、外甥女孝服

台湾竹北市丧俗中子孙孝服　　　　台湾有应公庙，专门奉供民间孤寡老人和无名尸骨

1. 死者脚套"米斗"寓意死者在阴间不愁吃喝
2. 入敛
3. 钉棺
4. 跪灵：男跪左边，女跪右边
5. 丧俗：掀红毡祭拜表示来客在死者生前曾探望过老人，丧家族人陪拜祭，回礼
6. 哭丧。现改为请人代哭丧
7. 闽西出殡，孝子反穿外套、头戴麻帽
8. 出殡

总　序

　　闽台历史民俗文化是民族文化和地域文化的融合体,是中国当代文化的有机组成部分。对闽台历史民俗文化进行全方位的调查与研究,是继承和发扬优秀传统文化的基础性工程,也是厦门社科工作者义不容辞的责任。

　　经过多位社科专家学者数年的努力,《闽台历史民俗文化遗产资源调查》丛书终于面世了。该套丛书涵盖闽台民间信仰习俗、民间文学、民间艺术等十三个方面,视野宽广、资料翔实。注重田野考察,掌握第一手资料,是该套丛书的一个鲜明特点;收集保存珍贵的民俗文化遗产资源,纠正相关研究中的一些资料文献误差,是该套丛书的又一个重大贡献。

　　两岸同根,闽台一家。福建和台湾文化底蕴相通、学术传统相似,《闽台历史民俗文化遗产资源调查》的出版就是一个很好的范例。习近平总书记最近指出,"要使中华优秀传统文化成为涵养社会主义核心价值观的重要源泉"。如何进一步挖掘闽台特色文化资源,让人民群众在优秀历史文化的传承中受到启迪和教育,切实"增强文化自信和价值观自信",是时代赋予的重大课题。我期待厦门社科研究工作一直走在全省、全国的前列,体现出应有的担当。

中共厦门市委常委、宣传部部长

叶重耕

目录

第一章

概 述

人是社会的人,每个人都无法脱离社会和群体单独存在,每个人都在其社会和群体生活中扮演一定的角色,如儿子(女儿)、女婿(媳妇)、丈夫(妻子)、父亲(母亲)、祖父(祖母)、外祖父(外祖母)等。

所谓"礼",《现代汉语词典》的解释是"社会生活中由于风俗习惯而形成的为大家共同遵守的仪式"。它是一种象征,一种认同,也是一种交流的媒介。一方面,个人以不同的身份、角色进入社会,要借助各种礼仪来实现;另一方面,群体与社会也需要通过它们对个体进行接纳与承认。从婴儿呱呱坠地到人生暮年直至老去,人生的不同阶段都要举行相应的礼仪来确立个体在社会生活中相应的身份和角色。这些不同阶段所举行的礼仪,即为"人生礼仪",又称"生命礼仪"、"通过礼仪"等,主要包括诞生礼、成年礼、婚礼、寿礼与丧礼等。出生时祝贺的鞭炮声标志着新生命的诞生,丧礼上哀鸣的钟声宣告着生命的终结。

闽台文化作为中华文化的一个富有特色的地域分支,其独特性由其所处的自然地理环境和社会发展历史所决定。作为地域文化重要组成部分的民俗文化之一的人生礼仪,与特定区域的自然地理环境、社会历史背景密切相关。

第一节　闽台传统人生礼仪形成的自然地理环境

自然地理环境主要包括地理位置、地形气候两方面,一定的文化总是植根于一定的自然地理环境。人生礼仪也不例外,一定的自然地理环境规制着礼仪的各种用品与形态。

一、闽台地理位置

"闽"是福建的简称。福建位于我国东南沿海,地处北纬 23°33′至 28°

20′、东经 115°50′至 120°40′之间,东北与浙江省毗邻,西部、西北与江西省接界,西南与广东省相连,东隔台湾海峡与台湾岛相望。东西最宽处约 480 公里,南北最长处约 530 公里,海岸线 3752 公里,陆域面积 12.4 万平方公里。

台湾是我国的第一大岛,位于北纬 21°54′至 25°18′、东经 120°8′至 122°1′之间。北滨东海,与琉球群岛相隔 600 公里;西与祖国大陆相望;南缘巴士海峡,与菲律宾相距 350 公里;东临浩瀚的太平洋。岛屿呈纺锤形,南北纵长 394 公里,东西最大宽度 144 公里,环岛海岸线长 1139 公里。台湾省总面积 3.6 万平方千米,其中台湾岛面积 3.585 万平方千米,余下为澎湖、金门和马祖列岛等 100 多个大小岛屿的面积。

台湾海峡最宽处不到 200 公里,最狭处仅 130 公里,平均水深 50 至 100 米。台湾岛离福州最近,自古有"福州鸡鸣,基隆可听"的俗称。据地质学家研究,台湾和台湾海峡本来就是和福建相连的华夏古陆的一部分。台湾是以大陆为根生成的一个岛,在地缘上与大陆不可分开。"在悠久的地缘历史中,华夏古陆常发生沧海桑田的变化。在造山运动下,早在 2 亿多年前的古生代晚期,台湾就从海底隆起而成为一个海岛,后几经变迁,有时和大陆相连,有时又似乎成了海岛。从 100 万年开始的大冰河时代以来,每逢冰期,台湾就会和大陆相连。"①

"东山陆桥"是福建与台湾地缘关系密切有力的历史见证。它发端于福建东山岛,向东偏南延伸,经澎湖列岛抵达台南,平均水深不超过 40 米,最浅的地方只有 10 米。2009 年,"东山陆桥"被列为"中国地理百年大发现"之一。学者们从古地理学和考古学的角度考察认为,大约距今 2.5 万年时,气候急剧变冷,整个东部海面大幅度下降;到距今 1.8 万年时,海面下降至最低位置(大约低于现代海面 150 米左右)。近几年,台湾桃园县、新竹县、苗栗县、台中县、南投县、嘉义县、台南县、高雄市、屏东县等地都先后发现犀牛、剑齿象、剑虎、野牛、古鹿、野猪等化石;福建省东山县博物馆也通过海底考古挖掘,收集到与台湾出土具有惊人一致的剑齿象、犀牛、古鹿、野牛、野猪等动物化石 3100 多件,足以证明"东山陆桥"的存在。特殊的地理环境产生特殊的人文背景,据相关数据显示,福建籍台湾人占全台湾总人口的 74%,闽南籍台湾人又占福建籍人口的 80% ~90% 左右。迁徙民族带着原居地的民俗远走他乡,为闽台传统人生礼仪习俗的传播提供了条件。

---

① 何绵山.闽台区域文化[M].厦门:厦门大学出版社,2004:1.

二、闽台地形气候

福建地形以山地丘陵为主,由西、中两列大山带构成其骨架。两列大山带均呈东北—西南走向,几乎与海岸线平行。西列大山带,由武夷山脉、杉岭山脉等组成,北接浙江仙霞岭,南连广东九连山,长约530多公里,平均海拔1000多米,是闽赣两省水系的分水岭;中列大山带,被闽江、九龙江截为三部分。闽江干流以北为鹫峰山脉,闽江与九龙江之间称戴云山脉,九龙江以南为博平岭。以这两大山带的主要山脉为脊干,分别向各个方向延伸出许多支脉,形成纵横交错的峰岭。山地外侧与沿海地带,广泛分布着丘陵。在闽江、木兰溪、晋江和九龙江下游的入海处,则分别形成大小不一的冲积平原。

台湾岛是一个多山的海岛,高山和丘陵面积占全部面积的三分之二以上。台湾山系也与台湾岛的东北—西南走向平行,竖卧于台湾岛中部偏东位置,形成东部多山脉、中部多丘陵、西部多平原的地形特征。台湾五大山脉分别是中央山脉、雪山山脉、玉山山脉、阿里山山脉和台东山脉;四大平原分别是宜兰平原、嘉南平原、屏东平原和台东纵谷平原;三大盆地分别为台北盆地、台中盆地和埔里盆地。

福建省总体上属亚热带海洋性季风气候,四季分明。夏长冬短、气温较高,冬季盛行偏北风,夏季盛行偏南风。受季风影响,全省降水丰富,主要集中于春夏,冬雨也不少。夏秋有台风现象,干旱现象常见于秋高气爽时期;受纬度影响,冬季北部地区气温低于南部地区,福州以北(含福州)宁德、南平、三明等地偶尔出现冰冻天气,以南除闽西龙岩地区外,大多数区域无霜无冻;受地形影响,哪怕在闽南地区,海拔1000米以上的山区,冬季也有霜冻天气;受与海洋远近距离不同的影响,南平、三明和龙岩等地的内陆性气候显著,年温差比沿海大。当受台风影响时,不像沿海那样风雨交加,通常有雨无风。

台湾由于北回归线穿过岛的中部,北部与福建一样,同属于亚热带海洋性季风气候,冬季温暖,夏季炎热,雨量充沛,夏秋多台风和暴雨。南部则为热带海洋气候,年平均气温(高山除外)22℃,年降水量多在2000毫米以上。由于四周环海,气候受海洋的影响显著,又由于其地形复杂多样,山地的气候也出现了垂直分布的特点,如夏日里的玉山山脉,从上到下具有从冬到夏的多样性气候特征。

三、自然地理环境对闽台传统人生礼仪形成的影响

自然地理环境对人们生产、生活方式和思想观念的影响,早在两千多年前的《礼记·王制》里就已作了很好的阐述:"凡居民材,必因天地寒暖燥湿、广谷大川异制,民生其间者异俗,刚柔、轻重、迟速异齐,五味异和,器械异制,衣服异宜。"体现在对闽台人生礼仪的影响上,主要有以下两点:

(一)自然地理环境影响着传统人生礼仪举行的用品

由于闽台靠海、多山的地形特性,两地的物质生产除沿海的渔业捕捞和部分山地的捕猎外,主要为农业种植。又由于两地地理位置的邻近与相同的亚热带海洋性季风气候,水稻、玉米、马铃薯、豌豆、番薯、茶叶、大豆、甘蔗、花生、烟叶、香蕉、荔枝、龙眼、柑橘、李子、柚子、葡萄、菠萝、青梅、桃子、杨梅、柿子、枇杷、木瓜、橄榄、芒果、梨等农作物与果树为闽台所广泛种植,为闽台人生礼仪的形成奠定了物质基础。但在具体物种的种植上,由于闽台各地自然地理环境并不完全相同,也存在着一些差异。如荔枝和龙眼,在福建只能在沿海栽种,且最北到莆田地区,往北的福州和宁德地区就无法栽种,而在台湾能全境栽种;又如香蕉和菠萝在台湾也能全境栽种,而在福建适合栽种的区域主要在闽南漳州一带;再如台湾中南部广泛种植的槟榔,在福建只有漳州地区的云霄和诏安等部分县区可种植;台湾的一些热带水果,如椰子等,福建难见其踪。

传统人生礼仪的举行,无论庆祝的婚礼、诞生礼、成年礼、祝寿礼还是哀悼的丧礼,都缺不了用于吃、喝和装饰的物品。这些物品大多与当地的物产密切相关。如婚嫁用品,在聘礼中,除聘金、金银器、糖果和猪、鸡等,大多含有当地的物产:龙岩长汀,有糯米、籼米、面、粉干、黄豆、香菇、莲子、地瓜粉等;漳州云霄,有豆苏饼、莲子、香蕉、橘饼、柿饼、槟榔、荖叶等;泉州惠安,有线面、白米、松(发)糕、大红盘包、花鱼、鲍鱼、加鱲鱼等(惠北地区主要为上百斤米粉、花生油和各几十斤的蛏干、蚝干、墨鱼干、虾米等);台湾,闽南人有礼饼、莲蕉花盆、石榴花等,客家人有桂圆、鸳鸯糖、糖鼓、糖龟、八角糖、槟榔等。女家收到聘礼后,通常都要回赠男家部分物品,这些物品也大多为当地的物产:福州罗源,有粽子、谷穗、茶婆(老茶枝)、榛子、花生等;泉州安溪,有乌糖、姜母、芋种、油麻、菜子、大麦等;台湾,闽南人有红柑、香蕉、凤梨、芋头、五谷等。当新娘花轿到达夫家,小男孩请新娘"出轿"时,台湾北部的客

家人用的是一对柑橘或冰糖橘拜轿，南部六堆的客家人用的是槟榔或香芋"请出轿"，这与台湾南北部分别盛产槟榔、香芋和柑橘不无关系。又如，台湾山地盛产小米，住在山地的泰雅、排湾、布农、卑南等民族，无论婚嫁、生养和丧葬礼仪都离不开小米酒、小米糕等小米制品。

（二）自然地理环境影响着传统人生礼仪举行的方式

传统人生礼仪举行的方式也与自然地理环境密切相关。

首先，人的行为方式总是受到人的心理与个性的支配，同样的，群体的行为方式也要受到群体的心理与个性的支配，而一定群体的心理、个性的形成离不开一定的自然地理环境。如北方人的豪放外露，孕育于北方广袤的平原和四季分明的气候；南方人的含蓄内敛，孕育于南方多山川溪流和四季含混的气候之中。

在闽台传统人生礼仪中，泉州人尚奢侈是出名的，这与泉州人的群体心理与个性无不关联。归根结底，与泉州所处的自然地理环境相关。同样在沿海，泉州沿海一带地多潟卤，不宜种水稻，再加上泉州地区开发早，人口密度大，人地矛盾自宋元以来相当突出。这促使泉州人利用大大小小的优良港口，努力向海洋讨生活，发展工商业，特别是从海外贸易中寻找出路，进而养成了富于犯难冒险、开拓进取、爱拼才会赢的群体心理与个性。在打拼取得了经济上的丰硕成果之后，泉州人又养成了乐天知命、有拼有食、拼搏与享乐共存的人生观，体现在人生礼仪的各个方面，厚嫁、厚养、厚葬、奢侈成风。单在丧葬礼仪上，历来就流传着"生在苏杭，死在泉州"之感叹。相较于泉州而言，同在闽南的漳州九龙江下游平原土地肥沃，自古以来是著名的鱼米之乡、花果之乡，百姓种植捕捞，比较容易维持生计，因而养成了漳州人守土恋乡、安于现状、保守知足的群体心理与个性，在对待举办人生礼仪的态度上也比较务实与节俭。

其次，传统人生礼仪举行的方式常因自然地理环境而异。如生育礼仪中关于胎盘的处理方式，厦门思明，由于处在海岛上，四周海水环绕，就有了将胎盘盛在"威缸"里，送到海滩水边，任由海潮带走的做法；内陆地区的三明明溪，则要将胎盘逐个放入产妇出嫁时娘家送的一个胞衣罐里，装入石灰密封起来（贫困者大多埋掉）。又如丧葬礼仪中的入殓与下葬时间，闽台各地普遍有请日师根据死者生辰八字等择定时日的习俗，但在闽东沿海的霞浦和马尾，入殓却分别选择在黄昏涨潮和当天水涨时刻进行；福安的廉村、赛岐以下有潮水的地方和处在海岛上的平潭,则要等候涨潮时才进葬。这些做法无非因海水而寄意于后代子孙能如潮水般兴旺发达。再如台湾山地少数民族因山地兽类较多的自然地理环境,普遍有捕猎的生产形态,由之延伸出一系列礼仪。其中,排湾族的男孩在长到 16 岁时,就以出猎祭作为其成年礼。只有经过了该礼仪,男孩才正式由少年变成青年。

总之,闽台传统人生礼仪的形成离不开闽台所处的自然地理环境。

第二节　闽台传统人生礼仪形成的社会历史背景

除自然地理环境对闽台传统人生礼仪的形成产生影响外,闽台特定的社会历史背景是其传统人生礼仪形成的重要性因素。闽台在历史上均为移民社会,移民的祖籍地文化习俗对于迁入地文化习俗形成的作用不言而喻;而在移民社会发展成为定居社会后,历史进程中发生的一系列事件,也对定居地文化习俗的形成产生非凡的影响,闽台传统人生礼仪正是在这样的社会历史背景中不断形成与发展变化的。

一、移民社会对闽台传统人生礼仪形成的影响

(一)闽台历史上人口的迁徙概况

1.元以前闽台的人口迁徙

台湾古称"蓬莱""贷舆""员峤""瀛洲""岛夷""夷州""琉球"等。"据考古发掘,闽台地区在距今 3 万至 1 万年左右的旧石器时代,古人类有左镇人、长滨人、清流人、东山人等。大多数学者认为,台湾古人类来源于大陆。"[①]春秋至秦汉时,居住在福建境内的族群为"闽越"族,其"最重要的文化标志是以蛇为图腾和断发文身"。[②] 台湾高山族自古以来就一直保持着断发纹身的习俗和蛇图腾,到近代,高山族的鲁凯人、排湾人崇蛇习俗随处可见,他们奉百步蛇为祖先,严禁伤害蛇类,并喜欢在宗庙、住屋、器皿、服饰上雕刻或刺上蛇纹图案。因此,关于台湾高山族的祖先,学术界的一个重要观点认为,是从春秋至秦汉时期由福建迁入台湾的闽越族。

---

① 方宝璋.闽台民间习俗[M].福州:福建人民出版社,2003:9.
② 何绵山.闽台区域文化[M].厦门:厦门大学出版社,2004:7.

据《史记·东越列传》记载,汉高祖五年(公元前 202 年),闽越因佐汉灭楚有功,"复立无诸为闽越王,王闽中故地,都东冶(今福州)"。到元封元年(公元前 110 年),因闽越同汉中央王朝矛盾日益尖锐,汉武帝派兵攻打闽越国,闽越国灭,并以"闽越悍,数反复,诏军吏皆将其民徙处江淮间,东越地遂虚"。台湾则由于与大陆隔着海峡,地理偏远,明清以前的历代中央政权无法或无意将之纳入掌控的势力范围,使当地居民得以长期保持古闽越族的社会形态和民俗特征至近代。在汉武帝灭了闽越国之后至宋元的一千多年间,吴越及中原汉人逐渐上演着一场又一场从零星到大规模迁徙至福建的人间悲喜剧。零星的如:汉献帝建安年间,会稽黄隆弃职避世入闽,成为惠安锦田黄姓始祖;三国时吴国孙皓即帝位后,"以诸父与相连及者,家属皆徙东冶";"永嘉二年(308 年),中州板荡,衣冠始入闽者八族,林、陈、黄、郑、詹、邱、何、胡是也。以中原多事,畏难怀居,无复北向,故六朝间仕宦名迹,鲜有闻者",①等等。大规模的在唐代就有两次:其一是总章二年(669 年),闽南发生"獠蛮啸聚",唐高宗命令河南光州固始人陈政率领以固始一带人为主体的士兵入闽平叛。叛乱平定后,这些人大都留在闽南,成为今天多数闽南人的祖先;其二是唐朝末年,光州出现了一支由王绪领导的农民起义军,他们追随黄巢南征北战来到福州。当黄巢义军继续北上时,光州士兵由固始人王潮、王审知兄弟率领留在福州,拉开了大规模开发闽东的序幕。

在宋代,福建基本上已由移民社会变为定居社会,生齿繁毓,人口剧增。"据统计,北宋端拱二年(989 年)福建有 466815 户,元丰年间(1078—1085 年)增至 1043839 户,嘉定年间(1208—1224 年)达到 1599215 户。在中国经济中心南移的历史背景下,宋代福建经济了进入大发展时期,不但走出了长期落后的境地,而且奇迹般地在短时间内跻身于全国发达地区的行列,成为东南全盛之邦。"②元朝时,泉州已然成为世界第一大港口。

宋代以前,关于大陆汉人移民台湾的记载非常少见。连横在《台湾通史》里称"及唐中叶,施肩吾率其族迁居澎湖"。施肩吾,字东斋,浙江汾水人,唐元和元年(806—820 年)间进士。然而,由于没有其他史料佐证,许多专家学者对施肩吾迁居澎湖一事持怀疑态度。从现存的文献看,大陆汉人较大规模迁居台湾和澎湖列岛是从宋代开始的。北宋诗人谢履宗有诗云:"泉州人稠山谷瘠,虽欲就耕无地辟;州南有海浩无穷,每岁造舟通异域。"可

---

① 方宝璋. 闽台民间习俗[M]. 福州:福建人民出版社,2003:19.

② 何绵山. 闽台区域文化[M]. 厦门:厦门大学出版社,2004:10.

见,泉州人在北宋时就已向海外迈开了移民的步伐;《德化使星坊南市苏姓族谱》由其七世祖苏钦于南宋绍兴三十年(1160年)所作的序中说,苏氏一族"分于仙游南门、兴化涵头、泉州、晋江、同安、南安塔口、永春、龙溪、台湾,散居各地"。元朝在澎湖设立巡检司,管辖澎湖、台湾等岛屿,隶属于福建泉州路同安县,这是我国在台湾附近岛屿设立专门政权机构的开始,主要是为了加强对大陆汉人移民台澎岛屿进行管理。

总的说,元以前闽台的人口迁徙状况是,吴越与北方汉人零星与大规模结合不断迁徙入闽,待在闽地定居人口繁衍到稠密之后,由于近台的地理便利,又开始零星地向澎湖和台湾移民。

2. 元以后闽对台的人口迁徙

元以后的明清两朝,福建人民大量移居台湾。期间经过三个时期:

(1)明一代

有明一代,尽管由于倭患和海盗出没,政府多次颁发禁海令,禁止大陆居民迁徙台湾,但因为福建地狭人稠,老百姓偷渡入台的暗流一直在涌动。特别是明末泉州南安籍海盗颜思齐,在台湾结寨自保,屯田垦殖,"《台湾通史》称其'辟田土,建部落,以镇土番',漳泉一带人口都来投奔,附者'凡三千余人'"。[①] 颜死后,同为南安人的郑芝龙继承了他的位置。"1628年,郑接受朝廷招抚,时值福建大旱,应福建巡抚熊文灿之请,召饥民数万人,人给银三两,三人给牛一头,用海船载之台湾,令其芟舍,开垦荒土为田。厥田惟上,秋成所获,倍于中土,其人以食之余,纳租郑氏。"[②]"据不完全统计,自1624年到1644年,福建一带的汉人移居台湾的大约有2.5万人。到1644年,台湾已有汉人约3万户,10万人左右。"[③]

(2)明末清初

明朝灭亡后,郑芝龙儿子郑成功坚持抗清斗争。他以金、厦为根据地,屡次出兵北上攻打清军,但多次失利。1661年,为建立一个巩固而安全的抗清后方,郑成功率领随从3万多人,从金门出发前往收复台湾。这以后20多年间,台湾优越的自然环境、肥沃的原野吸引着大陆沿海的难民和流民"不惮禁令,纷纷越界潜出,归附郑氏",[④]至1883年施琅平定台湾时,"台湾人口

① 刘登翰. 中华社会与闽台文化[M]. 福州:福建人民出版社,2002:93.
② 刘登翰. 中华社会与闽台文化[M]. 福州:福建人民出版社,2002:94.
③ 何绵山. 闽台区域文化[M]. 厦门:厦门大学出版社,2004:15.
④ 方宝璋. 闽台民间习俗[M]. 福州:福建人民出版社,2003:98.

除高山族外,汉族移民和郑氏官兵,约近 20 万人"。[①] 这些人不仅为台湾经济的发展增加了劳动力,而且还带去了大陆先进的生产技术,使台湾经济进入了飞跃发展时期。

（3）清一代

清政府在平台后初期,将郑氏官兵及部分移民迁回大陆原籍,使台湾人口骤然减去一半。但 1884 年在台湾设置府县后便重开海禁,招徕沿海人民前往开发。总清一代,都禁止私渡台湾,并对入台移民设置了种种限制,其中重要的两条[②]:一是"不许跨省渡台。其时台湾隶属福建,只许闽人入台,江浙及广东移民,则在严禁之列";一是"禁止携眷入台,已渡台者,亦不得接引家眷",以防移民长期留居,日久生变。到乾隆二十八年（1763 年）,台湾汉人增至 666040 人,四十七年（1789 年）增至 912920 人,嘉庆十六年（1811年）达 200 万余人[③],比平台初期增加 20 倍之多。在不允许携眷的政治高压下,台湾人口的自然增长率定然极低,人口的增加必定要依托于移民的进入来完成。

至 1926 年,日本殖民者对台湾在籍汉族的祖籍地人口进行统计,当时全台总人数 3751600 人,福建籍 3116400 人,占总人口数的 83.1%。其中,泉州籍约 1681400 人,占 44.8%;漳州籍约 1319500 人,占 35.2%;福建其他籍的（福州、莆田等）约 115500 人,只占 3.1%。广东籍（嘉应、惠州、潮州）约586300 人,占总人口数的 15.6%。其他省籍约 48900 人,占总人口数1.3%。[④]

除上述历史上汉人迁入福建和由福建再迁居台湾外,还有一些外国人和少数民族迁居福建。外国人到福建主要定居在泉州。作为元朝时世界上的第一大港口,大量的外籍侨民,包括阿拉伯人、波斯人、欧洲基督徒、犹太人、印度人、非洲黑人等种族拥入泉州,其中的阿拉伯人和波斯人与汉族通婚融合,成为目前泉州地区人口最多的一个少数民族——回族。在迁居福建的少数民族中,当数满族较为突出。清朝初年,一部分满族八旗官兵来到福建,驻扎并携眷定居在福州,成为现今福建一个重要的少数民族。

---

① 何绵山. 闽台区域文化［M］. 厦门:厦门大学出版社,2004:16.
② 何绵山. 闽台区域文化［M］. 厦门:厦门大学出版社,2004:102.
③ 何绵山. 闽台区域文化［M］. 厦门:厦门大学出版社,2004:17.
④ 李秀娥. 台湾的生命礼仪（汉人篇）［M］. 台湾:远足文化事业股份有限公司,2008:14.

（二）移民社会对闽台传统人生礼仪形成的影响

移民社会对迁入地文化形成的影响，首先表现在对祖地文化的传承上。"迁移扩散，则是一种比较特殊的方式。它指的是随同人群的流动和迁徙，而把文化从一个地区带到另一种地区……具有爆发性和跳跃性特点，其传播速度更快，范围也更大，可以越过高山和大海的阻隔，造成拥有同一文化特征的老区和新区，在空间上不一定相连。顾名思义，迁移扩散是移民社会最常见的一种主要的文化传播方式。"①闽台人口构成的主体来自于古代北方中原一带，古代北方中原文化成为该区域文化的根基。两宋与元、明、清以来，北方中原地区经历了多次的民族大融合，福建却因为偏安一隅，反而比较原汁原味地将古中原文化特色保留了下来。单就语言而言，今天闽语中的福州话、莆仙话和闽南话就因其保留了大量的古汉语成分而被称为古汉语的活化石。同样的，闽台传统人生礼仪的许多方面也深深地打上了古中原文化的烙印，如婚嫁礼仪，在闽台各地或繁或简地传承了"三书六礼"的规制。"三书"，指聘书、礼书和迎书；"六礼"指纳采、问名、纳吉、纳征、请期、亲迎。"三书"是在"六礼"中产生的。闽台各地的提亲、求庚、订婚、送大定、送日子、迎娶等环节，无不隐藏着"六礼"的影子。

在台湾，祖籍为闽南的人群被称为"河洛人"，从这个名称中可以看出台湾闽南人对自己祖地文化的认同，首先他们认同自己来自于福建闽南，其次他们认同福建的闽南人来自于北方中原的黄河与洛水区域。由于福建大规模移民到台湾是近两三百年才发生的，福建文化特别是闽南文化基本上被照搬到台湾去，连台湾的一些地名都直接冠以闽南祖籍地的地名。在人生礼仪上，台湾的闽南人、客家人与福建的闽南人、客家人的做法有太多一致的地方。

其次，移民社会对迁入地原文化有消融和被消融的作用。这里的"原文化"是指移民到来之前迁入地的本来文化。在大量北方移民来到福建前，福建是闽越族的文化区域，尽管汉武帝时闽越族兵败，大量的人口被"徙处江淮间，东越地遂虚"，但不可否认的是，当时的西汉王朝不可能将全部的闽越族人迁到江淮去，仍然会有一部分人留下来，这一部分人所拥有的闽越文化后来因北方汉人携带着强势中原文化的迁入，消融于汉文化之中，至今难觅

---

① 刘登翰. 中华社会与闽台文化［M］. 福州：福建人民出版社，2002：114.

其踪迹。而当汉文化在福建扎下牢固根基之后,后迁来的回族和满族所带来的文化也逐渐被消融在汉文化之中。在人生礼仪上,他们已没有多少本民族的特色可言。

二、历史事件对闽台传统人生礼仪形成的影响

一个区域或一个民族的文化有时会因历史上发生的某一些事件而产生或大或小的变化。如清兵入关、建立大清王朝后,整个汉族的服饰文化发生了巨大的变化,男留辫子、女着旗袍,一改以往汉人沿用千年的服饰。又如在人生礼仪上,福建回族的彻底汉化,固然有被强势汉文化消融的因素存在,但历史上发生的一系列回汉冲突事件则是促使这种变化的根本原因。

众所周知,元朝时实行民族歧视政策,将全国人民分成四等:第一等是蒙古族;第二等是色目人(包括我国西北地区各族及中亚、东欧来到中国的人);第三等是汉人(指原来金统治下的汉族和女真、契丹等民族);第四等是南人(指南宋灭亡后南方的汉族和其他民族)。在泉州成为世界上第一大港口之后,大量的外国人来到泉州,由于是二等公民,他们享受的政治和经济待遇比泉州四等公民的汉人要高得多。

元朝初年,元政府任命阿拉伯人后裔蒲寿庚主持泉州市舶司,使泉州回族在元朝时迅速发展壮大起来。到了元朝末年,由于局势动荡,各地民众起兵反元的事件非常频繁,福建同样也是叛乱频发。当时福建各地的豪强家族纷纷成立了乡族武装——"义兵",并逐步控制了许多地方政权,还协助元朝政府对叛变的农民武装进行镇压。泉州的波斯籍色目人也成立了亦思巴奚军作为他们的义兵组织,这支组织后来四处攻城略地,残害汉族百姓,演变成一场长达 10 年之久的兵乱。这场兵乱不但极大地破坏了泉州、兴化(今莆仙)一带的社会经济,而且带来了严重的族群仇视和对立。汉人对色目人的仇恨在兵乱被平定后开始发泄出来,陈宗海军队占领泉州后大屠杀三日,许多色目人遇害,甚至有的汉人因为长着高鼻梁或卷发而被误杀。蒲寿庚家族坟墓被掘开,其家族成员多在受酷刑之后被杀。这种族群仇恨一直延续了相当长的一段时间,致使原生活在泉州城里的色目人四处逃散。为了活命,他们在新生活地取汉姓、穿汉服、吃猪肉,过上与当地汉族人一样的生活,其原来的伊斯兰文化逐渐消失殆尽。今天,分别生活在泉州两大回族聚集地的晋江陈埭和惠安百崎的丁姓和郭姓回民,已基本汉化,在人生礼仪上很少保留其原有的伊斯兰特色。

就台湾高山族的泰雅、排湾、布农、卑南和鲁凯人而言,甲午战争是其民族文化发生变化的转折点。之前,由于清政府在台湾采取无为而治的民族政策,他们的民族文化一直得以保持。之后,日本强势的殖民统治迫使他们改变原来的一些生活习俗,导致其民族文化发生了较大的变化。如在人生礼仪的丧葬习俗上,他们原来都有将死去的家人埋在自己家里的室内葬做法,后来由于日本人实行公墓埋葬制度,室内葬这一习俗迅速消亡。

在宁德市屏南县溪乡的南山村,500多年前该村始祖早逝,家中只有姑嫂二人。嫂子生下遗腹子后,小姑不出嫁留在家中帮助嫂子抚育幼儿成人。到了侄儿儿女成群时,姑姑已两鬓霜白。为了感念姑姑的养育之恩及开拓南山的功劳,侄儿立下规矩,此后女儿出嫁轿门只准向着祖家方向抬着走,到一里外的仁聚亭稍歇后,轿门才可转向夫家抬去。

总之,大到一个国家、民族的历史事件,小至一个区域、家族的历史事件,都会对人生礼仪的形成产生一定的影响。

第三节　闽台传统人生礼仪的民族、区域与特点

闽台传统人生礼仪是在闽台这个特定的区域里存在。它存在于闽台各民族的生活中,具有一定的独特性,是闽台文化中富有特色的一个组成部分。

一、闽台传统人生礼仪的民族构成

(一)福建的人口与民族构成

据2010年全国人口普查,福建总人口3689万人,共有48个民族,汉族是主体,其余47个少数民族人口总加起来58万人,仅占总人口数的1.57%。在少数民族中,畲族人口最多,达37万人,占全国畲族人口的一半以上,其中,约有一半生活在闽东的宁德地区。福安市是全国畲族聚居最为集中的地区,有6万多人,霞浦和福鼎各4万多人。其次为回族,人口10万多人,主要分布在泉州、莆田等市。再次为满族,人口7000多人,约70%分布在泉州和福州两市。

(二)台湾的人口与民族构成

截至 2012 年 12 月,台湾人口总数 2331.5 万。其中,少数民族人口总数 52.7 万人,占总人口数的 2.26%。阿美人是少数民族中人口数最多的民族,约 14 万人,居住在花莲北部的奇莱平原至台东、屏东恒春半岛等狭长海岸平原及丘陵地区。万人以上的依次为:泰雅人,约九万人,居住在南投县埔里至花莲连线以北地区;排湾人,约六万人,居住在屏东县的八个山地乡与台东县大武太麻里乡;布农人,人口约四万人,居住在中央山脉两旁、海拔 1000 至 2000 米的花莲、高雄至台东的山区;卑南人,约一万人,居住在台东平原的卑南乡一带;鲁凯人,约一万人,居住在台东县卑南乡、屏东县雾谷乡、高雄县茂林乡等地。

二、闽台传统人生礼仪的区域划分

闽台传统人生礼仪的区域划分,主要针对汉族群体进行划分,不涉及少数民族群体。

福建古有"八闽"之称,主要来源于元政府在福建设置的八个行政区划,即福州、兴化、建宁、延平、汀州、邵武、泉州、漳州八路,明朝时将之改为"建、延、邵、汀"上四府和"福、兴、漳、泉"下四府。新中国成立后,福建的行政区划作了调整,现在共设立九个地级市,从沿海到内陆、按顺时针顺序依次为宁德、福州、莆田、泉州、厦门、漳州、龙岩、三明和南平。它们包含的县级市、县、区如下表所示。

福建行政区划

序号	地级市	县级市、县、区
1	宁德	福鼎、霞浦、福安、蕉城、古田、屏南、周宁、寿宁、柘荣
2	福州	罗源、连江、鼓楼、台江、马尾、长乐、福清、平潭、永泰、闽侯、闽清
3	莆田	涵江、莆田、城厢、仙游
4	泉州	惠安、鲤城、晋江、石狮、南安、安溪、永春、德化
5	厦门	同安、集美、湖里、思明、海沧
6	漳州	长泰、芗城、龙海、漳浦、云霄、东山、诏安、平和、南靖、华安
7	龙岩	漳平、新罗、永定、上杭、武平、长汀、连城
8	三明	尤溪、大田、永安、梅列、清流、宁化、明溪、建宁、泰宁、将乐、沙县
9	南平	松溪、政和、建阳、建瓯、延平、顺昌、邵武、光泽、武夷山、浦城

在福建传统人生礼仪的区域划分上,可以用闽语的分区作参照。因为语言与习俗具有一体性,在习俗上,使用同一种方言的地区比使用不同方言的地区拥有更多的相同点,一般来说要更多一点。福建有闽东、莆仙、闽南、客家、客赣和闽北六大方言区,宁德与福州两市同属于闽东方言区,可将之归为闽东一个区;莆田市在福建沿海的中间,其习俗与北边的福州和南边的泉州都差异较大,又因其方言为莆仙方言,可将之独立划为莆仙一个区;泉州、厦门和漳州三市同属于闽南方言区,各地习俗的相同点较多,可将之整体归入闽南一个区;龙岩市属于闽西客家方言区,是福建客家人的主要聚居地,也可将之独立划为闽西一个区;三明市属于客赣方言区,南平市包含闽北方言区和部分的客赣方言区,两市境内习俗复杂多样,可将之划归为闽北一个区。因此,福建传统人生礼仪的区域划分从沿海到内陆、按顺时针顺序依次是闽东、莆仙、闽南、闽西和闽北五个区域。

台湾传统人生礼仪的区域划分,可按祖籍地来划分,主要分为台湾闽南人和台湾客家人两个区域。

三、闽台传统人生礼仪的基本特点

根据本课题组实地调查,闽台传统人生礼仪的基本特点大致有以下三点:

(一)大同小异

这点是对汉族而言的。从大的方面看,闽台汉族祖先主要来自于古代北方中原,因此,其传统人生礼仪文化的根源是古代北方中原文化。反映在婚嫁习俗上,各地普遍按照"三书六礼"的规制进行,这是其大同的一面。但在许多细节上,各地并不相同。"某种文化由一个地区扩散到另一个地区,便同时会遇到新区不同的自然环境和人文环境的问题……从而发生新的互相适应、利用和改造的过程……这是移民文化进入之后必然发生的一种再生……如果说文化的迁移扩散,是空间意义上的文化传播,那么,文化的本土化和随同社会发展的再生,则是时间意义上的文化延续。"[①]所以,尽管闽台汉族传统人生礼仪来源古代北方中原文化,但在中原文化向福建移入的过程中受到八闽大地自然地理环境及原有闽越文化的影响,并且在近千年

---

① 刘登翰. 中华社会与闽台文化[M]. 福州:福建人民出版社,2002:120.

的历史发展中发生了各种变异,导致今天福建各地呈现出"五里不同风、十里不同俗"的局面。如婚嫁习俗中新娘出门上轿这一细节,单在宁德各县区就各不相同:福鼎是由母舅抱上轿,福安是由全福的长辈搀扶上轿,霞浦是由母舅扶上轿,屏南是由母舅或兄长背着、一女子撑伞送上轿等。又如丧葬中的"买水"、"乞水"习俗,虽然各地都是由孝男带领其他孝眷到井边或溪流边"买水"或"乞水",但在细节上并不相同:福安是点香烛焚纸钱向龙王"买水",惠安只是点香进行"乞水",安溪是往水沟里扔铜钱"买水"(不能用井水),思明是扔下两个用红丝线系着的铜钱"买水",芗城是投入12枚铜钱"请水",等等,不一而足。

(二)汉化趋同

从总体上看,福建少数民族传统人生礼仪的汉化已成趋势。如回族,人生礼仪的方方面面已基本上与当地汉族的习俗一致;宁德的畲族,由于其居住地比较集中,在婚丧礼仪上还保留着一些民族特色,但汉化现象也显而易见;满族,至今也只有长乐航城镇的琴江村还有一些民族习俗成分,其他地方的满族也大多同当地汉族无异。福建其他人口稀少的民族更是无从谈起他们在人生礼仪上的民族特色。

台湾少数民族传统人生礼仪的汉化趋同也成趋势。好在近几十年来,台湾从政府到民间都高度重视少数民族习俗文化的保护与传承,在挡不住的汉化洪流中,保存了一部分山地民族文化的因子。在台湾的一些少数民族村落里,已将传统人生礼仪特别是婚嫁和成年礼仪文化,进行展示表演性开发,既满足了游客猎奇性观光的心理需求,又保护了民族文化,同时也带动了经济的发展,一举多得。

(三)去繁就简

无论汉族或少数民族,闽台各地传统人生礼仪都存在着去繁就简的现象。传统人生礼仪里的许多成分是以自然农耕经济为生存土壤,在工业化已经深入社会生活各个方面的今天,这些土壤已不复存在。"皮之不存,毛将焉附",消亡与简化成了它们不可避免要面对的境遇。如丧葬,从上个世纪90年代中期以来,由于福建在全省范围内强制废除土葬、推行火葬,许多因土葬而存在的繁杂习俗基本消失,丧葬礼仪越来越简化。厦门集美英村原来要做七七四十九天的"做七"已简化到一天之内全部完成,是其中的典型;又如婚嫁,现在多数男女青年自由恋爱,古老的那一套提亲、议婚、求庚、合婚等烦琐程序已荡然无存。有的双方都远离家乡,平时难得回家,只是在节假日里回家办一下婚宴即可,连传统上的糕饼、糖果等聘礼也大多折成现金交给女方,免去制作或购买的复杂工作;再如畲族是一个善歌的民族,其民俗的最大特色是"俗不离歌",婚嫁时唱,丧葬时唱,无俗不以歌声来传情达意。但现在因为大量的青少年出外求学、工作,能唱传统民歌的已为数不多,婚丧等礼仪中唱歌的环节不得不大大简化,差不多已到了无歌可唱的地步。不难预计,随着人们生活节奏的加快和人口流动的越来越频繁,传统人生礼仪的去繁就简现象会更加突出。

石狮蚶江镇祥芝村人生礼俗改革的村规民约

第二章
闽台传统的婚嫁礼仪

　　婚姻是两性的结合,也是人口繁衍、社会再生产的基础。在传统的社会生活中,婚姻是家族延续和家族外交的一件大事。自古以来,婚嫁礼仪一直是各地各民族非常重视的民间习俗之一。

第一节　闽台汉族传统的婚嫁礼仪

　　作为宋代理学的发源地,福建汉族民间传统普遍以"父母之命,媒妁之言"作为男婚女嫁的标准尺度,注重礼仪的繁文缛节,把结婚当成男女成人标志的头等人生大事。台湾汉族也是这样,大量的福建移民到台后基本上沿用祖籍地的习俗,把婚嫁礼仪演绎到极致。

一、婚前（婚礼日前）

　　闽台各地传统婚俗多重视早婚,许多地方以"妻早、子早、功名早"为福。男女一般在 16 岁开始谈婚论嫁,20 岁前完婚。个别地方甚至在 16 岁前已结婚,如仙游的园庄、石苍、凤山、西苑等山区,有的女子 13 岁、男子 15 岁就成婚。20 岁是旧时多数地方女子婚龄的极限年龄。在宁化、清流等地,20 未嫁的女子不能在娘家度除夕。在婚姻听任"父母之命"的年代里,男女一长到适婚年龄,父母就开始为之托媒牵线、提亲择偶。媒人可以是职业的,也可以是熟人、亲友。职业的通常由中老年妇女担任,厦门称之为"媒人婆"、仙游称之为"媒人妈"。双方家庭有的本来就彼此了解的,但"婚姻冠会非礼不严,非媒不娶""男女非媒不相知名"的传统观念,使媒人成了男女结合过程中不可或缺的媒介。

（一）提亲、相亲

　　传统婚姻注重门当户对和对方的家风人品。职业媒人受托之后,就着手寻找可匹配对象。媒人们心里通常有一把衡量的尺度,双方的家世、财产和门第在其看来比较相当时,就会登门说媒。当媒人上门初步点提对方家庭门第之后,双方一般都会设法了解对方家庭的情况,即各地所说的"探(踏)家风""游家风""摆家风"等。通常的做法是请自家亲友到对方家了解经济状况、家族成员为人等。一般不直接询问,主要靠观察居住条件、伙食、生活习惯来推断,佐以邻居外围访谈来加以探明。"相亲"也常在此过程中进行。

各地传统的相亲男女当事人是不能见面的,主要由男子母亲伙同妯娌等女眷到女家看女子,女子父亲携带其他男眷到男家看男子。从我们的调查来看,各地不同年代的相亲具有不同的特点。在1950—1960年间结婚的,大多可以在一方不知情的情况下互相"偷看"。如安溪湖头,男女要通过媒人或他人安排到某处(集市等)偷看对方;厦门集美,假使有亲戚与女子同村,就以走亲戚的名义偷偷借故相看;若没有亲戚,就由媒人带男子装成问路或探询某事到女家相看。20世纪60年代以后,男子一般先由媒人带到女家相亲。如武夷山,媒人将男子带到女家,随带冰糖、果品等作为进见礼。女子出来端茶递菜,整个过程中双方不能单独交谈,只能通过观察外表、举止了解对方。若女家当日或隔日未退回进见礼,男家又有意结亲,便可请媒人进一步撮合。无论男女当事人是否见面,相亲时对对方是否中意,许多地方有不成文的做法,如在仙游靠城关一带,主人若合意,就煮索面(面线)或鸡蛋当点心招待来客;客人如也合意,就吃下面或鸡蛋,否则不能动筷子。

在台湾的闽南人中曾经还存在提亲送鹅或鸡的习俗:"古代说媒时会送雁鸟到女方家,因'雁'为候鸟,定期归返,有表'信'之意,后来因雁较难找,则以鹅或鸡来替代。倘若女方事后探听,对男方不满意时,便赶紧退还礼物。"①

(二)求庚

在提亲、相亲之后,如男方满意于女方,男家就会向女家索要生辰八字。这一环节,各地的叫法有"提字仔""提(拿)生月""求庚""开生庚""开生日""起帖""请庚帖""开生月""出婚头""开生日月""讨生时"等,做法大致相同,即请媒人带上一些礼物和男子的生辰八字到女家,女家若有意结亲,就收下礼物和生辰八字,回赠女子的生辰八字和一些礼物。双方的八字都

---

① 李秀娥.台湾的生命礼仪(汉人篇)[M].台湾:远足文化事业股份有限公司,2008:61.

是竖行写在红纸上,如男的写成"乾造　乙亥年五月十一日申时建生",女的写成"坤造　丙子年二月初五日酉时瑞生",要凑成十四字,如不能,"必须在月日数字五个字范围内认真推敲。如'二月五日'须写成'二月初五日'、'十二月廿一日'须写成'腊月廿一日'等"①。

有的地方不由媒人送男子生辰八字到女家,而是由男子的长辈去送。如华安,称"问名"或"送日",是由男子的叔伯提着装有礼饼、男子庚帖和一个红包(数额不多,六七十年代为两元)的红篮子去女家。到时,从大门直上中厅,将红篮子置于供桌上,由女子父母祭告祖宗(意为告知祖宗女儿长大要出嫁)后,拆开庚帖,连同女儿八字一起送至算命先生处测算,如无冲克,则将女儿庚帖放在篮子里由来人带回;台湾客家人,"男方会派一妇人与媒人陪同前往女方家,呈送放有各拜帖的帖盒和礼物。拜帖有全帖、盈门帖及妇人帖;礼物以一红色盒盖装着,内有翠花两枝(人造金色纸花)、石榴(喻多子)、状元红(贺子孙高中状元)、柏树叶(喻百岁长寿),以及糕饼10包。女方家再将这些礼物置于厅堂祭拜祖先,后取出翠花等,再将女方的年庚八字放入男方的红盒盖内,以及回拜的盈门帖,交由男方及媒婆携回。"②

(三)合婚

"合婚"各地称"合八字","断八字"、"卜(看)采"(安溪)、"合天婚"(沙县)等。从我们的调查来看,闽台各地大致有以下四种做法:一是男女两家都将当事人双方的庚帖压在自家厅堂的祖先牌位或神明香炉下三天(泰宁、连江、光泽、武夷山等地为七天),若这三(七)天内家中一切平安,无吵架、失窃、打破碗盘等事发生,为吉兆,称"三日圆"或"三日好",之后再请算命先生核算;二是只由男家将男女双方的庚帖压在祖先牌位或神明香炉下三(七)天,顺利后另请算命先生测算;三是两家都不问祖宗或神明而直接将双方的八字拿去请算命先生测算;四是只由男家将双方的八字拿去请算命先生测算。无论哪一种做法,各地民间都有给八字不吉的女子伪造好"八字"的现象。如漳州芗城,有的女子出生后,由于生辰不是十全十美,父母就请算命先生为之编造一个旺夫、旺家、财库十足的好"八字",故有"男命无假,女命无真"的俗谚。

① 陈垂成.泉州习俗[M].福州:福建人民出版社,2004:198.
② 李秀娥.台湾的生命礼仪(汉人篇)[M].台湾:远足文化事业股份有限公司,2008:77.

有的地方"合婚"的做法在细节上较有特色。如漳平,称"出婚头",由女家开具女子姓名和"八字"庚帖送至男家,男家将之放在香案上,压在盛有清水的碗下三天,若水清如旧、合家平安,即请算命先生作"合婚吉课";清流,男家接到女子"八字"后,请算命先生推算或拜神问卜,再将其压于灶神位前,如果三日内灶灯明亮,婚事可议;明溪,男家接到女子"生月"后,将双方庚帖压在厅堂神龛下(或灶神前),烧两支香,灶膛内每晚留"火种",若三日内家中一切安好、两支香同时燃尽,而且每日晨起"火种"很旺,为吉象,后再请算命先生测算或求神问卜。

提亲、相亲、求庚、合婚的先后顺序大致如上所述,但也有的地方是先提亲、求庚、合婚后才进行相亲的。如云霄,合婚后先由女家派人到男家探视家境,"踏家风",然后女婿由人陪伴到女家相亲,俗称"看女婿"。连城,合婚后由长辈(母亲或姊姊等)到女家"看新人",察看女子的五官、身材、手掌(细看掌纹)等,如没有发现什么破败,就给新娘一个红包,表示满意。女家如也满意,就招待来客吃点心(酒、蛋、面)。否则,将红包退给男家,也不招待。

(四)议聘

相亲、合婚后,婚事可谈的,两家就要通过媒人或由双方家长携各自亲族长辈与媒人坐在一起商定聘礼事宜。个别地方在商定聘礼的同时也要将嫁妆说定,如连城,在相亲之后,男家通过媒人请女家开"草帖"(彩礼单)。经过几次协商,才能开定。一般在聘金之内要扣去"子孙银"少许(不限数量),另有十素十荤的物品。彩礼商定以后,彩礼单由男方开具,妆奁单由女方开具,夹缝写吉兆语,各执一份,双方都由五服内男子辈分最高的人画押与签名,称"开红帖",或"写大帖""换帖"。多数地方则只是就聘礼谈聘礼,嫁妆的多少由女家自定。闽台各地历来重聘,大多出于经济和面子考虑。有的穷人家嫁女儿,实为卖女儿,往往对男家狮子张大口,索要高额聘礼;富人家嫁女,不在乎钱,甚至嫁妆要比男家聘礼丰厚得多,但仍然也要向男家索要聘礼。因为在观念上,如果不收聘礼,就会被认为是自贬身价的轻贱表现,以后嫁到男家将不被看重。因此,聘礼之风经久不息。

聘礼数目的多少和种类与各地的经济发展水平、物产等密切相关。媒人"喙(嘴)滑溜溜",通常会从中极力撮合,直到两家满意为止。从调查的情况来看,现在多数地只是就数目和种类作口头约定,过去则大多要写成书面协议。不管口头的还是书面的,到迎娶前都要按照商定的数额交付;否则,不太容易把新娘娶回家。如三明市三元区莘口镇,聘礼的多寡取决于男方的家境,一般分为 6 个档次:60 斤担、80 斤担、100 斤担、120 斤担、140 斤担、160 斤担。有钱人家可以超过这 6 个档次,达到 240 斤担。以 100 斤担为例,就是要给女方家如下聘礼:100 斤猪肉、100 个红蛋、100 斤喜饼、4 坛老酒(每坛 120 斤)、20～30 只鸡、1～2 对鹅、20～40 斤鱼或牛肉。还要办二杠槛(木制的四层盒子,用来盛放财礼,由两个人抬着走),一为"财礼槛",一为"酬育槛"。前者除了装聘金外,还装着桂子香、茶叶、寿烛、喜炮、五福鸡,五种食品拼成一盘果福及桂圆干、红枣、花生、红蛋、米粉、黄豆等,另外还装着两本乾坤书(乾书留男家作为娶亲证据,坤书给女家作出嫁凭据,迎亲时,要在女家的大厅上分别宣读,以示男女双方正式成婚);后者装着酬谢女子父母养育之恩的礼物,放 1 个红包、衣裤料、鞋子及鸡、肉、蛋等。媒人到女方家商谈好婚事后,就要把聘礼一一写入"订单",交给女方父母。男家去迎亲时,女家按照"订单"验收聘礼,如有不足就要补给,否则不让女儿出门。有时遇到聘礼不足,而男家又要先接人后补足,"千金伯"(男家派出迎亲的代表,一般是与亲家公同辈的新郎的长辈)就要和亲家公、亲家母争执得面红耳赤,怒目相视。

"槛"

有些地方对聘礼的数目字比较讲究,这和当地趋吉的社会心理相关。如惠安崇武一带喜好"82"的数字,因其和当地方言"八字"谐音,寓意男女结合有好"八字",将会幸福美满,因此聘金必以"82"作尾数,如 18882 元、

38882 元等,金子以 2 作尾数,如 2 两、4 两 2 分等。福州方言"三"与"生"谐音,因此各县区的聘金尾数普遍带"三"字,如 530、1333 等,寓意婚后多生多子、子女满堂。宁化、武平等地客家人尾数喜欢用"8"或"9"字,图其谐音"发"或"久"的吉利。政和、光泽和蒲城等地聘金尾数要合"六"字,取六合六顺吉祥之意,如 160、1600 等。

  各地聘礼通常不是一次性付与女家的,一般订婚时交一部分,中间如在"送大定"时再付一部分,最后在"送日子"或迎娶时将尾数交清。如福州多数县区,聘礼分上、下半礼,礼单上写明"杠"、"担"、饼、肉、衣料、妆奁、聘金等数目。上半礼于订婚时交付,下半礼则于"送日子"时或迎娶前付清。泉州鲤城、晋江等地,原先男家在订婚之后要将聘礼分三次送至女家:第一次,在订婚之后,男家挑选一吉日将束帖和手圈、彩仪、鲜花、坛酒、喜包、糖果等礼品送至女家,俗称"戴圈";第二次,在"送日子"之后婚期将到时,又将束帖和彩花、礼饼、绸缎、聘金等礼品送到女家,俗称"送花";第三次,在婚前三、五或七天,将婚书、吉课(迎娶吉日和冠笄时刻)、凤冠、霞披、裙袄、全猪、全羊,以及鱼、鸡、蛙、鲟、猪筋、猪蹄、猪肚、糖、茶叶、槟榔、礼香、红烛等十二盘礼品送往女家,俗称送"轿前盘"。行此三次礼仪,俗称"行大礼"。一般人家大多把"送花"并入"轿前盘",或三次合并为"轿前盘"一次举行,称为"花叠盘"。即把送聘礼中的礼物,如金花、莲招花、花包等称为"花",把"花"合并于"盘担"里,三次作一次完成。

  花样与名目繁多是闽台各地聘礼的另一大特色,这从上面的例子中不难看出。又如长汀,除聘金和糖果外,还须具备数百斤计的猪肉、糯米、灿米、面、粉干、黄豆、糖果,数十斤计的鸡、鸭、鱼,及香菇、鱿鱼、莲子、香烟、酒、地瓜粉等物资;清流,男家请女家开列礼单,称"草单"。聘礼除聘金外,以猪肉、鸡、鸭、目鱼、蛏干、酒米、橘饼为主,北里、堡里等要另加牛肉。两家就聘礼多次协商,双方同意后再正式以写红帖的形式定下来;安溪,聘礼由聘金、"见面礼"、金器(金项链、金耳环、金戒指)、衣服和"盘食"(糖果、饼干、有猪腿的肉、米粉)构成。其中,"见面礼"包括大小礼,大礼是送给女子父母、祖父母、兄弟姐妹们的红包,小礼是送给近、远房亲戚的红包,女家家族的大小决定红包数目的多少。

  议聘是各地男女婚姻成立前的重要程序。由于重聘的陋俗,面对女家的高额聘礼,不少人家举债应对,导致一些家庭悲剧。

（五）订婚

议聘之后，各地大多会举行订婚仪式。其主要作用是向亲友们宣示男女各有对象，在熟人社会里初步确立两家的姻亲关系。通常的做法是男家挑选个好日子，由媒人带领男子父母等长辈携带一定的礼物（金银首饰等）到女家，女家收下部分礼物，回赠些物品，并将收下的礼物分发给自家亲友，以示女儿已有婆家。晋江和石狮一带挑日子的做法比较典型：男家于农历初一或十五前往神庙里占卜，挑选两三个当月的吉日供女家挑选，忌跨月择日。至于其他具体细节上的做法各地差异较大，如有的要办订婚酒，有的不办。办的话，有的男女两家都办，有的只在一方家里办。此外，有的还要在订婚仪式上将前期商定聘礼的结果正式以书面的礼单形式确定下来，等等。

1. 闽东

（1）宁德

宁德地区多数地方不办订婚酒，且送至女家订婚的礼物也较简略。如蕉城区，称为"暗定"，男家送少量的礼饼与肉到女家即可订婚；福鼎，称为"插定"，男家送给女子信物（如戒指等），女家回以手巾、布袜底；霞浦，称为"压定"或"小定"，男家送衣服、戒指、糖果等礼物至女家，请女家开列礼单；柘荣，称为"压定""插定"，男家备办采盘（六盘食物）、信物（给未婚媳妇一套衣、裤布料）及若干聘金送到女家，女家在收受聘金和部分采盘食物后，开列礼单，并回赠糯米糍给男家，因而又称为"派单"；寿宁，男家带猪肉、米粿（或面）、南货（多指干海产品）四样及糖、枣、茶、甘草（四节）等物与部分聘金到女家，女家回赠五谷种子、烟袋、锁匙袋、香袋等。

（2）福州

闽东的福州地区也大多不办订婚酒，但在送女家的礼物上则要比宁德各县区多得多。因多数地方聘礼有"上、下半礼"之分，所以在订婚时就要将聘礼的一半送到女家。如长乐，称为"定聘""定亲"等，男家要将钗镯、礼饼、鸡、酒、面、肉、蛋之类的礼杠和聘金的一半即"上半礼"送往女家，女家以糍、糕回送，叫"压帖"，并将鸡和四个蛋退回男家，以示吉利；鼓楼区，称为"下大帖"，男家将与长乐等地类似的"上半礼"加上龙凤帖，用红拜帖送往女家，女家回拜帖及衣裤布料给男家；与宁德地区的蕉城和古田接界的罗源，订婚仪式比较简单，称"插定""安定"，由男方送肉、面、鸡到女家，女家回赠礼物即可；闽侯的男家除要送"上半礼"到女家外，还要在当天宴请亲友乡邻，称"订婚酒”，准新娘由兄嫂等陪同出席，如女家也办酒，其花销多由男家出。

2. 莆仙

莆仙各县区订婚相较于闽台其他地方有特色。城厢区、涵江区和莆田县俱称为“订聘”“贺定”，一般由男家请亲友中夫妻双全、子孙满堂的中老年妇女六或八人，身穿红衫、黑裤，把聘金的一部分和一些金银首饰、糕饼等礼物送到女家。在女家厅堂上，由男家最亲近的女长辈把戒指、手镯套在女子手上，把项链、金银锁或红包挂在她的脖子上，俗称“挂脰”。之后，女家放鞭炮，并备办点心酒菜招待来客。男家客人回去时，女家要给每人一个红包（现在为50、100元不等），并把男家送来的糕饼果品分赠给自家亲友、邻居，表示女儿已许配于人。男家在当天也要煮点心（线面）分赠给亲友，表示“贺定”成功。在涵江，女家还要让来人带回一对中间用红纸束裹的根叶俱全的甘蔗，寓意小夫妻今后生活将会越过越甜。

仙游靠城关一带的“定聘”，俗称“食点心”。当天，由媒人带领女子及其父母、兄嫂、叔伯、姑姨、舅等亲戚12～20人（具体人数议聘时商定）前往男家“看厝”“食点心”，男家置办酒席招待女家来客和自家亲戚、族亲。宴后，男家要将项链、戒指等金器交给女子（可现场戴也可不戴），并给部分聘金让女子父母带走。

3. 闽南

（1）泉州

泉州地区多数地方女家要办订婚酒宴请亲友，男家不办酒宴，但送给女家的礼物很丰盛。如：惠安，称为“插定”。男家用多层红漆礼篮装上聘金聘

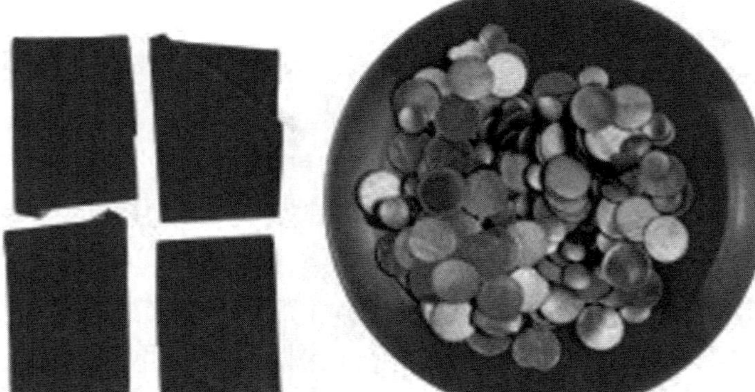

“缘钱”——铅片

礼和龙凤大红烛两对及贡香、花炮若干，由媒婆带领一行人挑送到女家。主人把聘礼陈列在厅堂公妈神座前，点上一对龙烛和贡香进行祭拜，并邀请亲友邻舍前来观看礼品。之后，收下礼品，回赠少量姜芋、皂角、白曲、麦种、大豆、韭菜等物及"缘钱"（小而薄的圆形铅片，"铅"与"缘"闽南话谐音），将之与剩下的凤烛、贡香装入原篮由来人挑回。当晚，女家宴请亲友，菜品里必有韭菜和猪肠，意为祝愿女子婚后幸福永久。

晋江、石狮一带称为"定盟"，俗称"戴手指"。男家准备戒指等金饰、聘金和猪肉、花包、糖果等若干，金花、莲蕉花（美人蕉花）、红烛、礼香、鞭炮等各二，由男子母亲等带领姑、婶等女眷六至八人挑到女家。女家把礼品摆在厅堂的祖宗牌位前祭拜后，女子端桂圆、红枣等煮的甜汤敬请男家来人，受敬者要送"压茶瓯礼"（红包）。接着，在厅堂中放一把椅子，女子要脸朝外坐着，男子母亲将戒指套在她的手指上。然后，再上香祭告祖宗神明，仪式结束。女家多数会于此日置办丰盛的酒宴款待来客和自家亲友。女家收下礼物，回赠姜母、芋头、双连巾（两条连在一起的面巾）等"衣食"，由来人带回。收下礼物中的猪肉、糖果和花包女家要将之分赠亲友，一般每家一个花包、一斤猪肉、糖果若干粒（双数）。

安溪湖头称为"定聘"，俗叫"定着""大定"。男家要将金器、聘金和糖果、饼干、猪肉、米粉等各 100 斤"盘食"送至女家（现在一般每样 20 斤，余下的折为聘金），女家也同样进行祭拜并宴请亲友，并将收下的"盘食"分发给他们。男家只有准新郎与堂亲不多的人（人数为双数）参加女家办的酒宴，所有的花费要由男家承担。

（2）厦门

思明，称为"吃定"。男家差媒人带着装有礼帖和订婚帖的帖盒前往女家，送去金手镯或戒指一对，以及部分聘金和礼饼（盒装的马蹄酥，多者达数百盒）、礼香、红烛、鞭炮、猪肉等，作为订婚礼物。女家以订婚帖回复男家，同时回赠金表链等饰物，并退回部分礼饼。女家给媒人的"媒人礼"钱银也一并放在帖盒内。男家收回帖盒，视盒内"媒人礼"的钱数，再给媒人双倍的"媒人礼"。当天，两家都要办订婚桌，宴请亲友。女家将男家送来的礼饼分送亲友，男家也分喜饼给亲友，以示亲事已定。穷人家订婚，免去一切应酬，只请亲戚送去一枚金戒指或珍珠片做订婚礼，称为"吃暗订"。

（3）漳州

漳州地区大多地方不办订婚酒，如：芗城，称"送定"或"小聘""过定"

"定聘""食定"。由媒人及男家父母、亲朋凑成双数,将聘礼送往女家。聘礼以6项或12项为宜,有布料、香烛、冰糖、线面、橘饼、槟榔、荖叶(用以裹槟榔片嚼食,可待客,民国初还有,后来以糖果代替槟榔和荖叶)、莲子、猪肉、礼饼、花生糖、烟酒以及戒指金饰等。女家收下大部分,也回赠6件或12件礼品,并以冰糖茶和糖糯米粥招待来客。女子敬甜茶和接受"挂手指"的做法与晋江、石狮等地基本一致。客人离开时,女家赠每人一条连巾等礼品。

云霄"定聘"时男家送去的聘礼也必须是完整的12色,但种类与芗城区略有不同,主要有聘金、布料、金银首饰、红烛、顺盒、豆苏饼、莲子、香蕉、橘饼、柿饼、槟榔、荖叶(与芗城一样,后来以糖果代替槟榔和荖叶)。女家收下礼品后,以糕排、花生果(寓意"高升")和红烛回赠。

长泰积山,订婚的日子要请日师(风水师)按两家人的生肖来定。男子父母带四至六位亲戚或族亲将年糕、烟、糖、苹果、梨等礼品及聘金、金银首饰送到女家。女家摆一桌酒菜款待来客,陪客与来客的人数要相当。男女互赠一套衣服,女家收下聘金、金银首饰和一半礼品,返还一半礼品和一枚戒指,另添上一束用红线扎成的桂花、木槿叶丛(各四片,寓富贵之意),称为"压篮底"或"回程"。

4. 闽西

龙岩地区的客家人一般不办订婚酒,但礼仪比较复杂。如:长汀,称为"扎定",农村称"写婚书"或叫"订合同"。男家父母及其他伯、姑、叔、婶等尊长与媒人带定亲钱、礼饼等到女家。双方家长签写的婚书,也称红帖、婚帖、婚姻合同,内容包括男女双方姓名、年龄、住址及家长姓名;聘金聘礼项目、数量;压定预付项目、数量等,一一写清楚。立订婚约字人(男、女)、介绍人、在见人要签押。一式两份,末行两份合在一起书写。之后,由男方母亲将金戒指套在未来儿媳妇中指上,两家的姻亲关系即告确立。

武平,称为"小扎"。男家备办各种礼物送到女家,数目以九为吉,如猪肉19~29斤,牛肉、鱼各9~19斤,公鸡、母鸭各2只,花饼200个,酒两瓶,条丝烟两包及新娘衣料数件。母鸡要按女方提出的数字付给,每只母鸡还要配白糖一斤、鸭蛋四个,这些礼物是女家要转送给外祖父、母舅、伯父、叔父、姑丈、姨丈等亲戚的。所有礼物用竹签或谷箩装好,由男子母亲带领自家亲族妇女挑去。出门时要放鞭炮欢送,;到女家门前,女家也要燃鞭炮欢迎。女家招待午饭后,准备好回敬的礼物,如女婿的衣料一身,帽、鞋、袜各一件,四季葱、绵带子各一束,花饼29个,煎板一大包。回家时,女家热烈欢送并放鞭炮,以示敬意。

连城,议聘之后得先完成"看人家、看女婿"环节才可订婚。届时,由女家母亲、婶母(或姑母、舅母)到男家亲眼目睹了解各方面情况。准新郎在大门口等候,客人来时要放炮仗迎接。准岳母会拿把雨伞,进门前将之交给准女婿,并给他一个红包,叫"接伞礼"。男家要设宴招待,并赠送女家来人一人一件衣衫。之后进行订婚,俗称"下礼",也叫"出新人""出婿郎""出见""过定",一般结合节日进行。男家要给准新娘两套红色或紫色衣服、一个内装金戒指的红包,称"出新人";女家也要给准新郎一个红包(主要是钱),称"出婿郎"。

漳平,称为"提定"。一般男家得先付聘金半数,并送服饰、糖果、茶汤(冰糖、面线)和盖有"乾""坤"字样的饼或馃到女家。永福一带另送"花枝钱"12元或24元,分别称"半太岁""全太岁"。双洋一带另送"酒斗(木斗中置鸡、酒、肉)",正斗送女方父母,偏斗送女方近亲,外加"四湿(海味)"和"四干(茶汤、干果)"。女家要回赠男家两条连巾、鞋帽、衣料、五谷种子、童鸡和盖有"乾"字的饼或馃若干,上置两枝桂花枝。双洋贫穷的人家仅送母鸡一只,连同聘金、女服、首饰等合称"鸡母定"。

5. 闽北

(1)三明

三明地区有的地方办订婚酒,有的不办,且男家送女家的礼物丰俭不一。不办的如:

大田,称为"过定",一般的只送四包糖(冰糖、饼干、米糕、糖茶或蓼花)和定头钱到女家即可。将乐,称为"定庚",男家将红帖和部分聘金、布匹等礼物送至女家;女家以衣服、鞋袜帽及红帖回赠。泰宁,称为"定盟",分"明定"和"暗定"两种。前者男家办鸡、鸭、猪肉、海味、聘金、酒礼、衣料等礼物送往女家,女家接受礼物后,回给男方"允盟帖"和赠送少量礼物,叫"换帖";后者比较简单,不换帖,男方只将部分聘金和少量礼物送给女家。

办的如:

沙县,称为"定亲""插记"。两家通过媒人签订婚书(俗称"乾坤书"),男家附送银钿一副,女家回送银鬓花一朵,该花由男家保管以备新娘入门后戴用。然后男家备办鸡、鹅、鱼、肉、蛋、粉干、布匹等聘礼及聘金,于吉日用竹箩挑送到女家,并附送"乾坤书"。女家阅后将"乾坤书"送回,回赠红枣、花生、桂圆、瓜子或莲子,预兆早生贵子或连生贵子。另送雌雄雏鸡一对,取其生育有男有女之意。当日两家各自宴请内亲。明溪,称为"定亲"。由媒人提着"礼桶"(俗称"罕桶")、带上半数以上的聘金、布料和白糖两包、金戒指一枚及男子的"生月"至女家。农村另加糯米(表示赞誉女方是清白闺女)若干斤。女家收到聘金后,交"聘单"(收到的聘金额)一张,回赠给男家布料一块、冰糖两包,农村另加黄豆(表示赞誉男方是珍珠婿郎)若干斤。双方在当日均宴请至亲。宁化,称为"送果子",又叫"压礼帖"。男家族亲由媒人带领,将鸡鸭鱼肉、喜炮花烛、糕饼寿带、耳环戒指、衫裤鞋袜、胭脂花粉及半数聘金送到女家。女家宴请女婿与亲朋,分发糕饼,并回赠女婿衣裤鞋帽。

（2）南平

南平地区多数地方订婚称为"插记",两家都各自办订婚酒宴请亲朋,如政和、建瓯、建阳等。在武夷山,男家将酒菜、糖果、糖人子(用糖溶化加色依模浇灌成)、礼饼、衣物和金银首饰等聘礼,用漆红的槛抬到女家,箱面上贴大红双喜字或用红纸写"琴瑟友之"等字。大户人家有4~8杠,每杠两人抬;果品8~10样,每样一箩筐。当天,两家各自宴请宾客亲友。男家还要请文笔先生写启回书(即乾坤书),书上要写序言、籍贯、三代、姓氏、年庚等,最后还要出上联让女家对下联。礼单上的礼品不能直写物名,要用代名词写,如猪为"刚鬣"、鸡为"德音"、帽为"亢服"、女鞋为"凤履"、李子为"玉华"、花生为"地豆"。大户人家抬杠时吹唢呐随行,媒人坐轿,浩浩荡荡拥进女家;一般人家则由1~2人挑担步行去。中午女家设酒席,当天下午返回。女家要将男家送去的果品每样退还三分之一,并回赠男子衣服鞋袜、书砚笔墨和五谷种子等。男家晚餐办酒席宴请亲友,并每人赠送果品一小包。

松溪,称为"定亲""下定""小定"。男家要做肉丸(取团圆之意),备六碗菜(取六合六顺之意),宴请媒人与亲友。之后,将定亲首饰、男女双方庚帖"乾坤书"、六样干果装在一个特制的"红桶"内,由媒人送往女家。女家于当日也备六样菜宴请媒人和亲友。

6. 台湾

（1）闽南人

台湾地区闽南人订婚的做法与泉漳地区闽南人的做法基本一致。"台北的闽南人送定时,往往带红绸(庚帖)、金花、金戒指、铜戒指、金耳环、羊肉、猪肉、香烛、鞭炮,俗称'大饼粍花'的礼饼、糖果、莲蕉花盆(取意连生贵子）、石榴花等去。到女家后,先将礼品放于女家神明祖先案前供奉、祭拜,然后,由待嫁女出来为男方亲属献甜茶,男家则各送红包'压茶瓯',接着由男家在女家厅堂里为准新娘从事'挂手指'之仪式,戴上金、铜两个戒指,象征夫妇同心同德之意。'挂手指'仪式结束,也表示订婚仪式礼成。此时,女家也需祭拜祖先,将此喜讯告知神灵祖宗。"①女家收下大部分礼品,回赠香蕉、凤梨、芋头、红柑。

粢　花

（2）客家人

台湾客家人订婚的做法与龙岩地区客家人的做法具有较大的差异,他们称"订婚"为"过聘"。"订婚当天,男方人数会取双数为吉,但以六人最为普遍,因客家话'六'与'禄'同音,将来会有功名利禄的福气。以前男方家过聘时,携去女方家的有婚书（乾书）及礼物,礼物则有猪、羊（富有者全猪全羊,普通者半只）、冬瓜糖、冰糖、桂圆、鸳鸯糖、糖鼓、糖龟、八角糖、槟榔、阉鸡两只、母鸭两只、喜酒、大烛、爆竹、礼香麻米等,以槛盒装着,上披红布,由两人扛抬,称为'扛槛'。当女方家人迎接男方送聘人员入厅堂后,会将聘礼供于祖先神明桌案前,焚香禀告。之后,再由全福的妇人引导准新娘出来敬

---

①　陈支平.闽南乡土习俗［M］.福州:福建人民出版社,2007:104.

奉甜茶,男家来人仔细端详准新娘,待喝完甜茶后,准新娘再出来收茶杯。准新郎会放一个大红包及金器在茶盘上给准新娘,称为'扛茶压茶盘'。然后女家主婚人收下订金,盛宴款待后,男方须送'阿公桌'及'六礼'给女方,当天的费用由男方负担。女方只收下过半的聘礼,留一部分'还礼',并回复坤书及礼品;礼品至少要有六项,仍取偶数为吉。"①

(六)送年、送节

订婚之后,双方父母就以亲家相称,两家以亲戚关系往来。现在大多地方一旦订了婚,男女就可以同居在一起而不受任何指责与非议。各地男家在尚未迎娶前,逢年过节都要向女家送猪腿(肉)等礼物,称为"送年""送节"。如泉州鲤城,端午节时"男家会送猪脚、酒、面线、粽子、果品等给女家,女家则回送香料、折扇和果品等给男家……崇武地区,过去送年时要送48斤猪肉和四瓶好酒,而女方则不用回礼"②。长汀,男家送衣料、鸡、鸭、米酒、粉丝中的四色礼品给女家,女家回赠鞋帽或红包(上写"充鞋帽")。武平,男家过节时送公鸡、猪肉、鲜鱼、好酒、好烟等去女家,过年时送的数量要多一些,并加送橘饼、柑子等。大田,男家送的礼品除米粉、猪腿、粳米、糯米外,端午节加送粽子百个,中秋节加送月饼,过年加送鸡及猪心肝全副;女家回礼:端午节为笔墨、纸扇、夏布,过年为裤料一件,布鞋三双(公公、婆婆、女婿各一双)。寿宁,每逢春节、中秋节,男家送礼到女家,俗称"送年""送中秋";端午节则由女家送粽子到男家,俗称"送节"。斜滩一带送"节前"男方应先给女方"送鲜",这一习俗做法要延至婚后三年,礼物轻重不论。光泽,有"送小节"和"送大节"之分,订婚后尚不打算娶媳过门的一年或几年里,送节可以简单一点,称"送小节",但到了准备结婚这一年,要"送大节",送丰厚的礼物,粽子要用箩筐挑,多达一两千个,月饼少不了二三十斤。女家把男家送来的粽子、月饼分送给自家亲友,亲友由此知道该女子将出嫁,开始准备些礼物相送。

(七)送大定、送日子

"送大定"各地也称"过定""大定""文定""大聘""行聘""完聘""轿前

① 李秀娥.台湾的生命礼仪(汉人篇)[M].台湾:远足文化事业股份有限公司,2008:78.
② 陈垂成.泉州习俗[M].福州:福建人民出版社,2004:105.

盘""担盘""担试粉""下半礼""大扎"等,一般在迎娶日前几天进行,有的在
"送日子"前或与"送日子"同时进行,也有的在迎娶日当天进行。

"送日子",各地称"请期""催妆""送日头""送日帖""送日单"。"送日
子"前要先择日,闽南各地比较普遍的做法是,在男家确定要在某个月份要
为儿子举行婚礼后,就于当月农历初一或十五日拿着两家父母、祖父母、男
女当事人双方,有的连同兄弟的生辰八字,去请择日师择定裁衣、安床、婚
娶、会亲(回门)等具体日子、时辰和需回避的生肖等,俗称"看日头""看日
子"。如安溪湖头,男家通过媒人向女家要来女子父母的年庚,合上男子父
母与男女双方共六人的年庚,一起拿到日师(一般是师公,即道士)那里去,
日师将六人的生辰八字测算后,开出一式两份的"日帖"。又如,永春岵山,
由日师先对男家带来六人的生辰八字进行测算,然后在神灵前占卜,再将结
果写在红纸上;另附上一红小竖纸条"奉麒麟到此本"和一白小竖纸条"奉凤
凰到此本"。

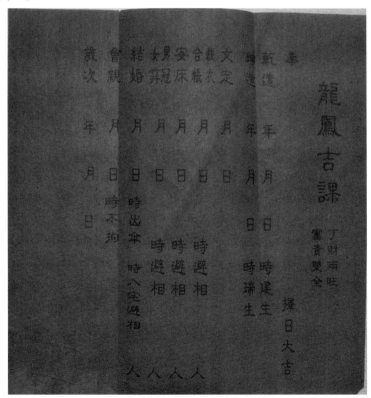

安溪湖头的"日帖"

日子选好后,要将"日子单"送往女家去,以便女家准备嫁女的相关事宜。安溪湖头称"送日头",即男家将从日师那带回的两张"日帖",由媒人送到女家。送时,要带去糖果、饼干、猪肉、米粉各10斤或20斤。如女家对日帖上的安排有异议,须于10天或半个月内提出,另予协议;否则,媒人带回一张日帖到男家回话,结婚程序将按日帖上的安排如期展开。永春岵山称"送日书",男家取回一式两份的日书后,一份贴在自家厅堂左边墙壁上,如前有儿子结婚贴的日书要揭去再贴上新的。贴时,"奉麒麟到此本"的小红竖纸要贴在日帖的左边,上下贴紧;"奉凤凰到此本"的小白竖纸要贴在右边,上端贴紧,下端不贴,使其风吹时能飘起来,意为新娘的到来会使夫家兴旺。另一份则由媒人送至女家。送时,要带上几斤糕花、饼干、糖果和一个几百元(双数)的红包等。闽台其他地方的"送日子"与"送大定"大致如下:

1. 闽东

(1)宁德

蕉城,称为"大定"。择一吉日将饼、猪肉、线面、衣衫、鞋袜及结彩的柏树枝、茶枝、姜、葱、甘草、冰糖、茶叶、冬瓜糖、福橘、纸糊小鹰一对(口衔金银铅片坠,表示"姻缘",系雁的演变)等礼物送往女家。女家回赠一对纸糊的海鲎(表示"孝顺")等礼物。之后,"请期",俗称"送日子"。由男家择定喜日,写下喜帖,连同一些礼物和聘金送到女家。现在多将"大定"与"请期"合并起来进行。

福鼎,称为"大定"和"送日子"。男家将选定的成婚吉日写在红帖上送至女家,同时送上聘金、布料等。女方回赠布料、双脚缠上红丝线的熟公鸡一只及一支万年青。另于婚前一日,再送猪肉至女家,称"送猪脚肉",女家用以作为亲友送贺的回礼。

柘荣,称为"下定",一般在订婚后一两年内择日进行。当天上午,男家将商定好的聘金、衣料、首饰、猪腿(有的是全猪)和两只"红线羁骹"的公鸡及"日子单"送到女家。女家收下礼物,收一只公鸡,回赠一只"红线羁骹"的母鸡和一些红糖糯米糍给男家。女家中午办"下定酒",宴请亲戚;若没办"下定酒",就将男家送的猪腿肉分赠亲戚,顺便告知婚期。男家有的在当晚办酒席宴请亲戚,也称"下定酒"。另于迎娶前一日上午,备送猪腿等"轿前盘"给女家。

屏南,于婚前两个月请媒人带上一些猪肉、礼饼及"日子单"到女家。另于婚前一天,由媒人带数人送米粿、猪腿、寿面、鸡鸭、八色盘等礼物到女家,俗称"安礼"。

霞浦，称为"送日子"，由男家择定迎娶吉日，用红帖题书"×月×日迎娶大吉"，并备鱼肉珍果等2～4盘（俗称"日子杠"），让媒人送往女家。50年代后，"日子杠"多以米糕或糖果取代之。男家另于迎娶日前夕，送猪腿、海鲜等8～10盘，供女家办出门酒席用，俗称"轿前盘"。现在，送盘担改为迎娶当日送且只保留猪蹄、果子包等物，其余以红包替代。

（2）福州

台江、鼓楼及马尾等地男家通常于婚期前一月，将写上结婚日期的"日子单"连同聘金尾款和羊羔、美酒等"下半礼"送到女家，女家回以鞋帽、文具和糕饼等。

长乐，男家于当年五月，请媒人带领族亲送喜糖、礼饼（100双）等10色礼品以及"下半礼"和"日子单"到女家。这里的礼饼也称"'定日饼'，一种是白面粉制成的芝麻粘面的甜饼，一种是小礼饼……福州民间常说养女子'领饼'，便指这'定日饼'。女家分给戚属的，以亲疏为限，小礼饼要送5块、10块的，而芝麻面的甜饼要送30块、50块的"[1]。

平潭，男家若准备当年迎娶过门，就要提前由媒人通知女家，名为"乞亲"。征得同意后，便可"送帖"。即将男女双方及各自父母、祖父母的"生辰八字"开列清楚请日师进行"合婚"，之后将"合婚"所选定迎娶吉日告知女家。"送大定"，有的地方在结婚日上午进行，但不多见，一般在婚礼前三天举行，称为"送三日礼"。除办"礼担"外，还要办"妈担"（女方祖母）、"洗屎担""叔伯肉"等额外礼项。女方收取礼品，留下猪蹄让来人带回，于结婚日挂在男家大门内上方。

罗源，男家先择吉日送礼到女家，其中必有两只公鸡。女家收下一只，回赠一只母鸡，并用红线将公母鸡的脚系在一起，称"红线羁脚"（续弦、再嫁免此俗），意为"天长地久"。另回赠粽子（各串所结粒数必须是五、七、八，寓"五子登科""七子八婿"之意）、谷穗、茶婆（老茶枝，寓意子多如谷粒和嫁女给人做祖婆）和榛子、红枣、桂圆、瓜子、花生五种干果（寓增子、早生贵子、圆满、种瓜得子和结子多等意）。有的人家另加雌、雄鹅一对，以鹅代雁，寓意雁不再偶，飞行有序。之后在临近婚期时，再将"日子单"请媒人送至女家，称"送日子"。

---

① 李乡浏. 福州习俗［M］. 福州：福建人民出版社，2010：39.

2. 莆仙

莆田和涵江等地要事先到择日馆请日师择定结婚日子,俗称"看日子"。然后用红帖将婚期告知女家,女家回以允帖,俗称"订日子"。另外男家再按约定的时间,把猪肉、线面、红米团、豆腐丸及聘金、首饰、布料等装入无盖的"面阮篮"或用竹篾、木头特制的红漆盘(10 个或 8 个合成一担)里,挑 10 多担送到女家,俗叫"担试粉""担盘"。莆田县有的地方如华亭镇是在婚期到时才"担盘"。

仙游靠城关一带也称"看日子",做法上,主要在农历初一或十五到神庙里通过问神卜卦来确定迎娶吉日。之后,将之写在红帖上由媒人送至女家。另于结婚日前两天,将商定的聘金、盘礼(用米箩筐装)送到女家。旧时盘礼为石榴包(类似发糕的面制品,下大上小两个面团连在一起,并在其上点上梅花状红点或粘上一小点红面团,因而又称"红顶")、白糕、线面、猪肉(带腿)、髻饼等。

3. 闽南

(1) 泉州

惠安,男家拟于近期迎娶,请媒人至女家讨信息。得女方首肯,便把男女庚帖送择日馆选吉日,俗称"看日头"。择日师把婚嫁一应礼仪罗列在一式两份的"日帖"上。之后在已定的日子里,将"日帖"连同聘礼、布料、香烛礼盒及糖果糕饼送至女家,称为"送日头"。另于迎娶前一日,男家再特备一份厚礼送给女家,以酬答女子父母抚养女儿的辛劳之情,俗称"送盘"。礼品为猪脚、线面、白米、松糕、大红盘包、雄鸡、花鱼、鲍鱼、加鬃鱼、龙凤花烛、贡香、礼炮、及锡壶樽酒两壶。惠北地区更为丰厚,全猪全羊,一担米粉丝、一担花生油,数十斤蛏干、蚝干、墨鱼干、虾米等等。50 年代以后,城关风行"打盘"新例,即折钱代物,只办猪蹄、线面、盘包、盘银四包,象征性地"送",收也只是象征性地收一些,女家回赠些土仪压盘。

石狮永宁等地,称为"看日子",男家通过媒人向女家要了全家人的生辰八字,合上自家全家人的生辰八字,于农历初一或十五一起送到"戴佛的"(神汉)那里,请"戴佛的"给挑个好日子。日子挑好后写在两张红纸上,一张自家留着,一张要找个双的日子托媒人送到女家,俗称"念日"。送日贴时,男家要带些聘金到女家。之后,男方提前数日送给女家预先商定的聘金,然后在迎娶日"担盘":男家早上叫八个亲友把"盘担"挑到女家。"盘担"里主要装着猪肉、糖果、花包和四种果子(梨、香蕉、苹果、橘子等)。出发前,新郎父母在祠堂的祖宗牌位前点上一对红烛进行祭拜。走在前的"盘担"里也放有一对红烛,到女家时女家亲堂接过这一"盘担"挑至祠堂里,新娘父母将红烛在祖宗牌位前点上进行祭拜。女家收下"盘担"后,回赠联子糖、花生贡糖等。

石狮永宁的"盘担"

安溪湖头,称"文定",俗称"办盘""担盘"。男家于婚期前三天或五天,将聘金和婚书、礼帖、礼盘送到女家。礼品一般为鸡、酒、猪腿、线面、蓼花、糖品,有的加红蛋、米糍或面包;较富裕之家,另添山珍海味、四色盘等。女家把盘担陈列于厅堂上,点红烛与香以祭告祖先,并宴请亲邻。之后,收下大部分礼品,分送糕花、糖品给亲邻。女家收礼时猪腿要留蹄、物品成双留底,另备"缘钱"、乌糖、姜母、芋种、油麻、菜子、大麦、火炭等,各用红纸包装或箍好,放在来盘中挑回去,寄意"人未到缘先到"和"热焰"旺盛之意。长坑、感德等地,盘食需百斤猪肉、百斤冬米糍、百斤蓼花、百粒红蛋;龙涓等地要几百块大肉饼。县内各地习俗,盘担要成双,有的达几十担。挑盘的工力,女家要给红包,迎娶日陪新娘来的"客仔"礼,男家要加倍送给。

(2)厦门

思明,称"送定","即送聘礼、聘金……'送定'前日,男家常做戏谢神,所谓'前棚加礼,后棚大戏'。即日男方请媒人送聘金、聘礼。媒人随身带着的帖盒内装有聘金礼书、聘礼礼书,上面详细开列了聘金的数目、聘礼清单,帖盒还装有男方填写好的致女方的婚帖,另有空白婚帖待女方填写后回送男方。聘金、聘礼都放在叫做'檯'的扁平木盒中,每檯都围着红布,由两人扛着,鞭炮送行,鼓乐开道,排成长队游街,再送往女家"[①]。女家将之放置于正

---

① 陈耕.厦门民俗[M].鹭江出版社,1998:64.

厅神祖前,燃香祭拜。之后,收下聘金和大部分聘礼,猪腿则将猪脚部分退还男家,并"赠女婿结婚礼服一套,袍套鞋袜,以及文房四宝和其他礼品,如男家大小的衣冠鞋袜等,仍具礼书,鼓乐相送"①。当日,两家皆宴请亲友。"'送定'预示着婚期将近,具体的迎娶日期由男家确定后通知女方,这个程序叫'送日头'……仍请媒人领衔出面,略备礼饼。男方'送定'时往往留下新妇婚期必穿的礼服一套,在'送日头'时再送去。婚期则书于红帖。在'送日头'时,男方往往同时通知迎娶前裁衣、'上头'、上轿、下轿的吉日吉时,这些时日都是在'吃定''请八字'后请择日师择定的"②。民国以后,一般人家改为在婚娶前一天,男家以檨装猪脚肉、糖果等礼品"送大定"到女家。

(3)漳州

芗城,称为"完聘""大聘""大定",在迎娶日前12日或3~5日,男家将剩下的聘金、聘礼及礼单送往女方。礼品主要有金首饰、新娘衣裳、鞋、礼饼、全猪、全羊、蜜饯、水果、酒、鸡鸭、贡糖、麻花面干、红烛、礼炮、礼香等。其中,礼饼、贡糖和糕点的数量由女家确定,以保证女家足够用于分发给亲友和乡邻。所有的聘礼都取双数,并贴上红纸,用檨装盛,俗称"盘担"。用"红鼓吹"送至女家,女家鸣炮接至厅堂上,焚香祭告祖灵,并将新郎的衣服鞋袜、新郎父母的鞋袜等回礼及礼单交与媒婆带回男家。

华安,称为"送聘""提聘"或"挑担"。男家在婚前四日将聘礼用篮子装着送到女家。篮上贴红纸,挑篮的圆竹担,两头都要贴红纸,担数要为双,由男家长辈挑头担到女家。聘礼包括聘金、饼(24个、48个不等)、新娘的蓝色衣裤和鞋袜一双,另加上成双的木棉花、莲蕉花和茶子丝等。婚前一日再挑聘礼一趟,一般含猪肉120斤、四斗米做成的红圆(汤圆)和糖、烟、面等,并给女家送"房头":新娘的兄弟、叔伯每房冬瓜、冰糖各一包。女家收下聘礼,将排骨和猪脚放回篮子,称"压篮底"或"回程"。

云霄,男家择日后,送猪腿、红面包、红烛、顺盒等八色礼品到女家,告知婚期,俗称"做亲家";女家回送鞋、袜、帽、面巾、水布(俗称"脚巾")等。女家对婚期有异议可提出另择,但只能提前不能延后。

长泰,积山一带"送日子"分两次进行:第一次男方要带四样礼物(随意)和一张红纸去女家,红纸用来写两家所有成员的生肖与生辰八字。两家人的生肖和生辰八字写好后,拿去请日师测算嫁娶的日子与举行挽面、出门、

---

①　陈耕.厦门民俗[M].鹭江出版社,1998:66.

②　陈耕.厦门民俗[M].鹭江出版社,1998:67.

入门、拜堂等仪式的时辰;日子与时辰确定后,男方用竹篮再提四样礼物(包括一个至少120的红包),附上一张"日子单",再去女方家,叫"下婚书"。在临近婚期的前几天,男方择吉日"送大定"到女家:猪肉120斤、汤圆粉60斤、柿子饼和橘子饼各40份、贡糖和花生糖各1000个、两对蜡烛和四挂鞭炮、4枇(串)香蕉、事先商定好的聘金和洗衣工钱若干、大舅礼2份(每份200元)、小舅礼10份(每份12元)。女家收下物品,回赠1对蜡烛、2挂鞭炮和2枇香蕉。

4.闽西

长汀,称"报日子"。男家择定吉日后通知女家,除"报书"外,要备办首饰、衣裳、三牲、糖、饼之类送到女家。女家接过礼品后,要连同"报书"放在自家神龛前进行祭拜。之后,将"报书"放在神龛上。三洲等地还要另给女方洗头礼(鸡一只,粉干若干)。女家将猪肉、糖、饼等,分成若干份分送亲友,城区一般只分送糖果。女家回赠男家鞋袜,俗称"回奉"。馆前湖坑一带另加一条白布做的百子裤。

武平,通常把"大扎"和"送日子"一齐完成。首先,男家把新郎、新娘的生辰八字送到择日先生处择日,有些女家要求将选好的日子进行复查,经认可后,男家才可写好"预报佳期"红帖,由伯婶或叔婶带几个青年将之与"大扎"礼物送到女家去。"大扎"所送的礼物,基本与"小扎"一样,但花饼要多一些,约400~500个。聘金当日应全部付清。此外,在结婚前一天,男家还要选十来个男女青年把丰盛礼物送至女家:猪肉99~149斤,牛肉、猪肉各19斤,鸭蛋49~99个(上贴红纸剪的"百年偕老""五世其昌""花好月圆""爱情永笃"等字样),公鸡、母鸭各2只,花饼200~400个,酒4瓶,上写"大冰相"(媒人)、"整容"(整理头发及面容)、"启辉"(点花烛)、"扶驾"(搭嫁)的小红包各1个。到女家时,领头人把男家"礼物贴"呈给女家主人,按"礼帖"一一清点给女家指定的收礼人。

漳平,迎娶前一日,男家将置办出嫁酒宴所需一切食物用品(远的可以钱代物)和另一半聘金送到女家,称"入门笑"。双洋则再送一次酒斗及大馃,官田一带还要另送女方外祖母大猪脚一腿。

5.闽北

(1)三明

沙县,男家应提前四个月或半年选定正副两个结婚日期,写成"接亲日帖"并附上两丈四尺的彩礼布由媒人送往女家,俗称"送日子"。当女家收到

"接亲日帖"后,由新娘母亲酌情择日,如嫌日子"不吉",便要通知男家另择佳期。之后,于结婚前一天,男家送礼物至女家,称"行盘",俗称"送六合檯"。"六合檯"以猪肉6斤、鱼6斤、粉干6斤、鸭蛋61个、蛏干2斤、目鱼2斤为主,另有全套猪肝心肺(方言满盘欢喜)和雌雄鸡鹅各1对,另加檯价400~800元,象价(即猪仔价)100元左右、五匠花红200元、喜烛2对、福香4封、禄茗4封、宣书2封、启筐4封、旅厨2封、近使若干封,所有礼物名目写在"十全帖"上,一并送往女家,女家放鞭炮迎接。乡间女家有清点"行盘"礼物之俗,若发现不足,当即以"添丁"为名向男家索足。50年代后,城区一带女家除收受男家行盘礼物外,当日嫁女宴客所用的全部荤素酒果、桌凳餐具及厨师、帮工皆要由男家提供。

清流,男家决定娶亲日子后,提前半年或三个月择吉日,将娶亲"日子课"送往女家。送时需交清聘金尾数并另加红包和若干鸡、鸭、猪肉、糖饼作"庄课礼"。女家接课后,除突发重大事故可提出推迟日期外,一般不得更改。

明溪,旧称"请期",俗称"脱鞋样"。男方将所定结婚日期,称"吉课",提前三个月以上用红帖写好由媒人送往女家征求意见。去时,媒人还要带去准新郎的公、嬷、父母、舅祖、舅父及其鞋样,让未出嫁的新娘制作布鞋,出嫁时带至男方,以示孝敬和手工技巧。之后于结婚前一天,由亲友将议定后未付清的聘金彩礼及圆猪(杀好的整头猪通身染红)、鸡、鱼、鸭、红蛋、各色糕饼等用"表礼"(一种两人扛的四层长形礼盒)、"十盒担"(用挑的圆形礼盒,每挑十盒)盛装,或扛或挑,由媒人护送至女家,俗称"去酒"。如若聘礼不足,应由媒人赶回男家索取补足。

宁化,俗称"报日子",又叫"做定"。在男方决定娶亲日子后,提前半年通知女家,并向女方送大年、大节。女方根据男方的要求,赶置嫁妆,为女儿出嫁做准备。真正"报日子"是在"归亲"(迎娶)的前四五天。男家把备好的凤冠、红头巾、宫衣、霞帔、宫裙、花烛喜炮和礼帖议定的未尽礼数,由媒人送到女家。出嫁女在这一天梳妆打扮试新衣,叫做"上脑"。"上脑"之后必须由内亲的童男伴睡,预祈来年生男孩。

(2)南平

政和,称"行聘",聘礼尾数要合"六",取六合吉祥之意。外加礼饼百斤左右、生猪一头和其他首饰衣物等。有的要按女家提出的"红单"付礼物。婚前应把该给女家的礼物如数交清。"迎娶"时也叫"接亲""过门",要选

"吉日",一般选两个时间以便女方挑选方便时间。

松溪,称"送帖""送日子单",或者称"送银"。男家备早餐请亲友,将写上结婚日期的红帖连同聘金礼品,交媒人带领亲友送往女家,女方备午饭接待。

建瓯迎娶前选择"吉日",经女方同意后,男方写出红帖,载明"开剪"裁衣和"过门"日期,向女家"送日子"。"过门"前,男方要交清"彩礼",并向女方"送四色"(猪蹄膀、公鸡、鱼、猪肚)。

6.台湾

(1)闽南人

台湾闽南人"送日子"是"在订婚后,媒婆取得女方坤书送到男方家,男方便将新娘八字送请命相师选定挽面(开容)、裁衣(开剪)、安床、嫁娶、出轿、入房等适宜时刻,写于红纸上,此即'日课表''日头'。并将日头、日头饼和米糖(现多改为现金红包)、'金、香、炮、烛'四样与'莲蕉芋、五谷仔、生铁、炭'四样,托媒人送到女方家,称为'送日头'。南部也有用猪腿、冬瓜茶、茶叶、蜡烛及复日礼(给女方另聘命理师复验适合嫁娶日期的红包)送日头的。"[1]

"送大定",台湾闽南人通常于迎娶前 12 天,男家将礼帖、婚书、聘金、大饼粏花(礼饼,60~240 份不等)、冰糖、冬瓜糖、橘饼、面线、羊肉、猪脚、福圆、糖仔路(用糖做成塔形、鸳鸯形等)、阉鸡两只、母鸭两只、大烛一对或数对、礼香数束、盘头裘裙(新娘的礼服)、手镯、戒指等,吹吹打打送到女家。女家放炮烧香,奉告祖先神灵,设宴招待男家来人,并把坤书交付男家;收下部分礼物,退回福圆、阉鸡、母鸭,猪脚退回猪蹄,同时回压新郎衣裳、鞋袜和一些具有某种象征寓意的物品,如红柑、香蕉、凤梨、芋头、五谷等。女家将大饼分送亲邻并告知女儿婚期,称"完聘"。

(2)客家人

台湾客家人"送日子"与"送大定"的做法和闽南人差不多,礼品上稍微有点差异,如要送一个猪腿给女家招待媒人用,称"媒人菜"。另加上槟榔、冬瓜糖、茶叶、蜡烛和五色糖等。女家收下一半猪腿,猪蹄部分退还男家,同时回赠新郎两件衣料等。

婚期未到时,如果男女任何一方嫡系长辈逝世,闽台各地有的可以在出

① 李秀娥.台湾的生命礼仪(汉人篇)[M].台湾:远足文化事业股份有限公司,2008:65.

殡前完婚,如云霄,称之为"脚尾直免找日";有的可以在四十九日或百日内完婚,如福州各县区等。否则,都须等三年孝满才可结婚。

(八)裁衣

送日子后,男女的婚期就进入了倒计时状态,为新人婚嫁做准备的一系列工作开始全面铺开。其中,无论贫富,为新人制作新衣是必定要做的事。过去新人的新衣都是要请裁缝师傅到家里做的,因此,大多数人家会在"看日子"时把裁制新衣的日子也一起挑选好,讲究的会连动剪的时辰和在旁观看者应回避的属相都作了规定,这一环节各地叫"裁衣""开剪"或"开铰刀"。"昔日有的是各自在自己的家中裁剪、缝制他们的白色内衣裤(或称'上头衣裤')和婚服:男性的为长袍、马褂、黑布鞋;女性的为红袄、红裙、霞帔和绣花红鞋……有的地方全由男家负责婚服的制作,然后再将新娘的婚服与'上头衣裤'在婚礼前一天送过去,俗谓'送袄裙'。"①比较典型的做法,如厦门思明,于吉日裁衣,男女两家同时进行。"结婚外装多请外工裁缝制作。在家裁制的内衫,必定有男女'上头'行冠笄之礼时穿的白布衫——'上头衫仔裤'。裁衣执剪要请'好命人'——夫妻子女齐全的妇女,所用白布也非同一般,必须是边上织入象征喜庆的红线的'红边仔布'或'山东绸',以示吉利……女家还制作新妇结婚系的'肚裙',也以白布为之。这件'肚裙'在头胎婴儿出生后裁作儿衣,具有预兆早生贵子的意思,也是必不可少的。"②又如惠安,由男家统一缝制男女的"上头衫裤",两套衫裤的布料须裁自同一匹布,而且裁制好后要同结婚礼服一起经过"上头风炉火"的熏烘,以制煞。之后再于婚礼日前随"送盘"一起送到女家。再如石狮永宁,新娘服外套要做七套,以备婚后七天一天换一套之需。男方也要与女方一样"裁衣",但一般只做两三套。明溪,在"日子单"里规定"裁衣"的当日清晨,男家将鸡、鱼、肉、红蛋、饼装成一包,托媒人送到女家,另加一个红包,女方用这些礼物宴请裁缝师傅,并将红包送给裁缝。

莆仙和闽南各地新郎、新娘的"上头衫仔裤",在婚后要妥善收藏,直到死时再穿上入棺,寓意二人有头有尾、白头偕老。现在由于衣服都是到商店里买现成的,所以各地的"裁衣"仪式都大大简化,如安溪湖头,只是等"日子单"里规定的时辰一到,由各自母亲对天公烧四支香后,拿儿子或女儿的内

---

① 陈支平.闽南乡土习俗[M].福州:福建人民出版社,2007:110.

② 陈耕.厦门民俗[M].鹭江出版社,1998:68.

裤做个剪的动作就行了。

（九）安床（铺床）、合帐（挂帐）、暖床、翻铺

为新人布置洞房、安放（整理）床铺、挂上蚊帐，也是不可或缺的一项准备工作。在福州，"如果男家房屋宽舒的，铺房可预先铺好眠床，挂好喜帐，布置好家具等，就不让客人入内。但是，往往男家房屋拥挤，一时还得使用，只好延到结婚当日早晨才能铺房。先铺设眠床，而后请已添了长男的伯叔辈或兄辈来挂帐，这叫做'好命人挂帐'，挂帐毕，还要以太平面谢劳。"①

在闽南和台湾各地，"安床"是一件比较隆重的仪式，大多在"日子单"里详细规定了日子和时辰及应回避不能旁观者的属相。做法上，各地大多在结婚前一天请儿女双全的"好命"长辈前来安床，安好后，要让属相好的小男孩陪新郎睡一晚等。如：

惠安涂寨，安床要由新郎的兄嫂（或堂兄嫂）共同主持。床脚压住金箔纸折叠成的若干个方胜，并在其周边放置一个泥塑粉孩儿作守护，床上横梁安装榫卯眼，帐内悬挂一对点亮的红枣灯。之后，要在床上摆好几样精巧的菜肴、供品及汤圆，烧金放炮来祭拜"床母夫人"。安床后至结婚日，新郎每晚须有一小男孩（弟侄均可）伴睡。

石狮永宁，男家请夫妻俱在、儿女双全的"好命"长辈前来"安床"时，要先在自家的土地公龛前烧香祭拜、放鞭炮，之后根据房屋朝向，在每个床脚放一块砖，上面放一只金纸，再将床铺周正地安放在上面。以砖垫床的目的是防止床脚的木头因接触地板而潮湿腐坏。结婚的前一天晚上，也要叫个亲戚家属相较好、不与新人相冲的男孩与新郎一起睡，叫"暖床"。该男孩第二天可以得到一个较大的红包（现在通常为五六百元）。

安溪湖头，洞房里的床铺一般事先放好，请来安床的"福寿"长辈只要在床的四个脚各放一个包着两枚硬币的红包、床底下放一对男女泥孩塑即可。安床时要唱"四句"，如"孩儿笑嗡嗡，新娘早生孙"等，安好后要放一小串鞭炮。也有让属龙的小孩来床上滚的，叫"翻铺"。之后，在新娘未进洞房之前，其他人不得入内。新婚前一晚，新郎要与属相好的小孩一起睡。

永春岵山，洞房里的床铺也是事先放好的。"好命"长辈只是过来扶扶床板、垫垫床角举行仪式而已。每个床脚放一个包着两个硬币的红包，并煮

① 福建省民俗学会. 闽台婚俗［M］. 厦门：厦门大学出版社，1991：40.

三碗圆仔(汤圆)祭拜床母。安好后,放一挂鞭炮。好命人会说一些祝福新婚夫妻子孙兴旺、家业发达之类的吉利话。新婚床安好后,只可在娶亲前晚由大母舅睡一夜,其他人不能在上面睡。临睡前,要好酒好菜请大母舅吃喝一顿。

思明,男家在裁衣当日,请"好命人"执剪,于当天缝制好床帐一顶,称为"合帐"。"安床"多在迎娶的前一天下午或傍晚进行,由谙熟个中忌讳的亲戚主持,属相与新人相克的不能在场观看。在新房摆新床时忌与桌椅橱柜相对,还要考虑新夫妇的生辰八字、神明祖位、门窗等因素。安床妥后,即以豆腐、肉、酒祭床母。当晚,新郎要与一个父母双全的男孩同睡新床,"翻铺生干埔",称男孩睡在床上左右翻身,会兆新人将来生男孩①。

漳州芗城和长泰等地,要在择定的吉日请族中好命男长辈前来安床挂帐。床铺必须顺着屋梁的方向放置,否则称为"担楹",不吉。床安好后要请一两个属龙的(其次选属蛇的)男孩爬上新床翻滚嬉闹,象征新娘连生贵子,称"翻床"。完婚前,新郎也不可在新房单独过夜,必须有一两个平辈的男子伴睡,称为"暖房"。睡伴首选属龙的,忌选属虎。

台湾,闽南人"安床"时,慎重的人家会准备茄芷、草席、被褥、米(寓农产丰收、事业兴旺)、銊、炭、蕉、梨、芋、桔(取生、炭、招、来、有、吉之意,寓子孙绵延、人丁兴旺、平安吉祥之意)、红圆、发粿(取平安团圆、发达之意)、桶箆、大灯(寓生男丁之意)等物,并在规定的时辰内放置于新床上一小时左右。之后,"在床上张贴一张以朱砂笔所写的凤凰符'凤凰先到此罡',或是麒麟符'麒麟先师到此大吉'。再请一位属龙的小男孩在床上翻滚,并诵念'翻过来,生秀才,翻过去,生进士'的吉祥字句。之后备鸡酒、油饭等供品祭拜床公母。结婚前一晚,则请属龙的男孩陪新郎睡在新床上,不让新郎独眠,谓之'暖房'或'压床'……亦可放男、女方衣服在床上即可,另外,新房的镜子要用红纸盖住,避免冲煞"。② 客家人的做法基本上与闽南人一致,不同的是,在安床这一天男家要送"六礼"至女家:燃礼、书仪、祀仪、袂仪、阿婆菜、厨子仪。

莆仙的莆田、涵江的"安床"的做法与闽南、台湾等地差别较大。在安床之前要先由"送房兄"来布置"新妇房"(洞房)。"送房兄"应源自古代闽越

---

① 陈耕.厦门民俗[M].鹭江出版社,1998:68.
② 李秀娥.台湾的生命礼仪(汉人篇)[M].台湾:远足文化事业股份有限公司,2008:66.

族掠夺婚传统,即男方用暴力把女的掠夺过来,因怕被抢回,请一批青壮年守夜。久而久之,这批人就演变为专门在人家结婚时前往帮忙的"送房兄"。他们以闹房(俗称"送房")为中心,前后做了不少事,主人因此对他们招待备至,敬称之为"送房兄"。洞房的门楣上要挂米筛麻袋和一条男裤。挂米筛麻袋代表天罗地网,能驱除邪祟;挂男裤,为使新娘将来服从于丈夫。洞房内挂条染红的猪腿,因俗忌新婚之夜"白虎"占床,故以猪腿禳压之,祈求免除灾祸。房中除摆放崭新的眠床、橱柜、桌椅外,墙壁上还要挂上"麒麟送子"或"孔雀开屏"画轴镜屏,并在床前悬挂一对"百子红座灯",这些物件称"送房料",俗例要由新郎的姐夫或姑丈、送房兄备办。之后,通常在迎娶日的凌晨,吉时一到,送房兄要用铜钱垫洞房里眠床的四个脚,俗称"安床",取夫妻恩爱平安吉利、共同劳动、发财致富之意。安床时送房兄会赞"眠床垫上太平钱,岁岁平安福来临,一对鸳鸯交颈睡,夫妻恩爱百年亲"等吉祥诗句。

在龙岩长汀,男家铺新床时,女家须送木炭、肉丸、红蛋,称"探子探孙"。

(十)添妆(添箱、送嫁、捧花粉)、添丁

订婚或"送大定"后,各地的女家都会将收下的礼物分发给亲友。特别在"送日子"后,男女两家都会向亲友派送礼饼之类的礼物,以告知儿女成婚日期。如在惠安崇武,结婚前几天,男家要挑选个好日子"征丸"。当日,要在门上贴喜联、门楣中间挂有红花图样的红布,并准备好大量的糯米粉、地瓜粉、地瓜、食用红色素等材料,邀请邻居的阿姆、阿婶到家里帮忙搓白、棕、红三色汤圆,煮成甜圆子汤分送给亲友,一户一碗,称"分圆"。石狮永宁和

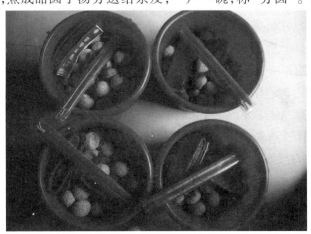

惠安的炸枣

漳州龙海也都有此俗,分别叫"惠圆"和"分圆"。此外,崇武的男家还要让亲邻帮忙送礼至新郎母亲及祖母的娘家,每家一包墨鱼丸(三斤)、100粒炸枣,从下到上装在红桶里,上面压一张红纸、一对蜡烛和一节鞭炮。娘家人接了红桶就将鞭炮放了、礼物收下,然后在桶里放进六包冬粉由来人带回。永宁则是由准新郎带上红圆,亲自到外公家的祖厅拜公妈、贴红联,让外公家人把红圆分送给他们宗亲和邻居,以表示不忘外家哺育之恩。永春岵山则在娶亲前一天,男家要向自家亲戚们"送吉课":一般用两个"漆篮"装成一担挑去,一头是面线和蛋(鸡蛋和鸭蛋,双数,数量不限),一头是"榜舍龟"或糍花等。

在得知男女的成婚日期后,亲友们大多会向他们送礼,送给女方的,闽南大多地方称"添妆",福州地区多称"添箱"等;送给男方的,闽南称"添丁",莆仙称"厮贺"等。送给新娘的一般为布料等生活用品或礼金,给男家的通常是礼金。这些财礼必须在迎娶日前送到,否则不吉利,婚家不接受。此外,各地的亲戚和族亲还有请准新娘到家做客或煮点心送到女家让准新娘吃的习俗,如:

蕉城,在"送日子"后,女家至亲至戚要送布料给新娘陪嫁。送时,还要附送一大缸煮熟的水粉或粉干等。之后,准新娘开始到外婆或舅父、姨母、姑母家,轮流作客,俗称"作大客",作客时间三五天、七八天不等,多则月余。

屏南,婚前约10天,女家族亲轮流宴请女子,俗称"请饭顿";亲戚则送米粿或粽子、线面、酒及一套衣料,俗称"送饭顿"。当母亲的给女儿做一双红鞋和一双青鞋,及一些未来外孙的衣裙鞋帽等吉祥物。

闽侯与闽清等地,亲友送出嫁女衣料和生活用品,俗称"添箱"。内外亲还要宴请姑娘一次,俗称"起轿脚"。

罗源,送日单后,女方的外祖父母、母舅等至亲开始请外孙女或外甥女做客,谓"做送路"。邻居和朋友也送蛋、面等点心钱行。

莆田、城厢、涵江等地,临嫁前,亲人为出嫁女赠送衣饰、红花、香粉等,以示祝贺,俗称"捧花粉"。男家亲友则于婚前一天,随带钱币、贺幛、镜屏、红烛、鞭炮等前往祝贺。在山区因山路崎岖、交通不便,多在结婚日送贺礼兼赴当天午时婚宴。主人收受贺礼时,要请贺客吃面或回送四个"梅花饼",面邀或另行送红帖约请贺客参加喜宴。

仙游,"送日子"过后,亲戚分别向女家送布料、毛毯、皮箱等作为嫁妆,称"送嫁"。族亲则煮一大碗有面、蛋、肉的点心送至女家。男家亲友则于结婚日包礼金前往男家祝贺和喝喜酒。

安溪,亲友在订婚时收到女家分发的"大小礼"和"盘食"后,要买礼物(金器、床上用品等)送到女家作为新娘的嫁妆,或直接给红包,包里的钱额一般为收到"大小礼"的一倍。另外,在嫁前的三、五天内,伯叔兄弟,各要煮一大碗丰厚佳点(点心)请出嫁女,表示惜别,叫"出门惜"。

长汀,送男家的,亲戚一般送四色:喜幛(联)、笑包、柚子、喜炮(炮仗);母舅送"中堂",悬挂厅中央;朋友一般只送喜幛(联)、喜炮。送女家的,城区送鞋袜、胭脂、花粉、镜子之类;乡间送围裙、衣裤布料、蛋、袜等。现城乡多用红包代礼物,在上面写着"充喜联"(送男家),"充胭脂花粉"(送女家),并署上送礼者姓名。乡间也有不写的。

大田,亲友向准新娘送米粉、红蛋、香皂、花粉、袜子等礼物,俗称"送嫁""添花粉"。母舅、伯叔还要送衣服 1 套。

将乐,结婚前一日,男女两方的舅家各自为外甥、外甥女送"圆满",有鸡、鸭、肉、猪肚和 60 个或 120 个蛋以及鞋、布料等。至亲要送嫁,内装鸡、肉、蛋、鞋或布。

宁化,在"报日子"后几天,邻里乡亲的女人们携带擂好的"茶泥"纷纷到女家送红蛋,女家收下红蛋并将她们带来的擂茶煮了,与准新娘一起喝,以示送别。

(十一)搬嫁妆、展嫁妆

为女儿置办嫁妆的多寡与厚薄,一般依女家的经济状况而定,有的如前述"议聘"里的连城等地,嫁妆在议聘时也商定,但这种情形不多见。1950 年前,各地的富家除箱、橱、桌、椅、凳、服饰、衣料、鞋袜、被帐、盆、桶等家具和日常生活用品外,有的还加上使女、田产、金银细软和大笔"压箱钱",甚至棺木寿材等;穷家则因陋就简、勉强随俗,民间因此有"富人家嫁女,穷人家卖女(赚聘金)""上等人家赔钱嫁女,中等人家将钱嫁女,下等人家赚钱嫁女"的说法。但无论贫富,嫁妆里必定有马桶(子孙桶,原为木桶,现在为红水桶)和灯等物,现在还有牙膏、牙刷、毛巾等。各地将置办好的嫁妆搬到男家的形式和时间差异较大,有的在婚前一日由男家派人送礼到女家时顺便搬回,有的由女家在婚前一日或二三日专门送至男家,有的在迎娶日随新娘送到男家。到男家后,有的还要展示在厅堂上任由男家亲邻观看,有的甚至要由新郎母舅进行查验等。负责搬运嫁妆的,都会得到男家或女家给的一个红包,如:

蕉城，迎娶当日，天刚亮，女家就派人将帐和门楣送到男家。男家请"好命人"张挂。早饭后，年轻男子十多个人，往女家搬嫁妆。嫁妆多寡随人而异，但一般有红布袋一担，以寓传宗接代和五谷丰收；苎布一捆，表示女工纺织；围兜一件，表示勤理家务。此外，苎篮、镜箱、脚桶、尿桶，必不可少。尿桶里还要放两个红橘或红蛋，供小孩哄抢，表示发吉。搬嫁妆的人，要带足男家给女家的"缝纫工""洗尿盘""轿头肉"等红包。

福鼎，富家以箱笼、橱、桌、被褥、床作嫁妆，大富者陪客厅、书房、卧室内各样用具48杠，一般穷人只备箱笼装简便的嫁妆。两人以一杠抬一项，叫"一杠"；福安有歇后语"陪三十六杠——满路红"，指的是富家嫁女的嫁妆。寿宁贫者仅三杠、五杠，俗称"三杠头""五杠头"；富者也多达36杠，亦称"满路红"。无论贫富，梳妆盒与一对高脚红漆便桶（称"子孙桶"）是必备的。城区于婚前一日，女家把嫁妆送往男家。农村则于成亲之日随新娘同往。

霞浦，婚前一日，男家遣人运送"轿前盘"，随带"娘奶花彩""封笼包""梳头包"等各种例定红包，往女家迎接嫁妆，俗称"搬嫁妆"。其中，马桶、洗浴盆、火笼、剪刀、针线、红布袋不能缺少。嫁妆要请新娘母舅加锁贴封，俗称"阿舅封笼箱"。嫁妆到男家后，摆大厅让亲友参观，俗称"看笼杠"。1960年后，改为迎娶日迎妆。

福州鼓楼和台江，于婚前一日，女家要吹吹打打将妆奁送往男家。其中，马桶、梳妆箱和大脚盆则是必备之物，俗称"搬饮""办亲"；连江的凤城镇，也是于婚前一日，由女家"搬饮"，将嫁妆送往男家并陈列在厅堂上。其中必有系红线的雌鸡一只，称"红线羁脚"。男家亲友乡邻蜂拥观看，有的还开箱探察嫁品分量。男家在此日宴请宾客，称"闹厅"。

闽清和罗源则是由男家于婚前一日差人送礼到女家时顺便搬回：前者男家发花轿、金鼓班、礼书大贴、"过门担"、礼鸡及搬妆奁人马到女家，妆奁于当日搬回。妆奁有"全红"（六个橱）、"半红"（四个橱）、"铺（陈）、箱"、"随车"（田产、婢女等）等类别，但无论贫富，马桶、妆台箱、宫灯是必备的，而且也有回赠男家一对雌雄"红线羁脚"鸡之俗；后者称"搬闲架"，嫁妆一般有橱、桌、柜等"三杠红"和被、帐、席、脚桶等，马桶和灯为必有陪嫁品。永泰，女家于婚礼日送亲的物品中，除若干箱嫁妆外，必备马桶一个、脚桶一个、镜箱（梳妆台）一个、宫灯一对和一棵带根的活竹子、火笼一对（内装火炭以示生活火红）等。

仙游,嫁妆是在迎娶日由女家送嫁的亲友送到男家。通常为"五件身"(内外衫裤)、面盆、镜子、梳子、毛巾、马桶等日常生活用品及五谷种等。富家此外还有丫环、棺材等陪嫁,俗称"全嫁"。

泉州鲤城区和晋江等地,于婚前一两天,由女家用"红甲吹"将嫁妆送往男家。男家在大门内置火炉,嫁妆逐一从炉火上抬过,女家负责送嫁妆的头人向新郎父亲呈上束帖和嫁妆清单,送嫁娘则将箱箧钥匙交与新郎母亲。事毕,亲友邻居即入新房参观嫁妆。新娘的红肚裙也装有与安溪湖头新娘大致相同的物品。因在订婚时,女家向男家请求送来各位亲属的鞋样尺码(俗称"请鞋样"),所以嫁妆里必定还有新娘提前制作以送给夫家亲属作为见面礼的新布鞋。

晋江新娘送给夫家亲属的鞋

石狮永宁,嫁妆由婚礼日男家"送盘担"至女家的人带回。贫富不同,但金银器、钱、面桶、大脚桶(洗衣洗澡盆)、屎桶、被枕、衣服等不可缺少。其中,一对中间封束红纸或红布的头尾俱全的甘蔗到男家时要放在新房门后,寓意夫妻白头偕老、幸福美满。嫁妆到男家时要摆在厅堂上让亲邻观看。为让女儿到夫家有面子,当地盛行厚嫁。

安溪湖头,在迎娶日,由女家来人将嫁妆抬进男家大门并陈列在大厅上供亲友邻里观看,婆婆在旁查验,然后搬进洞房。富家除钱、金银器和生活用品外,还有田契、房内桌椅及棺木等随嫁,叫"满堂红"或"全厅红"。嫁妆中由四个盘组成的"花担"是不能陈列的:第一盘装"缘钱"、乌糖、桔仔、冬瓜糖,称"入门缘分";第二盘装四朵纸菊花、一朵纸春花(给婆婆戴,以示好)、剪刀、尺子、镜子(用红纸包住,三天后才可用)、手巾、围身腰巾、红白乌三色线、12枚硬币(闰年13枚);第三盘装两包面线和是12个"馒食"(面点,现多为面包,闰年13个);第四盘装新娘的一套旧衣服、鞋等。此外,扎在新娘怀腰间的肚裙(内藏袋子,装着用红纸封好的菜子、芋头、姜母、油麻、泥孩儿、火炭、夫妻同食的两枚熟鸡蛋)和妆盒、脚桶、马桶、尿盆等物也不能示人。男家收下花担里的物品,回赠女家猪肉、鸡卷、糕点、糖果等物,并给挑嫁妆的人每人一个红包,数额通常是"文定"时女家给男家挑盘的红包的一倍。

思明,于迎娶前一日或数日,女家将嫁妆送往男家。嫁妆一般是钱、衣服、布料、金器、古瓶酒、礼饼、礼糖、蜜料、茶点、日常用品,皆用槛装。富家从生到老的各项用品都陪嫁,称"大嫁娶"。中等以上人家,常有成套的精美漆具陪嫁,如彩绘九龙的茶料盒"九龙盘",装蜜饯的蜜料罐,装茶料的糖罐,内有冬瓜糖、橘饼、红枣、桂圆干肉等茶点蜜料,让女儿搁在房中使用。招待公婆舅姑的茶具也一应俱全,有"龙眼干盅",供婚后三日出厅奉"龙眼干茶"用;"鸡蛋盅",供公婆生日奉"鸡蛋茶"用。还有三日出厅献赠夫家女眷的"红春簪"等。无论贫富,必定有子孙桶,当将之送进新房时要念"子孙桶提悬悬(高高),生子生孙中状元"等吉利"四句"①。

长泰积山,在迎娶日当天,由男家去接新娘的人把嫁妆搬回来。丰俭随女家家庭经济状况而定,现在一定会有以下物品:一床被子、两个箱子、两个脸盆、一个水桶,两条毛巾、一支牙膏、两支牙刷和一个盘子,盘子里放着一个装着谷子、黄豆、花生、绿豆和姜的袋子。脸盆、水桶功能与以前的洗澡盆、子孙桶相似,寓意着夫妻和睦、早生贵子;五谷寓意着婚后五谷丰登。此外,还有一对用红线绑在一起的因收下男家送来的猪肉而送还的猪脚。

长汀,称"盘嫁妆""送嫁妆"。城区在接亲前一天,乡间在新娘到男家当天。送嫁妆由新娘母舅或叔伯主持,无论古今贫富,必备脚桶、马桶、门帘、席四色。

武平,男家于婚前一日向女家送礼时,需另备几根新砍下的小杉树去皮,两端贴上红纸,用于搬嫁妆担木制品等。男家送礼到时,女家要把全部嫁妆搬到厅堂上,由男家来人吃完午饭后把大小件搭配妥善搬运回去。嫁妆中仅木制品就会有十余件:大衣橱、书桌、四方凳、四方矮凳各两件,洗衣盆、洗衣凳、马桶、洗衣桶、面架、衣架各一个,大小木箱各两件等;新娘四季衣裤10~20件,新娘制给夫家全家人的子鞋十多双;锡制品烛台两件,小茶壶、灯盏、油壶各一件;床上用品,如棉被、褥子、蚊帐各一件,皮枕两个,另外还有亲朋送的多种礼品。女家回给女婿的礼物,有衣服一身,鞋袜各一双,

---

① 陈耕.厦门民俗[M].鹭江出版社,1998:70.

礼帽一件,白纸一小捆,毛笔、条墨各一条,四季葱、白带子各 1 束及花饼 29 个等,均装在竹盛及谷笋内或木箱内。

大田,于婚前一日由男家送花轿、礼担、各种礼帖到女家的人搬回。子孙桶(马桶)一个、雨伞一支、灯一对、小种鸡(未下蛋的小母鸡)两只、火笼一对(内装松明一把或木炭、火柴一盒、芋头一个、圆葱一株、姜一块等)、鞋盘一个(内放剪刀、尺各一把)等。有的富家还备"全厅面"或"半厅面"嫁妆。"全厅面"嫁妆除锅灶外,其余样样齐全。普通的是"一扛半"("一扛"指一橱、被子和蚊帐,"半"为一箱或一柜),多者"二扛"或"二扛半"。

沙县,自婚前一日的清晨起,嫁妆摆放在女家客厅上让宾客观赏。男家于中午"送行盘"到女家的队伍回去时将之搬回。其中,有烛台、衣箱、马桶、腰桶、枕头、草席、女红用具等。

宁化,婚前一日,女家将嫁妆送往男家,主要有四季衣服、家具箱笼之类,官绅人家还有奁田、使女等。嫁妆送到后,男家宴请亲朋"看嫁妆"。

建瓯,于婚礼日随新娘送到男家。一般人家陪橱桌板床、衣物箱笼、木器桶盆。有钱人则加陪锡器壶瓶、金银首饰、田地房产和奶婆(丫环)。迪口等地嫁女,另陪一棵连根带茎的芋头,意谓"芋头生芋仔,百子千孙"。水源等地独有"陪嫁舅"的习俗,由新娘最小的弟弟(若无则由堂弟代替)陪嫁,陪新郎新娘睡三、五天至一个月不等,意兆"以弟招弟"。陪睡结束后,男家做一套新衣送"陪嫁舅"回家。

台湾客家人也是在婚前一日,请且郎(负责嫁妆和聘礼搬运的人)将妆奁搬往男家。男家要给每人一个红包,称"且郎钱"。

(十二)沐浴、挽面(开面)、上头

在婚礼前,新郎、新娘都要做一些沐浴、装扮等,以最亮丽的面容迎接自己人生中的大喜事。沐浴上,婚礼前的洁身活动在一些地方具有仪式性的特点,洗澡的水与用具与平常洗浴有较大的不同,如在蕉城,新郎要用大麦煮汤沐浴;在涵江,男女都要用红枣、桂圆干等煎汤沐浴;漳平,用桂花枝煎水沐浴;长泰积山,分别在澡盆里放着石子和硬币(各两枚)、木槿(四叶)、桂枝(四叶)、柿枝(四叶)、榕枝(四叶)各一枝进行沐浴。其中,石子寓多子,硬币寓财气,四种树叶分别寓福、禄、旺、寿;在台湾,客家人"用槟榔、早稻、长命草和两枚鸡蛋一同水煮,鸡蛋给准新娘吃,水则给准新娘沐浴用,有洗去昔日污秽,自此以洁净崭新之身,准备嫁入男家之意。同时会用煮过的槟

椰和雄精(雄黄)两块,放入红色小纸袋内,袋面写上双喜,当新娘出嫁时系在她身上,有辟邪驱煞的作用"①。

　　装扮上,各地的新郎无非只是理理发、刮刮脸、穿上结婚礼服而已,新娘则要做得更复杂一些。在许多地方,通常在婚前一两天,也有的在婚礼当天,要对新娘的脸部进行修整,福州各县区称"开颜"、闽南各县区称"挽面"或"开面"、有地方称"开容"等。有两种做法,一种是请夫妻俱在、儿女双全的福寿中年妇女来做,将一条坚韧的细线对折,一手执对折处,一手抓紧线头一端,再用牙齿咬起线头另一端,使线呈两角交叉状,紧贴在新娘的脸部,协调用力,一起一落、一弛一张,把新娘面部、额前、鬓角的茸毛绞除,令其脸部光彩明净。由于其对脸面具有按摩的作用,挽面后新娘的气色格外好。另一种是直接用剃刀将新娘脸上的汗毛刮去。无论哪种做法,各地的女孩也只有在快出嫁时才能这么做,未婚时绝不可做。如长泰积山,挽面通常在出嫁的前一天下午进行。在女家厅堂的地板上放一面中间贴着红纸或由红

长泰积山嫁娶用的盘香和树叶

　　① 李秀娥.台湾的生命礼仪(汉人篇)[M].台湾:远足文化事业股份有限公司,2008:82.

纸剪成八卦图案的笰箩,上面放把竹椅,新娘子坐在上面,旁边放一个鸡蛋、一块白粉底、一把剪刀、一缕白线、两束(盘)香、一块红纸、一条红绳、一盒火柴(或打火机)和三束由桂花、榕树、柿子、木槿四种叶子用红绳绑在一起的树叶(一束放于碟子或瓦片上,另两束将分别放在脸盆里和插在新娘子头上)。挽面前,"拉新娘"(职业喜娘)举着上面放燃香和四种树叶的碟子或瓦片(燃香在上,树叶在下;如是盘香,燃两圈,香则燃八支;如用碟子,用一个,瓦片则用两片)在新娘的头上绕着,边唱"四句",如"坐竹丝生团仔(儿子),上学会读书;做得正,婆婆疼。笰箩圆,快快出丁快发财"等。

此外,在莆仙、闽南和台湾的大多数地方在婚礼日早上或前一天有为新人举行"上头"的仪式。举行的时间和该回避的生肖也大多在"日子单"里作了规定。如:

莆田、涵江等地,婚前一晚(俗称"上头暝"),新郎、新娘分别穿上"上头衣裤",在各自家中待到事先择定的吉时(一般为婚礼日凌晨),请福寿双全、夫妻健在的长者为之梳头。新郎坐在厅堂上,束发加冠(戴上插金花五蕊的礼帽),送房兄在一旁唱赞:"今早'上头'喜匆匆,东来紫气满华堂;某某(如朱陈)二姓谐连理,新郎新妇振家风"。之后,在厅堂壁上悬挂俗称"表德"的表轴:四尺长两尺宽,分左、中、右三行书写;左行写新郎的原名和字三个字(如"光大字");中行写上新郎的表德字,一般为两个字,斗大,意义与原名相谐,多取吉利字眼(如"祖德"两大字);右行写上新郎在同族同辈中的排行(如"行十六")。挂表轴时,放鞭炮,送房兄赞:"挂起表德真及时,金鸡报喜迎佳期,亲朋戚友来贺喜,一举成名天下知。"与此同时,新娘在自家厨房举行"上头"仪式。先在灶君前放一个簸箕,中放一个"石臼",两者都呈圆形,表示婆家是圆满之家,新娘要脚踩"石臼",表示今后越做越富。"上头妈"给新娘梳"太婆头""开面"(挽面)、化妆等,将从新娘头上拔下的七根或十根头发与男家送来新郎的头发混合在一起搓成"发线",交由新娘珍藏,作为"结发夫妻"的物证,并在发髻两边插上纸制"五蕊花"各一枝。

安溪湖头,一般在结婚日的大清早,新郎和新娘各面朝祖先牌位,正坐在自家厅堂前"天公灯"下八仙桌前的椅子上。八仙桌上披着红桌裙,点着大红烛。新郎家的桌上另放新"斗灯"一只。斗灯是贴有红纸的大米斗,里面装着几乎满斗的大米,米上各插一根新木尺、新剪刀以托住一面新镜子。镜前放一盏新灯,里头灌满生油,浸着七条草灯芯,以长条冬瓜糖作火挑。灯盏两旁放一块糯米甜"馒食"和纸制的"春花"、"吉花"各一对,镜子与灯盏正中处,置有"财宝"(镇家金银,后多用钱币)。"上头"时,族亲中一位福寿男长者,异常严肃地在新郎头上梳三下,同时念"上头戴髻是大人,大还大,小还小,从此大丈夫,成家立业"。之后,新郎抱斗灯入房,排在床左与床右放置的"发糕"相对。斗灯的灯芯燥油时,新郎要亲身添灌,别人不能代替,且要使之整夜不熄;新娘则由母亲和送嫁嫂帮助请来的族中福寿女长辈为其"上头"。送嫁嫂在旁唱:"坐得正,得人疼,坐得'在'(牢),好团婿。"女长辈把新娘的头发梳成髻,在髻心系扎上红髻索、别上笄针,戴上金钗银插,穿上耳环、佩上手镯、足环,穿上嫁衣、四幅裙,再披红袄。之后,女长辈净手脸,重新用梳子在新娘发上比划地梳三下,口念"梳头梳到后,翁某(夫妻)食老老""上头带笄是大人('及笄'),大还大,小还小,是人媳妇免人教,奉侍翁姑(公婆)要有孝"等吉、训语。

永春岵山,通常在婚礼日的清晨,新郎、新娘端坐在自家厅堂上,新郎脸朝厅堂内,新娘脸朝厅堂外,意为男子成年将掌家,女子成年要外嫁。各自脚下放着一个米筛,米筛上放着一个燃着的火炉,火炉口朝向与人坐的方向一致。新人的两脚各放在火炉两边,撒些盐米使火烧得更旺,然后由族中好命长辈在他们头上梳三下,边唱吉语:"一并良时吉日,夫妻成人;二并生男育女,成家成名;三并合家幸福,富贵万年。"日书上指定回避的人要回避。上头后,新郎、新娘各自回房装扮和休息。新娘穿衣服时,要先把衣服装在一个竹篓里摇三下再穿上,身上的红兜肚里要放两个鸡蛋、12团线(红色、白色、黑色各4团,缠绕钱币12个)、一个小男泥孩和一面小镜子。

思明,婚期前夜或当日清晨,男女两家在各自家中正厅的祖先神位的供桌前放一大"筛笭",上披红毡,毡上放一把竹椅(有的男子成年礼放米斗)和一只矮竹凳,准备好缠着红丝线的梳子,请"好命人"为穿着"上头衫仔裤"的新人举行"上头"礼。先在供桌上供12碗菜、焚香、点上龙凤大红烛以祭告祖宗,然后让新人坐在竹椅上,脚放在矮竹凳上(与永春一样,新郎脸朝内,新娘面朝外),"好命人"拿起梳子为之梳头,边念"上头戴冠已成人,出门坐大位,食人头杯酒,说人头句话"(对新郎,表示今后受人敬重);"头毛梳起起,坐金交椅","高椅坐,低椅搁脚,吃饭配猪脚"(对新娘,寓意将来好命)。梳好后,男用红丝线束发,戴上礼帽;女用发簪插在发髻上。礼毕撤下家什,马上摆上酒席,由为父者向年轻人敬酒祝贺①。

---

① 陈耕.厦门民俗[M].鹭江出版社,1998:71.

大田,出嫁日清晨,请舅母或"好命妈"(公婆、夫婿、儿女皆全的妇女)按吉时给新娘行加笄仪式,俗称"上头"。在厅尾摆上供桌,焚香点烛,新娘穿上红色的嫁衣,坐在交椅上,脸朝厅尾,两脚踏在"七星斗"上(即米斗中点燃一盏七芯油灯,斗上置一块米筛),左右两旁站着童男童女,由舅母或"好命妈"给她梳妆,童男童女也依次给她梳头三下,再把头发绾成一个髻,插上簪子和白花、红花和一朵,口念:"今日梳妆绾髻是大人,(某)家女子(某)家祖妈做到成,白花插在前,好子生在前。"母舅或兄向厅尾开新伞三下,谓之"出伞",边开伞边念:"(某)姓阿使(女儿)到(某)姓做祖妈,人未去,魂先去,传枝接叶,旺子旺孙。"然后将挂红的伞,头朝上放在厅头。男家需给新娘加笄礼物:米一斗、公鸡一只。同一时辰,男方开洞房,厅头、洞房点灯火,表示将新娘灵魂迎进男家房中。

另外,还有少数地方,如德化的一些地方,要在新娘入门后与新郎一起由男家亲族长辈中福寿的夫妻为他们上头。

(十三)婚礼日前的其他民俗活动

婚礼日前,除上文已述的活动外,闽台各地还有以下富有特色的婚俗活动:

1.送轿、迎轿(接轿)

在闽台的许多地方,如三明地区的清流、明溪、大田、沙县、泰宁和宁化,南平地区的武夷山,宁德地区的蕉城区、屏南、柘荣、霞浦、寿宁和周宁,福州地区的鼓楼、台江、马尾、闽清、罗源等,有男家在婚前一日的下午或傍晚将花轿送往女家以备翌日迎娶的习俗。送轿时,有的用灯笼、火把和金鼓班子将花轿送至女家(鼓楼、台江、马尾等称"迎轿",霞浦称"接轿")有的还要加送"轿前盘"(柘荣)、"压轿肉"(罗源)、"猪脚肉"(福鼎)等礼担、礼帖至女家。

2.筛鼻目、试妆、赖床

在福州市区的鼓楼、台江和郊区的马尾等地,婚前一日下午女家要在厅堂上置一火炉,中烧火炭,由伴房妈将新娘所有于婚礼日随带的妆奁在炉上筛过,叫"筛鼻目",伴房妈口念:"千目万目筛出去,金银财宝筛进来。"之后,为新娘梳妆打扮,穿上蟒裙,插上钗钿,套上"压轿鞋",称"试妆"。新娘所有口袋的袋口都要用线密缝,以免女家的喜气被女儿带走。"试妆"之后,新娘就不能离开闺房,直至上轿前。在罗源,婚前一日新娘要"赖床"(闽清是在迎娶日"赖床"),不出房门。见人进房门就边哭边唱"哭嫁诗",俗谓"喊道谢"。长辈要给"压袋钱"(红包)。

3. 闹花轿

在武平,婚前一日把厅堂、洞房、花轿布置好并挂好、贴好喜联。近黄昏时,雇请的吹班来到主家,把花轿抬到厅堂中间,在轿里的四方凳上放一盏油灯(点到天亮),吹班师奏着乐曲,邻居都来观看,主人办几席桌,请邻居各户代表、办事人员、亲属、吹班师等一起欢宴,称"闹花轿""养花轿"。

4. 哭担、骂担

在大田,婚前一日男家备花轿、礼担、各种礼帖,由媒人随迎亲队送到女家。迎亲人数去时为单,回时成双。女家在大门前鸣炮迎接。其母必须"哭担",俗谓如此女儿到夫家才会得到疼爱。新娘母舅"开担",有意"骂担",嫌礼担欠丰厚,俗谓有骂两亲家才越亲。女家收礼后,回拜礼帖。

5. 吃"圆满"

在将乐,婚前一晚,男家由舅舅、舅公、伯公、叔公陪新郎,在大厅上吃"圆满";女家由舅母、舅婆等陪新娘,在房间吃"圆满"。席间,新郎、新娘拜跪长辈、父母,长辈给红包。

6. 送花、起轿、"把盅"

在泰宁和清流,新娘出嫁前一天称"送花""起轿日"。前者于是日上午,男家向女家送"起嫁担",由媒人护送,挑往女家。中午女家办"离家酒宴"。下午,男家备"凤冠霞帔"(婚礼服),抬上花轿,擎高照(上贴红纸书写"某姓氏"和"某世家")、手灯笼各一只、松明两盏,乐班吹唢呐,上女家迎接新娘;后者城区在午前、农村在午后,由媒人领着新郎和接亲人众送花(凤冠)和红轿至女家接亲。新娘在当天需沐浴更装,穿上红衫红裤红裙红鞋红袜,戴凤冠、披霞佩。"出门酒"宴后,新娘坐上厅堂正座,脚踏米斗,父母兄弟轮流端着一碗白米饭,各给她喂一口饭和一口酒,称"把盅"。

7. 押轿鸡、打牛栏尖、讲亲

在明溪,婚前一早,男家宴客,叫"吃上盒"(便席)。饭后将"去酒"(礼担)送至女家。下午,男家发花轿、鼓吹等由媒人陪至女家,并派6~9人为迎亲队,俗称"亲家郎"。其中一人为男方至亲,挑"押轿鸡",作为全权代表,随带公鸡一只、小母鸡一只、酒两壶(一壶鸡血酒、一壶红酒)、五果盒一个(内装煮熟的猪肝、猪心、猪舌、猪腰、瘦肉等)、喜炮、喜烛、红帖及红包若干、现金若干。现金是准备女方"打牛栏尖"(敲彩礼)之用。旧有新娘临出嫁时另行敲索彩礼的习俗,意为"越敲越发"。女家以鸡腿、粉干、蛋招待"亲家郎",将收到的各色糕饼分送亲友,并于晚上请3~4张方桌拼连,摆上简便的酒菜,请至亲和"亲家郎"上席。"押轿鸡"的应主动付给女方"小礼钱"16个红包:厨司、梳妆、开盒、秉烛、祝神、宣书、血盆、庚书、裁司、沐浴、匠司、银司、锡司、捧茶、抱新娘、高照。其数目多寡,视家境而异。女家至亲出面向男家敲诈彩礼。城区旧俗男方迎亲时应办一桌酒席至女方祭祖,俗称"路席",后因不便改为折款付给女家代办,女家即在"路席"上高价索取。同时,还要索取"血盆"礼,又叫"心机礼"(扶养费)等礼,大敲竹杠。男家代表好言相求,但双方难免因此争吵不休,称"讲亲"。有的搞得双方积怨,婚后互不来往。时常发生男家代表因事先带的款额不够用,只得临时赶回再取之事。

明溪的亲家郎与压轿鸡

8. 哭骂夫家

在政和镇前、澄源、杨源等乡,新娘要于婚前一两日哭而无泪、有板有眼地"哭骂"夫家和媒人,赞颂娘家。该地女孩子从七八岁起就开始学唱"哭骂"歌。

9. 离母酒、离母鸡、离母鱼

在松溪,婚前一日男家要给女家送一坛"离母酒"。等女儿生孩子时,娘家用该坛子装酒送女儿。渭田一带还要送一对"离母鸡"和两尾"离母鱼"。"离母鱼"肚子要剖洗干净,鱼煮好要把鱼头给新娘的父母吃,当地称之为"生女儿吃鱼头"。

10. 闹亲

在武夷山,婚前一晚,女家亲戚要为女家嫁女多得些财物而与男方委托来的全权代表讨求增加财物,如银元、金戒指、行路钱之类,称"闹亲"。男方代表叫做"清厨",挑着一只活公鸡和一壶酒前来,一般由能说会道、灵机应变的人担任。讨求的财物得到后,均交新娘随身带走,以备到夫家经济发生困难时应急之用,此即民谚"闹亲闹亲,越闹越亲"。

11. 哭嫁

在蕉城,婚前三日,新娘怕犯冲克,忌出家门。农村,特别是山区,女子出嫁前一日,男家备花轿、盘礼担等由媒人送达女家时,女子即开始"哭嫁"。传说哭嫁是桃花女和黄天罡斗法,桃花女用哭代笑,以克煞神。所以哭嫁多哭不吉利或埋怨的话语,以相反的意思获取吉利。

12. 躲天、躲房

在屏南,出嫁女于婚前两日开始哭嫁并且忌从大门出入,俗称"躲天";前一日则躲在房中哭嫁,并有若干名女子做伴,俗称"躲房"。

13. 登龙

在清流、泰宁部分地方,在结婚前夕,女婿由媒人陪同到岳丈家上门,称"登龙"。去时要办食匣礼物一担,有的坐轿子,擎一对高照(高灯笼)前往,岳丈家设酒宴款待。女婿先谒祖先,后跪拜岳丈、伯叔等长辈。受拜者要赠红包给女婿,称"见面礼"。

14. 敬外祖、敬内祖、完天神

在台湾,南部六堆的客家人在婚前一日,男家送"阿婆肉"(大块生猪肉)到女家,再由女家转送给新娘的外祖母。"并备牲礼'敬外祖',祭拜新郎母亲娘家的祖先神位,供品包括鸡、猪肉、红蛋、鱿鱼、红龟粿、糖果、酒、茶、排香、祖纸等,装载于楹内,并由八音乐队彩旗前导,新郎也亲自前往上香。该日也会备丰盛的牲礼祭拜新郎家的祖先,称为'敬内祖'。若有人事前曾'起神',许愿顺利结婚者,则于结婚前一日,备牲礼祭祀天公众神,即称为'完天神'或'完神'……四县人(嘉应州籍客家人)原本要送阿婆肉给女方外祖母,海陆人(惠州籍客家人)要送酒壶鸡给女方的舅父辈或外祖母家的长辈,女方亲戚再回赠红包给新娘,并改装洗米水于酒瓶内,有'不空瓶'退回之意。现在这些礼物多数改为现金,完聘时,连同酒水、肚痛肉一并付给女方,省却麻烦。"①

15. 婚前一日宴请

在闽台许多地方,婚前一日男女家就开始设置酒宴请客。母舅坐大位

---

① 李秀娥.台湾的生命礼仪(汉人篇)[M].台湾:远足文化事业股份有限公司,2008:83.

是普遍的规矩,民间大都有娘舅没到不能开席的习俗。大位的算法:以厅堂最左边的桌子最大,该桌左上角位置即为最大位。如外祖到场,大位由之坐;否则,由到场的最大娘舅坐。与之同桌的,都是请客方亲族中德望或辈份较高的人。如长汀,当晚女家开嫁女宴,新娘母舅为上宾,坐大位,俗称"大客",来时须鸣放鞭炮欢迎。大客未到席,不能开宴。又如,福鼎,当晚男家备酒席宴客,称"闹夜暝",农村的女家也于是日办出嫁酒;平潭,当晚男家备简单酒菜,招待近亲叔伯姑姨兄弟姐妹,厅堂贴舅联、挂贺联,称"闹厅晡";德化的部分农村,当晚女家办"出门酒"宴请送嫁的亲友;沙县,女家于午宴专请女客,晚宴专请男客,俗称"吃出门酒"或"吃嫁妆酒";建宁,男家办起厨酒迎亲,女家办嫁女酒;泰宁,中午女家办"离家酒宴";福州的鼓楼、台江和马尾也于当晚开始分别宴请亲友。

二、婚中(婚礼日当天)

婚礼日当天各地都有一系列形式各异、引人入胜的婚俗活动,充分体现了闽台大同小异的民俗特色。

(一)迎娶

各地过去传统的迎娶方式一般是用花轿去女家接新娘的,但在具体做法上各地并不同。首先,有的地方在婚礼前一日就将花轿送往女家(前文已述),有的地方则只在婚礼日当天才将花轿送去;其次,在新郎是否亲迎上,有的地方要亲迎,有的则完全不用;最后,在接亲的人数上,有的地方为单,有的地方为双,如永泰为单,莆仙一带则为双。

1.闽东

(1)宁德

宁德各县区新郎通常不亲迎,且大多于婚礼日前一下午或傍晚将花轿先行送到女家。也有于婚礼日当天去接新娘的,如福安和霞浦:中午,女家设午宴请亲友,俗称请"出门昼酒";男家摆酒席遍请亲友,俗称请"新妇酒"。午宴后由媒人带吹打乐手、花轿等前往女家接亲。福鼎则在上午前往迎娶,中午新娘就到男家,女家不办"出门昼酒",男家办午宴,称"接亲昼"。

(2)福州

福州各县区,台江、马尾、闽清、罗源等地多在婚前一日就将花轿送到女家且可不用新郎亲迎,而平潭、永泰、闽侯则是在婚礼日当天上午才派出接亲队伍与新郎一起至女家迎亲。永泰俗称"邀新人",闽侯俗称"接亲"。鼓楼,除了要在前一日将花轿送到女家外,在婚礼日也得由媒人带领亲族拥着新郎到女家"接亲"。

2. 莆仙

莆仙各地大多没有新郎亲迎的习俗。在莆田和涵江,迎娶日早晨,新郎要由男傧相(俗称"大爷")作陪,先到村内宫社烧香敬神,再到各处请客赴婚宴。涵江的一些地方,如果新郎小时由父母求神庇佑的,此时须雇木偶戏班在家里演北斗戏谢神。当日下午(如新娘家路远可提前到上午或早晨),男家雇红轿,由媒人和"能嫂"等二至四人,带足议定聘物到女家接新娘,俗称"带新妇"。"能嫂"即喜娘、伴娘。旧时婚姻,男女从未见过面,新娘初到男家,需要能嫂伴在身边传话、指导礼仪,这一角色通常由老于世故、谙诸礼仪、口舌灵便、善于应变的中年妇女担任。花轿俗称"新妇轿",轿顶饰有四条龙,亦称"銮驾轿"。传说唐代莆田出个江梅妃,赐家乡女子出嫁均可用銮驾轿。轿身披围红绸,以示吉祥;轿门上挂一块肉,有禳"白虎"护新娘之意;仙游靠城关一带的新郎早上一般不烧香敬神,但也要到各处请客赴婚宴。同时,派出红轿或花轿、彩旗、八乐及男女傧相八人以上(要偶数,已婚者要夫妻健在的)前往女家接亲。

3. 闽南

闽南各地新郎有亲迎的也有不亲迎的,且基本上都是在婚礼日按择定的时辰发轿前往女家迎娶。

(1)泉州

惠安城关,旧时世家子弟有的骑马披红(或坐本家软轿)率领迎亲队押花轿到岳家迎新娘,1950年后一般只由媒人代表男家前往迎娶。

石狮永宁,男家于婚礼日早上叫八个亲友把装着猪肉、糖果、花包、四种果子(梨、香蕉、苹果、橘子等)"盘担"挑到女家。出发前,新郎父母在祠堂的祖宗牌位前点上一对红烛进行祭拜。走在前的"盘担"里也放有一对红烛,到女家时该"盘担"由女家亲堂接过挑至祠堂里,新娘父母也将之放在祖宗牌位前进行祭拜。女家收下"盘担"后,回赠莲子糖、花生贡糖等。中午,女家宴请亲友和男家来人。宴后,女家分别给送"盘担"的人每人一个红包,并将新娘的嫁妆交由他们带回。

永春岵山,新郎前往迎娶时,要由一人挑着用盘子装着的面线、带猪脚的猪肉、猪尾、汤圆、两对龙凤烛、两束红纸包的香等礼品到女家。女家接过担子,径直挑到祠堂里。男方去的伴郎一人点烛、一人点香,女方父母跪着祭拜祖先。之后,煮鸡蛋香菇瘦肉汤等点心招待男方来宾(人数为单数),并给挑担子的、点香烛的人各一个红包。女家收下部分礼品,留猪尾巴、猪蹄、一对龙凤烛、一束香,让男家来人连同新娘的随嫁品一起挑回去:脸盆、尿桶、洗脚盆各一个,枕头、油灯和牙刷各一对,毛巾两条,镜子一面,书一本,红糖、芝麻、菜子、韭菜、麦子和谷子各一包,姜和芋头各两个,有的贴红纸,有的用红纸包着。

(2)厦门

思明,迎娶日凌晨十二点过后,新郎穿上长衫马褂、戴上礼帽,先拜祖先后别父母,由媒人陪同,带领迎亲队前往女家迎娶。迎娶队伍前导为"字姓灯",上书男家郡号、姓氏。后有鼓乐、媒人及叔爷(新郎弟辈)、新郎、新娘花轿等。沿途放炮。女家在迎娶队伍到来之前关闭大门,让媒人来敲门。媒人敲门时,女家问说"何事?"媒人答"要娶新娘!"这时,女家将门稍稍开启一缝,媒人依礼递进一个红包给开门的人,门又关上。媒人重新叫门、给红包,如此反复三次,女家才开大门迎客,俗称"打门娶新娘"。故意延长出门的时间,一说认为新娘拖延出门的时间越长,对女家越有好处,能留住更多的财气;另一说则以为这样才显得男家有诚意。新郎进门入厅,拜见丈人、丈母娘,女家小舅子辈即为新郎献上剥壳的熟鸡蛋煮糖水的"鸡蛋菜""龙眼干茶""四果茶""茶心茶"等点心和茶水,新郎依例只喝汤水[①]。

(3)漳州

芗城,旧时迎娶的方式有单顶娶和双顶娶两种。单顶娶,即新郎在家,不亲迎,由媒人引新娘轿单顶至女家迎娶;双顶娶,即男家备团婿轿、新娘轿双顶,新郎至女家亲迎,相伴前往迎娶的人称为"袍脚"。前往迎娶的时间和媒人打门的做法与思明区一样,稍微不同的是,如由新郎亲迎,入门拜见岳父母时新郎要亲自向二老奉上一个装着猪脚、面线的盘子(俗称"屎尿盘"),以酬谢他们替他养育老婆之恩。之后,是由小姨子端来与思明区一样的几道甜汤,请姐夫"吃甜"。姐夫要予之红包。

长泰积山,迎娶新娘现在有的用轿车,有的用传统的轿子。迎娶人数不包括司机或轿夫通常为四人(含新郎)。到达女家门口时,如果用轿子,女家会在轿子到来前在门口放一个箍箩,让轿子停放在上面。用轿车,则会在新娘即将上车时在车门口放箍箩。新郎一进门就要给新娘两个红包(一般每

① 陈耕.厦门民俗[M].鹭江出版社,1998:72.

个红包 20 元)作"鞋底包",新娘接过后分别将之放进穿的鞋子里,寓意新娘踩着财富去夫家。"拉新娘"的则拿着装有燃香和树叶的碟子或瓦片到外面绕着轿子或轿车唱吉祥"四句",再回到屋内也绕着嫁妆唱"四句"。

4. 闽西

客家地区新郎大多在凌晨前往亲迎,如:

长汀,接亲时人数,各地不尽相同。城区六人:新郎、大客(母舅或叔伯),其余四人,兄弟、亲友均可;濯田 7~11 人:新郎、大客两人、点灯笼、放爆仗、点香、挑饷各一或二人;馆前六人:新郎、上三代亲房每代一人、陪亲一人、背请书一人。接亲所备东西基本相同:马灯两盏、红伞一把、米筛、糠筛各一个,猪头、熟鸡、活鱼(口衔柏枝)祭品一副(用于祭拜女家祖先),香烛、喜炮等。接亲队伍到女家时,城区和部分乡村,女家大门关闭,待喜炮鸣放三次之后才开门迎入。新郎给开门、接伞、上茶、上烟者每人一个红包,以示谢意;三洲、濯田、馆前、河埔等乡村则敞开大门迎接接亲者;庵杰派人到村口接男方礼担,待点好香烛、摆好祭品后打开大门,欢迎接亲者。女家设宴款待接亲者,先点心,后正餐,席间不喧哗不猜拳,旧时在新郎面前放一碗无盐菜,俗称"无盐席"。

武平,新郎披红挂花或坐轿或骑马,由媒人带领"亲家郎"打着彩旗、抬着鱼肉等礼物,扛着花轿,一路吹打鼓乐,不时燃放鞭炮前往迎娶。将抵女家门前时,女家放鞭炮迎接;连城,迎亲队伍的次序是:火把、灯笼(左右各一)、旗锣、执事(执事牌四块)、鼓吹、花轿(新娘坐)、衔轿(新郎坐)。新郎坐衔轿不能一直坐到女家门口,必须在村前的"水口"处下轿,先到女家祖祠焚香,然后才到女家。迎亲队到了女家门口时,先放三只高升炮,女家大门仍紧闭,男方再放三只高升炮,女家才打开大门,这时新郎要给开门者红包一个,叫"开门礼"。新郎进入女家大厅后,女家便给新郎进茶三杯、披红,新郎先拜天地,再拜祖宗,三拜岳父母,之后向内亲外戚依辈分大小或跪拜或作揖。被拜的都给予"拜见礼"。拜完后,女家设宴款待新郎。

5. 闽北

闽北各县区以新郎不亲迎为多数,且大多在婚礼日前一日将花轿送至女家。

(1)三明

宁化,婚礼日前晚,男家雇请花轿、灯笼凉伞、铜锣长号、全堂鼓手,按新人入门的时刻,由"起嫁客"带领出门接亲。接亲人数必须是单数去,双数回。女家要等迎亲者上门、喜炮频催之后,接过蜡烛火种,才开门恭迎。男家要备许多红包,俗称"包子",有给喜娘的"梳妆包子",给理发师的"剃面包子",给缝纫师的"裁缝包子",给厨师的"油厨包子",还有"洗汤(澡)包子""入箱包子""开门包子"等等,由"起嫁客"在新娘上轿前一一分发。

沙县,迎娶时辰一般选在清晨,但前半夜迎亲队已在女家门口燃放鞭炮,意为"催妆"。女家以烟酒款待迎亲队,迎亲队的灯笼若被藏匿,须用"红包"赎回。

将乐,婚礼日女方送柬请新郎,叫"新郎起"。男家备花轿、鼓乐,由媒人领着新郎和亲友前往迎新娘,叫"接亲"。新郎到女家,称为"新郎官",受上宾礼待,而"接亲"的一切事宜均由"挈马仔"负责办理。"挈马仔"是男方经过精心挑选的能言善辩、机智灵活、酒量又大的至亲或好友,事先备好许多小红包,以应付女家上下的种种"敲诈",换得新娘按时出门。他要给女家为"新郎官"上菜、上烟、撑伞、端洗脸水的人和厨师送红包,以示谢意;要给新郎岳母"离母钱"等。女家设宴款待接亲者,先点心,后正餐,并特办一桌"新郎酒"。席间,女家亲友还有"戏新郎"之习,乘新郎不备,脱其新鞋藏之,使其无法行走,要"挈马仔"拿钱赎回,双方讨价还价,饶有兴味。

(2)南平

武夷山,富家于婚礼前一日下午,雇好花轿,备好凤冠霞帔、宫灯、高脚大灯笼(上写明新郎姓氏堂份、郡属),敲锣、打鼓、吹唢呐、放鞭炮前往女家。

6. 台湾

台湾,闽南人的新郎在迎娶之日"戴冠身着蟒袍,骑马或坐子婿轿,以花轿迎娶……男方带屎尿盘(猪脚、鸡、鱼牲礼)、轿头圆给女方以祭拜祖先,答谢父母养育之恩。新郎到时,先由女方遣其弟进红柑两个。之后女方家要请新郎、亲友吃鸡蛋茶等,取其甜蜜圆满之意"①。

南部六堆的客家人,迎新是先有拖青的人(南部六堆和苗栗地区用扒仔树,中港溪一带的用榕树枝,卓兰地区用竹子,都在其上系一块肉),次为鸣炮开路者,然后是扛灯(一对大红灯笼,写有男家的姓氏或堂号),接着有媒人轿、娶家轿(指男女傧相轿)、舅爷轿,然后是新郎、新娘的轿子,最后是吹打的乐队。迎亲队伍到女家后,先将带来的敬祖祭品供于女家祖先神位前:

① 李秀娥.台湾的生命礼仪(汉人篇)[M].台湾:远足文化事业股份有限公司,2008:68.

红蛋一盘、猪腿一盘、双鸡双鸭、粿包、喜饼、酒甏、金纸、鞭炮、蜡烛、礼香等。"新娘开酒甏准备祭祀,且由舅父、伯(叔)父各一人,同时点燃红烛,并讲四句吉祥话。再由新人上香,长辈在一旁带领请神祝祷。"①

(二)出门、上轿

新娘出门、上轿时闽台各地普遍有"哭嫁"的习俗。民间大多认为,新娘子出门不哭会不利于娘家。抛开迷信的心理不说,从人情的角度来解释"哭嫁"的成因,不难理解新娘子的哭乃是对即将离开朝夕相处的父母及家人无限依恋的体现,或号啕或抽泣,都是难以克制的情感流露的方式。此外,出门、上轿等礼仪习俗在细节上各地并不一致。

1.闽东

(1)宁德

蕉城,新娘要从出嫁前一日,开始"哭嫁"。且在其"哭嫁"中,最"恨"的人是媒人,所以在婚礼日吃"出门昼"(即午宴)时,常邀几个未出嫁的女子,用锅烟灰揉媒人的脸,打媒人的头,用酒泼媒人身上。媒人须戴一顶大斗笠来抵挡。民间以为"闹"与"发"同义,闹得越凶,就发得越早。城内,新妇一出门,要紧敲"回头锣",关紧大门,并把锣塞进灶口,意喻女家风水不被女儿带走。

福鼎,上午,男家用红轿迎娶。新娘头戴纱罩、身穿红袄,哭拜父母后,由娘舅抱上轿,"送嫁嫂"陪同前往,随带一个内装花生、红枣的红布袋,到新郎家后交给新郎的姐姐(称"大娘姐")去分发给围观婚礼的小孩吃,以兆早生儿子。

福安,花轿到达女家,新娘凤冠霞帔,盛装而待。上轿前必须伤心哭嫁,以避凶煞,并与各兄弟举行"分家契"仪式。之后,由全福的长辈搀扶上轿,弟妹各一人伴送去男家。

古田,新娘在哭和拜别父母后,头上罩着大红盖头巾,由兄弟辈直接背上花轿。轿门贴上竖写着"××堂吉月日封"的封条,便由轿夫、鼓吹队一路吹吹打打,把花轿抬到男家。

霞浦,新娘在出嫁前夜,邀女友六人共寝,俗称"陪睡"。婚礼当天日出不起,俗称"赖床"。早餐不进食,俗称"净腹"。在床上哭嫁,俗称"哭分

---

① 李秀娥.台湾的生命礼仪(汉人篇)[M].台湾:远足文化事业股份有限公司,2008:84.

姓"。中午"出门酒"结束时(三沙"出门酒"在回门时举办),对长辈亲友行跪拜"辞行"礼,被拜者要给她红包。近黄昏时,行"开脸""梳头""分家契"等礼。出家门上轿时改穿兄长旧鞋,由娘舅扶上轿,俗称"阿舅抱上轿"。上轿后,要由兄长上前挽轿三次,俗称"留轿"。之后鸣炮奏乐起轿,由伴房妈或送嫁婆随同前往夫家。

屏南,一般在下午两三点(远路例外),新娘用红手帕捂脸由母舅或兄长背着,一女子撑伞送进轿内,俗称"上不见天,下不着地",即"躲轿"。轿门左和右贴男女两家衔封,轿后贴符箓,新娘胸前挂铜镜,以防"邪恶侵身"。女家还安排三代人(出嫁女的伯或叔、兄弟、侄)直送男家,称"送路人";另有送半路的习俗,即女家人员将新娘送到半路由男家接亲的接、吃些点心领个红包后即回。

(2)福州

鼓楼,迎娶日早晨,新郎来到女家,头戴红顶小帽,身着长衫马褂,俨若清朝命官。新娘由好命妇人用线将脸上汗毛捻去,称"开颜"。之后,身着蟒袍、腰围玉带、凤冠霞帔,对父母行跪拜礼,感谢养育之恩并与母亲抱头哭泣"哭嫁",再由伴娘挽扶上轿,京鼓班一路高奏喜乐至男家。

台江区,新娘出门,由女家子弟送亲,男家在半路接亲。双方交会时,相互绕过花轿,称"交亲"。之后,女家送亲者从原路回去,男家把花轿抬回。

闽侯,吉时将至,喜娘催促新娘梳妆上轿。新娘头盖红巾,哭着由长兄背入厅堂与新郎一道跪拜父母。新人出厅堂时,女家燃炮欢送,沿途鼓乐齐奏,鞭炮连声。

闽清,上轿前新娘哭泣,赖在床上不起,俗称"赖床",以示难舍之意。吉时临近时,由喜娘催促梳妆上轿,头盖红巾,胸挂铜镜,由长兄背入花轿。当日女方备酒席宴客。

罗源,上轿前,母女两人对哭。母亲教诲女儿过门后要勤俭持家、孝敬公婆等。一般由伴娘扶新娘上轿,但西兰、飞竹等地则忌新娘脚踩地,由兄长抱着上花轿,意为不会带走娘家的福运。花轿一抬出大门,也要泼脚桶水,关上大门,意为不给女儿带走娘家财气。

2.莆仙

莆田、城厢和涵江的出门上轿习俗比较一致:新娘身着红装,用红帕(红色幔布,俗称"新妇罩")罩住头面,带着"新娘妈"像,哭着由"能嫂"撑伞扶着上轿。传说"新娘妈"是莆田古时一位爱护女子收养弃女的黄氏妈的化身,女子以她为保护神,以一支红箸为骨,灯笼座为座,用红头绳束36根稻草,糊上红纸衣裤、头面、四肢,扎成一妇女形状。新娘带她出嫁到夫家奉祀,以祈求保护、平安度日。轿门用红头绳系住,用红封条封住,挂一块染红猪肉。中途不能下轿解手,以防"白虎"伤害。新娘忌见星星,红轿须在日落星现之前抬到夫家,女家亲人和新娘小弟辈(阿舅仔)八人以上(双数)陪同着去。涵江的女家在新娘临上轿时另有索取额外钱物的习俗,俗叫"起轿脚"。

仙游没有"新娘妈"信俗,也不用"能嫂",所以新娘出嫁时不带"新娘妈"像。早上先要与父母一起拜别祖先,然后进行梳妆。上轿时由男家来的"好命"女长辈一边撑着伞一边搀扶着上去。新娘出厅堂时,娘家立即紧闭大门,并用铁犁耙拦在大门后,以防"财龙"被女儿拖去。女家也要派亲人和阿舅仔八人以上带上嫁妆跟随在轿后去男家。

3.闽南

(1)泉州

鲤城、晋江和石狮一带的新娘上轿前都要跪拜祖先、父母,由父亲为之蒙上乌巾,哭泣着由"喜姨"或"喜娘"(即送嫁妈)或父母扶着上轿(各地普遍会在轿门上贴上封条,写官衔;无官的,写"清白世家")。与此同时,伴嫁的"喜娘"一般都会唱赞吉祥"四句",如"新人来辞家,翁某(夫妻)会长久;新人请上轿,翁某有说笑;入轿坐四正,出轿得人疼"等。新娘出门时娘家都要关上大门,以防财气被女儿带走。鲤城的在轿门封后、轿子抬起时,新娘

晋新娘出门跨火炉

新娘上车时亲属往其身上洒铅、茶叶和竹叶

要从轿内丢下折扇,女家则急忙叫新娘的弟侄辈拾起取回并紧闭大门。"放心扇","扇"与"姓""性"闽南话谐音,放扇意为分姓或收心性,都是要让娘家放心之意;晋江和石狮的则由新娘的年轻侄辈挑灯引路,至村路口时才从轿内丢出手巾、纸扇让自家亲属捡回。喜姨提着一个装着雨伞、衣架、镜子、拖鞋等物的篮子在轿后跟着,到男家时将之放在新房内。南安水头,是由兄弟(兄在前,弟在后)为新娘蒙上乌巾,且临出门时要摸葱、摸蒜、摸萝卜(意为婚后善于精打细算、生活富足),再由夫家好命的女长辈扶着过火炉后上轿或车。上车后,亲属还要在她身上撒缘钱、茶叶和竹叶。

安溪湖头,新娘临上轿前,送嫁嫂带她"辞桶"(入房解小便,辞去在娘家的便桶),之后出厅。待出门时辰一到,父亲亲手为女儿罩上"乌巾",与新娘母亲一起将哭泣的女儿送入轿。送嫁嫂或媒婆手里提着一个篮子和一个手烘(烘手炉),篮子里装着一块带肉的骨头和一个猪心,坐进一挺无盖顶轿。如有陪嫁丫头,也与送嫁嫂坐一样的轿。然后,一对纱灯在前,担扛成双的嫁妆、无盖顶轿、花轿,一一从大门出来。刚出大门,常有同宅的婶姆,用扫帚从轿后的大门处扫入,顺手关上大门。花轿到离家不远的水沟路边时,送嫁嫂叫"放扇",新娘从轿窗口扔下一把扇子,由自家跟着的弟侄辈拾回去。送嫁嫂念:"好的心事(事与扇同音)随轿到,坏的心'事'顺水流。"送嫁的共八人,除小舅子外,其余的俱为新娘的伯叔姑婶等长辈。

永春岵山,出门吉时到,新娘哭泣着由父亲或哥哥为其撑伞送出门、上轿。新娘手里拿着旧手帕包着的旧伞,到门口时,母亲与之换一把新伞,口念:"人未到,缘先到。"(也可以由亲戚念)新娘一出门,大门即闭上,由"送嫁嫂"和八位亲人陪着到男家。

(2)厦门

思明,新娘内穿"上头衫仔"并系上装有小铅钱、五谷、猪心、乌糖等吉祥物的肚裙,外着蟒袍玉带、凤冠霞帔。吉时一到,父母在其头上罩上"乌巾",与新郎拜过祖先,叩别父母,再由父母(或兄弟、好命人)牵上轿。上轿时,新娘要哭几声,俗称"哭好命"。轿子一出门,女家立即紧闭大门,燃放喜炮礼送。在离家不远处,新娘要从轿中扔下一把扇由自家弟侄辈拾回。走在迎娶队伍最前头的人带着一支长长的有枝叶的青竹,上挂猪肉一片,用于避禳白虎神。竹子多节,象征新妇贞节;青枝绿叶,象征新婚生活朝气蓬勃。

同安,新娘上轿离家时娘家要在门前泼水,新娘也要象征性啼哭、抛纸扇等,其轿门前挂鲜枸杞,寓为长青多子。

（3）漳州

芗城，新娘上轿出嫁与思明习俗基本一样，只是轿子出门时，有的把门关紧，有的只用一个米筛拦在门口。娶亲队伍的阵列，最前面的与思明一样是"拖青"，即一人扛着一支连枝带叶的"透竹青"。紧接着是一对大红字"字姓灯"，之后是媒人轿、傧相轿、舅爷轿、叔爷轿等。舅爷轿前挂着一对红色宫灯，即"舅仔灯"，到男家后要将之挂在洞房内。叔爷是陪舅爷的。倘若嫁妆在迎亲之日送，就紧随在叔爷轿之后。接着才是新郎轿、新娘轿（轿后挂一个米筛），最后一个人挑着"子孙桶"。在子孙桶之后，是吹吹打打的吹手，一路鼓乐喧天地往男家进发。

云霄，新娘在男家花轿到时，要先与兄弟姐妹共进酒菜，称"吃分家"。然后由"指教姆"（多由媒婆担任），帮助梳妆和穿戴凤冠（俗称"大头"）霞帔（均可租借）。在拜别灶君和爹娘后，由"指教姆"搀扶哭着跨过火炉上轿。在马铺等山区，新娘由大伯背上轿。在迎娶队伍前有一人佩着剑，队伍后有一人拖着榕树枝或带叶的甘蔗、带根的毛竹，称"拖青"。如是毛竹，到婆家要将之拿去种植。

长泰积山，临出门时新郎要为新娘挂耳环，寓意自己将与新娘子一辈子圈在一起。之后，新娘一家人和新郎围在桌子边一起吃"分家饭"。桌上放着香蕉（一枇）、花生、米糕（两块）、桂圆、橄榄、鱿鱼干（两只），上面铺着着韭菜、肉和豆腐的米饭各两碗。"拉新娘"一边分发筷子，一边唱："一双新婚，二双年年春，三双公妈（公婆）大，四双大官来，五双心欢喜，六双伤（很）适宜，七双生团仔，八双全出头，九双人拉叫，十双让人疼，十一双爱儿女，十二双大团圆。"一般唱到九，现在由于相当一部分男女青年在生了孩子后才补办结婚礼，就要唱到十二。大家拿起筷子后，"拉新娘"的边唱"四句"边带领全家人作出挟的动作喂给新娘吃，新娘只是作出吃的样子："食饭头，富饶饶；食饭菜，夫妻相疼爱；食韭菜，嫁去内外厉害，应夫盖六、七层楼；食肉，嫁去让大家官疼肉肉；食肉丝，嫁去生团长会读书；食豆腐，现嫁现有，应到百样有；食香蕉，嫁去生团仔很好养；食龙眼干，嫁去生团仔做大官；食糕，很冷喉，嫁去做事样样行；食鱿鱼，嫁去应夫会赚钱；食土豆（花生），嫁去应一家人吃的老老；食橄榄，嫁去团仔团孙多。"出门的时辰到时，新娘哭着跪别父母，父母将准备好的带红绳的红包挂在女儿脖子上，并递一条毛巾给女儿。红包寓意着父母希望女儿婚姻生活甜蜜和"生团白胖胖"；毛巾的"巾"与"根"闽南话同音，送毛巾有"断根"之意，意味着新娘从此脱离娘家，过上为人妻母的生活。最后,父母扶起哭泣的女儿,"拉新娘"在新娘头发上插上一束树叶并披上灰白黑小花格子的头巾,撑着红伞(原为贴上红八卦的米筛)伙同新娘父母一起将新娘扶出门、踏着筲箕上轿或轿车,寓意不带娘家的一点泥土、财气走。

华安,新娘要早起,先和家人一起拜祖先,后请好命妇人"挽(拔)面毛"。之后梳妆、换衣,等待出嫁。迎亲队伍一到,新娘向父母施跪礼后撑开雨伞,由小弟或大哥背起大哭着出门上轿。同芗城一样,父母也马上关大门或以米筛挡门,以防"外家"(娘家)财运、地气被新娘带走。

诏安,新娘上轿后,"指姑妈"(送嫁妈,即喜娘)陪伴到夫家。女家还派了一个执枝叶齐全榕树枝的男孩走在接亲队伍前"拖青",寓婚后日子如榕树般茂盛长青;有的还要由两个男孩各用一根头尾齐全的甘蔗,挑一个红灯笼走在前面,称"挑凤灯"。客家送嫁队中,还有一人手执"火龙"、背负长剑走在前"开路止煞"。在闽南人社区,则由一人手捧一镜盒,在前开镜照路止煞。

4. 闽西

长汀,新娘由新郎或长辈背出大门。此时,城区将屋内灯火熄灭,乡间则点满堂烛,但都迅速关闭大门,并用扫把往内扫三下。上轿后,锁住轿门,并在其上挂着八卦和渔网以辟邪,由弟妹或女伴在后陪送,一路啼哭到男家。

武平,在男家接亲队伍到达后,请来人吃早点,随即把三牲、花烛、香火摆上案桌上,点亮花烛,请新娘到厅堂中间端坐,由一"好命老妇"为新娘整容上笄,戴穿凤冠、蟒袍,并请文人书写婚书,然后由父亲牵着女儿走到祖宗遗像前烧香、跪拜,再向父母下跪,表示告别娘家。此时,女儿依恋娘家,号啕大哭,父母也陪着流泪,流露出难舍难分的情态。之后,父亲牵着女儿的手走出家门交给男家来的搭嫁婆,搭嫁婆把新娘送入花轿,锁住轿门,挂上绣花八卦、剪刀、铜镜、竹尺以辟邪。女家另派一长辈或弟兄押嫁,称"搭嫁公",随花轿、嫁妆送新娘至男家,又称"送嫁"。行时,放喜炮者在前,吹班及迎亲者次之,花轿在后,一路鼓乐、鞭炮声相随。

连城,新娘在花轿到后,要沐浴、更衣、梳妆打扮(凤冠霞帔)。吉时一到,新娘由长兄背至正厅,站在已放置好的米筛上,拜过天地、祖宗之后,又由长兄背上花轿,新郎则反手将花轿门锁上。新娘出门时,女方关上大门,并在门上挂把秤、门边放扫帚。有的地方(如古田)还要用水往门外泼,表示女子就像泼出去的水,娘家的财绝不能让她带走。

漳平,新娘出门前要用桂花枝煎水沐浴,然后坐在大厅堂中的谷斗或舂臼上进行开脸梳妆,穿戴凤冠霞帔、罗裙绣鞋。这些事项,男家都要给红包。有的女家还会索取"添丁费",以年计价,每年 12 元,少则一年,多则三年。时辰一到,点烛辞亲拜别父母,哭着上轿,随置办的嫁妆出门。双洋一带的新娘临行时要与兄弟姐妹合吃一全鸡,叫吃"家火"。新娘上路后将故意带走的娘家钥匙或手帕等丢在路上,让追来的弟妹拾回,叫"接家火"。

5. 闽北

(1)三明

大田,新娘这天早上在娘家不能吃东西,要"饿嫁"。母亲要向女儿交代一些婆家规矩。女家要请母舅、众乡亲吃"嫁饭",亦称吃"红担",并分发"阿使糖""阿使粿"。出门时辰快到时,新娘由母舅或好命妈挽扶着,依次辞拜灶神公、土地公,哭别父母、亲朋,父母、众乡亲即送给红包。新娘上轿后,放下轿门、贴上轿符、鸣炮起轿。兄弟、母舅随轿至大门外,由兄弟与她交换手巾和扇。母舅锁箱橱,锁孔用红纸贴封,锁匙交给新娘。新娘分别给兄弟和母舅送红包和一双袜。

沙县,新娘在两位被称为"引领"的好命妇人指点下,做完开脸、梳髻、戴冠等事后,要吃"太平蛋煮粉干",并在衣兜里装上红橘、红蛋等吉祥物。母亲和其他女性长辈要面授妇德和赠送"压兜肚"的红包。之后,新娘来到客厅,由"引领"在其鞋底贴上红纸,以男家送来的中间贴有大红"福"字、四周贴有"百子千孙"的米筛作头盖,行跪拜祖宗和父母礼,最后由父亲为其盖上红头巾,在"引领"或胞弟的扶持下痛哭上轿。新娘上轿后,"引领"将其鞋底的红纸撕掉,意为不带走娘家的一粒沙土、一点财气。轿子出门后,女家家人用扫帚在门槛外往里扫三下,立即关上大门。乡间迎亲即使在白天也要打火把。

将乐,新娘出门的吉时一至,"挈马仔"为女家厅堂、厨房点亮红烛。新娘哭别父母兄弟,有的母女对唱《哭嫁歌》,由父亲为其盖上红纱头巾。新娘离家时,脚不踩地,由舅舅抱到村口上花轿,弟弟锁轿门。新娘一出门,娘家即关大门。两名父母双全的女青年作"傧相"陪送新娘。小舅子骑马或坐轿随其后到男家,称为"送嫁"。城关习惯白天接新娘,北部农村则晚上点火把、提灯笼接亲,赶在卯时到达男家。

明溪,至子夜,新娘开脸、沐浴、梳妆、戴凤冠、着霞帔,胸前佩戴"定心镜"(铜镜)，身上多处扣上衣针，以示"镇邪"。衣兜装上 12 个红蛋，以祈吉祥。由"好命"妇女搀扶，踩着米筛(新娘出门，脚不能踩地，否则会带走娘家财气)至大厅叩拜天地祖宗、父母，然后披上红头盖，由母舅扶着，再脚踩米筛走到大门口，另由男家来时挑"压轿鸡"的至亲抱上轿。女家即于新娘出门后，将早已放在大门外的谷子挑至谷仓，同时关上大门。新娘上轿后，迎亲队提灯笼，举火把，燃放爆竹，由仪仗队吹吹打打发往男家。轿前小舅子背着铜镜，女家派若干人(也叫"亲家郎")搬运嫁妆伴随。新娘的"生月"(庚帖)用盘子盛着，内放布一块，由一人捧着走在最前面，"生月"必须按占卜时辰到达男家，花轿则可不拘。

泰宁，新娘离开娘家时，城区在白天，农村一般在下半夜。男家送来的乐班吹打闹堂，催促新娘梳妆打扮。新娘穿红衣红裤、披霞帔、戴凤冠，用红绸巾遮着头脸，胸前挂一串桂圆和一面护心铜镜，红毯垫地，由娘舅或媒人抱出闺房，站立在红毯上辞拜祖先和父母、娘舅、伯叔等。上轿前由媒人先试坐，称"镇轿"，后抱新娘入轿。

宁化，出嫁姑娘洗澡后，由媒人和喜娘为之梳妆打扮，父母为之戴上凤冠、红巾。然后端来白米饭先给她喂几口，再按自家的辈分由大到小，每人吃上一口，叫做吃"分田庄饭"。之后，哭着由父辈或背或抱或扶着踩米筛上轿，父亲又把她梳妆用过的洗面水，从轿后泼回自家门口，称"长流水"，寓意两家好合长存。女家派出新娘的亲兄弟一同前往"送嫁"。

(2)南平

境内普遍有由母舅抱上轿和换新鞋的习俗。

政和，新娘剃面后拜镜台，跪别父母及长辈后，更新衣、戴凤冠、着霞帔，在门口换新鞋(鞋底有"囍"字)，换好新鞋后不能踩地，以免带去娘家的泥土，由母舅抱上花轿。嫁妆先行，红灯引路，唢呐鼓乐吹打着送新娘出门，兄弟或表兄弟挑着子孙桶(马桶)随行。

建瓯的新娘上轿前，农村多有"哭骂"习俗。边哭边诉边骂，从在堂的大骂到小，俗信"越哭得凶骂得狠越好"，表示"嫁出的女，泼出的水"，从此是两家人。哭后，在厅堂对镜梳妆，妆毕，跪在草席上行"拜镜礼"。上轿时，与政和一样，也要换下"带土"的鞋子，表示不带走娘家的"风水"。

武夷山的新娘出门之前，也须梳妆打扮，戴凤冠、着霞帔，哭着由母舅抱上花轿，并换上新鞋。新娘的弟弟，称"舅爷子"，挑着陪嫁的油灯、火笼、脚盆、马桶跟随花轿之后。

新娘鞋底面有"囍"字

6. 台湾

（1）闽南人

闽南人，"新娘习惯在迎娶当天，新郎尚未抵达前，先和家中兄弟姊妹共吃餐，接受祝福，此为'吃姊妹桌'，之后化好妆，穿戴新娘礼服，等待迎亲队伍到来……男方抵达女方家后，将捧花交给新娘，并将丰盛的供品：猪、羊、鸡、鱿鱼、皮蛋、面线、罐头、酒、礼饼、喜糖、冬瓜糖、戒指饼（槟榔和冰糖）等，敬献给女方的神明和祖先。新娘再由媒人牵引出大厅，与新郎站在一起，由女方的舅父或长辈点烛祝福新人，并引导新人上香敬告女方的神明和祖先，新娘跪别父母，称'辞祖'。"①之后，由媒人用贴着红八卦的米筛遮着上轿。轿子抬走时，新娘从里边扔出一把扇子，女家派人将之捡回；"也有人是丢出手帕与红筷子，掷筷有'快生贵子'之意。彰化地区的婚俗除了掷扇外，有的会多扔一件衣衫给娘家，此有留裳以为纪念或象征留福给娘家之意……女方父母会以一盆水泼在地上，表示'覆水难收'，喻将来不会有离婚返回娘家的不祥兆头"②。

（2）客家人

客家人，"北部的海陆客家人或一般的客家人，会在出嫁日先和兄弟围

---

① 李秀娥. 台湾的生命礼仪（汉人篇）[M]. 台湾：远足文化事业股份有限公司，2008：68.

② 李秀娥. 台湾的生命礼仪（汉人篇）[M]. 台湾：远足文化事业股份有限公司，2008：69.

坐共食,以碗盛饭,每人吃一口,为出嫁前最后一次与姊妹共餐,以示惜别,称为'吃姊妹饭'。吃毕,取出一小撮米饭,再用红布包起,随身带往婆家,称为'分食',表示离开娘家就婆家,另创家室之意"①。出门的吉时到时,台湾客家新娘也要在厅堂上拜别祖先和父母,父母各给她一个红包,并为之罩上红头帕,再由兄长背着哭着上轿。也有的与闽南人一样,由媒人遮八卦米筛上轿、扔扇等。其父母要用一碗清水泼向轿顶,寓意与闽南人将水泼在地上一样,希望女儿以后不要被男家休掉返回娘家。新娘的兄弟拿一对"添丁进财"灯陪在轿后送到男家。

（四）迎亲途中

在将新娘花轿抬回男家的途中,往往会遇到官轿、出殡及与另一花轿相遇的喜冲喜等情况,闽台各地都有一些不成文的通行做法。遇官轿时,官轿都要避让花轿,因官员天天坐轿,新娘一生仅坐一次而礼让;遇出殡,送葬队伍须停下靠边或隐蔽或拐道回避,因为民间认为生比死大,新娘比死人大,即"新娘压十煞";喜冲喜时,各地的做法有些差异。如思明和芗城,都是由媒人或送嫁姆将两个新娘头上的插花互换一朵,俗称"换花";大田,两个新娘要下轿互换扇子,意为"子换子";闽清,除新娘要互换礼物外,还要放鞭炮,以取双方吉利;罗源,新娘在花轿里要不停地空剪剪刀,声音弄得越响越好,并把早已准备好的米、筷子等东西摔向轿门（俗信可压制对方）;霞浦,双方的轿队都朝附近高处跑,谁先占最高处就先得福,往往导致双方争执不下大打出手。

此外,在行进的过程中,有些地方还有很有特色的习俗活动,如在霞浦和寿宁,途中逢桥、过河均要抛红蛋,俗称"过桥蛋"。福清和闽清,婚礼日新郎到女家迎亲,俗称"邀新人",回来路上,人们可用条椅等拦住去路,新人不得生气并要向拦轿的人分瓜子、糖果等,一路上拦的人越多,越说明新娘的才貌出众,新郎也会因之有光彩,俗称"拦花轿"。云霄,途中经过庙宇、村庄、桥梁要放鞭炮。将乐,半夜路过凉亭、大树、山谷都要放土铳,以驱赶鬼神。明溪则在路过三岔路口、村庄时,燃放爆竹、土铳以驱邪。

---

① 李秀娥.台湾的生命礼仪（汉人篇）[M].台湾:远足文化事业股份有限公司,2008:85.

（五）出轿、入门、拜堂、合卺

花轿到达男家后，各地都会举行出轿、入门、拜堂等仪式。其中，闽东、莆仙和闽南的泉州、厦门等地多有"避冲"的习俗。民间认为，这一天新娘的"火气"大，如果在她下轿、入门时相应的亲属不回避，以后将造成家族不睦。但就在"避冲"这一细节上，各地也并非完全一样，有的要公婆回避，有的要新郎的女亲属回避，有的要公婆叔伯等长辈回避，有的要新郎所有的直系亲属都回避，有的连新郎也要回避等。有的地方在人回避的同时还将灶膛里的火熄灭，不一而足。此外，其他的习俗细节各地更是纷繁复杂、异彩纷呈。

1. 闽东

（1）宁德

蕉城，男家派新郎的两个属相好的弟侄辈小孩提着喜灯在半路上等候，和他们一起准备迎接新娘的还有两位举着火炬的全福（福寿双全）长辈。花轿到大门口时，公婆叔伯等长辈要避至楼上，避免新娘越辈、婆媳正面犯冲。"做大喜"的（主持仪式的人），上前先对轿子撒"五米"（谷、米、麦、豆、芝麻），以祈五谷丰登，再烧"麻头"以避邪煞，后提米筛、打开轿门、遮住新娘头，行至厅上与等待在那里的新郎行合卺礼，俗称"交杯"。礼毕，由"伴房奶""妹仔"将新人导入洞房。之后，长辈们下楼，其他人涌进洞房看新娘。

福安，花轿到达男家门口，新郎及其父母兄嫂都须上楼回避，以示身份尊上，将来镇得住新娘。男家全福的女长辈上前揭去轿门上的"轿前符咒"，并将之点火焚化，然后开启轿门，由"正中姑"（祖、父辈俱在的全福小女孩）请新娘下轿，再由"伴娘妈"（通晓当地婚姻礼仪的老妇）搀扶到大厅，等待举行拜堂成亲大礼。身着长袍头戴礼帽的新郎则经"子弟官"（全福小男孩）来回上楼三次相请，才下楼与新娘拜堂。之后，新娘由全福长辈持喜烛、捧斗灯缓步引入新房，端坐在床沿让人看，称"瞧新妇"。斗灯是在贴着红纸的红漆圆形木斗内，放置大米、红蛋、镜子、剪刀、尺子、筷子、戥秤和点燃的油灯做成的。

霞浦，新娘轿到时，由全福的童男、童女各一人上前迎到门口，然后由全福的老妇上前开轿门、扶新娘下轿，俗称"阿婆牵下轿"。新郎在厅堂上等候与新娘举行拜天地、祖宗、互拜的拜堂仪式。之后，新郎捧"斗灯"在前，引导新娘踏着布袋入新房。布袋由先前迎候新娘的童男、童女不断传递，寓意"一代传一代"（福鼎也有此俗）。邻里的儿童跟随着涌入新房哄抢新娘带来的、撒在床上的果子豆,寓意"得子"。

柘荣,轿子直接抬到男家大厅里,由轿夫卸下轿门,另由男家请全福老妇和少女二人,俗称"老接"和"接姑"上前牵引新娘,由礼生主持在大厅上与新郎行拜堂礼。之后,与福安一样,由新郎捧"斗灯"引路,用红布袋垫地领新娘进洞房。

屏南,新人到家,女家送路人先被接到邻居家休息(他们不能观看婚礼)。由侄辈小孩"请妗"或"请婶"下轿,新郎上前与新娘对撒"花米"。之后,由一有名望、"八字"好的中老年妇人牵引新娘下轿、拜堂,再由新郎在前捧"灯斗",引入洞房饮交杯酒。

寿宁,花轿至男家门口,也是由全福的一老一小的两女人(俗称"老接姑""嫩接姑")将新娘搀下轿、入大厅。新娘将一包爆米花和两个红蛋撒在地上,让众人哄抢。新郎则由两位"烛弟"(全福的小男孩)持红烛三请到堂。新人在鞭炮、鼓乐声中拜天地、祖宗、父母,然后夫妻对拜。最后,由接姑牵着新娘,烛弟持喜烛将新人送入洞房。伴娘取酒一杯,先给新郎喝一口,再给新娘喝一口,俗称"喝交杯酒"。伴娘赞吉语,让新人头碰头,意为"结发到老"。之后新郎出房,男女老幼进入洞房看新娘、吃茶点。

古田,由好命妇人上前开轿门、牵接新娘下轿、踩火盆(俗叫"踏地厨鼎")、进洞房。当新娘第一脚刚跨进洞房时,新郎左手拿着装有米头(米、麦、豆混合)的茶盆,右手抓起米头向新娘连摔三把,以示"下马威"。之后,两人并排坐在床沿吃"床墩蛋"。不久,赞礼(由年高德劭的长者担任)高喊:"鸣炮—奏乐—拜堂",新人双双步进厅堂,拜天地、祖先、父母,再请内外诸亲长辈受拜,长辈须送红包。最后夫妻交拜,新郎抱着"灯斗米"走在前头,新娘随后入洞房。赞礼高喊:"拜堂礼毕入洞房,今夜合欢大吉昌,夫唱妇随鸾凤偶,熊罴叶梦早呈祥。"

(2)福州

鼓楼、台江、连江、长乐和闽侯的下轿、入门习俗基本一样:轿到男家时公婆必须暂避,怕"冲火头"。轿至厅堂,由一男孩手执"长柄镜",请新娘下轿,在伴房妈(喜娘)陪同下先入洞房,与新郎并坐床沿,称"坐床"。然后与新郎一起到厅上,拜天地与祖先,再回房"脱装",即去除凤冠霞帔。下午长辈到齐后,新人再到厅堂上,伴房妈宣唱"一拜父母(如一方已殁,用灵牌或插花线面替代)、二拜高堂",然后按辈分与亲戚长辈拜识。跪拜时父母或亲戚长辈要给新娘见面礼,如金首饰、红包等,称"见厅"。拜后,伴房妈用龙凤烛引导新人入洞房。新郎揭去蒙在新娘头上的红盖头，二人同饮合欢酒，即"合卺"（台江在当晚闹房后半夜时分喝）；马尾的"请下轿"、"坐床"等习俗与上述各地大致相同，只是在拜堂上程序有所不同：依次拜天地、神主、公婆、夫妻对拜，最后"落祠堂"，即到宗祠拜祖宗。礼毕，新人回洞房饮合欢酒。接着再出去拜识长辈，称"拜见"，做法又与上述各地相同。

罗源，男女两家选择父母健在的男童若干人迎、送，称"接路""送路"。花轿进门后由"有福气"妇女"迎下轿"，男家女眷要暂时"避冲"至拜堂仪式之前。伴娘持米筛遮在新娘头上，扶其踏在地上铺的五个红布袋入厅堂（意为"传宗接代""五代同堂"）。新郎、新娘在堂上拜天地、祖宗、公婆及至亲长辈。礼毕，由新郎执龙凤烛在前引导入洞房。在迎亲队伍到达之前，男家组织父母健在、聪明伶俐的小男孩（双数）等待马桶担。马桶担入房后，小孩们争着开桶盖取走里面的红橘、红包等物，然后往里撒尿，撒得越多越好。

福清，由男家亲族或邻居中福贵双全的年长妇女和喜娘扶新娘进门，男家其他女眷暂时"避冲"回避，等新娘进了大厅后才可见面。在花轿未到男家前，男家要挑一个聪明伶俐的男孩在门口等着，等接亲队伍一到，立即上前将嫁妆中的新马桶接过来，跑进新房，俗称"掼（提）马桶"。他和预先在里头的男女孩子一起关紧房门。新郎、新娘拜过天地、祖先和父母后，由喜娘为前导引到新房前拍门。拍门时喜娘要唱《拍房门歌》，新郎则与里面的小孩讨价还价。磨蹭的时间越长，表示新郎、新娘有耐性，意味着今后夫妻恩恩爱爱的日子越长。最后新郎答应要求，给足香烟、糖果，小孩才开门让他们进屋，此即为"关新人房"。马桶里的红枣、花生等礼品归"掼马桶"的男孩。

平潭，结婚日新郎到女家去迎亲，民间叫做"邀新人"。女方则请三两位未婚女郎为伴同到男家。到男家门口时，由一位"福寿双全"年长女性或雇请的喜娘扶新娘进门举行"拜堂"礼。也有"关新人房"习俗，做法与福清大致一样。新娘在房里坐床后还要坐米桶，意寓过门后稳坐粮仓、丰衣足食。

闽清，花轿将到，男家亲族持高照、火把接轿，直系亲属中与新娘属相"相克"的要回避。金鼓班随轿吹奏，轿停在厅堂上，一对男孩提灯笼分立轿的左右，喜娘挽新娘下轿、拜堂：拜天地、祖先、夫妻交拜。礼毕，在地上次第传铺花袋，由"福寿双全"的妇人手拿龙凤烛引导新娘踏花袋进入洞房。入洞房后，新郎新娘并排坐床沿"坐床"、饮合欢酒。由一父母双全、兄弟众多的男孩在马桶内小便，称"开桶"，意为早生贵子。后再出厅跪拜公婆，由公婆授簪；叩拜亲友长辈，受拜者予以"簪仪"（磕头礼）。之后，由喜娘扶新娘到厨房走一趟,称"拜灶神";动一动厨具,称"出灶"(农村于第二日先出灶后出厅),后回新房。

2. 莆仙

莆田和涵江一带,红轿到男家门口时,公婆妯娌均须暂时"避冲",直到新娘入洞房后才可出来。"送房兄"把嫁妆搬入洞房,挂起蚊帐,用红枣、花生、桂圆干、瓜子(寓早生贵子)等向帐中撒去,称"撒帐"。同时唱"四句":"撒帐东西南北方,百无禁忌姜太公;桂子兰孙联科甲,荣华富贵喜苍苍。"新郎开轿门,"阿舅仔"在旁请新娘出轿。能嫂撑着红伞,扶着手捧"新娘妈"像的新娘出轿并走上厅堂。新郎、新娘拜天地,夫妻交拜,接着坐"红闺座",饮交杯酒。夫妻入洞房休息一会儿后,再出厅用猪头、猪腿、鸡鸭、蛋、面等"告祖"(祭告祖先),行三跪九叩礼。接着,拜公婆,行屈左膝礼。公婆分别赠给红箸一副、红米团一双,寓子孙昌盛、全家团圆之意。再由"能嫂"引导拜识长辈,行"作揖"礼,受拜人予以"红包",俗称"答拜钱"。之后,新郎在前、新娘在后,共牵一条扎花的红绸布,缓步进入洞房。在洞房里,新郎掀"新妇罩"。黄昏时,"送房兄"列队,以大锣一对为前导,两两手持龙凤灯、百子灯、一对白瓷"孩儿仔"、花烛、果盒等,从婚筵附近的土地庙开始,沿途吹笙奏乐,在鞭炮声中缓步入洞房,俗称"送孩儿"。新郎新娘接过那对"孩儿仔",将之安放在帐内的板架上。捧果盒的唱赞:"今夜大家'送孩儿',新郎新娘笑微微,燕尔新婚鱼得水,早生贵子耀门楣。"

仙游,轿到男家门口时,新郎所有的直系亲属均需避冲,灶膛里的火也要熄灭,以免与新娘冲火气,导致今后家庭不和睦。新郎由男家前去接亲的"好命"女长辈撑伞扶着下轿后,由媒婆和父母双全的两个小孩引入厅堂与新郎"交拜":拜天地、祖先、夫妻对拜。礼毕,新娘由媒婆和新郎引进洞房。新郎在媒婆的指导下用扇子将新娘头上的"凤巾"向上搅三下,新娘才卸下凤巾,脱去"披风"。后在媒婆的陪同下,慢步出厅堂,行"出厅礼":拜见公婆和前来贺喜的长辈亲友。受拜的人要回赠红包,俗称"压拜"。新娘再回洞房后,要至第二天才可以出来。

3. 闽南

(1)泉州

鲤城和晋江一带,花轿抵达男家,送嫁妈抢先进门,边念"四句",边撒"铅钱",男家所有直系亲属和"日子单"上写明犯"冲"属相者都要回避。新郎上前,倒步踢一下轿门向新娘"示威"后,由新郎年轻的弟侄辈"请出轿",

再由男家好命的女长辈牵新娘走出轿。送嫁娘手捧米筛为新娘遮头,引导新娘跨火炉、进洞房。新郎挑乌巾,与新娘并坐床沿共吃红圆或交杯对饮糖茶后,夫妻双双上厅堂拜天地、祖先,夫妻对拜。礼毕回房,由牵新娘的女长辈作陪,送嫁娘斟酒,夫妇合卺交杯,俗称"食房内桌"。晚宴结束时,新娘要由女长辈陪同上厅堂与公婆及其他的伯、叔、婶等亲属"相见""请茶",被请茶者要以首饰、钱钞"压盅"答谢。

石狮永宁,估摸新娘轿快到村口时,男家叫两个生肖好的小男孩提着红枣灯在村口迎接。接到轿子回男家后,将灯提到新房里。轿子停在男家门口,新郎由喜姨引导,倒步到轿前,用力踢一下轿门,新娘在轿内用力回踢,意为日后男不惧内、女不示弱。接着,由男家两个好命女长辈一人打开轿门、一人举着米筛遮住新娘头扶着新娘下轿、过火炉、入洞房,火炉里烧着一小团柴火和两片用于新娘转运的"生理车"。喜姨一直在旁唱赞吉祥"四句",如"米筛罩轿头,夫妻通透流(感情好);新人入门来,添丁共进财;新人入厝旷旷富,饲大猪,起大厝"等。新郎、新娘进洞房后,牵新娘的离去。喜姨令新人背相靠、后脑勺略相碰,唱赞:"背脊靠背脊,钱银堆半壁;头后抵头后,夫妻吃老老。"之后,让他们面对面分坐床沿,交杯互饮甜茶。休息片刻,新郎在前,喜姨牵着新娘到厅堂拜天地、土地公与祖宗。喜姨唱赞:"拜天地,钱银能铺地;拜土地,两人吃到二百二;拜祖公,家伙炎通通。"最后,新人相对拜,喜姨唱:"新郎新娘厮(相)对拜,百年都恩爱;明年生子肥狮狮。"礼毕回房,新郎才将新娘头上的乌巾揭去,将之披在帐项,一头下垂。喜姨唱:"官人娘子来厮见,日后翁某勿会厮争;官人娘子来相识,日后家里大发达。"至此,新人才相见。迟迟不相见是因为怕相冲,特别是新娘被他人或神煞所冲,只有拜过天地神明后才不怕。随后,新娘烧灶香,以一碗米饭、一菜一汤拜床母,再与新郎饮合卺交杯酒。

安溪与永春的"下轿""入门"习俗基本一致。在一连串的鞭炮声中,花轿到男家,停歇在大门前一会儿,俗称"镇地",意即新娘从此是这里的人了。如今不坐花轿,则放一只靠背椅让新娘坐。新郎家人和"日帖"上指定回避生肖的人都要回避。等吉时一到,轿夫抬轿入大门。从下厅越过庭中炭火熊熊的烘炉。花轿上大厅,向内放下。新郎上前拆掉轿门的封条,下马威似的用左脚踢一下轿门,新郎的一个小弟辈提红灯请新娘出轿,新郎的一个福寿女长辈上前一手打开轿门,一手捧着"米筛笠"(米筛内放一条新郎的裤子,上面盖着一个竹编斗笠)遮住轿门顶,与送嫁嫂一起牵新娘出轿。"米筛笠"随遮头顶,新郎接过女家的送来的花担在前引导,过火炉、入洞房(现在由于不坐轿,也不用送嫁嫂,所以通常由两个女长辈上前,一个打伞,一个捧"米筛笠"送新娘进大门过火炉后入洞房)。送嫁嫂一直在旁唱赞吉祥"四句"。新娘一进洞房就要踏破门槛内事先放好的一块新瓦,新郎将花担放在床上,女长辈将米筛笠放在床顶后出去,送嫁嫂关上房门为新夫妇举行"合卺"成亲礼:新郎、新娘相对坐定,送嫁嫂叫挑乌巾。按俗例新郎早知道要把新娘罩头的乌巾揪踩在脚下,好让新娘一辈子乖乖听话;而新娘也准备不让乌巾落地,争着"夫妻并头做"。一听"挑乌巾",早已悄悄执紧乌巾一角。所以"挑乌巾"时,常出现新郎扯、新娘拒的对扭局面。为不失和气,送嫁嫂便从中缓解地按住他俩的手,念"郎君会,娘子'婺'(有能耐),乌巾一人揪一头,生子传孙人人都出头"。如果还对扭不放,送嫁再念"双人合着揪,明年生一个'乾埔'(男孩)肥'纠纠'"。之后,送嫁嫂引导新人重新对坐进行"换丸":洞房里早已放好两碗糯米汤圆,送嫁嫂夹起新郎碗中的丸,往新郎的嘴唇擦一下,继而对新娘的嘴唇也擦一下,把丸放回原碗;再夹起新娘碗中的丸,往新娘、新郎的嘴唇做同样的动作,意为夫妻团圆、今后生活幸福圆满。之后,送嫁嫂又让他们肩碰肩、亲嘴等。最后,开房门引导新人上大厅,先拜天地、"土地公"、祖先,再夫妻交拜。整个过程中送嫁嫂都唱赞着吉祥"四句",表达谋求繁衍、富贵的祝愿。

(2)厦门

思明,花轿到达男家,先停在门口,等待出轿入门的吉时到来。两新郎姐妹辈的女子各捧一茶盘和一桔盘,站在轿子两旁。新郎站在轿门前,轿前燃着一盆炭火。吉时一到,新郎抬脚猛踢轿门三下并打开轿门。两捧盘女子分别送上甜茶、柑橘,让新娘喝茶、触摸柑橘(寓夫妇生活圆满吉祥)。新郎上前牵新娘时,新娘稍起身复又坐下,再牵再坐,反复三次才出轿(显新娘娇气)。男家福寿女长辈将挂在花轿后的米筛举在新娘头上。新娘由新郎牵着出轿、踏瓦片、过炭火、入大门,到厅堂上拜天地后入新房。此后,新娘要第三天才能出房。入新房时,新娘不能踏门槛(如踏,意味着她想压服新郎,一般不为家法所容)。在新房里,点着龙凤大红烛,俗信左右各主男女寿,哪盏先灭哪个会先亡。新郎、新娘端坐在高椅上,搁脚于矮凳上,即"高椅坐,低椅搁脚",象征婚后生活舒适安逸。送嫁婶随入新房,指导新郎掀乌巾和与新娘同吃"合婚圆":各吃一粒,再分别夹一粒喂对方吃。接着,吃"酒婚桌":新郎、新娘端坐在圆桌的两侧,由遮米筛的女长辈掌具。桌上 12 道菜,六荤六素,女长辈一一夹起,递到新郎、新娘嘴边作喂食状。每夹一样菜,送嫁姆就要念"四句":"吃鸡会起家,吃鱿鱼生子好育饲,吃鹿肉全寿福禄,吃猪肚团婿大进步,吃肉丸万事圆,吃鱼额下快做老爸,吃鱼尾又快做大家(婆婆),吃福圆生子生孙中状元,吃红枣年年好,吃冬瓜大发花,吃甜豆夫妻吃到老老老,吃甜桔好尾结。"新郎、新娘一般只是象征性地张张口,并不真的吃。①

（3）漳州

芗城的"踢轿门""摸柑""三牵出轿""遮米筛""吃合婚圆"的习俗与厦门思明大致一致,不同的是,有的地方新娘不是跨炭火而是跨稻草火。

华安,迎亲队伍到男家门口,由男家福寿长辈一人开轿门,并把新娘背到门口的一只竹筛上,婆婆与新娘合伞。之后,送嫁姆扶新娘进大门、入洞房,屋中人要全部避开让路,灶膛的火要用水浇灭。入房时,送嫁姆唱赞:"米筛拿高高生子生孙中状元,米筛拿低低女婿快做爸。"新郎也由男女小孩各提一盏灯送进洞房。在洞房里,夫妻张口做样子与思明一样吃"十二碗菜",送嫁姆在旁唱赞:"一吃醋肉夫妻笑哈哈,二吃猪心夫妻同一心,三吃猪肝夫妻同心肝,四吃猪腰夫妻相爱惜(疼爱),五吃冬瓜新娘开白花(意为生男孩),六吃汤圆夫妻永远团圆,七吃鱼尾又新娘快做大家,八吃粉丝新娘笑嘻嘻,九吃米糕生子较乖哥(乖巧),十吃肉丸生子中状元,十一吃芋生子孙象芋仔生芋孙,十二吃红柑,红柑好尾味,生子好教示(教育)。"夫妻吃"十二碗菜",表示一年12月,月月美满。接着,新人出洞房到厅堂拜天地、祖先、父母及对拜。在厅堂上,送嫁姆还要给新娘梳头髻,并在其面前放两块砖在米斗下,唱赞:"金砖下地,女婿快做爸。"送嫁姆叫新娘脚踏斗箍(用细竹片条围套住米斗的圈子),唱赞:"踏斗箍,生查埔(男孩)。"送嫁姆边给新娘拔头髻边唱赞:"拔得正,公婆相疼;拔得好,夫妻不老。"之后,新娘捧甜茶给男家长辈一一敬上。长辈喝完甜茶后都要放红包在茶盘上,称"吃新娘茶"。接着,送嫁姆在新娘腰间围上围裙下厨房弄灶膛、摸水缸、碗筷等,再用围裙兜一把谷子来到门外将之撒在地上,唱赞"种子下地,女婿快做爸",并唤小鸡来吃谷子,唱赞"今年喂鸡崽,明年做月内,大只捉来杀,小只分同姒(妯娌)"。接着,送嫁姆又叫新娘弄臭潘(喂猪的淘米水等饲料),唱赞:"弄得起,女婿坐金交椅;弄得浮,喂猪较大牛(比牛大)。"送嫁姆再带新娘进厨房,

① 陈耕.厦门民俗[M].鹭江出版社,1998:73~74.

坐在灶前椅子上,唱赞:"坐金盾,烧火勿会(不会)熏,煮饭快滚(沸)。"最后,回新房静坐至闹房者的到来。

长泰,轿子到男家门口时要将之停放在一面贴有红八卦图案或红纸的箍笭内。入门吉辰一到,"拉新娘"撑着红伞(原为贴上红八卦的米筛)牵新娘出轿,边唱"新娘踏土,生团好团模;踏会在(稳),生团胖狮狮;过户槛(门槛),有吃又有上(穿)"等"四句",边走进大门,将新娘送进洞房。新郎腰间围着一条红腰带在新房里等着。新娘进去后,新郎掀去新娘的头盖布。"拉新娘"叫两人并排坐在床沿,捧着一碗猪肚、猪肝作出喂的样子给二人吃,二人也要作出吃的样子,叫"合唔"。之后,"拉新娘"将新娘带出来和婆婆相见。婆媳要背靠背,额抵额,意为今后婆媳相处会如母女一般母慈女孝。接着,"拉新娘"带着新娘到大门口给邻里发冬瓜糖。然后,再由"拉新娘"带新郎新娘到大灶前向喜宴主厨敬茶。最后,"拉新娘"带新娘进厨房,用木棍捅捅灶膛,掀锅盖,拿起锅铲做炒菜的样子,在潘(泔水)缸里搅动勺子,拿舀具探水缸,开关碗橱,摸餐桌,掏米瓮,并给新娘围上围裙,从米缸里掏出一把米到门外喂鸡(即使没有鸡,也要作出呼鸡和撒米的动作)等。每做一件事,"拉新娘"就唱与之相关的吉祥"四句"。

云霄,花轿抬到门前,待到择定的良时,由小叔请嫂出轿(嫂赠以红包、烟袋)。男家一位福寿女长辈在旁举着贴有红八卦图案的米筛遮着,新娘由"指教姆"搀扶着跨炉火、入洞房。房内设鸡、肉、鱼等12样菜色的"新娘桌",其中要有糖豆、麻糍粿和五种猪内脏,俗称"五腹(福)"。新人先饮交杯酒,再由指教姆逐碗夹菜到新娘嘴边并"说四句",如"头碗鸡,二碗'批'(肉片),三碗三及第,四碗状元游街,五碗五尚书,六碗郭子仪,七碗七子八婿,八碗八仙过海,九碗九龙升天,十碗十子十媳妇,十一碗中举中进士,十二碗文武状元拢总有"等,俗称"吃十二碗"。之后,新郎与新娘碰头,即"结发偕老"。晚上闹房后,小叔捧红圆请兄、嫂同吃,谓之吃"合房圆",兄、嫂赏以红包礼。接着,道士摇铃念经给新郎新娘洒法水,称"净身"。然后,新郎给新娘揭盖头除凤冠,新娘给新郎除礼帽,称"圆房"。新郎新娘内衣为白色的"上头衫裤",三朝洗净珍藏,至逝世再穿上。床上垫芦席,属死人用品,寓至死不渝、白头偕老。

诏安,"踢轿门""吃十二碗"等习俗与闽南许多地方大致相同。不同的是,新娘出轿、入门是由公公用米筛遮着(东山则是由族中子孙满堂的男长辈来做)。

4. 闽西

长汀，新娘到男家，须在门前等待吉时入门，短则数十分钟，长则数小时。通融的做法是，先从侧门入屋休息，待吉时到时，再从正门进去，与新郎拜天地、祖先，夫妇同拜，饮交杯酒，入新房（农村则入新房后饮交杯酒）。新郎、新娘一起在新房内吃一碗鸡面，有的外加四个蛋。新房内的布置城乡不同，城区床上多放柚子、花生、红枣、石榴，取"早生贵子"之意，天花板上贴一张写着"抬头见喜"的正方形红纸；乡间，则在床上或桌上放一把灯斗，斗内盛满谷子，外贴红纸，上放秤、尺、算盘、剪刀、白线各一，将油灯点亮，祝愿仓满斗满、添丁增福。

武平，花轿到男家门口，如未到入门时刻，要把花轿放在大门外圆形大笸篮（与长泰一样的筛箩）里等候。新娘要在轿中用纸扇遮住面容，任由小孩在花轿的窗格子上撕开小孔偷看和戏要。吉时一到，吹班师吹奏乐曲，在门槛前放一堆干杉毛并将之点燃，发出噼啪的响声。新郎父母上前将轿门上挂的绣花八卦、剪刀、镜取下，将八卦移到洞房蚊帐前悬挂。新郎走到花轿前开锁，把轿门打开，让搭嫁婆引出新娘，跨过燃烧的杉毛（象征子孙繁衍，与火一样旺盛）入大门。搭嫁婆引导新娘、新郎走到香桌前，点起花烛，跪拜祖宗、父母，夫妻对拜。礼毕，搭嫁婆引二人进入洞房坐在床沿上，拿起两碗酒，酒中各放两个红蛋，让夫妻各喝一口酒和吃一个红蛋，然后互换酒

新娘踩米筛进门

碗,把剩下的蛋酒吃完,俗称"打交杯"。之后,年轻人和小孩子们一齐涌进新房里,要求新娘发喜糖。左邻右舍都来道贺,吃喜糖。

漳平,花轿到时停放在大门外,公婆"避冲",由新郎开轿门。新娘出轿时,将所带红枣、花生、桂圆等抛撒在地上,让小男孩抢着捡起来吃,以兆"早生贵子"。然后,由伴娘扶进正厅拜堂。拜堂后由娘舅秉烛引新郎、新娘入洞房。

永定洪坑土楼人家,新娘下轿时要由男家福寿女长辈和新郎一起扶着,踩过地上六个贴"囍"字的米筛进大门。

5. 闽北

(1)三明

大田,花轿到男家门前,等待吉时入门,公婆须回避。吉时一到,鸣放鞭炮,轿夫头将"全婚"礼帖盒送至厅堂,并说"天赐良缘"之类的吉语。一对红灯放在厅上祈案桌的左右,寓意"添丁"。接着四名轿夫将花轿抬至厅堂中间。新郎身穿长袍马褂,头戴瓜子帽上前迎接,用脚把花轿门帘踢起。男家的"好命妈"挽扶新娘下轿。新娘脚踏米筛出来,走到祈案桌前三拜祖先,谓之"拜堂"。"好命妈"唱赞:"(某)姓阿使做(某)姓祖妈,手抱五代孙,做得五代妈。"新娘拜后缓步退至灯梁下,面向宾客边拱拜边说"客公请坐",即入洞房。"好命妈"将新娘的戒指脱下一枚给新郎为标记,以防当晚歹徒乱婚。接着让新娘吃点心,鸡、鸭蛋各吃半个,留一半给新郎吃,意为同心同德,白头偕老。母舅和舅祖在厅堂上行挂灯仪式,唱四句:"新灯挂起,宾客恭喜,今朝成亲,来年抱孙。"新郎向母舅及众客敬冰糖茶,以表谢意。

清流,花轿到男家门前停下,待年月先生(日师)在轿前撒茶叶米和古钱、宰猪庆轿后方可扶出新娘。出轿后,由一人撑伞、举米筛遮盖新娘头顶,一人交替铺草席引新娘踩着入大门、进新房。公婆应回避至新娘入新房后才可露面。拜堂的良辰一到,男家在厅堂祖宗神位前点燃红烛、高香,摆上"三牲"茶酒,铺上红毡拜垫,在喜炮声中让新郎新娘拜天地、祖先、父母,后夫妻交拜。之后,新娘由一人领着先拜舅父母,并依次由新郎奉茶、新娘揖礼,拜见众亲戚,受拜者要送上见面礼。当晚闹房之后,洞房点起红烛高香,燃放喜炮,由男家好命女长辈一手端着盆鸡、一手提着酒壶,领着新郎新娘进洞房。新人各吃一只鸡腿,交换各饮一杯交杯酒后,关门就寝。

沙县,新娘到达新郎家时,由男家"引领"引入,与新郎在客厅里行拜堂仪式。客厅摆有天地桌,天地桌一边另放有一碗水,碗上置一把剪刀和一枝玫瑰花。拜堂程序是一拜天地,二拜祖宗,三拜公婆父母,四为夫妻对拜,五拜灶神,六拜亲属长辈,第六拜或安排在宴席间进行,被拜的长辈要给新娘红包,然后新人由男家一福寿女长辈引着一起入洞房。夏茂倪居山一带山村的新娘要由新郎舅舅从女家一直背到男家。到大门口时,新郎的直系亲属都要回避以"避冲"。师公(道士)在大门口举行杀鸡祭天仪式后,新郎舅才能将新娘背到厅堂的祖宗牌位前放下。接着,师公为新人主持拜祖宗、夫妻对拜仪式,并让他们喝下交杯酒。男家一福寿女长辈在旁同时喂新娘吃两个鸡蛋(每个蛋头尾各咬一口即可)。之后,新郎在前,女长辈搀扶着新娘,夫妻一起进洞房。在洞房里,女长辈又引导二人同吃蛋、鸡腿、粉干以"合卺"。

将乐,花轿到男家大门口,要举行落轿仪式。安仁一带由阴阳先生宰鸡祭神,以禳邪煞,祈福禄;多数地方在门口两侧燃烧起两堆火,在厅堂放置火盆或火笼,并撒盐粒,让新娘跨火进门,寓意婚后生活兴旺、延子延孙;还有的地方由新娘嬷给新娘喂三匙米饭,称"孝顺饭"。新娘由伴娘扶下轿后,头不可顶天,脚不得踩地,须撑伞遮盖头顶,踏两个轮番交替的米筛入大门。厅堂铺上红毡拜垫,新郎、新娘跪拜天地、祖先、父母,再夫妻交拜。嗣后,由司仪领着新娘依次拜亲属长辈,受拜人均给见面礼。接着,新郎、新娘向天地诸神、祖宗敬酒,夫妻饮交杯酒,再由好命女长辈领着入新房。

明溪,花轿到达男家,如时辰未到,必须"顿轿",即将花轿停放在两条长凳上,不得落地。时辰一到,由厨师以公鸡"开花",叫"衅轿",表示驱邪。然后由一好命妇女扶新娘下轿,在大厅举行"宣书"和简便的拜堂仪式:拜天地神祇、祖宗、公婆,夫妻交拜。拜毕,新郎站在洞房门口,斜举右臂,新娘在新郎右腋下进入洞房,寓意"自此从夫,不夺夫权"。洞房内摆上酒席,选10个"好命"的或有名望之人陪同新人在新房喝"合欢酒",又叫"交杯酒"(人数连同新人一对,平年12人,闰年13人)。席中有红蛋及"五子":枣子(早生贵子)、瓜子(多子多孙)、莲子(连生贵子)、龙眼(龙子龙孙)、嘉应子(加生贵子),每人分"五子"两粒,并争相在新人头额上击红蛋。

宁化,轿到男家,鼓炮相迎,新郎兄弟与父母回避(拜堂时可与新娘相见)。新郎则站到自家门槛上,向新娘撒三把米,口呼"迎新添丁"之类的吉利话。之后,新娘由媒人和喜娘扶进洞房休息。男家在前厅燃起红烛高香,摆上"三牲"茶酒,铺上三个品字形的红毡拜垫。拜堂吉辰到时,新郎新娘由家长领着,在喜炮声中,对天地行三跪九叩礼,即拜天地;随即进后堂祖先神

新郎新娘同吃蛋、鸡腿、粉干

龛处再郑重行礼，即拜祖宗；接着夫妻对拜，然后拜父母、拜各位长辈亲属，受礼者均给新娘红包。合卺吉时到时，洞房中点起红烛高香，燃放喜炮。由两位德高望重的长辈，一位持盘端鸡，一位持壶斟酒，侍候新郎新娘交换吃鸡、喝酒。围观者笑语喧天，说些"公口吃来婆口香，翻云覆雨到天光"，"公口吃来婆口尝，甜甜蜜蜜日月长"之类的戏谑话。

（2）南平

政和，新娘到男家门口，要让她多站些时间，以磨娇气。新郎此时口含冰糖躲在厨房灶边，以避"新娘煞"，证婚人请拜堂时才可出来。新娘进门要用两个米筛轮流递换，让新娘脚踩米筛进入厅堂与新郎同拜天地、祖先、长辈。亲属长辈受拜者要给新娘见面礼。进洞房前要选童男童女往马桶里撒尿，预兆早生贵子。再选两位"好命"的女长辈手拿红烛，鸣放鞭炮送新郎新娘入洞房。在洞房中新娘拿出娘家烤熏好的猪心干、鸡腿干，与新郎同吃和同饮交杯酒，表永结同心之意。

建瓯，新娘下轿时，送给接亲男童一串捻开的龙眼干，表示"圆满幸福""百子千孙"。新郎新娘由司仪唱引入厅，双双"拜堂"、喝"交杯酒"。新人入洞房时，在床上撒掷钱钞、彩果，称"撒帐"。选择男孩拉尿冲新马桶，名谓"试桶"，表示早生男孩。东峰等地，新娘入洞房要由两人在房内地上放置两条麻袋交替着让新娘踏袋而入，直至床沿。吉阳等地，有"赶猪公"习俗，一人身着棕衣，头戴斗笠，打着赤脚，手执鞭子，把新郎赶至洞房，羞得新郎满面通红，七躲八闪，左右的朋友便拿来棍子、板块左拦右挡，赶入新房，闹得哄堂大笑。这种辱新郎为"猪公"之举，含"母猪生小猪，百子千孙"之意。

　　松溪,花轿到男家时,新郎要站到楼台高处,以示"男尊女卑"。门前放鞭炮接新娘的同时,撒食盐于火盆中发出爆响声,取"大发"之兆。司仪引新人在鼓乐声中拜堂,之后入新房。待婚宴结束之后,男家长辈们到新房,由婆婆介绍与新娘见面,新娘以糖茶接待,长辈们吃茶后在杯内放一红包做见面礼。

　　武夷山,在约近午时分,男家红烛高照,亲友盈门,准备迎接新娘到来。花轿抬到男家大厅正梁下停妥,年轻寡妇、孕妇需回避。男家聘请好的两位好命牵婚妈分立花轿两边侍候,随即请厨师或唢呐师一人,手持公鸡一只,站立在轿杠中间的花轿门前,左手抓住鸡脚,右手在鸡身上划符,默念咒语,然后扶住鸡头高高举起,边唱行(吉)语。唱毕将鸡冠咬破,把鸡血涂在轿子的天门、地服、人门、鬼路上,再涂轿角、轿杠边,称"出煞"。"出煞"完毕,请舅爷子拿出钥匙开轿门,请两位小姑娘抬住托盘站立轿门前,盘上摆着米饭、交杯酒、猪肝、猪脚、葱、姜、糖等,由两位牵婚妈将盘上的食品各喂新娘吃一点点,全部含在嘴里,再由她们左右扶着新娘慢慢步出轿门。新娘将含在口中的食物吐在地上,几步外有两个青年人抬着一小长桌挡住去路。桌上点燃一对小蜡烛,"出煞"师傅站在桌子前,左手扶桌边,右手抓尺、剪在桌上碰两下,又高唱行语。桌子往前动一步就唱一段行语,称"拦门"。唢呐乐器配唱,将新娘引到洞房门口。将桌子拉开,由牵婚妈扶新娘进房坐床,新郎已端坐在床沿左边等待。新房内高烛点燃(由母舅赠送,重4～10斤不等),桌上放着一个盘子,盘上摆着一只缠红绳的煮半熟的公鸡(由新郎姐妹赠送,故有"娘舅烛,姐妹鸡"之谚)。公鸡如孵蛋式蹲在盘上,周围垫有煮熟染红的鸭蛋十几、二十个不等。许多男女青年、儿童守候在新房里准备抢红蛋。新娘坐稳床沿右边后,由牵婚妈将两位小姑娘捧来的托盘中的酒饭、猪肝、姜、葱等分别喂新郎和新娘吃。待新郎新娘喝交杯酒后,青年、儿童们立即抢蛋,新娘则由牵婚妈扶出洞房到厅堂上与新郎一起拜堂:拜天地、祖先、父母、亲属长辈(受拜者要赠送红包给新娘)、夫妻对拜。拜毕,牵婚妈将新郎、新娘扶回洞房。在办喜酒的男家大厅楹桌(靠上横壁的高脚长条桌)上,要用米斗装米,上点菜油的灯盏一只及镜子、剪刀、尺等,另把10双筷子用红头绳缠定,排插在米斗内沿,叫做"装銮驾",时间为7天,意即新婚不会玷污本屋风水。

　　6.台湾

　　(1)闽南人

　　花轿到男家时,男家选一小男孩端着装两个柑橘的盘子站在轿子前"请出轿"。新郎持扇子上前叩轿门顶三下,警告新娘以后要守为人媳妇之本分,给她下马威,再拱手作请礼。轿夫唱赞:"今要轿门两旁开,金银财宝做一堆。新娘新婚入房内,生子生孙进秀才。"新娘下轿摸橘,赏小孩红包。媒人手持八卦米筛为之遮头顶、踏红毯而行。进家门时,要踩瓦片、跨火炉(有的内置净香束柴,有为新娘去邪祟净身之意;有的内置火炭,有除秽净身与带来兴旺之意),媒人则一边撒铅(缘)粉,一边说"人未到,缘先到"等吉语。新娘忌踩踏门槛,跨时媒人唱赞:"脚举高高,生子生孙中状元。"一旁的挑夫将新郎带来的子孙桶送到新房,口赞:"子孙桶,过户碇,夫妻家和,万事成。"新娘入厅后,和新郎一同拜堂。仪式由新郎长辈或母舅主持。上香敬拜神明和祖先,案桌上供五牲、汤圆、菜盘等。接着,拜父母、夫妻交拜。宜兰地区有"倒腰"之俗,即交拜前,新娘把身子往后弯下,挺出肚子,让婆婆检查是否有身孕,以示清白之身。之后,新郎引新娘入洞房,坐在床前椅子上。新娘兄弟提着一对"新娘灯"进来,放在床上,口念:"舅仔进灯,新人出丁。"为"舅仔进灯"。该灯旋即挂在男家厅堂的大梁上。床上放着竹筛,里面放着发粿、春花(寓发财)。新郎、新娘坐在铺着新郎长裤的椅子上,裤脚内放着钱,俗称"坐郎裤",有金玉满堂、早生贵子之意。再由好命妇人喂新郎和新娘吃汤圆,称"食圆",有圆满甜蜜之意。接着送进六荤六素十二道菜的酒婚桌,新人先拜床母后由媒人或好命人象征性喂新人吃,并口赞吉语。当晚办酒宴,宴后吃"新娘茶":新娘拜识男家内外亲,行奉茶礼,喝茶者回赠红包,称"压茶瓯"[①]。

(2)客家人

送嫁队伍到达男家时,男家要派好命长辈赞吉祥"四句"以"接青",并给拖青者红包,然后将拖青、陪嫁物拿入宅内(中港溪地区是将榕树枝抛到屋顶上)。陪嫁物不定,但必有公婆鸡一对、祖公三袋、五种(连蕉苗、长命草、芝麻、穀种、木炭)、棉被、枕头、茶具、梳洗用具、大裙等。新郎端着装有糖果、槟榔的茶盘向新阿舅敬礼,并请其率送嫁的人员入屋休息,称"接新阿舅"。对于新娘轿,北部客家人先由一小男孩捧一对柑橘或冰糖拜轿,新娘予之一个红包,然后由全福妇人以八卦米筛为她遮头下轿、跨炭火炉和丝茅草进洞房;南部六堆的客家新郎叩轿、轿夫念四句与闽南人一样,但小男孩"请出轿"的用品则是槟榔或香芋,后也是由全福妇人以米筛遮头进洞房。

① 李秀娥.台湾的生命礼仪(汉人篇)[M].台湾:远足文化事业股份有限公司,2008:70~74.

在洞房里,新娘要先"坐帐",分别坐斗、箩、凳,全福妇人在旁唱赞"坐下斗,斗量金""坐下箩、做大婆""坐下凳,身家大过县"。之后,新人并排站好,交亲拜花烛,称"见烛",并喝交杯酒、吃鸡蛋。待吉辰到时,再出厅拜堂:拜天地与祖先神位、夫妻交拜①。

(六)婚宴、闹房

在婚礼日,各地男家都会置办酒宴宴请亲友、近邻以庆贺成婚大礼。晚宴结束后,闹洞房是各地最常举行的欢庆节目,大多为让新郎、新娘同咬冬瓜糖、亲嘴等戏耍新人的游戏。

1. 闽东

(1)宁德

蕉城、福安和福鼎等地都设有午宴和晚宴,但各地的叫法和做法并不相同。如,蕉城和福安的午宴款待女宾,分别称"接门昼"和"新妇酒";晚宴款待男宾,分别称"接门暝"和"接亲酒"。蕉城的晚宴席散,亲邻要扮作"大喜人",并由其中主持闹房仪式的"主礼头"带着喜灯进洞房"闹房"。深夜,又送喜烛入房,由"主礼头"高赞吉祥"四句"点上喜烛后众人离开。新人关上房门,同饮蜜茶后就寝;福安的晚宴散时,要另备一桌精美丰盛的筵席,俗称"佳期酒",请预先选好的父母双全的青年入席。期间,也举行闹房活动,二者间杂进行,直至拂晓(寿宁也有此俗);福鼎的午宴和晚宴,分别称"接亲昼"和"联烛暝"。晚宴时要将厅堂上的方桌两两合并起来,并在其上面燃起两根由新郎母舅送的大红烛。席间,新郎、新娘跪见至亲长辈,受礼赠以红包,俗称"膝盖钱"。宴后亲友闹房,新娘捧糖茶奉客,闹至深夜。

屏南,傍晚,先招待女家"送路"人吃一些点心,喜宴开始。宴后一小时左右,主人用红帖请村中会清唱的人带上乐器,放着鞭炮前来。主人先敬茶敬烟,再带进新房。清唱的顺序是:《云头送子》,象征早生贵子;《追桃》,象征吃了仙桃能够长生不老;《八仙过海》,象征今后不论做农工商都能亨通顺利。闹到十一点半至十二点结束,主家备酒菜和红包酬谢。20世纪50年代后期,清唱之前增加新郎分烟、新娘点火。闹洞房无非是些新郎、新娘同啃一只苹果或糖、饮交杯酒等节目。多数人家闹一夜房,也有的连续闹两三夜。

霞浦,新房内外俱设宴。洞房里设的,称"床前桌",由媒人坐首位,新娘

---

① 李秀娥.台湾的生命礼仪(汉人篇)[M].台湾:远足文化事业股份有限公司,2008:86~87.

与伴娘等围坐在一起。散席后,亲友前来闹洞房。之后,新郎、新娘相互敬酒,行合卺之礼,俗称"喝双杯"。

古田,在大门口旁边设鼓吹乐队一桌,宾客来时必擂鼓吹击乐以示欢迎。宴席开始后,吃过三道菜,鼓吹乐队开始清唱,通常以唱"京戏"(俗称"罗罗")为主,有时也唱庶平调(俗称"平讲"戏)。与此同时,新郎由牵新娘下轿的人陪同到洞房用量布的红尺把新娘的盖头巾掀开放置于帐顶。宴后,关闭洞房门。亲友要进洞房看新娘,要先唱"闹房诗",内容以吉祥如意和祝愿为主。唱过闹房诗,新人才打开门,让来人进入闹房。

(2)福州

福州各县区的婚宴普遍有新郎新娘在上"太平燕"这道菜时出去逐桌敬酒的习俗。"太平",即白水煮的剥壳鸭蛋;"燕",即"肉燕",类似于北方的馄饨,其外皮由猪肉蘸少量面粉敲打而成,是福州特有的一种小吃。所以"太平燕"就是由鸭蛋与肉燕混煮,撒上葱末或什锦菜而成的一道菜。

鼓楼和台江,当晚宴请亲友"吃大席"。当端出"太平燕"时,新郎父母要率新婚夫妇逐桌向宾客敬酒致谢并对未曾拜见的亲族补行拜礼。宴后,亲友进洞房看新人、"闹洞房",出各种花样让新郎新娘"做戏出"。伴房妈在旁指导应对,闹至深更半夜才歇。最后,伴房妈拿了"花彩"(小费)退出新房。新夫妇关上门,同饮合欢酒后就寝。

马尾,中午摆"出厅酒",由女眷参加;晚上办大席,叫"佳期酒",由男亲参加。新郎、新娘"太平燕"上时出去挨桌敬酒。晚上宴毕,宾客进洞房,出节目让新郎新娘表演,直闹到深夜。琅岐镇的"闹房"侧重于吟诗唱歌谣的节目,伴房妈唱,民间诗人唱,新郎新娘也唱,别具一格。

闽清,原有"正酒"和"连酒"两餐,后逐渐改为一餐。农村有的仍流行两餐。当晚,亲友不论老幼都可"闹房"。闹房前洞房门紧闭,闹房者要在门外如古田那样高唱"闹房诗",直到里面的人满意为止才开门。入房后,还得取预先摆在床上的物件,由闹房者结合物件唱与之相关的吉诗,逐件取完后才能开始要求新郎新娘表演戏谑性节目,直到夜深。

2. 莆仙

莆田、涵江等地,晚上设宴,称"吃欢喜酒"。全席12道菜,表示一年12个月月月美满。第六道菜是"大菜",上时,由男傧相(俗叫"大爷")陪同新郎、新娘向客人敬酒。最后两道是甜菜(甜软粿和甜花生汤),表示新婚甜如蜜、幸福到老。上这两道菜时,从下面的桌先上,等"大位"起座时,才能放鞭炮宣告散席。之后,闹洞房。第一个节目是"做出灯",俗称"抱出灯",由新郎表兄弟或请送房兄主持这个节目。新郎要抱起新娘,新娘举起双手,取床前悬挂的两盏"百子灯",将之互换挂好后才能把新娘放下。送房兄在旁唱赞:"洞房花烛小神仙,一对凤灯挂两边,东西交换入门喜,一刻千金乐少年。""灯"谐"丁"音,"出灯"表示"出丁",取早生男丁之意;接下是"送孩儿""做经文"。送房兄事先准备一些妙趣横生的节目,让新郎新娘做主角进行表演,对话与动作中多带戏谑、挑逗的内容,故意制造闹趣来为难他们,"能嫂"则在其中解围圆场。一直闹到深夜,结束时放鞭炮。送房兄唱赞:"大家齐出门,双手掩房门。洞房初会面,夫妻情意绵。"大伙退出洞房,将房门掩上,俗叫"掩门"。

仙游靠城关一带,中午宴请女家来宾和晚上宴请帮工的亲邻。宴后,女家来人回去时要给阿舅仔(小舅子)"挂脰"(用红线捆扎一个红包,系在脖子上),并给女家"回盘"。"回盘"礼主要为钱,视新娘嫁妆数量而定,嫁妆多的回得多。有时双方讨价还价,惹得不欢而散。晚上宴请亲友乡邻。酒宴俱以鸣炮开席、散席。其间,新郎、新娘要挨桌敬酒、发烟和发喜糖。晚宴后,由于没有莆田的"送房兄"习俗,由亲友乡邻组成"孩儿班"(十余人),到洞房"送孩儿"。为首的提一对"孩儿灯",走在第二位的手捧"孩儿盘",其余的跟随在后面,吹打"十番"前去闹洞房。"孩儿班"一路喊"四句",一唱一和:"一对花烛照洞房,才郎淑女喜相逢,今宵天上赐贵子,富贵长寿福满堂。"涌入洞房后,首先进行"撒帐",一人把五谷种和铜钱等物,撒向床上、床下,让孩子们成群争夺,象征子孙旺盛。"撒帐"时,一边唱和"四句"一边撒,赞词一般以"东""西""南""北"四个字作开头语。撒帐后"出灯",闹洞房者将"孩儿灯"高高举起,要新郎抱着新娘去抢灯。待灯将要到手时,举灯者故意把灯提高,不让抢去,如此反复,弄得新郎气喘吁吁,洞房笑声阵阵。"送孩儿"的要按户送给男家若干"孩儿钱",男家要设夜宴或者点心招待他们。夜宴之后,"孩儿班"又进洞房做"经文",内容为答对子、猜谜语、解难题、唱民歌之类。如果新郎新娘答不上、猜不出、唱不来,就被罚分花生、瓜子、香烟、糖果等。经文做到深夜,来人才散去。闹房后,新人忌再出房,一同吃"进房面"后安寝。

3. 闽南

(1)泉州

晋江、石狮等地,俗称吃"娶某桌"或"新人酒"。酒筵初开,鞭炮与鼓乐齐鸣。洞房内也设宴,俗称"食房内桌",以新娘为主,男家牵新娘下轿的女长辈、喜姨及媒人作陪。菜肴有固定的种类和碗数,其中海参、猪筋、鸡、糕、米包和四果不可少。由喜姨斟酒,新人于席间举杯交饮。每上一道菜,喜姨必唱一次吉祥"四句",并代新娘夹菜。食后,新娘静坐于洞房内等待闹洞房人的到来。期间,新郎要出去和家中成年男子一起轮流挨桌敬酒。在新婚五天或七天内的每天晚上都可闹洞房,称"吵新娘",有"五日(七日)内无大小"之俗。一群来者在大门口约齐后放一串鞭炮告知男家要闹洞房,新郎就得出去将之迎进来。每天华灯初上闹到约摸九点、十点左右歇息。

安溪湖头,喜宴上新郎的母舅坐首席。后来由于舅子"换花"的古例改在当天新娘入洞房后就来"添花",所以首席就让新"舅子"坐了。婚宴第一道菜为"甜丸",作为新"舅子",因当日姐出嫁,已不"团圆",不能吃该丸,要另准备一小碗鸡腿面线放在他面前来代替。每席人数都要成双,且不能排在露天举行。酒宴开始,喜炮大鸣,上几道菜后,送嫁嫂挨桌边念"四句"边敬茶,宾客喝茶后要给少许"压盅钱"。宾客有时和送嫁嫂一起念"四句"逗趣助兴。50年代后,由于嫁娶不用送嫁嫂,席间改由新郎、新娘逐桌敬茶,但不给"压盅钱"。湖头不太时兴闹房。

永春,如新郎外祖赴宴,要给予坐大位,椅子上铺毛毯、下垫砖头。宴后,毛毯由外祖带走,但他也得给新娘一个大于或等于买毛毯的红包。席上第一道菜香菇炒瘦肉,最后一道糯米圆(寓甜蜜、团圆),另外还有红烧肉等。上鸡时,鸡头要让新娘吃。宴席一半时,新郎出去逐桌敬酒。宴后,叫好命人解开新娘的红兜肚,让里面的红枣、花生、桂圆、莲子和小男泥孩等掉到米筛里,上仰和下俯各预示生头胎生女孩和生男孩。如果上仰,要再放入兜肚,盖在被子里,念:"生儿生孙做皇帝。"接着,新娘要向男家内外亲请茶,受者回赠红包。从次日晚至回门前都可前来闹房。一干人众来时,与晋江一样放一串鞭炮告知。

(2)厦门

思明,男家原在婚后第三天晚上才宴请宾客,也不时兴闹洞房习俗。

(3)漳州

漳州各县区普遍有新郎新娘在新房内吃"十二碗"的习俗,前文已述。有的地方在新房内吃"十二碗"的同时,外面婚宴也在进行,如芗城,中午吃"舅仔桌",菜品与新房内的"十二碗"一样。晚上各地都宴请至亲、好友和邻里,开宴和宴毕都要鸣炮,新郎、新娘也要逐桌敬酒。席散后大多有"闹洞房"的活动,以戏谑新郎、新娘为乐。诏安,夫妻入寝前要一起搓"合房丸",寓和合,并由新郎弟、侄辈 10 岁以下小孩在床上翻滚几遍,称"翻床铺",寓婚后早生贵子。

长泰积山,喜宴过去一般在傍晚开办,现在中午和傍晚皆可。喜宴上,新郎和新娘坐在席上,"拉新娘"在旁陪着。每上一道菜,"拉新娘"就作出喂新娘吃的动作并唱与菜肴相应的吉祥"四句",如"吃水饺,明旦(明天)生卵鸟(男孩)"等。当菜上到鸡肉时,"拉新娘"叫人端上两碗米饭,上面铺着肉、豆腐和韭菜,边作出喂新娘的吃动作边唱吉祥"四句",如"食饭头,富饶饶;食饭菜,夫妻相疼爱;食豆腐,食你有;食肉丝,后生(儿子)长大婺(会)读书;食鸡腿,后生肥恰水(长得胖壮);食鸡爪,生卵脬(男孩)"等。之后,换新郎父母坐上来,称"妇姑换位"。新郎新娘则出去挨桌敬酒。"拉新娘"指引婆婆夹起鸡头朝向自己放面前的米饭上,同样也唱着"成双成对,祝你晚年大富贵"等"四句"。末了,"拉新娘"向新郎父母敬酒并说祝福语,结束了其"拉新娘"的使命。

4. 闽西

新罗,新郎母舅坐"厅头桌"首位,新郎则要在首席末座相陪,新娘与女伴坐"新娘桌"。喜筵中须有"洋鱼""什锦"两道菜肴。端出"清蒸姜丝鸡"时(个别山区是"炒猪肝"或"豆干炒肉片"),客人要等新郎、新娘敬酒(新郎向男宾、新娘向女宾敬酒)。席间逐道上菜,少数乡村则把菜肴一齐摆上,有的地方,筵席中途端出白米饭(俗称"吃半席")。散席后,新娘以"新娘茶"敬献亲人、招待客人,新郎则和主婚人在大门口送客。晚上,洞房点花烛(现用花灯),夫妻同饮交杯酒,共尝子孙桔、糖肉糕。之后,青年男女成群结队,敲锣打鼓闹洞房,要求新郎新娘表演节目。主人用花生糖果等招待,往往闹到深夜。

长汀,开宴前,新郎须将来宾一一恭请带到席位就座。宴后,城区闹房在新房内进行,入洞房前每人要说句吉利话才可进去。新娘要给客人倒茶请糖。新婚夫妇按要求表演节目,任由他们戏闹;乡间闹房多在厅堂举行。开始时,鞭炮从大门放到洞房再到厅堂,男女老幼在旁围观。亲友凑钱包红包,用竹竿垂钓在空中,让新郎抱新娘摘取等。闹房后,在厅堂上设宴款待来宾。馆前、珊坑一带还要给闹房者每人一个红蛋。

武平,中午男家酬谢女客,如女客带孩子的,要给每个孩子一个小红包。开宴前,前席桌要安排座位,首位要安排外氏,二、三、四位安排亲戚中年长者,其余座位由客人任坐。席散后,每人分发煎板一包,带回去给在家的孩子们吃。同时,要装两大碗有各种肉类的佳肴送去孝敬新娘的外祖父母和祖父母;晚宴酬谢男宾,菜肴与中午相同。因男宾喝酒与吸烟的较多,有的会多备一些菜肴和好酒好烟。席间主人频频劝酒,以示敬意。新郎新娘出来敬酒时,应先从前席桌首位敬起,继而向第二位敬酒,这两位客人都应给他们各一个红包。当端出点心时,主人把准备好的一个放着三个小酒杯的盘子和两盘水果,端到酒桌上给客人猜拳用。先由首席开拳,接着各席跟着猜拳。鞭炮声、猜拳声交织一片,气氛非常热烈。在经过多次猜拳大部分宾客有酒意时,主家端出最后一碗菜:红烧猪肉。吃毕,首席的客人起身退席,主家燃炮欢送,新郎父亲与新郎站在门口拱手送客。晚宴后,主家要为闹房作准备:把两只四方桌搬到新房里合在一起,摆上许多下酒肴馔。参加闹房的,一般是本族中酒量较好的新郎的好友。入席前,他们应从门外燃放鞭炮到洞房内。进洞房后,先叫新娘和新郎并坐床沿上,他们当中的头人抓起红枣和莲子撒到床上并说"早生贵子、连生贵子、添丁又进粮"之类的祝辞,新郎、新娘向他们敬一杯酒,他们也回敬之一杯。接着新郎带客入席。不久,就开始轮流划拳。新娘若不嗜酒可乘机逃离新房,让新郎单独与他们酒战。新郎事先和族中兄弟议好轮流分批上阵,或代酒,或代拳,新郎往往没过量,朋友们却喝至无法再喝为止,闹房结束。

漳平,婚宴开始时鸣炮请送贺礼、贺联的亲友入席,洞房中亦设一席,由陪嫁的和至亲小辈相伴,新郎新娘喝交杯酒。官田等地新郎、新娘则在大厅上与亲友一起入桌。席中上鸡时,由主家家长率新郎新娘向宾客敬酒。新郎新娘就寝前,由老年妇女唱祝辞铺被褥,并让一小男孩在床上翻滚一通。然后,邻里青年以各种幽默风趣方式逗新郎新娘发笑戏闹,称"闹洞房"。

5. 闽北

(1) 三明

大田,中午设宴。酒过三巡,由媒人向新娘取钥匙交新郎母舅开箱橱看嫁妆。母舅可得橱中的红包、冰糖,边取边说吉语。看后将钥匙交回新娘,宴席继续,新娘向母舅、宾客依次敬酒。傍晚,新郎、新娘喝合卺酒,俗称"交杯酒"(用红丝线将两个酒杯拴在一起)。饮后开始闹洞房,由母舅带领至亲依次送房烛、雨伞、馔盒等陪嫁品入洞房。接着母舅等排草席、叠被子、安放枕头、挂蚊帐等,都要讲吉利话。新娘拱手站立,让人闹房。最后由母舅手捧一支烛火,从新娘的头到脚反复照三遍,并说"美满姻缘天作合,夫妻偕老结同心"之类的吉语。新婚之夜,洞房灯火通宵。夫妻就寝时,一定要说话,避免生哑巴儿。后路一带,新娘陪嫁的猪心、猪肝、鸡肉、鸡心、鸡舌、红蛋等10样菜肴都要由二人同吃,意为夫妻心心相印、永结同心、白头偕老。

将乐,晚上设筵席宴请亲友。席散,闹新房。洞房床上的盆桶里放有红枣、花生、橘子等,让小孩搜取,寓意"早生贵子"。入新房者须说句吉利话或唱闹房歌。新娘要给客人倒茶请糖。宾客闹房至深夜。有的闹房在厅堂举行。不少地方闹房后,新郎新娘相对而坐食"新人席",席上有一只鸡叫"凤凰鸡",新人共享后,关门就寝。

沙县,午宴专请女客,晚宴则请男客。晚宴之后,不论男女老幼均可入洞房看新娘、闹洞房。之后,新人同饮"交杯酒",并端上鸡肉、喜蛋粉干、糖果点心等。新人每样都要吃一点,不能原样端出。新婚之夜的花烛通宵燃烧。南阳、高砂、琅口一带有在大门门楣上悬挂一把弯锯压邪的风俗。

明溪,中午新人在洞房内喝"交杯酒"之后,主家宴请宾客,叫"吃进门朝"。宴毕,男女老少不论辈分大小均可进去闹房,俗有"三天之内无大小"之说(建宁也有此俗)。旧时闹房非常低级庸俗,有的乡村把新娘抱住压在床上,上面男子一层层压上去,称"叠罗汉",有的把床板压断,有的甚至把新娘活活憋死。晚上一对新人才正式拜堂,"吃拜堂酒"。客人散后,新人要合吃由新娘带来的"拢节包"(内有猪心一个,表示"同心";红蛋两双,表示吉祥;鸡腿两个及瘦肉等)。

宁化,中午设宴,让送嫁来的新娘兄弟坐首席,其次为新郎母舅。闹房可"三天内不分大小",也有"叠罗汉"的陋习。晚上新婚夫妻上床休息,洞房窗外有人偷听偷看,甚至还有人进房偷新娘的绣裙花鞋,第二天把偷到的东西送还时,新郎得以酒菜赏赐。

(2)南平

南平各县区普遍有"三天新娘没大小"的闹房习俗。

建瓯,婚宴称"正酒",鸣炮奏乐上菜,席间鼓乐不断,主人向各桌频频敬酒。闹洞房,称"看新娘","三天新娘没大小",三天以内皆可闹。

松溪,喜宴开始,乐队弹唱侑酒,小舅坐厅堂首席,新郎要到席前端菜敬酒。新娘的公婆要给小舅送红包。新郎在给宾客敬酒之后,坐一顶蓝顶大轿,灯笼鼓乐在前开路,到岳家"拜门"。当晚岳家以丰盛的酒席请新郎,由本家长辈作陪,席间岳家直系长辈,要给新郎送"见面礼"。上菜过半,新郎辞席坐原轿回家。1950年后,拜门之俗改为当天岳家设午宴请新郎。宴后,长幼亲友都可以去闹新房,向新婚夫妇逗趣。"三天新娘没大小""闹房闹喜越闹越喜",旨在增加热闹气氛,但有的因戏谑粗野,反而闹得不欢而散。临睡前还要请长辈念吉语撒瓜子在新人床上,以兆早生"贵子",俗称"掷床"。当晚洞房灯光不熄,若有人偷得新娘的绣鞋,第二天新郎要办酒赎取。1950年后,掷床与偷鞋之俗消失。

政和,也是"三天新娘无大小",新婚三天中男女老少均可进入新房请新娘新郎做各种诙谐幽默的表演,称"吵新娘"。如"观音送子""太公钓鱼"等。吵新娘的人越多,主家越高兴,显示主家亲友多,得人和。但第一夜吵新娘不得超过午夜12点。此外,还有"迎新娘鞋"习俗。青年小伙子组织"偷鞋队"由"贼头"半夜潜入新房去偷新娘的鞋子。新娘故意将早已准备好的精心制作的红缎鞋放在床前让"贼头""偷"去。第二天,偷鞋队每人凑一些钱塞在新娘鞋中,用红盆托着,鼓乐鞭炮到闹街中心游一圈,再把鞋与钱送给主家。主家要按"贼头"开的菜单办丰盛的宴席,宴请偷鞋队,俗称请"迎鞋酒"。在新婚的三天里,只要能拿到新娘或新郎身上的任何物件,都可以把它拿到饼、烟、糖店去"当"茶花饼或香烟。"当"回的东西必须分给大家吃,所有当品主家都得赎回来。新郎到岳家"拜门"时,东西被拿走也是一样,但"当"的价值会更高。

武夷山,晚上宴请媒人、唢呐手及近亲中的长辈(有的人家在第二天中午请),俗称"请媒人"。媒人坐大位。晚上八九点钟,客人自动分成两部分,一部分青年、儿童或喜欢嬉耍的中老年人进入洞房,出题目叫新郎新娘表演给大家看;另一部分人(包括妇女)围坐在大厅上。厅上用三张方桌直拼成一排,桌上摆着糖果、水果数盘,以及香烟、茶水等,乐工们架起锣鼓、二胡、笛子等乐器,像唱堂会一样,唱至11点左右结束,摆桌吃夜宵。在闹新房的喧乐声中,新郎新娘要应付大家出的题目,牵婚妈在旁作指导,并防止新房中的东西被人"偷走",特别是新被子、枕头、镜台之类。一旦被"偷"走,新郎就得以糖果和香烟赎回。闹到晚上十一二点,请大家吃点心,菜肴中有新娘从娘家带来的鸡、鱼、肉、猪肝等,称"路菜"。点心吃完后各自散去,新人就寝。

6. 台湾

闽南人多于晚上宴请亲友。席散后,亲友聚集在男家大厅内,由新娘敬茶,受敬者以吉语祝贺并回赠红包,称"吃新娘茶"和"压茶瓯"。有赖在新房里不走的,会出各种稀奇古怪的点子来作弄新人闹洞房。

客家人多于午间宴请亲友,北部有些客家在结婚当天不宴请,要等归宁

(回门)时再请。喜宴期间,新娘由一妇人陪同,在男家女长辈头发上插朵鲜花。鲜花是女家送嫁人带来的,先给婆婆插最大朵的一朵,其余较小,给另外的人一一插上。被插者得放一个红包在花篮内,俗称"插花"。宴罢,新娘、新郎及公婆四人得在花篮上悬挂红包,让女家送嫁者携回,俗称"结衫带"。

三、婚后(婚礼日后)

各地对婚后日子的算法,普遍以婚礼日为第一日,之后依次类推。所以婚礼日次日,即为结婚第二天;婚后第二日,即为结婚第三天。各地在婚后一段时间内都有一些富有特色的婚俗活动。

(一)婚后次日(第二日)

1.闽东
(1)宁德

蕉城,早晨,所有在男家的人,先吃一碗汤丸(寓团圆)。之后,十六岁以下女童,陪新人吃酒宴,俗称"床墘饭",庆贺其成婚。席散,行"开桥"仪礼,新郎拿锁匙,将新娘陪嫁的箱子一一打开,让小孩们哄抢箱内食物,女宾们则在旁围观嫁妆衣料。新娘取出布料(或绒毛)献给公婆及其他长辈,俗称"上贺"。受贺者要包"见面钱"给新娘,称"赞仪"。中午,办"开桥昼"招待诸亲。晚上又设盛宴,请诸姻舅,俗称"请舅"。现在都合并在婚礼日晚上进行。

福安,天一亮新娘便在"伴娘妈"的引领下进厨房行"下厨礼"。之后,参拜亲属长辈,行"见客礼"。晚上,伴娘妈备办糖茶、点心两份送入新房请新郎、新娘一道食用,俗称"送房",相当于古代喝"交杯酒"礼仪。

福鼎,早晨,新娘剖南瓜,寓多子之意,早餐则称为"金瓜饭"。当晚宴请新娘兄弟,为"请阿舅"。

寿宁,新娘早起下厨房,先炒爆米花,后切大南瓜,以示大发,"好命人"说吉利话,预祝日后子孙满堂。早餐后,新郎新娘到厅堂跪拜父母及嫡亲长辈,行见面礼,受拜者以红包馈赠。中午办媒人酒,媒人坐大位。

屏南,上午由新郎带新娘拜见所有亲戚,亲戚回赠红包或首饰。

霞浦,新娘下厨,俗称"下灶前";向亲族长辈行礼,俗称"见客"。

古田,新娘下厨。从前也办酒席,称下厨酒。新娘的兄弟要到男家送红帖邀请归宁,俗称"请回门"。这天晚上要宴请姻舅,俗叫"亲家舅"。宴席有一道必不可少的菜,即以冰糖等为配料蒸得很烂的大猪腿端放桌上请姻舅,以示隆重。。

柘荣,早晨,新妇下厨煮饭,俗称"下灶后"。

(2)福州

鼓楼,清晨,夫妇须早起向父母"请安"。到晚餐时,新娘须亲自下厨,象征性地烧一两味菜(仍请厨师主厨),答谢结婚之日前来帮忙的亲友,称"试厨"(长乐也有此俗)。

台江、马尾和闽侯等地,上午,女家派"亲家舅"(新娘小弟,无弟者,由堂弟代)带着鸡子和米粉(俗称"鸡粉")到男家,一为问候亲家翁、姆,一为请新郎、新娘回去,称"请回门"。一般先接新娘回去,傍晚新郎再去。新郎到时,接入厅堂后,奉上三座茶——龙眼干、白枣和普通茶水。拜过女家祖先,就请入室内。随后由伴房妈带着新郎、新娘到厅上,拜见女家长辈亲属,叫"出厅"。晚上女家摆出盛筵,由亲友陪伴,招待新郎。席间女家平辈亲友,向新婿"撮食",即要新郎出钱做热闹,祝贺吉庆,或办酒筵,或请人说说评话、伬唱。双方讨价还价,不让新郎回家,有时要由丈母娘出来调和,直至新郎答应为止。当晚新郎、新娘回家,由新娘下厨行"试厨"(也叫"试鼎")礼。此外,在早晨,台江的新娘还要去谒家庙及合家大小(有的婚礼日举行),称"庙见"。

连江,旧俗婚后十日新娘才第一次回娘家,称"转十日"。50年代后多数在结婚第二天新婚夫妇归宁岳家,俗称"回马",岳家设宴请客,新郎拜见岳父母及亲戚长辈,行礼敬酒,并接受见面礼。晚上双双回家(有的乡村不限第二天归宁)。

2.莆仙

莆田、涵江一带,上午,新娘出厅问候翁姑及长辈,称"出厅"。在亲友面前盘点新娘的妆奁,称"点箱"(有的没有)。"阿舅仔"来请新婚夫妻回娘家。男骑马、女坐轿,由迎娶时的男傧相即"大爷"陪同前往。去时妻在前,夫在后(回来时相反)。到娘家附近,夫下马步行入门,妻坐轿直抵家门,娘家设午宴款待。酒过三巡,女婿不能再吃,表示谦逊。之后,拜见女家长辈,受拜人要回赠"答拜钱",俗换"请转马""请仔婿"。黄昏时新婚夫妇回家,俗称"暗摸摸,生'达埔'(男孩)",随带两支娘家给的用红纸封束的头尾俱全的甘蔗、一对雌雄雏鸡。莆田许多地方的新娘在这天早上也要下厨房"试鼎"。

3.闽南

惠安,新娘弟侄"阿舅仔"共二人来"探房"(一说为"探红"),主要是来探望新娘婚后的状况。男家把一笔相当可观的现金用红纸包着,作为"送桌银",连同"馆夫礼""压花篮礼"及亲姆亲家、阿姊阿丈(姐姐、姐夫)给阿舅仔的"结衫带礼"、探房的"红包"以及其他一大堆礼品,由媒人带上与阿舅子回去。"送桌银",即"会亲"时托女家代办会亲筵席所需的费用,含厨师的劳务费。

　　鲤城、石狮、安溪、永春和德化都在大清早进行"庙见",大致做法与石狮永宁相当。新郎新娘梳妆打扮后,由喜姨引导前往厅堂叩拜祖宗,然后再与亲眷相见。当新娘启公时,喜姨唱赞:"新人来启公,孝顺请祖宗;桌头启金狮,桌尾启银牌;生子传孙连胎来"。与婆婆相见,喜姨边引导两人背靠背,面对面,边赞:"和母啊背脊靠背脊,万事母啊无拾癖(记嫌);亲人面对面,来到让母啊疼甲有出剩。"之后请公婆并排坐在厅堂的两个座位上,新妇行三拜大礼,按丈夫称呼父母亲的名词叫公婆,同时捧甜茶请公婆喝下。公婆即分别拿出红包和金银首饰给新娘,新娘回赠一个红包给公公,取一支金针或银针簪花为婆婆簪在髻上,喜姨唱:"摸母啊的髻,让母啊食到百百岁;给母啊插花,插花插伊正,入门得母啊疼。"接下来其他的亲眷一一坐上去,在喜姨或新郎家长辈的指引下一一称呼他们并向他们敬甜茶,喝者随即拿出包钱或金银首饰的红包压在杯底下交给新娘,新娘也回赠他们一个红包。喜姨在边唱:"茶叶嫩嫩,来到一家会和顺;茶心甜甜,来到一家会团圆。"之后,由原先两牵新娘的妇女陪同新娘到本村主要宫庙和祠堂等处去上香跪拜,算是向当地神灵和祖宗报到,祈求得到保佑、平安幸福。此外,石狮在吃完早饭后,新郎、新娘要双双回娘家,俗称"头倒客"。小夫妻要提糖果、饼干等四项物件去。中午,女家办酒宴款待新人,席间女婿坐大位,俗称"请团婿桌"。傍晚时分,新人一同回夫家,带回两公两母四只(带)路鸡。进洞房后,将鸡放在床底下,用米呼(诱)其出来。如果先出的是公的,预示着新娘第一胎会生男孩,否则生女孩。新人这天出进大门都要跨火炉,回来到家门口时要放鞭炮。永春,新娘中午要把从家里带来的猪心、瘦肉煮给大家吃,还要把鞋里垫着的两个铜钱放入水缸,寓家人同心、发家致富;德化,庙见之后,陪嫁娘要把新娘带来的铅钱,同茶叶、生姜、红糖煎成"缘钱茶"请同座房屋的人喝,意取新娘日后与众人有缘而能和睦相处。

　　漳州的华安、东山、龙海、平和、芗城和诏安等地,新娘大多要早起上厅堂拜祭祖先,后用金枣等煮的甜茶拜敬祖父母、公婆和亲族中长辈,受敬者赠给礼物或红包。龙海的新娘当天一般就下厨房参与家务活动;芗城的新娘在"拜茶"礼结束后,要到厨房拜灶君。近中午时,娘家的兄弟要来探望,叫"探房",男家设宴款待。

4.闽西

新罗,婚后一、二天,娘家宴请女儿、女婿,"请回门"。新娘、新郎携带饼干、蜜饯等礼品赠送。新娘夫妇当天回家时,娘家送甘蔗两支、连根带叶的青菜两颗(意为像甘蔗一样节节甜、像青菜一样好头好尾),新郎赠送小舅小姨"红包"。少数山区乡村,无"请回门"之俗,但在女儿出嫁前举办"送嫁酒"。

武平,男家的母亲带媳妇、儿子前往新亲家家里作客,称"上门"。去时应先办好两桌丰盛的菜肴,由家人先行担去。同时,随带鸡女(未下蛋的小母鸡)一只、糖果、烟酒等物孝敬亲家。女家请族中长辈、内亲相陪。入席时,男席以女婿为上宾,坐首位,其他按辈分就坐;女席则以亲家母坐首位,其余按辈分就坐。女婿初到岳父家,是当天被敬酒的核心对象。

漳平,放炮起床后,新娘入厨,并向公婆叔伯敬茶请安。受敬者以红包作谢礼。

5.闽北

大田,早上,男家设宴请媒人,由至亲作陪。新郎手捧茶盘向媒人和母舅等敬冰糖茶。宴席间,新娘由"好命妈"陪伴,向众宾客敬冰糖茶,宾客以红包回礼。

明溪,上午,新娘弟侄辈挑来"十盒担",内装糖果、饼干、甜豆之类,为新娘"做三朝"。中午男家宴请女宾客,叫"吃三朝"。夜晚,一对新人再行拜堂,并由新娘捧茶奉敬各位长辈,俗称"传茶"。长辈受茶时须赠新娘红包一个。传茶完毕,宾客入席。席毕"吃洞房酒"。即在大厅用数张八仙桌接连,摆上佳肴,新郎、新娘坐主位,其他好酒的亲友挨次入座,猜拳行令,尽情闹酒,以灌醉他人为快。不少乡村,由新娘"指酒",指到谁谁就得喝,往往使一些宾客大醉而归。

清流,早晨,新娘去掉凤冠,下厨房煮食。午前,新郎陪新娘回娘家答谢岳父母,称"回面"。下午回家。晚间男家宴请厨师,以示感谢。

沙县,上午,新娘由其弟、妹领回娘家,俗称"回门"。下午小姑接回新娘后,由新郎出面在女家筹办一桌大席宴请岳父母和女家近亲,新郎在席间拜识女家长辈亲友,席散前男家派人鸣炮接新郎回来。

政和、建瓯与松溪,早晨新娘都要下厨房,象征性地动一动锅铲、菜刀、火钳等炊具(此俗现在消失)。政和的男家还要办"下厨酒"(也叫"二旦酒")专门宴请女宾客。之后,新郎由两媒人陪同,到岳家"拜门",岳家办酒席请亲戚陪新郎,下午即回。

6. 台湾

"传统客家人习惯新婚第二天,新娘要'见拜'亲友长辈,一早就有许多男方亲戚前来,依尊卑亲疏坐在大厅,亲郎陪着新娘手捧冰糖茶,长辈会介绍亲友,新娘则依序敬茶,并逐一尊称。接受敬茶的亲戚会祝贺'长命富贵''百子千孙'等吉祥话,并致赠红包作为见面礼。"①

(二)婚后二日(第三日)

1. 闽东

(1)宁德

蕉城,早晨,新娘下厨,爆米花,后由"伴房奶"伴送回娘家"回门"。当晚由男家送"女婿席"(酒菜)给女家,女家请女婿赴席并会亲。会亲时司礼伯掌红灯,地上铺红毡,凡见比新郎长者,新郎都得行跪拜礼。

霞浦,婚后第三天或第二天,新郎陪新娘回娘家"回门"。去前,女家先发请帖至男家邀请,俗称"送油""请女婿"。新娘回娘家称"头转客",新郎上岳家称"做女婿"。新郎备糕点、果子包等见面礼,由随去的男宾一人任礼生(俗称"做亲家伯")。岳家设宴款待女婿,称"回门酒"或"请婿酒"。酒宴由平辈兄妹作陪。宴罢,返回男家,远路则可隔夜返回。南乡少数村落,旧俗要等生育后,怀抱子女回门作客,1950年后此俗已废。三沙一带,出门酒在婚礼第二天回门时举办,亦称"回门酒"。

福安、福鼎、古田和柘荣等地,上午也大多由新郎陪伴新娘回娘家,女称"回门",男为"做女婿"。中午,女家要摆"女婿酒"(柘荣称"年婿昼")宴请女婿。宴间,古田要上一道用全鸡炖八珍药、桂丸等制成的特殊菜,并有戏弄新女婿以试其贤愚的小插曲。柘荣在宴毕,要由礼生引领新郎跪拜岳家长辈,长辈们分别赏以红包。福安和柘荣夫妻当日返回,古田可在女家住一夜,翌日回。

(2)福州

当天上午各县区如有"请回门"习俗的,做法基本上与前文的台江、马尾

---

① 李秀娥.台湾的生命礼仪(汉人篇)[M].台湾:远足文化事业股份有限公司,2008:89.

等地相同,不再赘述。俗例,如果夫妻同时回,出男家到女家,新娘先行、新郎随后;出女家返男家,则相反。

鼓楼,回门礼节与新婚典礼大体相同,女儿、女婿到家时要叩拜新娘祖先、父母、亲友长辈,中午女家设宴请女儿、女婿。新婚夫妇多在酒席结束前赶回男家。1950年后"请回门"日期改在婚后第二天。"试厨"已基本上取消。

长乐,女家中午办"回门酒"。如果当天来往,较简单,称"请简酌";如果逗留两三天,女家亲眷就要逐家宴请新女婿,称"请回门宴"。

福清,俗称"请头行"。1950年后改为婚后第二天"请回门"。中午,女家设宴款待女婿、女儿。席前先进蛋面,让女婿用汤匙切开煮熟的鸡蛋才可开宴。家宴多在下午或晚上进行,陪伴的多是女家亲眷,席间由家长向女婿逐一介绍认识。当天,新郎回家,新娘要留住娘家一个月。现在则多改成第二天或当日即回。

永泰,中午,岳家宴请女婿、女儿。路近者,当日返回,路远者可隔夜。

罗源,回门的时间全县各地不同,县城及近郊的乡村一般为嫁后的第三天,但飞竹等地为次年正月。第三天回门的,女家于中午设筵款待女婿、女儿,宴上习俗与福清相同,陪伴者多为女家亲眷,也要由家长向女婿一一介绍。宴后,新郎先回家,新娘留住娘家,城关的当晚双双回家。次年正月回门的,农村的堂亲要轮流宴请。

闽清,婚后二、三天,新娘兄弟二人备鸡、面到男家请新郎新娘回门,俗称"请转马"。男方要备酒席宴请郎舅。新婚到岳家后,叩拜女家祖先和岳父母,并备礼品送岳家长辈,受送礼的长辈要给"见面礼"。岳家办酒宴款待新女婿。三天内"转马"的傍晚即回;第四天"转马"的可以在岳家过夜。回家时,岳家赠送一对"小鸡"。

2. 莆仙

仙游,上午,阿舅仔(小舅)带"换花盘"到姐姐家"换花",同时也请姐姐、姐夫"回门"。盘礼中有花粉两块、索面(面线)两结、蛋两双、布料一匹和红白纸花各两朵(寓夫妻长寿、子孙昌盛)。男家收下面线、蛋和纸花,回压喜饼和糖果若干,并简单招待小舅吃面线蛋等点心之后,让其先回去,随后新郎跟着新娘回娘家,称"做团婿"。中午一般人家只是简单地招待女儿、女婿,让他们在傍晚之前回到男家。回前,女家炒一袋花生让新娘带回去分发给亲邻。仙游话花生称"地生","生"与"丁"同音,寓"添丁"。

3. 闽南

(1) 泉州

惠安,"三朝庙见"。上午,厅堂上铺着棕垫或红毛毡,神龛前红烛高烧,新郎、新娘上厅双双向祖先灵位行跪礼。之后,摆上一对太师椅,先拜祖父母后拜父母。然后将长凳圆椅圈成半月形,让直(旁)系亲属及姑姨舅妗等按亲疏辈分顺序围坐行相见礼。新郎逐人介绍,新娘端茶盘、茶杯一一随请亲人吃茶。受茶者随即掏出红包放入茶盘内,作为相见礼。新娘稍后也将娘家备好的答谢礼品一一分发,每份几封绿豆饼、一对宫花等。中午摆酒席,宴请相见亲眷(有的也没再设宴)。

鲤城、石狮和安溪,要"落灶骹(脚)"(安溪称"拜灶君")、"换花"和设"上厅宴"。如石狮永宁,新娘扎上围裙由喜姨带到厨房。拜完灶君,用火箸拨灶腔、摸箸笼。喜姨在旁赞:"新娘拜灶君,年年吃有春(剩余);新娘火箸一下拉,食饭配猪骹;新娘拉灶腔,怀免(不要)油煮也芳;新娘摸灶边,怀免油煮也甜;新娘摸灶额,怀免油煮也好食;新娘摸箸笼,娶排比(善安排生计),家伙烘烘起。"接下来还有饲猪、饲鸡行为。前者要用泔水勺搅下潘缸(泔水缸),喜姨在旁发出"营呀、营呀"的呼猪声,并赞:"新人来搅潘,年年都有春;搅潘搅伊浮,饲猪恰大牛(比牛大)。"后者要从米缸中舀出一把米放在新娘围裙兜里,到门外喜姨在旁发出"咮、咮、咮"的呼鸡声,新娘从兜里掏出米来做撒米喂鸡状,喜姨赞:"新人来呼鸡,牲畜恰挨挨(众多);年头饲鸡崽,年尾做月内(月子)。"上午,新娘的幼弟或侄辈两人(俗称阿舅仔)提着装有面线、两双鸡鸭蛋和两束时令鲜花的篮子来"换花"。男家要捧上甜茶、四果和甜水蛋汤款待。"阿舅仔"返家时,要给他们一个大红包,俗称"压花篮"。安溪"换花"的做法与此不同:新娘的弟侄辈带一个"客仔"(肩夫),挑着内放花粉、剪刀、竹尺、针线和布的"花担"到新郎家"添花"(换花)。中午,男家设宴款待。下午回去时,新郎、新娘及翁姑,都要给新舅子"衫带礼",并给肩夫一个红包,称"客仔礼"。花担内,回送"春花""吉花"和馒食。1950年后,渐渐改在婚礼日、新娘出门后的另一时辰,就去"换花"。此外,鲤城,在中午还有"上厅宴"习俗,即为新娘在上厅堂特设喜宴,由男家女眷及女外戚作陪。上四道菜后,新娘离席回房,其席位由婆婆接坐,称"妇姑换位"。

永春岵山,婚后第三日或第五日("日书"上已做规定,一般为第三日)上午,新郎新娘(如果家境比较好的,还会带上一男一女一同前往)带上饼干和红包"回门"。女家的同房族亲人(每一户)要煮两碗有肉有面的丰盛点心

（四人来则煮四碗）送来，女家收下一碗，倒出来，在碗里放上糖果和新郎、新娘回赠的两个红包，另加一袋饼送回。天黑之后临回夫家时，亲人们要把两个红包合为一包，送还他们。娘家还要准备斤把米、三根排骨、一块肉（切成相连的三块）让他们带回去。回到家里之后，新娘要将娘家带回的米煮成熟饭，把排骨和肉放入一个陶罐里，加入香菇、黄花菜、豆腐等煮成一锅汤。之后，把它们放在床上，烧上一炷香"拜床母"，再用一个"床母钱"进行抛掷，直到掷到两个铜钱不同面为止（说明床母已来到新房里开始担负起庇佑的职责）。此后要到第七日后才能自由回娘家。

（2）厦门

思明，"出厅"仪式与闽南其他地方的"届见"做法大体一致。不同的是，这是新妇自拜堂入洞房后的第一次走出新房，而且在向亲戚长辈敬茶后新妇还要以红簪花遍赠家中女眷。小舅子也于上午前来探望，用篮子带着香蕉、冬瓜糖、甜包、香粉等礼物，新郎出门迎接。小舅子上堂拜见男家各位长辈，受敬者赠给红包，称"糖仔钱"。中午，男家设"新娘桌"宴请小舅子、全家女眷。新娘居中，姑嫂左右招待。席间，小舅子面前还放着一个碗，人们将席上的鸡、鱼大菜中的鸡头、鱼头先行夹在这个碗里，请舅子回家时带回去，表示新娘家有吃的及婿家的敬意。男家收下小舅子带来的礼物，留下部分甜包"压篮底"，并回赠成篮的大乌糖丸让小舅子回家时带走。晚上，男家宴请宾客。席后，客人坐在厅中，新娘泡甜茶，遍敬宾客，客人要以红包压茶盘。捧茶时，客人要说吉利话向新娘表示祝贺，最常见、最一般的是"吃甜甜，让你明年生后生"，"吃红枣，让你年年好"，有的会用世俗的"四句"逗新娘："人客坐满厅，听着巨仔声（茶杯相碰）；新娘在准备，有食不免惊"，"来食新娘一杯茶，给你两年生三个；一个手里抱，二个土脚爬"，"甜菜甜甜，年尾双生"，"新娘娶到厝，家财年年富；今年娶媳妇，明年起大厝"，"新娘真古意，闹久新郎会生气；大家量早走，给伊两人去输赢"，气氛类似于"闹房"。

（3）漳州

华安、诏安、平和等地，新娘早晨都要下厨做第一次饭菜，饭后都要与夫婿回娘家，下午即回。诏安娘家路远的，也有在第12天或满月后才回去"做客"。无论什么时候回门，回夫家时，新娘小弟或堂弟会提一瓶花生油（或茶油，俗称"捧油阿舅"）和一对童鸡伴送，寓添丁接代。

云霄，拜堂入洞房两天内，新娘不能跨出房门，要与新郎用火炉翻煮婚礼日"吃十二碗"剩下的菜肴共食（寓勤俭持家、同甘共苦）。第三日清早要下厨房炒韭菜（寓幸福长久），并拜祖先，拜翁姑，奉金枣茶敬长辈，长辈赏以"见面礼"。上午，娘家新娘的兄弟要送油（抹发用）、花（纸制石榴花）、粉来"请回门"，男家中午要宴请"阿舅"。之后，新娘与兄弟由指教姆相伴回娘家做"三朝客"，新郎可不去。傍晚，由小叔前往接回，不能在娘家过夜。娘家赠送盘红纱线和插着石榴枝的糯米糖、连蕉及两只小公鸡（"带路鸡"）等。

漳浦，小舅上午来"送花"请回门。新娘带夫婿回娘家，女称"做客"，男叫"回礼"。新郎随带烛、炮、客饼、猪脚等礼物到岳家（深土锦江村新女婿到岳家时要向全村儿童分发红包），岳父母要开宴请新婿。傍晚夫妻回去，不能留宿。娘家将糯米甜饭放茶壶里，上插石榴花枝，放上连蕉、苎麻、棉絮等物，并在茶壶嘴挂两粒桂圆干，由之带回。另赠两支根叶齐全的甘蔗和一对雏鸡、一对猪崽（俗称"带路鸡"和"带路猪"）。

4. 闽西

长汀，娘家请女婿、女儿回门，俗称"请三朝"。女儿回夫家时，要带"笑包"回去分送邻居，称"结缘包"；馆前一带，于第七天，母亲做糍送至女儿家，叫"七朝糍"。然后，女儿、女婿随母亲回娘家，当晚赶回。三洲等地称三日回娘家为"脱红衫"：新娘穿红衫回娘家，换上平常衣裤回来，意味着新婚阶段结束。

武平，上午，新娘母亲邀请新娘外祖母、家祖母、舅母、姑母、伯母、叔母、姨母、姐妹及族中长辈妇女一二人，携带剪刀、针线、钻子、新旧衣服两三件和猪肉、点心等至女婿家，拜访新亲及探望新娘，称"做朝"。男家请亲族中年长妇女作陪，宴请来客，以表敬意。

漳平，新郎、新娘第三日携带茶汤回门，近者需接连回三趟。下午回男家时，各地的回礼不一，一般为衣料、糍粿、带路鸡等。菁城另加两支连根带叶的甘蔗；官田则头趟糍，二趟粽，三趟不相送。首次回门岳家宴请女婿，二、三趟则只吃点心。

5. 闽北

明溪，早上，新娘下厨，烧香拜灶君，手执锅铲、菜刀、火钳，各比试三下，表示今后善于烹调和管理家务。再在猪泔桶里比试三下，表示日后善于饲养禽畜。最后，由新娘煮几道菜宴请至亲。

将乐，上午，新郎陪新娘回娘家，拜见岳父母。女家中午办"回门酒"宴请女儿、女婿和亲友。席间，新郎拜识女家亲友，长辈要赠送见面礼给新郎。

午后,新婚夫妻回家。晚上,男家设"三朝"酒,宴请亲邻。

大田,旧时新娘需三年后才能回娘家,并当日傍晚天黑时返回。1950 年后,一般三天回门。

建瓯,上午新娘携新郎"回门""谢婚",岳家设午宴请新郎"吃回门酒"。现此俗改在第二日进行。

武夷山,上午,新娘要进厨房,仪式性地烧烧火、捞捞饭、切切菜,寓意为将来要当个好妻媳。这天帮工的人又聚拢来吃残羹剩菜,称"荡厨"。

6. 台湾

闽南人在"结婚第三天,新娘才正式'出厅'拜见夫家的神明和祖先,以及正式拜见公婆,奉茶问安,后来多在结婚翌日就出厅拜见,并试鼎煮东西给家人吃。这天女方兄弟会携带礼物及结子的红花,探望初嫁的姊妹,称为'舅仔探房'"①。

客家人"传统习俗在结婚第三天,会由媒人带着男方的小姑一、二人,前往女方家邀请女方的母亲或祖母、姑嫂等来男方家探视女婿,其实真正用意是探望做新娘的女儿,称为'进三朝'。现代程序简化,多是上午迎亲,结婚当天下午就行'见拜''进三朝'的仪式。"②

（三）婚后二日后

闽台多数地方的婚嫁礼仪在婚后二日内结束,尤其在"回门"之后,男女两家就进入平常的生活状态中。但仍有少数地方在婚后的一段时间内,有的甚至要在三年内才能完成婚嫁的相关礼节。

1. 闽东

蕉城,有的男家第四晚办酒请姻家,第五晚办酒酬谢朋友,即"谢友"。有的在三年内还要给女家"分大年""分大节"。

寿宁,婚后第七天,由老接姑接新娘到家中作客,称"出厝"。婚后一个月,娘家备炖鸡一只,由新娘兄弟姐妹中的一人送往男家,看望出嫁的姐妹,称"做满月"。婚后一段时间,新娘择日回娘家拜见父母,称做"头遍客",男家派人前往接回。返时,娘家包粽子若干,孵小鸭一窝,备新衣一套送给女

———————————

　①　李秀娥.台湾的生命礼仪(汉人篇)［M］.台湾:远足文化事业股份有限公司,2008:75.

　②　李秀娥.台湾的生命礼仪(汉人篇)［M］.台湾:远足文化事业股份有限公司,2008:89.

儿。也有新郎新娘在婚后第二天双双回门拜见父母的。

闽清,新婚夫妇翌年正月还要到岳家,并备礼品分送岳家亲人,叫"回门"。受礼者要轮流宴请新女婿,称"春酒",也叫"扛当"。岳家要办酒席宴请办过"春酒"的亲人,称"回敬"。

2.莆仙

涵江,婚后第十四天,娘家备办布料、食品给婿家送礼"做十四日"。布料是给公婆妯娌做新衣的,寄望全家和好。当年年底,娘家为女儿"送红紫灯",寓早"出丁"。

3.闽南

惠安,第五天清早娘家派人接女儿归宁。进门后,女儿入房向双亲请安。傍晚,由媒人带女婿赴岳家会亲。女家放炮仗迎接,由前次探房的阿舅仔陪上大厅拜见岳父母,阿舅仔在旁充作"侍应生",分别递送烟茶蛋。之后,媒人引女婿到祖厅(祠堂)与新娘一起拜女家祖先。晚上的会亲宴,女婿是娇客,居首位,二位探房的阿舅仔作陪,新娘的外祖父、舅父、姨父、姑父、房长、族长等同席陪坐。"头会亲"女婿不能开口说话,以点头示意的方式先端杯举箸向亲朋示敬。端上鸡时,女婿立即告退离席,叫"见鸡飞"。也有不遵此例,陪至终席的。女婿临走时,媒人得替他把给岳父母的"结衫带"、阿舅子的"侍烟茶礼"及每房妻舅的"房头份",等好几封红包呈交给新娘父母。之后,还要进行两次会亲,叫"双二返"。三会亲过后,即第八天早上,"落灶脚",男家在灶君前点香烛让新娘拜见灶君,然后象征性地拿起菜刀切些鱼肉葱蒜,下锅时再让她操铲掌勺翻拨几下即行。

鲤城,新婚第五天,新娘备礼品回娘家,入门即向父母等长辈请安,称"会亲"。娘家设午宴款待。傍晚,新婚随带礼品至岳家,上厅堂向岳家祖先上香、酹酒、叩拜。礼毕,岳家开晚宴款待,称"请团婿"。陪客者尽请较有名望地位的人物。散席后,小夫妻随带引路鸡(雌雄一对)和根叶齐全的两支甘蔗返回。

石狮,第五天上午,新人又一起回娘家,中午吃过午饭回来。出入大门的仪式与第二天回门时相同,都要过火炉、放鞭炮。

安溪,到了第五天或第七天、第十一天(以五天、七天居多)新娘要带新郎回娘家,俗叫"娶倒返"。中午娘家设宴,请来族中辈分高的男人陪女婿。新娘要以糖品和红包回赠出嫁时为她煮"惜别"点心的亲属,叫"入门笑"。各亲属收下后,也要回赠一些诸如豆干等小礼品。天黑之后,小夫妻回家,带上四只小鸡、两根根叶齐全的甘蔗(有甘蔗的时节)及收到的礼品。回门后的第二天,新娘就可以自由回娘家了。

芗城、龙海和长泰等地,第四天上午,新娘的两个弟侄辈各带一个装着糖果、饼干、香粉、抹头发的茶籽油和纸制石榴花的红篮子,到姐姐家探望,俗称"舅子探房"。新郎新娘要到大门口迎接,并将他们带进新房,将篮子放在床上,邀请姐姐回娘家作客。男家收下篮子里的礼物,每个篮子里回压两个红包,称"结衫带"。新婚夫妻在小舅子走了之后就一起去女家,女家隆重设宴款待新女婿和亲戚好友。新婚夫妻要在傍晚前回去,随带回四支用红纸封束的根叶俱全的甘蔗和两对用红线系脚的公母鸡(带路鸡)。现在的"舅子探房"多数改为婚礼日当天就做。

云霄,新娘出嫁满一个月、四个月分别要回娘家住 3 天和 12 天,称"满月客""四月客"。此后,往还时间不拘。

4. 闽西

新罗,婚满一月,有"做月圆"之俗,双方都做糍粑,分送亲戚、亲房,男家设宴请客,谓之"月圆酒"。1950 年后,此俗已少见。

武平,满月,岳父母等到婿家作客,送女红用具及女儿婚前旧衣物,称"做满月"。女婿办酒宴请招待。

5. 闽北

大田,新婚满一月,女婿请岳家大小来家作客,称"做满月"。第二早晨,厅头上摆上菜肴、酒,地上和交椅都铺红毡毯。女婿请岳父岳母至厅堂,并行大礼。岳父母劝免,将红毯掀折一角,表示谢坐。酒宴请亲族长辈作陪。当日下午或第二天,岳父母回家,女婿挑着回赠礼担送行,岳父母以红包回谢。

将乐,第四日,新娘去掉凤冠,下厨房煮食,操持家务。男家于此日办"新亲酒"宴请亲邻。

明溪,第四日,补请未到宴的宾客,称"补席";第五日,补席后仍未到者,由主人做几个菜,送至宾客家中,客人选收一或两个菜,其余退回,称"送席";第六日后,分别设宴请媒人、厨师及帮助办理婚事的邻里亲戚,称"谢媒"、"谢厨";满月日,由小舅接新娘新郎回来。新郎新娘随带糖若干包,每包糖配红包一个,敬送娘家父母和长辈。女家设宴,由至亲相陪。下午返回时,女家送女儿、女婿各一套衣料,红包按送的数目加倍归还。至亲送新郎新娘鞋、袜、蛋等,红包也要按原数增添赠还,称"做满月"。此俗 1950 年后改为"三朝回门"。

沙县,婚后第十天(夏茂一带第三天),新娘下厨试煮,开始"男主外,女主内"的夫妻生活。

建瓯,结婚满月(现在多在三、五天内)设专宴请内弟,称"请舅"。酒菜丰盛,礼仪无甚拘谨,舅仔常被逗笑、灌醉。

6. 台湾

闽南人"习惯在新婚后数日,新婚夫妇一同返回女方娘家作客,称为'归宁'或'回门'。新人会携带礼品(伴手礼)来敬拜娘家的神明和祖先,岳父母则准备午宴款待,女婿需准备红包赠送女方亲友。以前当要辞归时,女方要准备糕饼、雏鸡两对或一对(一公一母)与一对甘蔗,让新人携回男方家。糕饼喻'高升'之意。这时的雏鸡称为'带路鸡',要让雏鸡繁衍小鸡,有贺新人添丁生子之意,现代社会多改为'带路鸡礼篮'。而一对甘蔗以红丝线绑住,代表两人同心、有头有尾,喻甜蜜偕老、节节高升之意"①。

客家人以前"是婚后满月时回门,即'归宁',客家人多称为'转外家'。女方会派小舅子到男方家迎接,而男方家须送他红包,并让新人带糕饼、酒等礼物前往岳家作客,新娘也须包红包给娘家的亲人。收了红包的长辈,则加添一点钱回赠新娘。宴罢,岳家要准备糯米包、带路鸡雌雄两对、连根带尾的甘蔗两对(表示有头有尾)、莲蕉两棵(表示可连招贵子),让小舅子同送男方家。现代多为婚后第二日、第三日或第六日就归宁了,且上述归宁的礼物也会在结婚当天就先送到男方家。北部有些客家人习惯于归宁日才宴请女方亲友,并介绍新郎给亲友认识"②。

四、闽台汉族特殊的婚嫁习俗

由于社会政治、经济和文化的种种原因,历史上闽台各地曾存在过以下特殊的婚嫁习俗:

(一)入赘

在各地,入赘有未婚女子招夫和寡妇招夫两种情况。

---

① 李秀娥.台湾的生命礼仪(汉人篇)[M].台湾:远足文化事业股份有限公司,2008:75.

② 李秀娥.台湾的生命礼仪(汉人篇)[M].台湾:远足文化事业股份有限公司,2008:89.

1. 未婚女招夫

男到女家当上门女婿,称"入赘"、"做囝"(莆仙)、"进赘"(安溪)、"上门招"(清流);女家则称"招亲"(福州)、"了囝(莆仙)"、"招赘"(安溪)、"招囝婿"(厦门)、"招夫"(东山)、"招郎"(建宁)、"招驸马"(将乐和武夷山)等,主要因为女家没有生儿子或富家舍不得女儿出嫁而让男的到自家落户、生活。去上门的,多是家里兄弟多、贫穷而娶不起老婆的男子。结婚仪式比较简单,多由女子家长托媒说合,请本族亲房与男子家长商议并签署契约。男家不出聘金,女家不备嫁妆,婚嫁费用由女家筹措。到吉期,女家备轿赴男家迎男子到女家,拜堂办酒等与男娶女嫁的婚姻无异。婚后,按事先约定,有的男子还要改为妻姓,按辈分另起名字。男子有继承女子家庭财产的权利和赡养女家长辈的义务。所生子女,一般从女姓,也有的长的从母姓、次的从父姓、独子独女两属等。在建宁,如果婚后男子改为女姓且所生子女也都随母姓的,女家须付给男子父母"恩养费";如兼祧男家姓氏者,男家也需负担部分结婚费用(如仙游)。入赘的男子普遍受到社会歧视,在厦门俗称"卖大灯",地位与奴仆差不多。因此在闽台,去给人家做上门女婿是很丢脸的事。

2. 寡妇招夫

寡妇招夫在各地称"接赘"(安溪)、"上门"(厦门、将乐、武夷山)、"招亲"(东山)、"招夫养子"(将乐)等,主要因年轻孀妇丧夫后,无力抚养子女或经营田产而又不愿改嫁等,经原夫父母及族亲同意,可以招一男子上门帮忙撑起门户。被招的男子多为贫困或无依无靠、无力娶亲的,其在当地社会生活中受到的歧视比被未婚女招的男子要严重得多。因此,若非不得已,无人为之。有的在婚前要请中人作证,签订契约,约定婚后男子的权利、义务及所生子女的姓属等。结婚时,仪式从简,一般只拜祭原夫祖先,办简单的酒席宴请至亲即可。婚后,男子要承担起妻子先夫的责任和义务,赡养父母,抚育先前所生的孩子,且大多对女家的财产只有使用权而无继承权。如东山,婚前要写"招约",男方出一定的进门酒费。承招后要负担起家计及原先长幼人口的养教,对女方财产有继承使用权,无典卖权。所生子女,一般长子从女姓,次子从男姓,一子则兼祧两姓。

以上两种情况,特别是第一种情况在闽台各地至今仍然存在。随着社会风气的开化,入赘被歧视的色彩越来越淡。此外,旧时各地还有个别妇女因丈夫残疾,缺乏劳力,经原夫许可,招一后夫入门,形成一妇二夫同居的家庭模式。这种极其特殊的婚姻形态,多数地方称之为"招夫养夫"。由于有损于名誉,成婚多不举行公开仪式。

(二)童养媳

闽台各地过去养童养媳的现象非常普遍。其存在的原因主要有二:一是贫穷的人家担心儿子长大后娶不起媳妇;二是经济过得去,但希望以后的媳妇跟自己能像自己女儿一样感情好。于是,从小就给自家儿子抱养一个年纪比之略小的童养媳。至于将女儿送出去做童养媳的人家,有经济上多子女养不起的原因,也有重男轻女等原因。童养媳养大要与自家儿子结婚时,少数经济较好的人家,会让她回到亲生父母家或去其他亲戚家,然后按通常的迎娶方式将之接回来成亲;多数贫穷的人家只是找个吉日或于农历除夕让他们简单拜堂后就搬住在一起,称"圆房"。即使请酒,酒席也办得少,主要让亲友知晓自家儿子与童养媳正式同房完婚即可(福州称"会亲"酒)。如德化,当天举行"上头"仪式,让新郎、新娘在厅堂中面向祖宗坐下,请一对"福寿双全"的夫妇为他们各梳三下,并说三次吉祥"四句"。之后举行简单的拜堂礼,即为夫妻。龙海,在除夕之夜备办糯米甜圆 12 碗,为他们合卺成婚。将乐,在除夕夜,让他们拜天地后合卺,并办一桌酒宴请至亲,称吃"圆满"。

(三)二婚

男女第二次结婚称"二婚"。在封建社会里,男子可以休妻,女子不可休夫,没有离婚的说法。被休的女子,回到娘家后要受到种种歧视而孤独终老;女子丈夫亡故的,一般只能守寡终身。辛亥革命后,离婚的现象慢慢有了,寡妇招夫、改嫁及女子因离婚而再婚的现象也逐渐多起来。总体上,各地因离婚而再婚的婚嫁仪式比较简单,这里主要介绍因夫妻一方亡故的"二婚"情况。

男子因妻子亡故续娶,各地称"填房""续弦"等;女子因丈夫去世而改嫁,惠安称"跟人罕"、厦门称"接后寿"、将乐称"跟人"等。对于男子续娶,社会上全无一点非议,有的再娶的是黄花闺女,仍可按第一次结婚的仪式办;有的则要在新妇未到家前,先焚化亡妻灵位,再从边门接新妇入室,不举办婚礼和酒宴。女子改嫁,则不管对方是否为第一次结婚,总有一些歧视的成分存在。在闽台民间,女子改嫁有自愿和不自愿两种。

1. 自愿

要经夫家公婆和族亲同意,与媒人议好身价,交给亡夫家,才能再嫁。出嫁时,各地普遍的习俗是:不能从正门出去,只能从后门或边门走出;不动鼓乐,不办酒席;不穿红色衣服成亲等。在安溪,要步行一段路,事先备办一担比较丰盛的"酒菜"饭,排于路边烧纸钱祭拜亡夫,向葬亡夫的方向诉说"哀情"(俗叫"烧路头纸"),然后用筦梳(织布机上的用具)卡在路中(意已为其尽纺织之责),不敢回头,溜转弯路,再步行一小段路,才乘轿或乘车到续娶家去。这家原来已有的子女,对续娶母称"继母"。如果改嫁妇带来其前夫的子女,叫"入继子"(惠安叫"拖油瓶")。在建宁,民间认为,寡妇改嫁,是不吉利的事。因而男女两家就婚嫁事宜商定后,只能在亭庙内写"嫁约"。出嫁时,寡妇要趁夜溜出村外更衣上轿,俗称"坐夜轿"。入新夫家后,不得参与喜事庆典等活动。在明溪,寡妇出嫁只许在夜间走小门或爬墙出去,至三岔路口时要丢一双鞋(俗信其亡魂就会跟不上她的行踪),然后由媒人领路坐轿或步行至男家。在清流,称"半路亲"(即二婚亲),寡妇要待到夜半人静,只身走至三岔路口,脱下外服鞋袜,置于亡夫家方向焚化。之后,更新衣着,静悄悄上便轿前往新夫家去。在龙海有些地方,邻里在寡妇再嫁时必须回避,即使路上相遇也不得打招呼,否则认为会招致不祥。各地寡妇到男家后办的婚礼也是比较简单的,基本上只是拜堂一下即可。

2. 不自愿

有的寡妇自己并不想改嫁,但由于财产等原因,不容于前夫家人或族亲,常常由公婆、族亲强作主张收下聘金,将之骗至村外,让男家来人劫持而去。

(四)姑换嫂

各地个别家庭由于经济困难或儿子身体先天缺陷、受伤致残,娶不到媳妇,就物色同样情况的家庭,将女儿许配给对方的儿子,把对方的女儿娶来做媳妇,称"姑换嫂""对换亲"。双方家长同意后,托媒人订婚,择吉日,互不送聘金彩礼,同时举行嫁娶仪式。这种以小姑换大嫂的婚俗,女子虽不情愿,但迫于父母之命,又碍于兄弟情面,只得屈从。婚后感情多不如意,常常造成两家纠纷。

(五)转房婚

出于经济和抚养孩子考虑,个别家庭大哥死了,嫂子嫁给未婚的小叔,叫"嫂就叔";有的大伯死了妻子,弟妇死了丈夫,大伯跟小婶结合,叫"伯就婶"。这两种婚俗也叫"转房婚",都不举行婚礼,只请堂亲长辈吃一酒席作见证即可,惠安称"见证桌"。但在安溪等地,俗例大伯丧妻不能与死了丈夫的弟媳妇结婚。

(六)等郎妹

等郎妹实际上就是童养媳,只不过一般的童养媳与丈夫的年龄相仿或小一些,等郎妹则要比丈夫大一些,有的甚至会大十来岁。其存在的原因无非为二:一是习俗,一是经济。闽台各地特别是客家地区,盛行夫妇未生育而抱养别家女婴来"招弟"的习俗,后来生了儿子,长大后就让他与之圆房。因妻子的年龄比丈夫大,故称"等郎妹"(龙海叫"压花枝"、清流叫"等花")。

(七)近亲婚

近亲婚主要为表兄妹之间的婚姻。有的是从经济上考虑,亲戚之间联姻在聘金和嫁妆上会省一些;有的是从亲戚间"亲上加亲"上考虑等。姑舅联婚的,叫"姑表亲";姨表婚配的,叫"姨表亲"。闽台各地这种婚姻直到20世纪80年代初都比较常见,后来由于认识到近亲结婚的危害及《婚姻法》三代血亲不婚的强制规定,才基本消失。

(八)长住娘家

直到90年代,在惠东的涂寨、东岭、净峰、小岞、山霞、崇武(除城内外)一带,女子结婚三天后,在没有生育之前都住在娘家。只有在农忙季节和过年过节,才由夫家派人去接回短住一两天。每次到夫家前都要将发髻梳好,回到娘家时要做到头发不乱,以免被人取笑。因此,女子在夫家时晚上都不肯、不敢上床与丈夫共眠,只是站在床边或坐在椅凳上休息,导致有的结婚三五年,甚至十来年,夫妻双方都还互不相识,更不用说生男育女。长住娘家的一个重要原因是惠东经济不佳,女子得在娘家多劳作几年,为娘家作更多的贡献。如果到了一定的年限,女子还没有生下一男半女,变通的方法是由男家去抱养一个小孩,这样就可以堂而皇之地到夫家生活了。

(九)鸡公新郎

在闽南,过去男女双方已经择定结婚日期,恰好新郎外出因故不能及时归来,婚期又不可更改,或新郎不在家(在南洋等地)父母自作主张为之娶妻的,新娘到男家拜堂时,男家以一只大公鸡代替新郎。鸡脚上系一根红丝线,另一端结在新娘手上,然后由媒人牵入洞房,表示按吉日吉时完婚。

（十）荒婚

荒婚是指已订婚的女子在未婚夫或其父母病重垂危之际,提早嫁至男家的一种婚姻形态。主要有以下三种情况:一是未婚夫病危,男家抱着"冲喜"的心理,希望用喜神的威力驱走病魔鬼怪,以应"一喜压千灾"之说;二是男方父母病危,男家提出迎娶,想用"冲喜"来挽救公婆的性命;三是男方父母病危,男方提出迎娶,让男方父母在去世前了却为儿子成亲的心愿。上述三种情况中的第一种现在已基本不存在,第二、三种还存在,特别是第三种还比较常见。

（十一）望门婚

旧时封建贞节观念严重,男女在定亲后,若婚前男子死亡,新娘也得按婚约及婚期出嫁。拜堂时由亡夫姐妹抱"神主牌"和新娘举行婚礼。婚后,夫家买个男孩给她抚养,守活寡到老死,叫"未婚节孝"(闽侯)、"登堂寡"和"过门守节"(东山)等。有的虽然没有到男家,但在娘家也终身没嫁,叫"望门寡"(东山)。

（十二）冥婚

这是一种具有浓厚封建迷信色彩的婚姻形式。过去闽台的一些地方民间认为,未婚的男女鬼魂会不安宁,特别是女的鬼魂因没有归宿会作祟于父母家,得为他(她)办理冥婚仪式,以对生人有利。主要有两种情况,一是少男少女均未订婚就死去,由双方父母商定,让鬼男鬼女结成鬼夫妻,嫁娶仪式由活着的人捧两人的神主牌进行。之后,将女的神主牌送入男家祠堂。有的还要将两人的坟墓挖开,将男女棺材或骸骨进行合葬。二是女儿死去,其生前未有夫家,女家通常会物色一个穷困的男子,给他一笔钱作补偿,让他与自家死去的女儿结婚。举行婚礼仪式时,由活着的人和死人的"神主牌"进行拜堂成亲。活人虽可再婚,但被认为是二婚,而且要承认死者为原配,要将之入自家祠堂和族谱,在节俗之日也要祭奠她。如非贫穷所逼,没有男子愿做该事。

（十三）乘孝娶

有的男女已订婚,恰逢男家父(母)死。为了能及时让新媳妇对公(婆)

尽一番孝道,安慰男家因父(母)丧亡的悲痛,而且出殡时既可多一媳妇送殡,又可节省结婚费用,男家临时决定结婚日期,将女子迎娶过门。新娘入门时,须先在公(婆)灵柩前作揖下拜,然后举行简单的结婚仪式。翌日,新娘即以媳妇身份披麻戴孝参与丧礼。

(十四)纳妾

福州称"讨细婆",仙游称"讨细某",安溪、德化称"讨小姨"。旧社会,多为有钱有势的人所为,或为传宗接代,或为玩弄女性。婚礼简单,一般从边门迎进男家,不宴请,不动鼓乐。

此外,旧社会有因家庭经济困难将妻出典给人,从中取代价养活家小的;也有因与妻合不来,将之卖掉的;也有因年纪大无钱娶妻,去找无法维持生活的有夫之妇,共同生活,企图借妻生儿的(政和叫"上半门");也有租别人之妻生子的,这些"卖妻""典妻""租妻"现象是一定历史阶段的产物,它们和上述童养媳、姑换嫂、近亲婚、长住娘家、鸡公新郎、望门婚、结阴亲、纳妾等特殊的婚姻形式随着时代的发展而逐渐消失,至今在闽台各地已基本上荡然无存。

第二节　闽台少数民族的婚嫁礼仪

一、福建少数民族的婚嫁礼仪

(一)畲族

长期以来,各地畲族基本上实行宗族外婚制和民族内婚制,同姓不婚,不与汉族通婚。后来,同姓不同香炉(不同宗族)或同香炉五服以外也可通婚,但比较少见。50年代后,畲汉通婚逐渐多起来,主要趋势是畲族女子外婚,且多是从欠发达地区流向经济、文化较发达地区。畲族妇女在家庭中的地位一般要比汉族妇女高,男女一视同仁,妇女有财产继承权,入赘者必须改为女方姓氏。

宁德市境内的畲族保留着比较古老的风俗,"俗不离歌"是其一个重要的传统。在婚俗中,以歌传情、以歌结交、以歌述怀、以歌欢娱——几乎以歌贯穿恋爱到完婚的全过程。其他地方的畲族保留的民族特色相对会少一些,有的甚至完全汉化,如厦门湖里区的钟宅畲族村。

1.宁德霞浦

（1）议婚

男女双方通过唱歌、对歌产生爱情,或由父母亲戚相议,熟人介绍,有意结亲的,由男家托媒到女家提亲。继而,女子随其母亲到男家"看寮",了解男子的人品及家境,男家也趁机观察女子的容貌举止。双方满意,男家便春糍粑让女子带回。此后,男家就让媒人带饼、糖之类礼物,到女家"讨庚帖"（生辰八字）。俗例,媒人要"讨"三次,才取得到庚帖（要请"开笔"先生代笔）。男家得到庚帖,就请"阴阳"先生"合婚",即据双方"八字"推算生克冲合。"合婚"后,一般还要把将之放在家里三天,如无出现人畜不宁或其他不吉利征兆,便算和合。

（2）订婚

合婚后,男家择吉日,再次遣媒送些礼物到女方"回帖"（"完帖",亦即"小定"）。不久,便是"下定"（"大定"）,向女方送聘金、彩礼。聘金视家境而定,多少不一。50年代前,一般为银元20元左右,需取双数,图"好事成双"之吉,有的还讲究取"六"数以与方言"入"（捞取）谐音,图"得财进喜"之吉;彩礼一般是礼饼（下定饼）、猪脚、公鸡和一些衣服、饰品。聘金彩礼,在成亲前分期送付,而礼饼、猪脚、糖果则要在下定日先送,以让女家分馈亲戚,告知婚事。公鸡（足系红绳,俗称"红线羁脚",喻明媒正娶）两只亦在下定日送,女家收彩礼后,回赠若干礼品,其中有"红线羁脚"的公、母鸡各一只。接着,男家再择日,定下"某月某日迎娶大吉"的日子,让媒人报送到女家。

（3）做表姐

畲族姑娘,出嫁前流行着"做表姐"这一陪客唱歌的特殊风俗,时间短则半个月、一个月,长则三个月,借以探望亲戚和学歌会歌。女子的母舅,在收到礼饼、猪脚得悉嫁期后,便安排外甥女及其母亲前来做客。届时,女子按婚礼的盛装打扮,穿着漂亮的传统凤凰装、绣花围裙、佩戴手镯、耳环,有的腰上还系结婚所用的长绸带,来舅家做客,村里的青年男女相聚陪姑娘对唱畲歌。对歌每每通宵达旦,而且有严格的程序:开头唱《路经》之类的邀请歌;然后是对唱,对唱的内容多是正统的小说歌,也穿插一些杂歌;结束时还要唱《送神》之类的歌(迷信说法:鬼神会来听歌,黎明前须送走)。唱歌本事大的姑娘,"观音对罗汉",一"娘"对众"郎",有时一连唱几夜。如果姑娘善唱,而舅舅村子里又没有好对手,还可以由母舅介绍到有亲戚的另一村落唱对。畲族以能唱为荣,姑娘尤须善歌,不善歌是一种耻辱。善唱的姑娘人人夸奖;不善唱的姑娘,则会遭到不客气的奚落或讥讽。"做表姐",实际是敦促姑娘在出嫁前学歌、练对,以便婚后有更多机会参加各种赛歌社交活动。此俗经久不衰,但现在由于受电影、电视等现代文化冲击,青年人学唱传统畲歌的越来越少,面临着断层的境地。"做表姐"逐渐成为女子婚前走亲访友、休息休整的一种形式,对歌规模渐小,大多只是在离开舅家的前夕,象征性地随意唱几十条。有的甚至连"做表姐"都只是走过场而已,上午去下午回,更不用说唱歌了。

(4)亲家伯

畲族婚嫁过程中,"亲家伯"是一个不可或缺的角色。男方在成亲前两天,请一名机智出色的歌手作"亲家伯",与媒人一起把"盘担"(礼品担)送往女家,并在女家会歌。"亲家伯"要处处规矩,事事谨慎,表现得恭顺谦和而又机灵老到。一进村,村里的妇女们便热情相迎,纷纷上前抢接"盘担"并作善意的戏弄(如交接"盘担"时,稍不留神就会被满脸抹黑)。到达女家,见板凳放在厅堂左首(大边),就应将其挪到右首(小边)后坐下,以示谦卑礼让。否则,妇女们就会毫不客气地点着鞭炮相轰。接着要主动向女家亲友敬香烟,每人两支,见者有份,连小孩也不例外。与此同时,新娘则把印花巾套在媒人脖子上,边哭边唱边为难媒人,有的甚至用杉枝针叶包在头巾里,勒扎媒人。媒人得忍受着,任其戏闹。

(5)抓石蛉

在送"盘担"至女家当晚的酒席上,照例要"抓石蛉"。据传,原先是抓真石蛉,即放一只活石蛉,用火把照着,让"亲家伯"去抓,石蛉蹦跳到哪里,"亲家伯"得奔扑到哪里,直至抓到。后来,改为象征性的嬉闹,由女家选派一妇女,一手端盘子装着大虾、豆腐、肉骨(分别象征剪刀、磨石、草楠,意为磨好刀,劈除路草,好让新娘上路)和两条红带子,一手拿火把,来到"亲家伯"席位,把火把伸进"亲家伯"胯下,说是要找石蛉,实际是讨喜钱。经过一番进袭退避、讨价还价(皆以歌代言),"亲家伯"将预备的喜钱("红包")用盘上的红带系好,让她带去,分给席上亲友。如果不够,还会再要,几经折腾把"亲家伯"所带的喜钱掏光才罢休。

（6）会歌

酒席一散，便进行人们最感兴趣的会歌。主人（妇女们）开唱"歌头"，"亲家伯"马上答唱。按照老例，要先唱《祖公歌》。这类歌称为"九重十八合"，每条开头的词，与前一条最后的词，都紧密相关，如果没有经过专门学习，必然对答不上。然后，唱"一念""一度""一口""一结""一纽"，共 5 段 50 条。再下来就可以随意唱答了，但照例不唱含有生死离合的不吉利的小说歌，也不唱难登大雅之堂的杂歌，通常都是唱内容正经的"十条起"和各种"字歌"。

在素有歌名的白露坑、青皎、水漕垄、草岗等大村落，会歌有更严格、更繁缛的套例，安排得相当精当：当夜互相盘唱几十段（几百上千条），天快亮时唱《奴娘嬲夜》（男女乐夜）作为结束。次日晚上接着唱，先唱《茶歌》、《嫁女歌》，再唱不同内容的"十条起"，到下半夜唱《起书堂》、《大读书》、《上大人》等过渡性歌，而后接唱"字歌"。字歌的首篇多半是歌颂祖德的《功建前朝》，天快亮时则唱《天干地支》、《分散歌》、《感谢歌》而完满结束。如果女家备有夜点心时，还要唱《头夜点心歌》或《二夜点心歌》等。如果只唱一夜字歌就安排在当夜唱。

会歌，每段多由"亲家伯"起头，妇女们如果答对不上，可一换再换，连续答不上，村里的男歌手也可以帮答，如果实在答不上，就算输了，歌会告停，"亲家伯"便会备受敬重款待，到第三天随花轿凯旋；如果"亲家伯"不善歌，盘对输了，妇女们便会不客气地起哄喝倒彩、戏谑作弄：用烟灰抹脸，或罚做牛扛犁，或背猫背狗在厅堂转圈，甚至弄得"亲家伯"连夜跑回家。

现在，"做亲家伯"之俗还保持着，但是会歌逐渐减少，通常只是随意唱几十条，作作热闹。

（7）迎娶

霞浦畲族原先的迎娶礼仪，相当简朴。由新郎率若干傧相漏夜提着"百子千孙"灯笼，亲往女家迎亲，新娘则穿着自己编织的草鞋（鞋帮系饰红带，鞋面串珠饰），打着雨伞，由兄弟与伴娘相陪，徒步跟新郎于午夜离开娘家（俗称"走嫁"）。一路上夫妇以歌代言互诉衷情。一些偏远地区，长期保留此俗，只是迎亲多改在白天。后来，盛行花轿迎娶，礼仪随之繁缛。男家派出花轿，组成一二十人的迎亲队伍，吹吹打打前往女家。到达时，女方在门前横放着条凳"拦轿"：妇女们与轿夫盘唱吉利歌，儿童们乘机"讨轿包"（喜钱）。也有先迎花轿进门，再与轿夫"比肚才"，直至开饭。饭后，移花轿上厅堂(提前一天到者,置左首轿厅),等待新娘上轿。女家便将陪嫁的嫁妆搬至厅堂,先行抬送男家(此不同于当地汉族嫁妆由男家来人搬运之俗)。嫁妆,旧时多是本民族的凤凰装、新娘亲手织的苎(拧麻)布、水漕垄精工特制的花斗笠,以及锄头、剪刀、襄衣、犁、耙等农具用品和三只红布袋子(寓传三代),经济较充裕的,还陪送牛、羊及田产。

(8)哭嫁、梳妆、分忏、分五谷

花轿进门、嫁妆搬移时,新娘开始"哭嫁":边哭边唱《哭嫁歌》,感谢长辈的抚育疼爱,迷恋即将离开的娘家。哭唱罢,由"福大命好"的长辈妇女为其梳妆:盘高髻,穿礼服,戴凤冠,垂面帘,打扮成"公主"模样。梳妆时,新娘或其他歌手还要唱《梳妆歌》。梳妆毕,由伴娘护送至厅堂,首先跪拜祖先与父母,然后坐或站在竹匾上,与兄弟"分忏":弟兄捧上米饭,先自咽食一口,再让新娘含一口,吐到弟兄衣襟上(有的是弟兄含一口饭朝内吐,新娘含一口饭往外吐)。继而,边唱诵《祝福歌》边登上凳子或桌子,"分五谷":将五种谷物及竹钉、钱币、扣子、筷子、鲜花等寓意性物品,先内后外抛撒四方。礼毕,母亲"啼发家"("啼分散")、新娘"啼上轿",都是边哭边唱。最后,由母舅抱或牵新娘上轿。轿帘放下,新娘停止哭唱。轿后悬挂镜子、米筛、弓箭等物,以"辟邪"。

(9)过溪蛋

花轿出门,鞭炮大发,鼓手吹奏。新娘父亲向轿顶抛撒"五谷",以示祝福。新娘未成年的弟弟、伴娘等,陪同上路。一路上吹吹打打,喜气洋洋。花轿几经溪流、桥梁、叮步、宫庙,新娘都要抛丢五谷、红蛋(俗称"过溪蛋"),以敬神明。

(10)避冲、传袋、拜堂

花轿抬到男家,全家人按习俗先得暂时藏匿,村中怀孕、服丧者及属肖"犯冲"的,均要回避。新娘抛完五谷、红蛋,即由接姑和陪姑(亦称"阿婆")挽扶下轿,遮伞、踩红布袋徐步入大厅(红布袋轮番收铺,俗称"传袋",寓传代之意)。厅堂贴大红"喜"字,上书"凤凰到此",左右贴"祖公联"或"燕尔当思高辛宠,鹏程应念祖公功"之类对联,设斗灯、香案、祖图。盐田西胜等处畲村,新娘"进门"风俗别具情趣:花轿到时,由一人手执柴片敲男家门槛呼喊:"绝人种啦?送人种来了!"家人才群呼而出,鞭炮、鼓乐鸣奏,新娘被引至厅堂下轿,新郎穿着礼服盛装,由伴郎、"暖房头"(以上有父母双全下有子女的男子充当)引至厅堂与新娘同行"拜堂"大礼。旧俗一拜天地,二拜祖宗,三夫妻交拜,新郎行跪拜礼,新娘只缉纳"万福",以显其"公主"之尊贵。礼毕,新娘向夫家舅父母敬茶,向观礼的人群抛撒"果子豆"、糖果等(寓子孙满堂之意)。接着,踩着红布袋由新郎引入洞房。新郎随即出房奉茶敬请女家来人,并招待宾客。

(11)婚宴

酒席以厅左第一桌为首席(俗称"阿舅桌"),敬请母舅(坐大位)、"亲家伯"、媒人以及尊亲贵宾(个别地方由义父坐大位,母舅退其次)坐。酒宴至半席,新娘被搀出厅"认客":自首席大位起,依次献红枣糖茶,女歌手随其后,代唱《敬茶歌》,被敬者需馈赠"红包"(俗称"百家银",旧俗以此钱储蓄为儿孙打制首饰最为吉利)以示祝福。

(12)新郎酒

客席散后,开设"新郎酒",又称"暖房酒""佳期酒""八仙酒",由"暖房头"(或称"八仙头")和"暖房脚"共八人陪新郎入席。入席者通常都穿戴长衫礼帽,席间每个程序都要唱诵歌令,且边吃边轮番与洞房内的新娘及其陪伴者盘对喜歌。水门畲族乡茶岗等处的"会八仙"别具一格,入席者有"驸马"(新郎)、"八仙"、"阿乐歌"等十名,席中还有丰富多彩的舞蹈表演,有的再加十男十女相伴盘歌陪唱,十分热闹。

(13)闹房

"新郎酒"至"下四盘"(最后四道菜),即暂停,转入"闹房"。"闹房"从"叫门"起,每个程序都要唱诵歌令,如进门唱"脚站洞房八字开,观音送子天送才",翻床唱"枕头床被翻一翻,子子孙孙会做官"等等。最后,到"凤凰山"寻取"凤凰蛋"(藏放在洞房各处的红蛋、橘子等),找到"凤凰蛋"后,大家合唱《喜庆歌》,结束闹房,再上酒菜吃"下四盘",宴罢,送新郎入洞房(称"麒麟送子"),整个宴会即告结束。

(14)开金匏

第二天,"新妇下灶前"(下厨房),起火、洗碗。郑重地"开金匏":切开金匏(南瓜),取出子来(民间传说,人是金匏子变成的),用围裙包好,在晋见翁婆时交给婆婆(俗称"阿婆抱孙")。

(15)做头客

第三天,新婚夫妇回娘家做客,认妻系亲属,俗称"做头客"。住两天或四天(取双数)回返,随即下田劳动,整个婚礼结束。

上述霞浦畲族婚俗中,"歌"文化极富民族色彩。但其中受到周边汉文

化的影响,也是显而易见的,如求庚帖、合八字等。相较于霞浦,宁德市其他地方有特色的畲族婚俗略述如下:

福鼎,女子出嫁时必备三种富有民族特色的物品:一为农具,有犁、耙、田刀、竹笠、棕衣,祝愿女儿、女婿辛勤劳动,兴家立业;二为"吉祥羊",即两只或一只怀孕的母羊,富者还加上一头牛,此为吉祥的象征,是出嫁后女儿的私蓄;三为"孝顺桶",即有提手和桶盖的红漆描金小木桶。畲家有个"送饭"习俗,女儿出嫁后,离娘家近的,每月初一、十五用此桶送饭或肉、面给娘家父母吃;离娘家远的,逢年过节时送,所以称此桶为"孝顺桶",平时也用来送田头点心等。另外,还有汉族所没有的"服务婚",即婚后男方为女家无偿劳动一段时期,一般三年为期,期满携妻回家。

寿宁,结婚宴席上,新娘在一位嫂子的陪伴下,手捧米筛(内放置一对酒杯,两支红烛)来到席间向客人敬酒,俗称"举盘敬酒"。亲友向米筛内投放小红包。新娘收取亲友所赠,为日后的儿女添置银镯、项圈等吉祥物,以随身佩戴。坑底乡一带畲族男女婚嫁,双方要互送鸡酒担或仪包,数量多少视家境而异。女子出嫁时,男家要托媒人送给新娘的弟妹等小辈各一个红包,媒人未及时分发,新娘的弟妹们就点起松明火逼照他,直至红包交出为止,俗称"照蜍包"。此外,男家要给女子的母舅送双鞋,女家要给男子的姑母送六尺衣料。迎娶之日,新娘还要给公公送双鞋,婆婆送件衣,太公送只猪蹄。

2. 泉州德化

德化境内的畲族有近千人,其婚俗特色与远在宁德地区的畲族人相去甚远,受汉族婚嫁文化的影响更明显,许多做法已基本上和周边的汉族一致。如:

(1)订婚

定亲时,先言定聘礼,后择日行聘。男家带白银二两、糖品两包和聘金若干作聘礼,女家回以女儿平日戴的戒指一枚和手帕一条作为信物。

(2)择日、送大定

娶亲时,日子由男家择定,须经女家同意。男家于娶亲前两日把原议定的物品装成五担或七担直接挑至女家厅堂,或是挑至约定地点由女家派人来接,男女两家的人数要相同。交接时点清数量后,女家即取挑来的粿、蛋、饼(各一)送挑送者,双方随即道别。

(3)送盘担

迎娶前夕,男家办"盘担"派一男一女送到女家去,前头装煮熟的公鸡一只放在钵子里,鸡脚扎红线,脚和头伸出外面,钵子两旁备有两包糖果、一对红烛、一对酒瓶、三只酒杯,另有四小包糖果放在旁边;后头是一斗米、一罐猪心掺些赤肉(瘦肉)和一把雨伞,以及一件新郎平时穿的内衣。挑至女家放在厅堂上的"土地神"前,将物品一一取出摆好,然后点上红烛、两炷香(意取"两头红"),斟满三杯酒进行拜祭。当晚男家来人参加女家"出伞"筵席("出门酒")。

(4)上头、辞别

迎娶当天早上,新娘"上头"。"上头"前,新娘将新郎的内衣穿在最里层,再穿上自己的新衣。新娘的母亲将男家送去的雨伞张开盖住一双新娘的鞋子(鞋头向外,鞋底糊上一层纸),放在屋外雨滴水处,到"上头"时取回让新娘穿上,意为不让女儿将家里的土带到男家去。"上头"时,新娘由女长者梳头三下,盖上乌巾,说吉祥话后,新娘先跪别父母,再向至亲和亲戚一一告辞,诸亲各备"膝盖钱"赠送新娘作回礼。

(5)上轿、换扇

告辞完上轿,拆去鞋底纸。轿行一小段路停下,新娘的兄弟或姊妹一人与新娘换扇(旧换新)。

(6)踢轿门、取乌巾、下轿

轿至男家,横向停住。不久鸣炮,新郎上前用左脚踢轿门三下,再由牵引新娘者掀起轿门。新娘刚要出轿门时,新郎取去新娘头上的乌巾,放入袖里;牵新娘者将备好的一个米斗(斗内有油灯一盏,白银或钞票两元,种子七种,钥匙一串,谷印一颗)递给新娘并挽着她的手走出轿门。

(7)拜堂、入洞房

至厅堂,先拜"土地"和祖宗神位及天地,接着夫妻互拜,然后牵引入洞房,坐在择定方位的交椅上,牵新娘者将米斗放在床上正中,并将谷印、钥匙、种子交付新娘,意为全家财产从此交给她掌管。

对挑灯、挑嫁妆的,男家均付"红包";同来陪嫁的人,也按亲疏分别赠予"红包"。

临睡时,新娘先上床,将当天早晨穿上贴身的新郎内衣脱下,换上自己的;后新郎进房,新娘从帐内抛出内衣给新郎,新郎接内衣后,也将乌巾和定亲时的手巾交给新娘保存。

(8)请甜茶

次日晨,新娘跟牵新娘者至厅堂向公婆和亲属长辈请甜茶,礼仪与汉族相类似。

（二）回族

泉州回族的传统婚嫁习俗大致如下：

（1）提亲

婚嫁也凭"父母之命，媒妁之言"。当男女成年后，任何一方家长看中对方子女，可通过族内长辈或亲友为儿女提亲，对方不管贵贱，都必须乐意应允，不得推拒。这种情况适用于同阶层之间，或是贵对贱、富对贫者的求婚。男女也可自由恋爱，一旦产生爱情，可坦率告知父母，父母一般不反对、干涉，而且会帮助撮合，即托请族内长辈为媒，向对方家长求亲。除残疾和不务正业者外，一般一说便成。若对方应允亲事，便选择某一主麻日（星期五，为回族吉日）订婚结亲。

（2）订婚

男家事先准备各种礼品，其中须有金戒指二枚，一刻男子姓名，另一刻着"吉祥"或"富贵"的字样。贫者以银戒镀金替代，富者另加金项链一条、手镯一对。礼品中有"油香""油酥花茧""油酥脆花"等民族食品（后改为糕饼、明糖）和布匹。男子由长辈或亲友陪同至女家，主人即捧出四果（柿饼、冬瓜糖、红枣、龙眼干）和鸡蛋招待，此为大礼。回俗，贵宾只可喝一口甜汤，不可食大礼之物。接着，女家端出鸡蛋面线招待来客。然后，由女子亲自到厅堂接受男子"戴手指"，即将戒指戴在女子手指上，双方婚姻即定。

（3）择日、送彩礼

定于"主麻日"举行，具体日期由双方商定。通常在婚礼的前一个"主麻日"，男家送彩礼给女家，主要有举行婚礼的大红烛、鞭炮、牛肉、羊肉、油香、油酥花茧、油酥脆花、糖果、糕饼以及布匹、聘金（现款）等。

（4）送嫁妆

女家也应为女儿备办各种的嫁妆，如首饰、衣服、床上用品、各种日用生活品及男家厅堂和洞房的摆设。同时还须预先给婆家妇女长辈和未婚小姑等直系亲属每人准备布鞋一双或者布料一块，以便见面时奉送。嫁妆中必有《古兰经》。清末民初，尚有以手抄《古兰经》为嫁妆的风俗。出嫁前一日，嫁妆应全部送往男家。

（5）迎娶

婚礼日前晚，女子应"大净"（全身沐浴），更换新装，以示洁净无秽。当日凌晨,男家主妇(新郎的祖母或母亲)沐浴后,来到悬挂有裱褙的大幅《古兰经》的厅堂上,敬献鲜花,焚烧香末,点燃大红烛,并在桌上排列红米圆(丸)三小碗,以感谢真主赐结良缘。早餐全家食甜红米圆,象征新婚夫妇生活甜如糖蜜、终生团圆。之后,新郎前往女家迎亲。新娘离家门时,须"哭嫁",以嚎哭为"吉祥"。若新娘不能声泪俱下,将被看作无父母兄弟之情,视为不吉,会受到亲友议论与谴责。

(6)婚礼

新郎迎回新娘后,随即双双同往清真寺请阿訇主持婚礼。沿途,亲友和邻里男女老少争相围观,有些调皮小伙会故意逗笑,令新娘含羞。

婚礼仪式在男家大厅举行。厅前搭一木板台,面朝西,上置方椅一张以备阿訇坐着"念经",前面放置长方形"香案桌"一张。旧时,富贵人家桌上摆着一盘"金豆"(黄金豆粒),由阿訇念"依扎布"(婚配经),意为:"万能的真主啊!感谢您的恩典,请您成全其两人的婚姻。"新郎、新娘跪于铺地席(用洞房床上新席)上"听经"。阿訇念完经后,对新郎、新娘问证词,待"戒卑路土"(我愿意)后,便将桌上摆的"金豆"撒于新郎、新娘身上,意在感谢"安拉"赐结良缘,并祈求"安拉"赐生贵子。撒在地上的"金豆"让贫苦回民拾之均分,称"散天课"(施舍贫民)。一般劳动阶层婚礼过程与此无异,只是把"金豆"改为红枣、龙眼干、花生果、栗子或白果(银杏,后改用糖果)共四盘,撒于地上,让小孩拣食。婚礼最后程序,是一对新人双手摸脸做"都哇"以感谢真主。若是汉族姑娘嫁给回民,新娘则应随夫信奉伊斯兰教,一切从回族风俗。

(7)相见

婚礼完毕送走阿訇后,新郎新娘须双双到厅堂,在靠那幅《古兰经》前案桌上的香炉中,焚烧香木、香末并献上新鲜香花,随后拜见父母,并依照长次顺序同家庭成员一一"相见"。见面时,新娘应双手捧着甜茶、喜糖,按照丈夫对各人的称呼请茶。受敬茶者应备金戒指或"红封"(红包)赠送。新娘回赠婆婆的礼品,通常是布鞋一双;回赠丈夫姐妹,则用金发夹或布鞋、布料等。

(8)下厨

之后,新娘在新郎陪同下,到厨房熟悉锅灶炊具和食具,要逐个触摸一下。聚集在厨房围观的亲友,可趁机对新婚夫妇进行各种刁难嬉闹,直至他们按照要求表演完毕,方能入洞房。

（9）婚宴

晚上，主人在喜堂内外接待前来参加喜宴的来宾。请客的筵席应成双排列，菜肴也忌单数。第一道菜为银耳甜汤，最后一碗必须是"四果"甜汤，表示新夫妇的生活自始至终甜如糖蜜。

（10）闹房

喜筵散后开始闹洞房。亲友们可以对新婚夫妇任意出题嬉闹，即使过火或近似刁难，新郎新娘也只能含笑应付，不得埋怨或生气；否则有失礼节，会受亲友责备和讽刺。一般都闹至深夜，甚至通宵达旦。

（11）回亲

翌日，新郎陪伴新娘返回娘家称为"回亲"。当晚，女家父母应备办筵席宴请新女婿，其菜肴亦十分丰盛、讲究。席上必不可少的菜肴是鲜嫩的"烤全羊"（羊羔），只有宴请新婚女婿才有此佳肴。据说，它与古尔邦节宰牲，效法易卜拉欣先知忠诚顺从真主之义有关，旨在希望新女婿同心顺从"安拉"。散席后，新夫妇当晚必须同时返回夫家。

回民中极少离婚的。夫妻离婚后，若双方都有后悔，可以复婚。妇女离婚后，须等待 4 个月后方能再嫁。

（三）满族

长乐航城镇的琴江村原是清代水师营驻地，当地村民多为旗人后代，是我省唯一的满族村，至今仍保留一些独特的婚俗。

1. 压鞋样

满族青年男女的婚姻比较自由，不论男家或女家相中对方的子女时，先得邀请一个与对方家长交情深的人当媒人。若对方父母没意见，先由男家剪一副男子鞋样，附上金手镯一副，由媒人送到女家，叫"压鞋样"。女方收下定情聘物，亲事初定。

2. 下定

订婚后，双方就选择一个吉日"下定"。下定时，双方门前张灯结彩，男家须请族内子孙满堂的"好命人"持大红拜帖盒（双层，底层盛红头绳扎的男子头发一束、写有男子姓名和生辰八字的红纸一张及戒指、礼金，并附写有"谨求俯允姻眷生××鞠躬"等字样的红帖），送至女家。女家若无异议，就将红头绳扎的女子头发一束、写有女子姓名和生辰八字的红纸及上书"谨遵台命"字样的回帖置于拜帖盒底层送回男家。互赠束发之后，亲事就完全定下来。

3.送日单

双方商妥迎娶吉日后,男家请"好命人"将日单送至女家,日单内写有迎娶日期及"敬求俯允"等字样,女家如同意,回贴"谨遵台命"。男家就可以准备迎娶了。

4.送杠

婚前一日上午,男家送"杠"到女家,杠内装着十色盒子。女家如有陪嫁,杠子要加一对鹅"叫街"。女家回杠送嫁妆,物品必须在中午送到男家。

5.迎娶

迎娶前,男女两家都要请族中的一位老妇充当娶、送亲奶。亲奶必是子孙满堂的好命人。在婚前一日天黑时,轿夫将空花轿抬到男家,叫"坐高堂"。进门后,将轿子放在厅堂左边,并在轿内的座位上放一个手炉,称"暖轿"。接着,开始奏乐,新郎独自拜天地祖先及长辈亲人,男家请亲友吃"高堂酒"。散席后,在族亲中选一个十来岁的男孩到新郎床上睡觉,称"压炕"。翌日,五更鸡刚叫,男家先用小轿送娶亲奶到女家,配合送亲奶为新娘梳妆,花轿在后由礼生、乐队引导去女家接亲。到时天刚亮,女家大门紧闭,接亲队伍拥挤在门前。一年轻礼生敲门,女家在门内问:"什么人?"礼生答:"娶亲的。"门内传话:"花炮来。"礼生将花炮递进门内。女家收下后又问:"什么人?"礼生又答:"娶亲的。"里面又传话:"乐奏来。"顿时,门外唢呐齐奏。乐毕,门内又传话:"大包来。"礼生忙将早已备好的大红包递上,直到发完门才打开。在鞭炮声中,接亲的队伍随着花轿涌进女家大门。

6.入门

花轿抬进中堂,新娘由娶、送亲奶扶上轿,由男家选的父母齐全的两个男孩扶轿杠。娶、送亲奶同乘小轿到男家。新郎的内外亲属一律避开,直到新娘入洞房,怕冲撞喜神。鞭炮声、唢呐声响成一片。花轿一落地,男孩取下挂在轿杠上的两个写有"百子千孙"的灯笼,将之挂在洞房前的阳尘板上。接着男孩铺红毯,从花轿边铺到洞房门口。娶、送亲奶掀开轿门,将新娘从轿里扶出。新娘双手各拿一个花瓶(小木花瓶,内装五谷子,用红纸封住,瓶子之间用一根红头绳系着,寓结发夫妻、白头到老之意),叫"聚宝瓶"。

7.入洞房

洞房门槛上放着糊有红纸的木马鞍,新娘跨过马鞍,两个扶轿杠的男孩就喊:"新娘跨马鞍,四季保平安!"进洞房后,新娘坐炕上。炕沿放一只红斗,斗口用红纸封住,中间插一根尺。上午 8 时左右,小舅子送来点心(水饺)与洗脸水。新郎用尺挑下新娘头上的"盖头罗",娶、送亲奶又为新娘梳妆,之后新娘吃汤圆,表示团圆。中午外面的婚宴开始时,洞房里也摆上用杠抬来八碗五盘的大席,新郎新娘一般不能动筷子吃。

8. 拜堂

下午四五点时喝合欢酒后,新郎新娘在娶、送亲奶的陪伴下出洞房拜堂:先拜天地,二拜高堂,最后夫妻对拜。

9. 回门

婚后第二天,新娘回娘家前,要向长辈一一告别,坐小轿回家。新郎要等小舅子催两次后才上岳家。

二、台湾少数民族的婚嫁礼仪

台湾少数民族的婚嫁习俗这里仅介绍以下六个人口达万人以上的族群:

(一)阿美人

阿美人社会以母系为主,家庭以母系相传,传统的婚姻形式以招赘婚为主、嫁娶婚为辅,实行一夫一妻制。阿美人相信多偶婚或一夫多妻、一妻多夫均会遭天谴,但当已婚男女另有新欢时,可先离婚再结婚。

1. 定情

阿美人男女婚前可以自由恋爱,男女通过劳动和成年仪式及他人的婚礼仪式上的聚会而接触相识,产生爱慕之情。之后,可以由女子或男子主动求爱,如奇密社、太巴望社的男子求爱时,要将槟榔和烟草赠给意中人,每夜赴女家奏口琴,女子如果同意就打开窗子,让男子进入与之同衾;花莲奇莱男子求婚,是把一米多长的仙檀薪材及烟管放在女家门口,女方收纳,即表示答应之意。也有女子亲自到男家,把信物交给心上人的。还有一种考验男子体力的求婚方式,即如果多个男子同时看上一个女子,那么他们就必须进行比赛:进山砍相思木,并背至女子家中,以负重最多、最快者为胜。在没有结婚前,一个少女可以有很多男友,结婚后就比较专一。总体上说,阿美女子对待丈夫都非常多情。

2. 求婚

通常先由男子随女回家,向其家长表示求婚,女家即请媒人至男家求婚。男家允婚后,女子择日盛装赴男家服役,时间视男家劳力短缺、男女双方爱情深浅及女方父母的想法有所差别,普通的为一个月。女子每天一大清早就到男家挑水、扫地、椿米,中午返家,下午再去。事情做完后,携男子出去散步,晚上由男送女回家。男子护送女子回家亦有所分别,感情由浅到深,路程相应地由近渐远,最后觉得感情到了不可分离时,才真正护送其到家门口。这期间如果一方不满意,都可以婉转提出中止,求婚关系即告解除。

3.订婚

在男家决定许婚后,由男子母亲告诉女子:"你可以回去准备婚礼了。"女子即回家告诉其父母。男女两家邀请族人饮酒,宣布订婚。"据说,秀姑峦阿美人常用杵声向村人宣告订婚喜庆,村里每逢听到欢乐的杵声响彻夜空,就知道又有哪家准备订婚办喜事了。"[①]订婚在夜晚举行,女家准备神罐一个、酒杯、椅子和槟榔,男家准备酒送去,新娘最后一个进来。新郎进门,新娘即上前送一颗槟榔,表示欢迎和接受订婚。长老先介绍新娘新郎及双方家长,并赞美这门亲事。巫师持酒向神罐滴酒后念祈祷语,祈求神主和双方的祖先保佑新人并祝福婚姻顺利。之后,家长代表致谢,大家喝酒、聊天、讲故事直至深夜。

4.结婚

由女家托媒人到男方家商定婚期后,两家各自开始为结婚做准备。女方大量酿酒、制糕,置办新娘和新郎服饰;男家备办男子服饰、布料、番刀、刺枪和弓矢等。

婚礼当天清晨新娘盛装打扮,然后头顶一壶清水到男家,表示"饮水思源"。下午两三点,由媒人带新娘家两三人送聘礼(象征性)至男家:腌肉两三斤、酒两三瓶、糯米饭一大盒。新郎母舅以之祭祖灵后,和族人一起分享酒和肉,然后带着新郎兄弟一起将新郎送至女家。新郎也随扛一捆柴禾,表示"薪火相传"。新娘父亲赠一把开山刀给新郎,表示责任;新娘母亲送一个新的情人袋,表示从此为一家人;新娘也送一棵槟榔给他,代表忠贞的爱情。晚上当天喜宴时,新郎舅父要向新郎训话:你今日入此家,需勤勉工作,尊敬舅父,孝顺岳父母,不可怠惰。席后,年轻人开始跳舞,通宵达旦。

第二天,新郎新娘返男家邀集同氏族成员在家饮酒。当晚,夫妻返女家,新郎自从此在妻家生活。

---

① 许玉香.台湾少数民族——阿美[M].北京:台海出版社,2008:169.

阿美人离婚比较容易,男女均可提出离婚。学者将其离婚事由归为女六条、男五条。其中四条是男女共同的:通奸、不和、无子、恶疾,女方的另两条是怠惰、盗窃,男方的另一条是虐待。女方提出离婚的方法有四:一是妻母让女婿回家;二是男方劳作回来时,妻子不给做晚饭;三是丈夫出外工作时,妻子不给他准备槟榔、烟草;四是让亲戚转告其丈夫回来;男方提出离婚的方法更简单,就是不告而回原家,然后托人提出离婚交涉。主动提出的一方需召集亲族会议讨论,再由长老向对方亲族提出谈判,要求赔偿之后了事。男女离婚后可自由再婚,但再娶再嫁有约定俗成的次序:假如双方同意离婚,男先娶,女后嫁;男方提出离婚的,女先嫁,男才能娶;女方提出离婚的,与此相反。不依次序者,要被处罚。台湾史书记载:夫妇相离曰放手;男未再娶,不敢嫁;先嫁者,处罚牛、猪不等。再婚后就要与前妻或前夫的家族从此断绝来往。

(二)泰雅人

与阿美人不同,泰雅人是父系社会,严格遵循一夫一妻制,以男娶女嫁为原则。严禁同姓、近亲结婚和乱伦行为。男女十五、六岁即可成婚,嫁娶由父母决定,严禁未婚男女私自交往和发生性关系。早期的泰雅男子在部落接受成年礼之后,必须进山打猎,成为部落勇士才有结婚的资格;女子则必须学会织布、酿酒、收割杂粮、饲养家禽等农事和家务活后才能嫁人。

1. 提亲

男子看中女子后,通常由父母请族长到女家提亲。两家族长要把各自的家谱用唱的形式说出来。如果发现五代之内双方有亲戚关系,婚事不可续谈。否则,如果女家愿意接受求婚,男子就会送女子一把刀,表示"我把力量加给你",男女亲事大致确立,可以商定聘礼等事宜。以前泰雅女子的婚姻基本上全凭父母做主,但也有相亲的程序。相亲时,女子除痛哭流涕外,其他的表情都被视为同意。

2. 订婚

双方商定聘礼后男家想订婚时,男子会携带一把刀插在女家门上,如果三天内刀都没被女家拔掉收起来,男家就要开始为订婚而准备聘礼。聘礼多少没有规定,但为了夸耀自家声望,往往有不惜重金送聘的情形,如送珠衣、珠裙几十件、布料几十尺、牛和猪若干等。

订婚前几天,男家要先邀请女家家长来验收聘礼。订婚仪式由两家族长主持,在男家进行。先做"水誓"礼仪,男家族长手持一瓢水,向神灵祈祷:"从此两家结为姻亲,互相谅解,互相帮助,勿得失和。"新郎新娘要以食指浸水,表示永不反悔,然后相互敬酒。之后,新郎向新娘兄弟敬酒,后依次向女家内外亲敬酒。男家全体近亲向女家亲戚互相敬酒,直到夜半结束。第二天,男家将聘礼送往女家,新郎前往迎亲。

3. 结婚

结婚前,男子要去打猎、捕鱼,将猎捕到的禽兽和鱼肉腌制,以备婚宴之用。女子则要做结婚穿的衣服及小米酒,父母也会帮忙准备很多的织布做嫁妆。"织布的多寡不仅是女子能力的体现,更是一个家庭实力的象征。以前泰雅人在结婚时常用所带织布的多少来相互攀比。"①

男家前来迎亲队伍到之前,女家会将女儿的嫁妆陈列在室内,供男家族长验收。当晚,女家宴请来客并让他们在家里留宿。第二天,新郎带新娘回去,女家近亲也会随着送新娘和嫁妆到男家。新郎母亲到门口将新娘迎接进室内。新娘将带来的布匹送新郎的父母、兄弟、姐妹各一匹,作为见面礼。当晚,男家设宴款待女家来宾。

新郎要用背的方式把新娘带回来。由于泰雅人多生活在山区,山路崎岖,要将新娘背着走不容易,两人之间要有很好的默契才不会摔倒。即使路途遥远,中途也不得休息,否则会被视为不吉利。晚上,两人要同喝交杯酒。在宜兰的南澳乡,"结婚当天,族人还会搭起秋千,在中间绑着一条粗绳,供新郎做前后摆荡,再顺势抱起新娘,接受族人欢呼。结婚的夜晚,族人在部落的广场围坐,新郎新娘喝完交杯酒,头目还要在新娘的臀部重重地打一下,使新娘发出'哎呀'的声音,意味着新娘今后将愿意承担一切苦难。紧接着,族人开始饮酒、跳舞、唱歌、狂欢,婚礼在大伙的祝福声中落幕"②。

泰雅人比较禁忌离婚。离婚的男人必须以酒、肉向族人谢罪,才能获得大家的认可。离婚的原因不外是结婚多年未生男孩、通奸、婆媳不和等。泰雅人很重视贞操观念,一旦发现妻子与其他男人通奸,丈夫就会要回全部聘礼并要求立即离婚,同时还会向奸夫及妻子娘家索要罚金赎罪,甚至还有亲夫杀奸夫的情况出现。离婚时,经双方家族出面调解,妇女可要回自己的嫁妆或用品,但禁忌回娘家,也不得留住在夫家,只能寄居在其他亲戚家。即

---

① 陈小艳.台湾少数民族——泰雅[M]. 北京:台海出版社,2008:160.

② 陈小艳.台湾少数民族——泰雅[M]. 北京:台海出版社,2008:161.

使回娘家,也只能居住在主屋旁边的小屋里,不得与娘家人共寝食。已婚男人如果与其他女子通奸被发现后,要杀猪分肉给族人以谢罪,女家也有向男家索赔的权利。在这样的婚姻规制下,泰雅人极少发生离婚、通奸等事件。

(三)排湾人

排湾人男女可自由选择配偶,但因其部族已出现领主、贵族、平民和佃农阶级,婚姻讲究门当户对。

1. 定情

男女十五六岁开始谈婚论嫁,男孩开始追求女孩。他们通过许多公开的舞会等方式认识女孩,就可到女孩家里去谈情。每晚一到晚餐以后,青年男子就到他所喜欢的女孩家去玩。如果有几个男子同时喜欢一个女孩,他们就可结伴同往,女子也可找几个知己作陪。女子及其女伴和家人坐一排,追求的男子坐在对面另一排,他们通过歌唱的方式谈情,通常由一位男子领唱,先以一些比喻的词语唱出爱慕女孩的诚心,接着大家跟着合唱;然后女孩答唱,大家再合唱。每天唱歌长得可达四、五个小时。

在晚上到女家去唱歌谈情期间,男子白天也可以到女家去帮助做事,诸如挑水、舂米、砍柴等。男子每晚到女子家坐下时,女孩都会去取槟榔、烟草待客。女孩在手心放了剖开两半的槟榔,双手伸出,一一送给男子。男子应俯下身子去含,而不能用手接。当女孩对某一男子有感情时,她就会就把槟榔嚼一下吐出放在掌心上,拿给该男子吃,表示她已同意跟他结婚了。这时双方都可以告诉父母或长辈,如果父母、长辈没有异议,男家就可以正式向女家求婚了。

2. 求婚

男家托媒人或召集家人、亲友前往女家谈婚事。若到外地部落求婚,一般要请所属部落的头领或地方长老陪同前往,无论去求婚的成员有多少,一定要包括男子父母。女家代表成员的身份要与男家相似。求婚时,男家要携带酒、槟榔、烟草、木材等礼物。谈判由双方父母作主导,未婚的青年们尽管到外面唱歌玩乐去。如果女家同意求婚,双方就会进一步协商聘礼事宜。聘礼由女家提出要求,男家根据自身的阶级地位与经济状况和女家一直协商到财力能负担而又不失面子的程度。这个过程颇费口舌,有时即使女家父母心里已经同意,也不会直截了当地应允。无论求婚成否,双方都会通宵饮酒唱歌,至天亮时才散去。

3. 订婚

求婚成功后,男家就开始准备聘礼。一般平民之间的聘礼种类主要包括铁具(镰刀、长短掘棒、斧头、长短刀)酒、粮食、毛毯等,如果是外村来迎娶的要增加一只猪。嫁妆主要有铁具、种子(小米、芋头、花生、豆类)及视经济情况而送的铁锅、竹编器具等;头领之间的聘礼除上述外,还有陶壶、多彩琉璃珠、铁耙、大铁锅、火枪及包含头领专利特权的带有某些图纹的贵重衣物,甚至还有土地、河段等。

当聘礼准备得差不多时,双方约定一个日子,由男家亲友带着槟榔、木材、小米糕、酒和送给女家亲戚的礼物到女家订婚。女家准备酒菜招待。首先由男家代表(通常是新郎伯父辈的老大)逐一介绍带来的礼物和男家来人;其次新郎将礼物送给对方家人;再次由女家亲友代表感谢男家带来的礼物,由头领或地方长老祝福一对新人;最后,大家手拉手围成圆圈一起跳舞唱歌,直到半夜才结束。

订婚后双方约定看聘礼的日期,女家派代表(通常为新娘伯父辈的老大)来男家检验。如果来人满意了,就拿一两件回去向女家交代;否则,会要求更换或补充。男家一般会尽量设法满足女家的要求,但如果多次协商仍未能如女家所愿,婚约可能会因此而破裂。

4. 结婚

贵族家的婚礼程序非常烦琐,"大致可以分为准新娘向朋友告别、送聘礼、抢婚、婚礼中的娱乐活动及入洞房五个阶段"。①

婚前几日,女子就开始哭泣。先在自己家里哭,再到头领家里哭,又到部落内亲戚家里哭,并向异性朋友赠送纪念品,表示这是最后一次以朋友身份来相见。

结婚当天,由媒人、新郎率领男家亲友将聘礼送到女家。如果是头领家结婚,出发前要鸣枪,女家也要回打一枪,男家人员到达女家后还要再鸣枪。

抢婚是整个婚礼的高潮。若为头领家的女儿结婚,首先由部落祭司手持香蕉叶(象征男性)和茅草(象征女性)站在头领家的屋顶上,并准备一只献给太阳的小猪。在屋内,新娘坐在凳子上哭泣,她的叔伯们拿着杵头触碰她,表示时间到了要她起身离开。新郎的叔伯们也拉着新娘做出要走出屋子的样子,新郎的母舅则以一条黑蓝背巾背起新娘。伴娘们争拉着新娘表

① 顾扬. 台湾少数民族——排湾[M]. 北京:台海出版社,2008:153.

示不舍,新娘和母亲相对哭泣。这时站在屋顶的祭司突然开枪并大喊一声,将小猪刺杀。新娘的舅舅、阿姨们在门口阻挡男家背负新娘的亲友。经过一番激烈的拉扯、吵闹、推挤才将新娘背出去。在屋顶的祭司将小猪头向着太阳,点燃小米穗,让小猪的血从屋顶流到地上,并向太阳祷告:"您的小孩今天结婚,请您保佑他们。"

平民的抢婚比较简单。男家迎娶人员到达女家后,新娘及其同伴会跑到部落内的亲戚家躲藏起来,男家人四处寻找,找到后送回女家。由媒人牵着新郎与新娘行相见礼,之后新郎背着新娘走出屋外。

接下来进行杀猪分肉、荡秋千和饮宴跳舞的婚礼娱乐活动。猪的数目,头领家最少要杀两头以上。猪肉要分给女家族亲,新娘父母辈的老大可各分得一半猪上颚。

结婚前一两天,新郎要带亲友两三人砍几颗相思树,在女家广场上架设起秋千架,象征郁郁葱葱的爱情活力。婚礼时,新娘坐在秋千上,由新郎推着荡起秋千。新娘要保持端庄的姿势,荡得越高、姿势保持得越好,越能获得大家的喝彩。然后两家亲友一起喝酒和跳舞,新郎新娘也加入跳舞的圈子里,并拎着酒瓶在亲友的陪同下,向每个人敬酒。大家都以排湾人最高祝福的"祝福礼歌"来祝福两位新人永沐爱河。接着新人共饮交杯酒,正式成为夫妻。

在宴会即将结束时,新娘的同伴将新郎团团围住,新郎的朋友要上前把她们一一拉开,并将新娘抱去给新郎。祭司上前为新人做"完全成一体"的仪式:用榕树叶盛着小米放在新人头上,口念"使他们彼此适应、成为一体,使他们成为一个灵魂、一个人"的经语。

当晚,新郎及其亲友带新娘回去,婚礼结束。

(四)布农人

布农人是男性为主的父系氏族社会,遵从单偶婚姻,严守一夫一妻、男娶女嫁制。男女婚嫁必须按照父母的意愿,并经氏族或家庭长老议会包办。

1.求婚

男子到了20岁,父母即请氏族或家族长老派人到相中的女家求婚。如果女家与媒人交换烟斗吸烟,求婚即成。

2.订婚

求婚成功后,男家即备好礼物让媒人带着再到女家,商定聘礼种类和数量,谈妥即算订婚。之后,男家按约定备好聘礼,让媒人再到女家商定婚期。

婚期决定之后,两家开始酿酒。

3.迎娶

婚前一日,新郎之父或伯叔父及同氏族男女携猪一头、酒数桶、红黑布数匹,同媒人一起到女家。当晚在女家彻夜饮酒、唱歌。婚礼日,由新娘父亲及亲戚,随同男家迎亲者一同将新娘送至男家,男家招待饮宴。这天夜里新人不同床。第二天早晨,新娘父亲和亲属携新郎新娘再返女家,在女家与族人继续饮宴一日。当晚新郎新娘在女家同床。第三日,新郎携新娘回去,婚礼结束,夫妻开始共同生活。

（五）卑南人

卑南人原属母系社会,氏族姓氏的继承以女子为主,财产继承制是母传女,结婚时男子需入赘女方家,个别无女户则行嫁娶婚。男女有自由择配的权力。

1.定情

男子看中女子,就向她吹口琴,以表爱慕、喜欢之意。然后将口琴交给女子,如果她回奏,就表示同意交往。男子即以自己的头巾、槟榔袋等作为信物赠送给女子,女子接受即为定情。之后,男子要经常打柴送至女家,女子也常到男家帮忙做家务,双方互相服役。

2.求婚

男家父母、舅父等亲人认为合适后,即请媒人带三至五粒槟榔以及女衣一套向女家求婚。女家如同意,即收下礼物。当晚男子站在女家院外,女子的母亲让他入院,并放一串槟榔给他吃。将房门紧闭,至五更鸡鸣才开门,让准女婿进屋与女儿同床。到了黎明时分,男子起身回去,第二日的半夜再来。如此历经数月,待女子怀孕后方两家商定订婚、结婚之事。

3.订婚

订婚的意义在于宣布两人的婚姻既成事实。仪式由双方舅父主持,重要的一个环节是男家向女家送聘礼:三至五束槟榔、女衣一套、牛一头、牛车一架、土地一块、铁犁一把、铁锅一口。女家则备酒、肉、糕等还礼。

4.结婚

婚礼日,女家族人带着酒、糕等到新郎所属会所迎亲。男家族人设酒宴款待,席后与女家来人送新郎至女家,在女家喝酒、歌舞。从此,男子就生活在女家。

（六）鲁凯人

鲁凯人与排湾人一样，也分化出贵族、平民等社会等级，由此衍生出门当户对的婚嫁观念。但在对等的"同级婚"之余，也存在少数社会等级低的攀上高等级的"升级婚"或相反的"降级婚"。希望借由婚约提升社会等级身份并不容易，因为除了对方家庭同意外，还须经头目许可，另要用陶壶、琉璃珠等贵族特有的物品赔偿对方的损失。身份高的家庭则借助这种方式，使财力得到进一步提升。琉璃珠、陶壶等物品的取得，可用金钱或以物易物等方式与其他贵族进行交易。

1. 提亲

女孩到了 15 岁后可以被作为追求的对象，门户相当的男子便会邀集友伴，在傍晚时带着木柴、槟榔前往女家中拜访。女子也会邀请年龄相当的朋友前来陪伴，并准备一些吃食。双方分坐两侧，燃起男子带来的木柴照明，边吃槟榔和点心，边唱歌表达彼此的心意。女子的女性亲属有时会坐一旁，品评男方并监督男女双方的行为是否有逾越之处。一个男子可以同时和几个女子做朋友，反之也是，但鲁凯人很重视女性婚前的贞操，"若女孩子在婚前失去贞操，将丧失佩戴象征贞洁的百合花饰的权利，同时婚礼只能简简单单地办，男方送的聘礼也少得多，这对女孩子本身和家族来说都是极大的耻辱"①。

当男女交往到一定程度时，若双方合意，男子回去告诉其父母。男家要先开家族会议，讨论双方是否相配，特别是双方阶层、社会声望与财富是否相当，认为合适后才请媒人前往提亲。提亲时，要带槟榔、酒、肉等食品去。媒人到女家后，先向女子父母介绍男子本人、家世和家族状况；女家则礼貌性地予以招待回应。之后，女家也召集亲族开会，商量评估双方是否适当。若合适，两家就可以商讨聘礼内容和婚礼进行的方式。"一般而言，升级婚的一方要准备较多的聘礼或嫁妆，降级的一方可以简单从事。名分对等的头目或贵族论及婚嫁时，男方一定以陶壶和一颗最高级的琉璃珠作为聘礼，以示尊敬之意。假使男方名分比女方略小一点，除了应付出以上的聘礼外，还要多付出一个陶壶以表示补偿之意，方能通婚。"②

2. 订婚

两家经过多次商讨达成一致意见后，就可以订婚了。传统的订婚仪式

---

① 高伟.台湾少数民族——鲁凯[M].北京:台海出版社,2008:83.

② 高伟.台湾少数民族——鲁凯[M].北京:台海出版社,2008:84.

比较简单,男家只要准备十捆干木柴、四壶以上的小米酒及小米干饭、小米糕、白米饭、芋头、树豆等送到女家,女家邀请亲友前来分食,即为订婚。

3. 结婚

迎亲时,男家亲戚携带聘礼前往女家,女家亲属齐集一堂出面招待。男家的聘礼要经过女家核查,一般包括银器、陶壶、肩带、佩刀、传统服饰、珠饰以及槟榔、小米、香蕉、甘蔗、小米糕、小米酒、猪头、猪脖子、竹子等。头目贵族阶级还有的以土地作为聘礼。此外,男家还要准备一串特别的象征贞洁的百合花额饰和用黄水茄果实编制成的头冠给新娘戴上。

迎亲队伍回男家时,新娘父亲一路陪送,新郎也要一路上背着新娘。路途遥远的,很能考验新郎的体力。在背新娘之前,女方家人要向男方拉扯纠葛,好像不想让男方抢走新娘似的。过去曾经追求过新娘的男子也会赶来,新娘则对他们哭泣,说些离别的话。此时,新郎就用强硬的方式把新娘抢背在身上快速离开。新娘在途中会抓住树枝或藤不放,表示不舍离家。新郎就得费较大的劲最终把她背回去。新娘的嫁妆主要有自用衣饰、给夫家亲人的衣饰、农具、被褥及山猪、小米、稻米种苗等,按传统也需经男家检查。

两家客人集合在男家饮宴时,新娘要先到同村亲戚家休息。宴会到一半时,新郎新娘才参加进去。此时,男家族长和女家送亲代表致词,表达对新人的祝福与两个家族联姻的喜悦。之后,继续饮宴并开始跳舞。各自部落的每一户人家要赠送一些小米、糯米给男家或女家。两家各自把它们做成很大的年糕,切成块,连同猪肉一起分给每一户,以示感谢。送亲者返回时,新娘与新郎也要一起到女家住上两三日。

在下三社,回娘家后,新娘的三五个女伴会过来把新娘用衣服一层层包裹起来,最多达十件以上,再用麻线缝起来,缝到不能用手解开为止。之后,把她藏在树上或深山中,让新郎去找。新郎必须送些小礼物给她们才能找到。找到后,要把新娘带回去举行脱衣服仪式。脱时,用一床大棉被或被单盖住二人。妇女们在旁极力阻止新郎脱新娘衣服,伴郎们则尽力帮助他脱。新郎在拉扯中好不容易把新娘衣服脱掉,众人把他们送进洞房。大家继续唱歌、喝酒。脱衣服仪式的目的在于告诉新郎,要爱惜新娘、同甘共苦。

从女家离开要回男家时,娘家还会送一只小猪让两人带回去,婚礼即告结束。

第三章
闽台传统的生养礼仪

繁衍后代是人类代际传承、社会发展的前提基础。男女进入了婚姻家庭生活后,摆在每个人面前最重要的人生大事就是生儿育女。在男性为主导的社会里,"不孝有三、无后为大"的观念使生儿子成了生育的第一要义。同时,由于旧时医疗条件低下,妇女怀孕、生育乃至婴儿长大成人直到人生暮年的一系列过程中,面临着一道又一道的生死难关,寻求神灵庇佑成了人们的精神安慰。而当顺利度过这些关口时,各种庆祝仪式如出生礼、成人礼、祝寿礼等接踵而来,宣泄着人们的喜悦之情和对美好未来的无限希冀。

第一节　闽台汉族传统的生养礼仪

一、闽台汉族传统的生育礼仪

在新生命诞生前,人们已为孕育做了许多事。在闽台各地汉族的婚礼习俗中,有关婚后生育的诉求就占了相当的一部分。如各地嫁妆中必备的马桶(子孙桶),寓意"早生贵子"的红枣、花生、桂圆、莲子等物品,让小男孩在新床上翻滚的"翻铺",及新娘进洞房踏布袋而行的"传代"等,无不表达着人们对婚后生育的企望。而当小夫妻正式进入婚姻生活之后,孕育子女的一系列生育礼仪随之开始。

(一)孕前

孕前除结婚时举行的一系列与生育相关的礼仪外,各地在婚后普遍存在的习俗是祈子。多年不育、急于生育或连生女儿的人家都会进行祈子活动,有向神佛祈、向巫觋祈、向祖宗祈、向灵应祈等等。

1.向神佛祈

求神拜佛是祈子中最常见的一种形式,对象不拘,只要能保佑生儿育女就行。由于在民间信仰中神灵的神职有一定的区分,闽台各地到专职掌管妇女生育的女神——临水夫人和注生娘娘那里求的人明显要比其他神灵多得多。典型的做法如:

鲤城,新婚或久婚未育或盼子心切的人家,要前往奇仕宫,祈求临水夫人(俗称"奇仕妈")赐子并顺利生育。祈子前夕,婆媳都要沐浴斋戒,以表诚心。早晨,婆媳二人带牲醴、红枣灯、纸钱等供品到奇仕妈宫进行祭拜,之后掷卜杯求神明允许取神座前前人祈子成功而还愿的红白纸花。若神明答允,婆婆就取若干纸花放于媳妇衣襟兜里,口念"回去给你多生子!""将来生囝仔(孩子)拜奇仕妈做干妈"等,并奉请奇仕妈"香火"(红布缝成约7平方厘米的小口袋,里面装有神像前香炉的香灰,外写神名)或神像,点燃红枣灯迎回家中,将之奉祀在媳妇的卧室里。夫妻朝夕礼拜,反复观看拿回来的"白花仔"(男孩)或"红花仔"(女孩)。一年后,要是如愿以偿,则要带供品前往奇仕妈宫酬谢,并买许多红白纸花放于神座前以还愿①。

芗城,婆媳二人将牲醴、香烛放在"红桶盘"(漆成红色的宽面浅桶)里,一起到供有"娘妈"(注生娘娘)的庙中去敬拜、许愿。庙中神座前放有前人还愿的泥塑孩童偶像,称为"孩儿仔"。祭拜之后,婆婆以卜杯的方式向神明乞得一"孩儿仔",连同用红纸包的香炉中的香灰,一起放在"红桶盘"内,对土偶说:"来,缀阿妈转来去(跟奶奶回家去)。"然后,婆婆让儿媳捧着红桶盘和她一起头也不回地回家。婆婆到家后,将土偶放到新娘房内的桌上,将香炉灰放入媳妇的枕头内。"孩儿仔"制作精美,俗信新娘经常看它有助于生一个漂亮的婴儿。有的庙里不但有"孩儿仔",还有泥塑的"状元",未育的妇女也可乞一"状元"来兆得贵子。乞"状元"和乞"孩儿"的方式一样,只是乞"状元"多在元宵或中秋进行,乞回的"状元"也不是摆放在卧室内,而是要摆在前厅的"几桌"上供全家观赏。如果妇女求过"孩儿仔"后怀孕,就要到娘妈庙中答谢,再祈求保佑胎儿平安、顺利分娩。生下孩子后,则要到专门制售"孩儿仔"的店里买3~99个不等的"孩儿仔",带上"鸡酒"(产妇必吃的食品,以老姜、麻油、红糖、桂圆肉、公鸡和酒焖成)到娘妈庙里答谢、还愿。在孩子三朝、满月、周岁和16岁时也要到庙中敬拜,答谢。

① 　陈垂成.泉州习俗[M].福州:福建人民出版社,2004:230.

2. 向巫觋祈

旧时闽台各地"巫觋"之风盛行,几乎每一乡镇都有巫婆和神汉。他们除了探阴(帮家属到阴间寻找已故先人的亡魂)、问卜外,还会帮不孕不育或只生女儿的人家至阴间"巡(探)花丛"。

俗信人的本灵属于阴间百花园内的植物,男子属树,女子属花。妇女的元神是另一世界里的一株花树,其生长状况与妇女的身体及生育能力有关。儿童都是花,生男育女取决于"花丛"所开的花,"白花"属男,"红花"为女。妇女久未怀孕,是因"花丛"枯萎;不生男者,则是"花丛"有某种问题。民间巫觋声称能替不育者"巡(探)花丛",不仅能"换花丛",让不孕的妇女生育,而且还能将"红花"换成"白花",让连生女者怀上男胎。当婆婆带媳妇前往请巫觋"巡花丛"时,要先问明他(她)所奉祀的神明是食荤的还是吃素的,然后带上牲醴或素斋前往参拜。巫觋问明来意,就会为之"巡花丛",进而举行"换花丛"或"换花"的仪式。来人必须许愿,或者献给神明一条绣金的桌帏,或者捐香火钱,或者铺桥造路。如愿生下孩子后就要还愿答谢。

民间信奉"花公""花婆",也直接与此相关。俗信认为,"花公"和"花婆"是阴间百花园里的看管者,他们可以帮助信徒们修饰植物,让阳间的运势更旺,甚至可以让不孕症的妇女开枝散叶。

3. 向祖宗祈

每年春节至元宵期间,各地都会在宗族的祠堂里举行祭祖活动,除了缅怀先人外,更多的是为了祈求祖先保佑家族人丁兴旺。闽西永定坎市镇的"打新婚"是其中的典型。

农历正月十一,当地的卢氏家族祠堂前用六张八仙桌拼起一个大祭坛,上面摆满熟食、糕饼、糖果、蜜饯、宫灯、烛台、盆景等祭品(必须摆 21 行,每行 9 盘,共 189 盘)进行祭祖活动。期间,香烟袅袅,铳炮连天,人群喧闹。中午,祠堂里传出一声锣响,两名壮汉搀扶着一位满脸通红、一身酒气的老人(当地人亲切地称他为"酒醉公")从祠堂里走出。"酒醉公"身着礼服(现为唐装),头戴礼帽,脑后贴着一张祭祀用的"血纸",右手举着一把用红纸包着、上面写有"优生贵子"四个字的擀面杖,踉踉跄跄地走到祭坛前叩头作揖,样子滑稽可笑。之后,又一声锣响,上一年结婚的男子挤到祭坛前。"酒醉公"举起擀面杖,从新郎官的左肩到右肩上下不停地"打"起来,口中念念有词:"早(左)生贵子,又(右)生贵子。"接着从脊梁自上而下又"打"一遍,口念"双生贵子"。前一个被"打"的新郎官直起身、笑呵呵地走开,下一个跟着上去接着挨打,直至所有人被打完。此活动已有500多年的历史,传说当地卢姓第五代开基祖——林婆太百岁辞世,于农历正月十一日出葬,棺木抬到现在的"打新婚"地点时,突然天降雷雨。待雨过天晴,抬棺木的人回来发现棺木不见了。大家认为,这是天赐婆太的好"风水",于是就在此处筑起林婆太坟墓和家族祠堂。林婆太百岁谢世,儿孙满堂,儿孙们为了图个吉利,定于每年她的出葬日在其墓前举行"打新婚"活动,以祈求人丁兴旺、幸福安康。

酒醉公

因闽台许多地方方言里"灯"与"丁"谐音,农村里的元宵灯会本身就具有向祖宗祈求人丁旺盛的意味。如在仙游,各乡村元宵节期间都会举行"游灯"活动。以户为单位,每户出一支灯架,每支灯架上安放四盏灯。夜晚"游灯"前,先将所有的灯点上、灯架联上,打头的是一个大龙灯,形成一条长长的灯龙,由前头的锣鼓引导,到村里每户人家的门前游过。旧时希望生儿子的夫妻要在"游灯"后到祠堂里求灯,从里面摆放的灯中取一对回家,挂在新房里。如这一年中生男孩,来年"游灯"时就去举龙头灯并办丰盛的祭品祭拜祖先。在大田的一些地方,还有在元宵节换龙头烛、拔龙须以向祖先祈子的做法。

4. 向灵应祈

俗信人的特定举动具有一定的灵应作用,会让人得到相应的结果。因此,在祈子活动中也会应用灵应的方式以期生育。结婚时让男孩在新人床上"滚铺"和向新马桶里撒尿的行为其实就是这种方式的应用。此外,各地普遍还有以下的灵应祈子行为：

（1）钻灯脚

"钻灯脚"比较典型的是厦门各地旧时的做法：元宵节里，平时难得露脸的小媳妇们，穿上新衣，由家中姑娘簇拥着到寺庙内观灯。她们一群群地往灯下挤，在花灯下挤来钻去。对此，年长者脸上露出了含蓄、赞许的微笑，顽皮的孩子们却大声喊道："钻灯骹（脚），生卵芭（男性的阴囊）！钻灯骹，生卵芭！"观者大笑，姑嫂大喜，簇拥着脸红心跳的小媳妇再往别处花灯脚下钻去①。现在在台湾的一些宫庙，元宵节还会因此特地举办祈子活动，让新婚夫妇前来"钻灯骹"。

漳州漳浦的赤湖和前亭一带的"穿灯骹"，则是在祠堂里扎一大灯棚，前一年生儿子的媳妇或新婚的新娘都要前来"穿灯骹"。在赤湖，由婆婆扛着一根用红纸包束的甘蔗在前、抱儿子的媳妇或新娘在后，从灯棚底下穿过；在前亭，由一男孩扛着两根用红纸包束的甘蔗走在队伍前头，婆婆穿黑裙在前、抱儿子的媳妇或新娘穿红裙在后，按生子或结婚的前后顺序排好队伍，依次从灯棚底下穿过。举行"穿灯骹"活动，对新生儿而言，是祈求祖宗保佑其顺利成长；对尚未生育的新娘而言，具有浓烈的祈子意味。

（2）换肚

在闽南和台湾的许多地方，女儿出嫁后一两年内没有生育或连续生女儿时，娘家担心她在夫家会受到轻视或发生家庭纠纷，造成婚姻不幸，会因此选择一个吉日，买一个猪肚炖熟后放在茶壶里，由母亲或长辈妇女送到女儿家。抵达后不与任何人交谈，直接到女儿的房间里，将装有猪肚的茶壶放在床上，然后一句话也不说就回去。女儿与女婿在房间内一起把它吃完，俗称"换肚"。"换肚"就是将不会生育的肚子换成会生育的肚子，而且会生儿子。因为猪肚装在茶壶里，茶壶的形状相似于男性的生殖器官，以此来灵应生子。

"换肚"的另一种做法，是在孕妇产下女孩十日后的月子里，每天煮猪肚给她吃，俗信下一胎就会生男孩。主要还在于因为人们认为吃猪肚可以"换肚"，也是一种灵应的行为。

《台北文献》第一期记载关于换肚的资料："艋舺妇女通常将猪肚尽量多装糯米，然后放入新茶壶，再以红线，两端各串一厘铜钱六枚，其前端结上铃

---

① 陈耕.厦门民俗[M].厦门：鹭江出版社，1998：42.

子,挂在茶壶口。时而亦有以龙眼代用一厘铜钱,外戚将它送到女儿家,放在女儿床中央,礼拜信为幼儿守护神的床母,然后辞去。此间外戚不与出嫁女及其家人交言,始终不发一语离开其家。出嫁女吃完该装有糯米之猪肚后,将空茶壶放在床下保存。这是要等到日后将近生产时,将它作为庆祝诞生的帽子须。倘若月经闭止前之女人来当换肚,及此后单生女孩,或流产,所以忌之。在流产时,通常也作换肚。不过时期并无一定,有些地方是在生下女子十天之内行之。"①

此外,各地还有修桥、铺路、建路亭等舍钱积德,因迷信风水等说法而重新安床、移床、安灶、改灶和将先人捡骨改葬,及清明节时回娘家、头插白花再回婆家(如大田)等种种祈子习俗。

(二)孕中

怀孕是新生命孕育的重要阶段,也是一个让当事夫妻乃至亲人们忧喜兼具的过程。喜的是即将增添新家庭成员,忧的是十月怀胎前事难料。因此自妇女怀孕成为亲人们都知道的喜事后,一些礼仪活动随之展开。

1. 补胎

妇女怀孕后常会发生呕吐、倦怠等反应现象,各地称"有身""有喜""病囝"等等。闽南俗谚"补胎较好做月内",夫家大都会视家庭经济条件,尽量给孕妇多吃有营养的东西,并减轻她的劳动。婆婆们普遍会准备猪肚给媳妇吃,俗信猪肚有助于妊娠期的保养和"补胎";娘家也会送营养品给女儿,如在思明和芗城等闽南各县区,娘家会送橘饼等甜食给女儿吃,寓意"吃甜生后生(儿子)"。在武夷山,娘家及近亲要送猪肚一个、蛋或扁豆若干,让女儿煮食。女儿家接到亲友们送来的猪肚,要回赠冰糖一包。食补外,有的还会到中药店里买药安、补胎,如闽台流传较广的补胎药"十三味"等(台湾称"十三贴",相传为明代漳州知府姜谅的处方,漳州因之俗称"姜太爷方")。

2. 栽花换斗

是一种与"巡花丛"相关的巫术。旧时在闽台许多地方,尤其在台湾很盛行。怀孕的妇女若想一举得男,要请法师进行这种仪式,将腹中胎儿的性别转换成男孩。其方式大致有两种:一是由巫觋将一盆莲蕉花放在孕妇房内,施行请神书符、焚香、烧金银纸等仪式。之后,把它留在孕妇卧房或放置

---

① http://baike.baidu.com/view/5951562.htm.

在主屋后方,孕妇必须每天细心照料这盆花,使之生气蓬勃,这样就能使胎儿转成男孩。二是到奉祀临水夫人或注生娘娘的庙宇,准备好牲醴、供品、香烛及一盆种在米斗或盆栽中的芙蓉花,请师公(道士)举行仪式,流程大致包括祈请诸神(如:三奶夫人、福德正神、天神等)、上疏文、祭婆姐(恭请三十六宫婆姐、五方十煞)、造百花桥、宣读疏文、过桥解厄、押煞(烧掉纸扎的天狗、白虎、五鬼)、梗花丛、剪花、换花(将夫人妈神案上的花朵,插在女信徒头上)、栽花(唱"十二栽花歌")、谢坛等十来道程序。仪式结束后,师公会交代将芙蓉花带回家好好照顾,使之生长繁盛才算成功。

台湾祀有临水夫人、注生娘娘的庙宇通常会举行此类仪式,最负盛名的是台南市的临水夫人妈庙。

3. 催生

随着产期的临近,为了让孕妇能够顺利生产,各地普遍有俗称"催生"的习俗。较为典型的有:

芗城,娘家要送染红蛋壳的熟鸡蛋、线面、婴儿的兜肚和尿布到女儿家。红蛋以红绸布包裹,送至孕妇床上就解开包裹,让红蛋滚出,祈祝产妇像母鸡下蛋一样顺利分娩。有的亲友、邻居也会送鸡蛋、线面之类的催生礼到孕妇家。

武平,娘家送糯米屑、鸡、蛋等到女儿家。

长汀,在农历初三、十三、廿三日("三"与"生"方言谐音)中的某一日,亲友送蛋、粉干等,娘家加送一只公鸡到孕妇家。

浦城,头胎临产前,娘家要送婴儿衣着、鞋帽及染红鸡蛋等到女儿家。未生之前忌送鸡。

4. 祷神

妇女怀孕后,各地的婆家和娘家大多会备香烛、供品,前往寺庙求神拜佛,祈求神明保佑和赐福,并许愿答谢。逢年过节,夫家与娘家还要祝告祖先、神明赐生贵子并保佑分娩顺利、母子平安。日后若能如愿,家人须挑选一吉日再到寺庙庵堂"还愿"。有的地方还要到庙宇拜"催生婆婆"(催生娘娘),保佑顺产。

5. 物质准备

从妇女"病囝"开始,除了给她加强营养外,还要为即将到来的"月子"和新生儿做一些物质上的储备工作,如:

莆仙各县区,孕妇产前要向别人家讨乞小儿穿过的小衣服,留待婴儿出生后再穿。因初生儿皮肤幼嫩,穿上洗过的质柔的旧衣服,会更舒服些。同时,让孩子从小穿上破旧衣服,还寓有希望孩子从小养成勤俭朴素美德之意。此外,还要备一些"月内料",如蛏干、海蛎干、莲子等干品,待坐月子时用。

沙县,母亲在女儿怀孕之前一般不登女婿家门。待女儿有喜回娘家告诉母亲后,母亲就开始为外孙的出世而操劳,诸如养鸡、酿酒、购置银器手镯、红糖以及其他妇婴用品。因为旧时医疗水平低下,母子生命常有不测,本地有"有福之人吃鸡角(公鸡),没福之人睡硬壳(棺材)"的俗语,所以,为女儿生育做的准备事宜要做得不露声色。

光泽,妇女生头胎临产前,娘家要送婴儿衣和桂圆、线面、红糖、鸡、蛋等物品作为外婆家的贺礼(俗称"送月料")。

武夷山,娘家要为未来的外孙置办小棉衣、棉裤、披风、夹衣、夹裤、单衣、单裤、围裙等,送至女儿家备用。

(三)分娩

分娩是新生命来到世上的重要关口。过去妇女基本上都是在家里生产,等肚子痛到快生时,就要去请民间有经验的"拾团婆""拾姐"(助产婆)前来助产和处理产后的"断脐"等事宜。有的地方也会请丈母娘前来在旁助阵,如思明的"脚桶(生时用的木盆,陪嫁带来的子孙桶)'陈'(响),亲妈(女方母亲的称谓)来"俗谚即指此。在建宁,丈母娘要备齐婴儿洗礼后的所有穿戴(可用旧的),到女婿家侍候产妇,俗称"守抱"。

为了使生产顺利、母子平安,各地大多有在临盆前请神灵到产房里护佑的习俗。如蕉城和古田的许多地方,要请陈大奶(临水奶陈靖姑)和虎马公香火到产房里设祭,以庇佑顺生顺产。顺产后,产妇每吃一只鸡,都要先供奉产房里的神明。如遇难产,或摔盆、打碗、敲铜盆,或把门、抽屉等都打开,意喻给婴儿开启门路。在产房里除助产婆(母亲来助产的可以在里面,婆婆有的地方也可以在里面),任何人不得进去。如芗城,丈夫、公婆都只能守候在产房门口,以免冲犯胎气,危害产妇和胎儿,而且俗信产妇的血污晦气也不利于闯入者。由于生产是一个费时费力的过程,在肚子阵痛时,仙游的婆婆会煮2~4个糖水蛋让产妇吃下,以补充体力;思明的婆婆会多备龙眼干和水煎的甜汤,让产妇随时饮用。而当产妇半途因体倦力乏而晕厥时,要通过掐人中、灌甜汤及灌"童子尿"(思明)的方式,让产妇振作起精神来。真到难产生不出来时,所能做的只是在家里厅堂的祖先、神明前烧香、祷告,听由天命。

　　婴儿呱呱坠地,要断脐、擦身、穿衣、处理胎衣等。除处理胎衣各地做法不太相同外,其他的大致相同。如在思明,婴儿一落地,即用准备好的柔软的旧衣服包裹,随即给他(她)洗澡,穿上小衣裳。婴儿的小衣裳早先要用母亲出嫁时穿来的"肚裙"改制,后来用柔软的布料裁剪缝制。没有纽扣,形似和尚的布袋,共缝上两条带子,绕胸穿腋,系在胸前,俗称"和尚裳"。婴儿的手腕和脚腕要系上红丝线,称"缚脚缚手",俗信这样做长大了不会好动①。在台湾,闽南人"孩子出生时,照古法以麻油擦身,皮肤才不会干燥,再用父亲的旧衣服包裹,直到第三天才以水洗澡"②。

缚手的婴儿

　　胎盘,思明俗称"威",要盛在特制的陶缸——"威缸"里,用大红纸封口扎紧,派人送到海滩水边,任由海潮带去。芗城,男婴的胞衣要装进与思明一样的"威罐"里,用石灰掩盖起来,把它藏在产妇床下,直到男婴满周岁时才拿到野外埋掉;女婴则随便用草纸包起来拿去埋了,或以两个瓦片夹住,再用绳子将瓦片绑起来,扔进河里。明溪,产后胞衣不能乱扔。女子出嫁时,娘家要送一个胞衣罐,内装冰糖和猪肚一个,随嫁妆送至男家,男家在当

　　① 陈耕.厦门民俗[M].厦门:鹭江出版社,1998:46.
　　② 李秀娥.台湾的生命礼仪(汉人篇)[M].台湾:远足文化事业股份有限公司,2008:28.

晚取出冰糖和猪肚,装入石灰,埋在新房门口。待媳妇生育时,将胞衣逐个放入罐内密封起来(贫困者大多埋掉)。台湾,闽南人大多用粗纸或布包起来。女婴的丢入河里,男婴的拌入石灰,放入甏中,保存在床下四个月,期间不可随意移动和触碰,否则俗信婴儿会吐奶。也有的将胎盘用纸包好和砖头捆在一起,放到田里或沉到池塘中。民间认为胎盘是孩子的元神,不可随意丢弃。"婴儿脱落的脐带也不能丢弃,要妥为收藏,将来考试、打官司时带在身边可壮胆。家中手足的脐带可红纸包在一起,如此感情会较和睦。"①

　　婴儿在出生头两天之内一般不用喂奶,要让他(她)把从母体里带出来的胎便排完才喂。这期间只需喂水即可,一可以给他(她)清肠胃,为喂奶作准备,一可以去除他(她)体内的火气(各地民间普遍认为婴儿刚出生时全身通红是有火气)。在思明,主要喂些开水或淡蜜水、金银花水或少量凉性的"遍地棉"或"鸡舌红"等青草茶;在莆仙各县区,主要喂些甘草黄连汤,既去火气,也寓有苦有甜、以后会经得起磨难、好育饲之意。第三天开奶前,应先向邻近产妇乞点奶水喂养,称"食平安";在大田,喂黄连汤或生茶油,也有喂葡萄糖水泡珍珠粉等。

　　婴儿落地后,各地的月房内除服侍产妇的专人(婆婆等)外,其他人不可轻易进去。俗信月房里有污气,不利于他人。因而闽台许多地方有一条不成文的俗例,即进过月房的人不可参加其他人家的红白喜事,也不能进祠堂、宫庙拜祖宗和神明(临水夫人等护佑妇女和儿童的神明除外)。从科学的角度看,外人不能随便进月房具有一定的合理性。因为产妇产后身体虚弱,需要静养和防止感染,过多的人进入房间,不但会吵闹而且会带来外面的细菌,对产妇不利。因此,婴儿一出生,各地都有一些提醒外人不要喧闹和进入月房的做法,如蕉城的赤溪一带要在房门前挂件裤子,表示屋内有产妇;周宁,在产房门上张贴"添丁"二字;马尾,在大厅上贴红签,男写"弄璋之存",女写"弄瓦之存";连江,在门首写贴"忌冲"等字;罗源,在房屋四周显眼处,张贴用红纸书写的"请勿高声""添丁莫呼""弄璋之庆""弄瓦之庆"等"忌冲票";闽侯,用两张红纸裹两条木炭棒,再用锥子把它们分别钉在厅堂前两侧的柱子上,俗称"禁冲"等。

　　另外,各地都有不让外人在自家生孩子的习俗。闽南有"借人死,不借人生"的俗谚,意为房屋借人死,死者可将一切晦气帮忙带走;而借人生孩

---

　　①　李秀娥.台湾的生命礼仪(汉人篇)[M].台湾:远足文化事业股份有限公司,2008:26.

子,俗信会将房屋主人家的喜气给占用了,所以许多地方即使是自己女儿也不让在娘家生产。如果在别人家的房屋里生了,在仙游,产妇家则要出钱把那户人家厅堂上的"梁脊头"(脊梁木)换掉,并办顿酒席宴请他们及其亲邻,以去晦气;在松溪,要杀公鸡挂红布放鞭炮,给房东"挂彩"。

(四)报喜

婴儿顺利降生、母子平安,是一件大喜事。但由于重男轻女的思想作怪,在闽台多数地方,男婴降生时,家人用鞭炮声迎接,女婴则悄无声息。如在惠安肖厝一带,生男要马上到祖祠去放鞭炮,甚至鸣火铳向祖先报喜;在闽清,在家中鸣炮之余,还要前往祖祠上香、放鞭炮。

"报喜",也叫"报生"。婴儿诞生后,产妇家要准备礼物向亲友乡邻通报喜讯。其中,重点要向产妇的娘家"报喜"。往娘家报喜的主要由女婿去,亲友乡邻的多由其他家人去报。报喜的时间各地并无一致,有的在产后头两天内报,有的在第 3 天"做三旦"时报,有的在第 7 天时报,有的在第 10 或第 12 天报,有的在第 14 天报,最迟的如连城到"二十朝"(20 天)时才报。娘家和亲邻闻讯后都要回送礼物,以示祝贺,即"贺喜",闽南人叫"送庚"。以下主要为在产后头两天内报的:

福安,送"蛋酒"向岳家和有关亲戚报喜。岳家回送给婴儿衣物,供婴儿洗三旦时穿用。其他亲戚分别陆续送公鸡给产妇坐月子。

福鼎,对生育第一胎极为重视。无论生男生女,婴儿出生当天要煮"落地面"分送近邻。以后只有生男孩才会再这样做。

屏南,第一胎生男孩,要备鸭或兔一只、米酒一瓶、线面一公斤,分别送到岳父母、娘舅、姑母家去报喜,俗称"送酒"。娘家收下礼物,回送鸡数只及婴儿的衣、裙、帽等。另外,要将酒瓶里的米酒换成白米,一并送回。母舅和姑母只收下一半礼物,回送鸡一只,鸡蛋 10~12 个,婴儿衣或裙子一件。如果生女儿,则只向岳家报喜,礼物也比较简单。

寿宁,带酒、肉到岳家"送酒"报喜,岳家回送鸡、蛋、婴儿衣裙等。

鼓楼,分娩称"临盆喜",需向近房亲戚和左邻右舍每户各分送一碗"太平面"报喜。亲邻们要回赠若干鸡、鸭蛋和数量不等的线面。

马尾,要向亲友分"红蛋",并带鸡和线面到岳家报喜。其中,生男是母鸡、生女是公鸡。

罗源,向岳家送面报喜,俗称"落地面"。

闽侯,凡生头胎,均向岳家、近亲长辈和本家姑姐及媒人等送鸡、肉、面、糯米饭,称"送酒""报喜"。受礼者回赠蒙酒壶的布三尺和月子粮米、鸡、线面等;以后只有生男孩按头胎的礼节做,生女孩则只向岳家报喜。

闽清,第一胎男孩落地时,要煮粉干分送亲人,叫"落地糜"。以后不用。

惠安,向岳家报喜,娘家即煮猪肝汤或荷包蛋送来让女儿食用。同时备菜碗"烧脚桶兜",在房内烧金纸祭拜"床母",谢其庇护。之后一两天内,娘家为婴儿缝制童衣鞋帽,连同烧酒、线面、麻油、煮好的一大坩豆干及蛏干、猪肉各若干斤、大公鸡数只,送给女儿做"月内"。

晋江和石狮,向岳家"报生",娘家要贺送鸡、蛋、线面等物。生女只送鸡蛋,不送线面。因线面是用面团手制拉长而成的,有连续不断生女之讳。

安溪,不管生男生女,都在房中备一小桶,桶上铺着米筛,筛上排着五碗或七碗油饭(不加青菜的咸干饭)和一大盆鸡酒(汤),献敬"抱才妈"(床母),俗称"落土"(出生着地之意)。后请邻居婶姆吃"落土饭",受请的要备"红包"预祝小婴儿好养饲,叫"结衫带"。

武平,以鸡、姜、酒往岳家报喜,称"报姜酒"。亲戚携带蛋、鸡、糯米屑、小孩衣裙等礼物到产妇家,叫"送姜酒"。娘家礼物格外隆重,头胎必须有襁褓、小孩衣帽甚至金银饰物。

大田,女婿到岳家报喜,俗称"讲酒"。岳父有几个兄弟,就得办几份酒礼送去,生男用肩挑,生女用手提。较富裕的要办全担:猪腿24斤,牛肉12斤,猪心肝全副,鸡、鸭各2只,冰糖10斤,什糖4包,米粿48个(每个一斤)。岳家办酒席请女婿,亲人作陪,女婿坐首席。岳父备办被子、襁褓、衣、帽、裙等10件,公鸡10只,蛋100个,老酒2瓮回送。其他亲友送布一丈或衣一套、蛋10个、粉干或线面10斤。至亲加送公鸡一只。女婿接岳母来家探望外孙,做护理洗刷衣服、尿布等事,俗称"替月里"。

将乐,头胎婴儿一落地,即煮粉(面)干汤请邻舍,以后不用。无论生男生女,女婿都要挑着家酿酒、糖豆子、红蛋等前往岳家报喜。酒壶上贴红喜字,壶口上插红花絮,生男壶嘴向前,生女壶嘴向后。娘家回送活鸡、红糖、蛋等营养品,有的母亲还前往婿家照顾女儿。邻居亲友馈送鸡、蛋、面等作贺,俗称"送羹"。

明溪,女婿带生黄豆、鲜蛋、粉干若干和活鸡两只、红酒一壶到岳家报喜。酒壶嘴上插红纸条,用"十盒担"装挑。与将乐一样,生男婴,酒壶嘴朝前,女婴朝后。也有的以酒壶为标记,生男酒壶挑在前,生女酒壶挑在后。

岳父家回送甜豆、红蛋、两只活鸡、一只熟鸡、婴儿尿布、风衣、衣衫等。

清流，生育次日，女婿挑着礼盒、爆竹、红蛋、喜酒、活鸡，先向岳父母报喜，次向母舅、姨姨、姑表亲戚报喜。喜酒，又称姜酒，酒壶要剪红纸花塞在壶口，生男壶嘴花有芯，生女壶嘴花张开无芯。同时，在家里摆姜酒三天，招待前来贺喜的亲戚。

沙县，头胎产前或产后，要设席宴请外家母舅。新生儿平安落地，即请客人和邻里分享喜蛋，并送"上床鸡"到外家。第一胎生男为大喜，产妇的母亲通常在分娩当日就赶到，出资雇请保姆或亲自照顾，以后不用。

泰宁，生育次日，女婿带上煮熟公鸡一只、糖豆一盘、甜酒一壶和烛炮等物到岳家。先敬祀女家祖先，然后由外婆将糖豆、甜酒分给左右邻居品尝，称"报喜"。公鸡切开分赠给产妇伯叔家。岳家回赠活鸡一只，鸡蛋六个和衣、帽、裙、尿布等婴儿用品，里面必须有一些其他婴儿穿过的旧衣服。

松溪，生头胎，女婿要带半瓶红酒和蛋、鸡头、鸡屁股、鸡腿各两个，到岳家报喜。生男的酒瓶嘴插红纸团，生女的酒瓶嘴挂红纸丝。岳家把瓶中的酒添满让女婿带回，把事先做好送给外孙（外孙女）的衣、帽、裙、袄，连同鸡、线面和红酒，装担送往女婿家。

（五）三旦

三旦，即婴儿出生的第三天，闽台多数地方要为婴儿洗第一次澡，称"洗三旦""洗三朝"。有的地方既要"洗三"又要设宴招待亲友，有的地方只"洗三"不设宴，有的地方"洗三"之外还要为婴儿命名，有的地方要向亲友和乡邻"报喜"等。但也有些地方，如莆仙各县区和光泽、邵武等地没有做"三旦"的习俗。如：

福安，用菖蒲草药熬汤为婴儿"洗三旦"。

福鼎，送"三旦酒"到岳家和亲戚家报喜，称"送三旦"。岳家回以童衣一套，亲友们分别于此后到满月前陆续送鸡、蛋等营养品来给产妇坐月子，称"送甘"。

古田，用菖蒲艾叶煎汤为婴儿"洗三旦"。同时，备鸡、肉、面和其他酒菜，招待登门祝贺的邻里亲友，称"三旦酒"。前来祝贺者，随带婴儿衣帽或鸡蛋作贺礼。

蕉城，用甘草等煎汤，为婴儿沐浴，称"洗三"或"汤饼会"。娘家要送鸡、蛋等，供产妇食用。

屏南,为婴儿"洗三旦"。80年代,一些地方多了"三旦饭",即于当日早饭或晚饭准备十几碗菜,请长辈和友人聚餐庆贺一下。赴宴者以红包或礼物相贺。

霞浦,亲友送公鸡、鸡蛋庆贺,俗称"送托腹"。

柘荣,用樟木片、杉木叶、石菖蒲煎汤为婴儿"洗三旦"。生男婴要煮红蛋分送邻居。

鼓楼和台江一带,要为婴儿"洗三旦"并办"三旦"酒,宴请亲友,称"汤饼之喜"。娘家多在这一天置办产妇坐月子用的食物,如鸡、线面、蛋、糯米、红糖、黄酒等,以及孩子用的"涎遮"(围兜)、衣帽、摇篮、被帐、玩具等。数量不拘,品种要齐全,一定要有包子、袜子。福州方言"袜"与"活"谐音,送"包袜",谐音"包活",寓意祝孩子健康成长。但忌送鞋子,一是婴儿不会走路,无须穿鞋;二是受"上身长,坐公堂;下身长,走忙忙"迷信思想的影响,希望婴儿长大能当官。洗"三旦"时,要把窜两个铜钱的红带子缚在婴儿的手腕上,寓意孩子将来不顽皮,称"缚手关"。

马尾,和鼓楼、台江一样为婴儿"洗三旦""缚手关"和办"汤饼之喜"的酒宴。产妇娘家也要在此日送鸡、太平面(线面)、酒、糯米、红糖及摇篮、被帐、孩子衣袜等礼物。与鼓楼等地不同的是,若生男婴,娘家的礼担中还要有一只"全番"(鸭),称"送三旦"。婿家收下礼物,回敬部分礼品,如夹肥肉的光饼等,让其回去分送给左邻右舍,称"回三旦"。

闽侯,给婴儿"洗三旦",并用红带子串铜钱、棒槌、黄螺壳等物给婴儿"缚手关"。同时要宴请亲友,称"办三旦",又称"三旦酒"。岳家也同鼓楼、马尾等地一样,向婿家送产妇营养食品和婴儿用品。

闽清,给婴儿"洗三旦",并向亲友送染红的蛋、蚕豆、线面等"报喜"。富家宴请亲友吃"三旦酒",旧称"汤饼宴"。给岳家长辈,本家姑、姐辈及媒人等送鸡、肉、酒和糯米饭,称"送酒"。受送者要回送"蒙酒壶"的红布三尺和月粮米(把米装在小袜子里,装满)、小鞋、"钻仔"(锥子)等。亲友送鸡、面祝贺叫"送安"。产家逢单定一日设筵宴请"送安"者,叫"送安酒"。

连江,给婴儿"洗三旦"。娘家在这一天将煮好的鸡肉及糯米饭送给女儿吃。

罗源,给婴儿"洗三旦"。是日娘家送童衣、童帽、鸡蛋、面、姜母糖(用干姜、红糖、花生、乌豆等炸成)、"三旦饭"(用大米加黄豆合煮)及红糟鸡、红糟猪肉等礼物前来贺喜。婿家将"三旦饭"、肉等分馈邻居,以示共贺,回赠米酒和红蛋,娘家也将之分给至亲邻里。至亲得到酒、蛋后,要在满月前给产妇送鸡、蛋、面等礼物,称"送月",又称"送安"。

长乐,男家办"三旦"酒宴请亲友。娘家要置办婴儿用的衣裤、帽子、摇篮、被帐、玩具和产妇坐月子吃的食物(活鸡、鸭蛋、糯米、红糖、黄酒等),在"三旦"的上午送到男家(忌下午送),俗称"送鸡米"。

晋江和石狮一带,要给婴儿洗浴并以麻油遍抹全身和取名,要做油香糯米饭祀敬"床母"、七娘妈、檐口妈、夫人妈等神明。生男婴还要把油饭赠送给岳父家和亲友邻舍。富家于此日设宴请客。

安溪,第三天(有的第五天),用茅草、"板壁龙"草、竹叶和蛋煮水作澡汤,为婴儿"洗三旦"。洗时,用熟蛋在婴儿身上敷滚一下,剥去壳,分给邻近孩子们吃,意为以后同他们和睦相处。洗后,换衫仔,用红纱线束裹住两个袖口。生男婴要于三旦或五旦、七旦中的一日,备一席较丰盛的鸡酒饭敬献厅堂的祖公妈,并宴请亲友。

德化,第三天(或第五天),用茅草、蕨叶及蛋等一同煮水为婴儿"洗三旦"(或叫"洗五旦")。洗后,蛋则切开分给孩子们吃。同时,将鸡酒和掺猪肉、香菇的咸糯米饭挑至岳家"报喜",俗称"报酒"。外家回赠婴儿衣服、帽、裙子以及活鸡一只。产妇家中午请亲友"吃鸡酒"。

思明,用油饭、全鸡、酒祭拜神佛和祖先,用豆腐、肉、鸭蛋、韭菜、油饭、酒祭拜床母,并送油饭、全鸡、瓮酒和油炸的灌蛋浆的马蹄酥饼到岳家"报酒"、送油饭答谢媒人。到岳家时,要先用送去的礼物祭拜女家祖宗。送去的全鸡两脚要直伸,不能有半点折曲,否则,俗信会对婴儿的成长不利。油饭用糯米、香菇、猪肉和大虾煮成。大虾、香菇、猪肉先在大盘子里摆成美丽的图案,再放上糯米饭,倒扣在专盛油饭的大红漆木盒里。有的也向亲邻送油饭。收到油饭的人家,要留下面上的部分香菇、大虾和猪肉,称"留油饭头",并放一些米在盘内,向送油饭的人说:"让婴儿头壳硬!"俗称"压盘"。如用面干、面线"压盘"的,要说"让婴儿长岁寿!"如用红包压的,要压双不压单,说"给婴儿结衫仔带!"岳家回赠瓮酒、鸡、鱼、猪肝、猪腰、鸡蛋、麻油、乡饼等产妇食品。如生女婴,一定要加送一个猪肚,表示要给女儿"换肚"[①]。

华安,做"三朝",给婴儿洗身换新衣,以血牲品(鸡)拜祭"姐母"(床婆)。向岳家和其他亲友乡邻送鸡酒报喜。岳家则送鸡前来贺喜,亲友乡邻

---

① 陈垂成.泉州习俗[M].福州:福建人民出版社,2004:51.

用红包和米压碗将送鸡酒的碗送还。

平和,男婴生下"三朝"或"十二朝",向岳家按房份送鸡酒报喜。岳父及其兄弟要回送加倍的活鸡和酒。

云霄,生男孩,要请接生婆和亲族长辈喝"三朝酒"。

诏安,山区客家,第一胎是男婴,三朝向外婆家送熟鸡、蛋、肉、酒,称"报姜酒"。

新罗,亲友上门送礼贺喜,主人设"鸡酒"请客,每人一碗,内盛酒、蛋两个和鸡头、翅、脚、内脏各一小块及豆干、黑豆、虾米等,另外还要在桌子中间摆上花生糖果和下酒菜肴。亲友送鸡、蛋、米粉(或面条)等礼物,有的送猪肝、瘦肉。娘家要送比较厚重的礼物,俗称"送鸡",通常是兔子、鸡、鸭、鸽子等家禽、家畜几十只,鸡、鸭蛋几十至几百个,米酒一坛以上,还有米粉、线面、鲨鱼干、桂圆肉、红枣、黑枣、黑豆、豆干、虾皮等。主人要回赠"红包"给亲友。

上杭和武平,为婴儿沐浴和命名,并给亲邻小孩吃红蛋或糯米粄。

大田,"洗三旦":要用菖蒲、艾、茶叶、盐(少许)、白石子二或七个(意为孩儿根基如石坚)放入锅内煮开,放温凉后请外婆给婴儿洗。洗后边用未剥壳的熟鸡、鸭蛋在婴儿身上各滚一次,边念"鸡蛋头,鸭蛋面,三支须,四角(方)脸,厅头座位有人敬"。之后,给婴儿穿好衣服抱回床上,身上压一双其父亲穿过的干净布鞋,并将房门重重地开关三下,以壮婴儿的胆。亲友的女眷带礼物前来吃"三旦酒"。

明溪,给婴儿喂奶、洗澡,称"汤饼喜庆"。岳家送衣服、襁褓、尿布、鸡、红蛋、甜豆、糖饼之类,另送一副以红带子缝上铜币、银币各12枚的"钱带",缚在婴儿两手手腕上,寓意婴儿从小到老都有钱带在手里。亲朋各送鸡一只、蛋12个(闰年13个)、粉干和衣物若干等,主人将粉干退还,并回以鲜蛋三个、红熟蛋四个、甜豆、糖、饼等。当日设筵庆贺。胡坊一带,婴儿洗过澡的水要拿给其他幼儿洗手,寓为日后互不欺侮。

清流和永安,为婴儿"洗三朝",并为之起乳名。

沙县,为新生儿沐浴换新衣,以"洗浴蛋""剃头芋"馈送邻里,备熟鸡、熟蛋、红酒分赠岳家等亲友,俗称"泡酒碗"。中午宴请岳家和本家亲友的女客,赴宴者送鸡、蛋、布、冰糖等礼物。

尤溪,第一胎生男婴于三朝或五朝、满月办酒席庆祝。若生女婴则不办,要等到生男婴时才办。宴席上,以产妇的父母兄弟为上宾。其他亲友要由主人邀请赴宴,才送婴儿衣帽、活鸡、禽蛋或现金等贺礼(忌下午送达)。

建瓯,"洗三朝",并用蛋和熟粉干、红酒向岳家报喜、用锡酒瓶装肉酒粉向亲友报喜。岳家回送粉干数十斤、红酒数十斤至上百斤、鸡十几只至几十只,俗谚"生长头,吃后头"。亲友接到报喜的,要回送鸡、蛋。

政和,生头胎的,用宰好的整鸡、面、酒到岳家报喜,俗称送"宽心酒"。浦城,为婴儿"洗三朝"(或称"洗三旦"),并请长辈取名。

台湾,闽南人为婴儿洗"三朝"时,"在浴盆内放桂花心(喻宝贵)、柑橘叶(喻吉祥、子孙满堂)、龙眼叶(喻福气、子孙满堂)、一或三颗石头(喻头壳硬、胆子壮)、十二文钱(喻财富),洗拭婴儿,并以石在胸前拍三下,称为'做胆'……备供品禀告神明、床母和祖先,祈求庇佑,称'三朝'。再将油饭、鸡酒送往娘家禀报生育的好消息,称为'报喜'或'报酒'。娘家在产后12天内回赠腰子、瘦肉、橘饼、麻油等补品(总数须为2、6或12样)给女儿坐月子,称为'送庚'。若是男孩,还要准备油饭、鸡、酒送媒人,作为'谢媒人'礼。婆家收到礼后,要'回担',并拔下鸡尾拦连同油饭送回"[1]。客家人在"三朝"里,会准备"鸡酒、糯米饭祭拜祖先及'床公婆',祈求庇佑孩子平安"[2]。

(六)泡酒

在少数地方,如屏南,"三旦"过后,生男的要"泡酒"(1950年后生女的也有),宴请族亲中婶辈以上的女人,一户一人。每人一大碗线面、四小块鸭或兔肉、一大碗米酒,吃不完的按习俗带回。参加的人普遍以鸡蛋和婴儿衣裤回赠,少数送红包。

(七)七旦

婴儿出生第七天,闽台有些地方才向亲友"报喜"、请酒或为婴儿洗澡。如:

柘荣,婿家用锡壶盛红酒,壶口插上长春草,给岳家送"七旦酒"报喜。

安溪,七旦或十四旦,备大米、鸡、酒、油、肉、蔬菜等,到岳家"报酒",祭拜岳家的祖公妈和请岳家的亲邻吃"鸡酒饭"。受请的,在满月时带婴儿衣

---

① 李秀娥.台湾的生命礼仪(汉人篇)[M].台湾:远足文化事业股份有限公司,2008:29.

② 李秀娥.台湾的生命礼仪(汉人篇)[M].台湾:远足文化事业股份有限公司,2008:36.

服前往祝贺。外婆则要回赠婴儿衣服、"裙仔"和活鸡。

光泽，请洗娘（接生婆）检查脐眼后，用桂圆壳烧水为婴儿洗涤。之后，主人设宴请洗娘坐上座，由婴儿出生三日中帮喂奶者相陪，共进"汤饼"席。

邵武，给婴儿洗澡，发红喜蛋。

政和，宴请亲友，叫请"鸡酒"。亲友要馈送鸡、鸡蛋、线面、红酒等礼物。岳家要送好几只乃至十几只鸡、大罐酒和面等。

（八）10 日

产后第 10 天，也有少数地方才向岳家和亲友报喜的，如：

蕉城，要做"猪蹄"包，连同写上红色吉字的鸭蛋，按双数、亲疏分送给外婆、舅公、姨表及亲戚挚友。亲友们以鸡、蛋、五色枣、糖向产妇"祝觞"，娘家送的物品要加倍。

长汀，女婿须送地瓜粉和肉做成的肉丸、红蛋、糖姜鸡到岳家，俗称"报外婆"，岳家回送鸡、酒、面及婴儿的衣服、裹衣子（小褥）等礼物。

沙县，婿家备活鸡两只、染红的喜蛋 21 个、红酒两壶、炒米花、黄豆或蛋豆若干正式向岳家报喜，岳家收礼后在新生儿产后半月内选单日以女婿送来的两只鸡中的一只为"带路鸡"，回赠活鸡数十只、蛋 201 个、酒一缸和婴衣、婴帽、褴褓、银器、手镯等物，俗称"送庚"。

（九）12 日

产后第 12 天，是闽台少数地方娘家向女儿赠送"做月内"营养食品的日子。另外，还有一些特色的民俗活动。如：

漳浦，娘家要送来"鸡酒"（有的在第三日或七日）。生男者鸡送双数，生女者为单数，婿家须备酒肉款待来人，并回送礼物。

沙县，传说县内临水宫有 12 个"化婆"专捉小孩，故此日为忌日，亲友不得送礼登门。

云霄，岳家送鸡、蛋、鱼、酒、猪肉、红糖、赤饼、龙眼干等八样到婿家，俗称"送庚"。当天要煮赤饼汤，请长辈和贺客，并将之分送给亲友乡邻。受赠者一般回以大米或红包。生女孩，岳家及亲朋一般只送猪肚，"换肚"。

诏安，岳家也"送庚"，送活鸡、生肉、蛋品、糯米、红糖等礼物。亲友也送礼品来。来年元宵，要回送亲友"煎仔粿"及鱼肉等礼品，称为送"丁桌尾"，受礼亲友赠送孩子衣帽，多少不拘，但要双数。

台湾,客家人在十二朝时,"报喜给娘家及媒人,而外婆及媒人会回赠东西,称为'送庚'。并在十二朝后,请命相家为孩子算命'造流年',以了解孩子将来一生的主要个性与发展或劫难等"①。

（十）14 日

产后 14 天,闽东的福州各县区多数地方"开冲",闽南的泉州各县区大多要拜"床母",另有其他地区的少数地方要向亲友"报喜"等,如:

霞浦,此日或第 24 日,向亲友分送煎蛋、米酒,称"送蛋酒"。亲友回赠衣料、蛋、面等贺礼,外婆家贺礼尤重,俗称"送满月"。

福清和平潭一带,向亲友分送红蛋和一碗线面（后多改为分喜糖）,称"报喜"。亲友须在满月前给产妇回送鸡、肉、蛋和线面等礼品,俗称"送月"。

鼓楼和台江,称"十四日开冲"。"开冲"前禁忌生人进入产房,特别是"肖虎"的,更不能进房探望,以防冲克。

连江,"十四日开冲"。此日,娘家又送一次鸡肉、糯米饭,并加送几只活鸡。之后至满月前,亲戚鸡、线面送给产妇进补,俗呼"送干"。男家要予以回礼。

罗源,男婴第 12 天、女婴第 14 天"开冲",向娘家送面,娘家回赠鸡、蛋、面。

晋江,敬"床母"、七娘妈、檐口妈、夫人妈等神明。岳家要送来幼婴衣服、鸡、酒等,婿家则要备办大量的姜麻油香饭或"糖豆",以馈赠内外两家亲朋邻里,以示幼婴哺育顺利,安然无恙。

安溪,用"鸡酒"敬"床母"。

（十一）二十日

连城,"二十朝"要用 120 个红蛋向外婆家报喜,对外婆、舅母要另外分别送 20 个红蛋。

台湾,客家习俗,女婴在第 20 天剃胎发,男婴第 24 天剃,也有不剃而任其自然脱落的。

---

① 李秀娥.台湾的生命礼仪（汉人篇）[M].台湾:远足文化事业股份有限公司,2008:36.

(十二)二十一日

福鼎,向关系最亲密的内外亲如伯、叔、姑、姨、舅等"送酒",受酒者回赠小石卵、万年青、鸡蛋等物。

(十三)满月

闽台各地婴儿满月多数称"满月""弥月",少数地方如莆仙一带称"出月"。通常在满月日这天给婴儿剃胎发,有全剃光的,也有剃桃形的等;个别地方如厦门思明等地要提前至24日剃发;有的剃发兼洗澡,有的只剃不洗。亲友特别是外婆家要送婴儿衣物和银手镯、脚环和天官锁等饰物去做满月,主家要回赠红蛋等食品作礼物。满月酒有的办,有的不办。办的话,一般在满月日办,也有少数的提前或推后办。一些地方还在满月时给婴儿取名。满月是产妇和婴儿可以自由到室外活动的关键节点,也是婴儿进入群体与社会生活的起点,各地都非常重视婴儿的满月礼仪。

1. 闽东

(1)宁德

福安,给婴儿剃"满月头",将剃下来的胎发悬放在门户高处,希望孩子将来胆大气壮。富家摆"满月酒",一般人家煮蛋面款待来宾,并向亲邻分送煮熟的红蛋和糕饼,俗称送"剃头蛋"。

福鼎,亲友各送童衣1套。主家用糯米、红糖、甘薯等加上红色素,生男孩制成"红龟",生女孩做成糖包,分送亲友。富家生男孩办"满月酒",普通人家可不办。

蕉城,为婴儿剃头,故满月又俗称"剃头"。将胎发剃去,脑顶留"桃"样胎发,以保护脑门,称"流海发",或"聪明发"。眉毛剃光,像老仙抱桃,象征长寿。剃头结束时,请一位夫妻俱在的、子孙满堂的好命老妇,用一个芋头或红蛋,从婴儿的头摇晃到脚,口念"摇摇头,起厝起门头;摇摇手,三顿鱼肉酒;摇摇身,发财又发丁;摇摇胶,长大会当家"等祝福吉语。亲友随带玩具、小床或红包等"满月礼"来吃"满月酒",称"光顶之庆"。外婆、姨、舅要送婴儿衣衫、鞋帽、银手铃、天官锁等。主家要做黄金粿或"剃头包"或水粉或大块肉丸,连同写上吉祥红字的鸭蛋分送亲友乡邻。宴席上,外婆或舅母坐首位。

古田,给婴儿剃发后换上新青蓝色衣服,俗称"闷青"。用小卵石轻磨婴儿头部,然后由祖母或母亲头戴竹笠、手执长竹枝,将之抱到门前,向空中呼老鹰,再将之放在绉篮内,为之翻开书本做看书状,以祝愿其长大成人后不受欺骗、勇敢大胆、读书成才。外祖家送来粉糕及婴儿衣服、银手镯等衣饰物数十件,称"办满月"。中午主家设宴,并分送给邻居亲友红蛋、粉糕、炒米花、芋头。

霞浦,(女婴提前一天)为婴儿剃头,中午设"满月酒"宴请亲友,俗称"做满月"。

(2)福州

鼓楼、闽侯、闽清和马尾等地,主家设筵宴请亲友,称"满月酒"、"弥月之喜"(鼓楼、马尾)、"观容"(闽清)。赴宴的客人除送红包外,还要送给婴儿玩具、童装等礼物。外婆要送包、糕、蛋(三者谐音"包哥太平")及婴儿衣服、饰物。有的还送包和袜子(谐音"包活"),但忌送鞋。

福清和平潭等地,外婆家送童衣、帽和摇篮等礼品以示祝贺,其他亲友也送婴儿衣饰。旧时娘家还要送"满月饭"给女儿。若生男婴,要设宴款待来贺喜的亲友,叫"办满月酒"。宴后,分赠红蛋给亲友。

连江,也称"出月",婴儿要剃"秽发"。岳家再送鸡蛋、糯米饭及婴儿摇篮、衣饰、鞋袜(方言与"会活"谐音)等。婿家将岳家送的鸡蛋、剃头糕分送亲戚邻里,有的也办"出月酒"宴请亲戚,但城关地区旧俗满月酒不请娘家亲戚。

2. 莆仙

莆田和涵江等地,叫"出月"。早上,用牲醴敬神祭祖。娘家备办婴儿衣服、饰物等来贺喜。用午时草、灯芯草烧水,水中放铜钱12枚(闰年13枚,现为硬币,寓有财气),请族亲中有福气的老妇为婴儿洗澡。洗澡后的水由邻居的小孩抬去倒在树根处,给予小红包作谢礼,意喻婴儿能像树木一样历经风雨、茁壮成长。再用皂荚煮汤,为婴儿剃"秽发",秽发要涂在厅堂的后墙壁上。剃时,要在囟门处,留下一小撮毛发护住脑门。做父亲的要用雄黄拌米汤在婴儿头上画一个桃,祝他聪明、长寿。因而对受骗者,莆田民间有"头顶没有画桃"的俗语。母亲身穿红衣,头上插柏(取"百子"之意),抱着换上新衣、头戴饰有"福"或"寿"字的小帽子、胸挂长命锁的婴儿拜祖先和灶君后,一一拜见亲友,亲友给"挂胭"(红包),随后首次把婴儿放在摇篮里睡。向亲友和邻居分发红蛋。在旁看剃头的孩子,男的分一个,女的半个,俗叫"分蛋箍"。中午或晚上办"出月酒"、演戏庆贺。以上为男婴做满月的情景,女婴则比较简单,外祖家也送礼物,也洗澡和剃发,但不祭祖、不画桃、不拜祖宗、不办酒。

仙游靠城关一带，叫"出月"。要做"早起粿"（上红下白，略咸。蒸时，将白米浆一层层倒入蒸笼，最后留一些拌上食用红，再倒进去蒸至熟）和煮红蛋分赠亲友和邻居，送至外祖家要另加上炒面一桶。亲友回赠以米或黄豆等。无论生男生女都不办酒。

3.闽南

（1）泉州

惠安，剃胎发（也有的到四个月才剃）。亲友送婴儿衣服和饰物。主家设宴招待亲友，叫"请送庚"；做"满月圆粿"、糕、粿包、粽和煮红鸡蛋等分送亲友。

鲤城，剃胎发，俗称"剃满月头"。岳家送衣饰，亲友送贺礼，当日祀神宴客，并炸荆芥鸡蛋，分发给亲友。另备"五牲"、荆芥蛋和寿面等送到外婆家。

晋江，剃胎发，理发师以熟红鸡、鸭蛋搓婴儿头脸，口念吉利四句。做"满月圆"米粿（俗称"猪母奶"，形状像奶头，上面点个红，象征母乳饱满、婴儿健康）连同"剃头蛋"一起送亲友。

安溪，外祖送外孙衣服和一条"被子"、一条"背巾"（褓裸）和蛋、"满月圆"及12枚铜钱（现用硬币，逢闰月13枚）；中午，主家请亲友吃"满月"酒饭（旧称"汤饼会"）。宴毕，请一"好命"婶姆给婴儿剃发洗头，后把浸在洗头盆里的硬币连水倒在天井中。硬币有字的一面上向的刚好是八枚，就说婴儿"好八字"；再由一个婶姆，用褓裸背着婴儿，遮着一把裂角的破雨伞，手里拿着一根裂尾的竹梢杖儿，不停地敲打着地板，绕屋前屋后走一周，口中连声喊"觅鹬（老鹰）啊"，"觅鹬啊"……，寓婴儿从此不怕高声喊叫之意。回房后，把婴儿放在床上睡觉，不点灯，意使婴儿从此不怕黑；又用一个小秤锤，压在婴儿胸前，叫"压胆"，寓意婴儿长大后胆大，不怕风险；还把婴儿的尿布，塞入壁孔，意使小婴儿不任意大小便。最后，捞起放在剃头水中的红熟蛋，分给邻居的小孩们，寄意以后要互相疼爱。

德化，"剃满月头"并请长辈为婴儿起名。中午宴请亲友。外家送婴儿衣饰和约一斤的大米、一个内装一块带骨猪肉的陶器（意为使婴儿根基壮固）、蛋等食物。午宴毕，举行与安溪相似的"喊叶婆"（老鹰）仪式：一小孩背着婴儿，一手撑着的裂缝的破雨伞，口叫"叶婆"，绕房屋走一周。

（2）厦门

思明，祭神祖、床母与庆三朝时相同。一般提前数日剃胎毛，男婴选双日,女婴选单日,有的选在婴儿出生的第 24 日,意应"二十四孝"故事。剃时,先将鸡鸭蛋、荆介(去风)和水,煮成"剃头水";蛋黄和青葱汁拌和备用。剃后,从水中拿起鸡、鸭蛋在婴儿脸上、身上滚动比划,边念"鸡蛋面,鸭蛋身",意指婴儿健美。再将蛋黄葱汁涂抹头顶,可去除胎垢,也寓婴儿将来聪明之意。剃下的头发,和石子一起用红纸包着,放在厝(屋)顶,意喻婴儿头顶将有毛发再生。曾经向"送子娘娘"或其他庙神求子的人家,当日要到庙里祭谢、还愿。同时,要做油饭送媒人、邻里及"做月内"时送礼的亲友。送岳家的油饭要按岳家转赠其亲友的份额送,一盘盘摆着,用"桩"(大食盒)成盒成盒地抬往岳家。岳家回以"满月圆"(红色圆扁馒头)、香蕉(寓明年招来小弟)、红熟鸡蛋及婴儿衣饰物等。婿家将岳家回赠的食品分搭在各油饭盘里,分送亲邻,数量不足分配的,自行添补。收到油饭的人家,留油饭头并回压粳米、面线、面干或一对红包。中午,宴请亲友,旧称"汤饼会"。汤饼即汤煮的面食,席上必有寓意长寿的面条。亲友带"头尾"衣饰物前往祝贺。产妇出房走动,抱着婴儿拜神拜祖等①。

同安,抱儿祀神祭祖,为之剃发。洗头汤内放秤砣、鸡蛋两粒和葱枝(秤砣压惊壮胆,鸡蛋水使皮肤白嫩,葱枝使小孩聪明)。以红蛋、油饭送亲友,亲友回以少许大米或线面(祝健康、长寿)。外婆家则送婴儿衣饰物。现在还常设"满月宴",戚友多送红包为贺。

(3)漳州

漳浦,剃胎发,用红纸将之包妥收藏。煮糖圆分送邻居,邻居以原碗盛米回礼。

华安,剃胎发,宴请客人;若生男孩,要做"满月圆"分送亲邻。在丰山,满月洗澡,水中放两片柚子叶和蛋壳,洗后将水浇在大树根上,寓意婴儿长得健美。

南靖,剃胎发,由长辈抱出门绕行房屋一圈,令一儿童用竹竿敲地引路,叫"赶鹧婆"。备鸡酒敬神,宴请外家和亲友,客人各赠婴儿红包或衣饰。

平和,一般生男婴做满月,要请客,做糯米糍、甜圆分送亲友邻居。外祖父母要送婴儿衣饰和甜饼。

诏安,焖糖饭送亲友乡邻,对方收后回送一碗大米,表示共喜;有的煮红蛋送亲友,免回送。经济条件较好的,也办酒菜宴请亲朋。孩子的外祖母要

---

① 陈耕.厦门民俗[M].厦门:鹭江出版社,1998:53.

送一套衣帽(称"头彩物"),称"送庚"。

4.闽西

新罗,旧时要请算命先生占卜"五行",为小孩取名(也有由长辈命名的)。并另外选择良辰吉日请客吃"满月饭",亲友再次送礼贺喜。外婆送鸡、满月糕、粽子及婴儿衣饰物,亲友送一、两件布料。婴儿由母亲抱着拜祖宗。剃头沐浴后,穿戴外婆赠送的新衣新帽、新鞋新袜。并由大孩子背着上"踏碓"(舂米工具)、推"土砻"(碾谷工具)、到屋外"赶老鹰",意为让婴儿见世面、爱劳动、壮胆量。

连城,外婆送衣饰等。主人做满月酒,大宴宾客。

武平,主家具帖遍请亲友,先吃"姜酒",后设宴款待。

漳平,办酒庆贺,并给婴儿取名,书成红帖,贴在厅堂上。亲友送童装或衣料及鸡蛋、面线等物,外家送背巾。

5.闽北

(1)三明

大田,将满月时,选一吉日剃头。满月日,举行"喊狐"壮胆仪式:请一至亲的小孩背着婴儿,大人和几个小孩随后,手持竹竿边打边走边"噢!噢"地呐喊,绕房一周。要请岳家及亲友喝"鸡头酒"。早餐,每个亲戚一碗线面,一碗鸡肉,一碗红酒。上午宴客,岳父母坐首席。首席须摆一只全鸡,鸡头朝向主客。

明溪,请有福人或理发师傅为婴儿剃满月头,给婴儿留前囟毛和后囟毛。剃下的胎发,用红纸包好夹在通书里,再将之藏在箱子里。岳家送鸡、蛋、婴儿衣饰,亲朋送帽、袜、糕饼等。主家设宴待客。盖洋、温庄、杨地一带,这一天要煎炸大量的"蛋子"即糯米团馈赠亲友。城关、胡坊在婴儿剃头洗澡后,穿上外婆送的新衣,放在有麦芽糖的竹栏里粘屁股(意为长大后日子甜蜜)。胡坊还要叫一个十来岁的小孩背着婴儿,手拿竹杖,前门出后门进,边走边用竹杖抽打、比划,意喻婴儿日后肯坐栏(童车)、能听话。

沙县,给婴儿理发、沐浴、换新衣,由家中其他小孩背婴儿在庭院里转几转见见天日。午晚设宴遍请亲友乡邻,来宾送婴儿用品或贺仪。

永安,上午"剃满月发"并穿戴外婆送来的衣服和手镯等饰品,由母亲抱去外婆家。去时,要用锅灰给婴儿抹乌鼻,俗称"抹乌鼻去见外婆"。当天下午即回,晚上办简便宴席,宴请外公、外婆、舅舅及有关亲人,一般2～3席。

（2）南平

光泽，办"弥月"筵，宴请洗娘和贺喜宾客。

建瓯，"做满月"。外婆家要送布料、鞋袜、童裳、小棉衣、小风衣及面条、包子、蛋糕、红枣、公鸡、膀蹄等，亲友送小礼物和贺现金，主人办酒席宴请亲友。

邵武，剃满月发，仅留天灵盖一撮头发，更换新衣裙，宴请娘家女宾客，称"满月酒"。亲友赠送婴儿衣服、鞋、帽、项围、云肩、腹兜。卫闽一带乡村，贺满月的亲友，每人要在主家的房前屋后或自留山上种一棵树。

松溪，剃胎发，第一胎婴儿满月要办"满月"酒。外婆家要给婴儿送衣服、鞋帽、红蛋、粽子和七层糕。其中，食品要由主家分送给吃满月酒的宾客和近邻。

政和，剃满月头，胎发用红纸彩线包扎好挂在房门环上。岳家送婴儿衣饰、鞋帽及红蛋、粽子、烛炮等物，亲友送衣帽或现金，主家请"满月酒"。

6. 台湾

闽南人，"要准备油饭、鸡酒祭拜神明和祖先，娘家要'送头尾'，有婴儿的衣帽、裤、袜、金饰、小床、红龟粿、红桃、汤圆。但也有河洛人不说'送头尾'，而是说准备送给孩子衣裤等。婴儿的父母则准备油饭、'剃头蛋'，作为回礼。有的是生儿子才有油饭，有的是长男、长女才有油饭。祭拜神明和祖先后，长辈会带孩子到外面去喊老鹰，说祝福话"①。

客家人，"古代孩子满月时可以'开斋'，开始吃肉类荤食。现代客家习俗，当孩子满月时，会敬奉神明和祭祀祖先，并宴请娘家的亲友，而外祖父母则会馈赠孩子衣服和育婴用品、金戒指或手环、手链等礼物，称为'做满月'"②。

（十四）坐月子

产妇最忌吹风、受冷。为免罹患"月内风"，各地月子房的门窗在分娩时就开始紧闭，一直关到"满月"为止。产妇也要在房内整整待一个月，不能沾冷水、刷牙、淋浴和洗头发，洗衣服等家务事都由他人代劳。洗手脸、漱口和拭身，只能用开水凉过后的温水。由于在产后身体比较虚弱，加上要哺育婴

---

① 李秀娥. 台湾的生命礼仪（汉人篇）[M]. 台湾：远足文化事业股份有限公司，2008：31.

② 李秀娥. 台湾的生命礼仪（汉人篇）[M]. 台湾：远足文化事业股份有限公司，2008：37.

儿,产妇的饮食营养非常重要。月子做得好坏,关系到产妇的身体健康和婴儿的奶水哺育等重大问题,因此各地都非常重视产妇坐月子时的饮食调养,大多会依据家庭经济状况尽最大能力让产妇吃好。三顿正餐三点心或四点心,菜肴以少盐和温补为特色,一天六餐或七餐,要变换着花样尽量让产妇多吃。由于闽台各地的自然地理、气候物产有一定的差异,各地产妇的饮食品种并不相同。如:

屏南,以干饭、鸡肉为主,半个月后可以搭配部分鸭肉、兔肉和猪瘦肉,点心有鸡蛋、线面或鸡肉。按惯例,产妇只吃鸡身,同时忌吃青菜、豆腐和食盐。60年代起,产妇食谱有所变化,鲜鱼、鸭肉、猪肉、兔肉分量逐渐增加,在菜食中也放少量食盐和味精,以增进食欲。

莆田和涵江,以干饭、鸡蛋为主,其他的蛏干、虾仁、红菇、黄花菜、猪肉、鸡鸭肉等,每餐搭配几样下锅,叫"炕耳锅"。产后十天,亲友在农历双的日子里送蛏干、墨鱼、红菇、公鸡、蛋等营养食材给产妇补养,叫"送家"。娘家要送更多的食品来"送家"。

仙游,以干饭、"蚵干糜"(海蛎干和米一起做成的咸饭)、猪肉、鸡肉、鸡蛋、炸豆腐为主,用海蛎干、蛏干、墨鱼干、黄花菜、红菇、莲子、薏米、芡实等(俗称"甘味")炕(炖)猪肚、排骨、脊骨等做汤。食物要以姜炸的油调味,汤里要多放姜,禁食蔬菜、甜食。婴儿一落地,娘家就要送大量的"甘味"和公鸡等给女儿做"月内"。亲友也陆续送来"甘味"。"甘味"又称"月内包",旧时买蛏干、蚵干、墨鱼、红菇等都是用纸包扎的,每样一包,因而得名。送时,要在每包上贴上一张红纸。

鲤城,产后14日内食鸡蛋、猪肝、猪腰、有鳞鱼、猪瘦肉和面筋等高蛋白食物,以恢复体力;14日后开始用麻油、干姜丝爆鸡或鸡蛋线面,煎桂圆干汤,以温补身体。娘家在14日送鸡、线面、鸡蛋、桂圆干、酒和麻油及其他滋补品给女儿"做月内"。亲友也于农历双的日子以鸡、蛋送礼。

晋江,吃用糯米粉、生姜末、酒糟发酵制成的姜果、麻油、线面、煎蛋、爆鸡等热性补物。青阳一带,有七日内不吃干饭的习俗,以防干硬食物"损胃",也防缺水份,乳水少。娘家一般每天还要为产妇送去已煮好的瘦肉、面筋、鲜鱼等菜肴。

思明,黑麻油、老姜母、橘饼是"做月内"必不可少的食材。俗称黑麻油大燥收湿气、姜母去风、橘饼收腹,因此,产妇所吃的每样东西都要用它们来烹调。最佳营养食品是公鸡肉,次为猪肝、猪腰、猪肚等猪内脏。黄花鱼也要常吃。同安特产的"乡饼"——马蹄酥是传统的点心食品,买回时还要加料加工,即从饼的中部用刀切一下,稍微撬开刀口,灌入鸡蛋浆,再用稠面粉浆封口,放入黑麻油锅中炸到焦黄即可。每日正餐一般吃黑麻油炒饭(不能吃白饭)、黑麻油煎鸡炖酒、猪内脏汤或鱼汤调酒,点心有牛奶鸡蛋、猪肝面线、猪腰瘦肉、黄花鱼面线等,"乡饼"则可随意食用。"做月内"不能喝白开水,要将姜母、橘饼和乌糖加水熬成浓茶当水喝,有的还加上桂圆肉合煎,浓度随产妇体质的日益恢复而逐渐降低。另要煎一缸党参红枣茶或普米茶、糙米茶等淡茶,浓淡茶轮流喝,以免口干燥热①。

漳浦,产妇先吃蛋酒,后吃鸡酒,生男要吃母鸡,生女要吃公鸡。亲朋以送鸡、蛋、酒、红糖为礼。

长汀,食糖姜米骨饭、糖姜鸡和蛋。

大田,以干饭、鸡肉、酒为主。生男,吃小母鸡;生女,吃公鸡,称"落土鸡"(广平一带称"上床鸡"),并煮蛋花酒给产妇吃。头七天喝白米酒,服"生化汤"。七天后至满月喝红酒,吃鸡肉。

明溪,以干饭、自制米酒、小母鸡、鸡蛋、瘦肉、粉干为主。烹调时要下生姜,甜食要用红糖。忌食生冷、蔬菜、鱼腥、煎炒、白糖、面食等。

尤溪,以干饭、糯米酒、鸡蛋、鸡肉为主,烹调时加少许老姜。甜食用红糖,用植物油烹调食品。以糟菜、干菜下饭,忌食鲜蔬、猪油、鱼腥、鸭肉、蜂蜜和白糖。

光泽,以稀粥、面条为主,鸡蛋、精肉(瘦肉)伴食,有时还用红酒炖鸡,或以桂圆、红糖做点心。多以青菜、鸡、蛋等下饭,忌食猪油、鱼腥、鸭肉、蜂蜜和白糖。

松溪,以鸡、线面、鸡蛋、桂圆干和红糖酒为主。生男先吃嫩母鸡,生女先吃公鸡。

政和,吃鸡、鸡蛋,配红糖、红酒,不吃盐。半个月后,吃少量盐,不吃鲜蔬菜。

台湾,闽南人坐月子期间,要吃"橘饼、陈皮、生化汤等补血气、去污血的食品;也要吃猪肉、鸡肉、猪腰子、猪肝、面线等,掺麻油、加酒的食物,以滋补身体"②;客家产妇则主要以公鸡炒姜酒作为食补。

---

① 陈耕.厦门民俗[M].厦门:鹭江出版社,1998:48.

② 李秀娥.台湾的生命礼仪(汉人篇)[M].台湾:远足文化事业股份有限公司,2008:27.

(十五) 做百日

闽台少数地方婴儿出生后 100 天左右要举行一些习俗活动,如:

蕉城,100 天后要坐篼,俗称"坐轿篼"。坐篼时要先用一串光饼,放在篼头上祭拜"篼"神,讨其喜欢,让它以后好好照顾婴儿。之后,将光饼分给其他小孩吃。

霞浦,女婴满三月、男婴满四月"坐轿篼"。轿篼放于厅堂上,男孩面向外,女孩面朝内,寓意男主外事、女理内务。

罗源,满 100 天理胎发,俗称"剃头",娘家需再送童衣等礼物庆贺。

武平,满 100 日,试着给婴儿肉吃,叫"开荤"。一般不请亲友,只款待外家。

(十六) 做四月

婴儿出生四个月开始能坐起来了,并且因为开始吃辅食等因素口水也多了,因而闽台许多地方在满四个月时有为婴儿举行开荤、收涎和坐椅轿等仪式,俗称"做四月"或"做四月日"。如:

福鼎,在婴儿出生 21 日收到"送酒"的至亲,要在婴儿四个月和周岁时送衣物给婴儿。外婆家送礼尤重,须在四个月时送银手镯及银锁、周岁送银脚镯。

柘荣,满四个月剃胎发,仅留囟门或脑后一些头发,穿新衣,手腕戴上外婆家送的银镯、银锁,进行"坐轿篼":男孩脸向堂前,女孩脸向堂内。主家用茶点接待来宾,俗称"吃轿篼茶"。

鼓楼和马尾,让婴儿坐"轿车"(竹或木制的孩子专用的小车),有钱人也办酒宴请亲戚,称"坐舆之喜"。客人送些孩子用的玩具、童装之类的礼物,仍不能送鞋子。

坐"椅轿"

涵江、莆田和仙游等地,娘家送椅轿等礼物贺喜。以熟羊尾或猪尾往孩子嘴上一抹,俗叫"开嘴",可以开始吃荤、坐椅轿。

鲤城,在婴儿额、鼻、颊、颏上点红,俗称"点龟点桃"。这天也要祭拜祖先、宴客。

晋江,娘家又要送鸡蛋、线面和幼婴衣裳、帽、袜。一般不送鞋,因有未周岁穿鞋以后走路易跌倒之俗忌;请理发师剃发并分送邻居乡亲"剃头蛋"。

安溪,外婆家送衣服、帽箍、"围涎"(涎乘巾),还要用糯米和糖制成"馒桃"和米粉做糕子(祝婴儿长寿和燥涎)。午后,要给婴儿"开荤",开始在婴儿嘴唇上拭擦一下蛋和肉,又擦一下香菇(香嘴),然后给婴儿剃头发。要把眉毛一齐剃掉,俗谓以后才不"遮眼光",不贪心。

思明,要祭拜祖先、神佛和床母。外家再送脚环、手环、衣服等"头尾"及桃红色的红面桃。面桃祭神祖后要分送邻里,受礼者不必回赠物品。此日,要举行"收涎"仪式:将12个或24个"碰饼"(酥饼)用红丝绳串起,挂在婴儿脖子上,掰开一个,在其嘴唇上抹抹口水,并说:"收涎收干干,明年生卵芭(男孩)"或"收涎收离离(干爽),明年抱小弟!"[1]。

华安,生男孩要做饼分发亲邻。母亲抱婴儿回娘家,娘家送的物品必须是双数的,4、8、12种不等,其中必备红桃米粿、爆米花、木棉和石榴花4种(有的地方,娘家仅送红桃米粿)。1950年后,娘家只送红桃粿或12块肉饼。

云霄,生男孩外婆要送银牌、项围、银链、红衫、绿裤、大赤饼等8色礼品,婿家回以猪蹄、红包饼。当天,要将外婆送的两个大赤饼挂在婴孩胸前,称"收涎",并抱到户外游玩,模拟发出赶老鹰的声音,称"做胆"。还要抱着孩子带上外婆送的食物去拜"土地公"。

漳浦,生男孩要做"刊仔粿"(以粉团用粿印印"福禄寿"后蒸熟),连同猪腿、熟鸡及糕饼凑成"八色"(八项)送往岳家,岳家以这些礼物祭祀神明祖先,然后回礼。回礼中须备鸡五尖(头、翅、脚)、猪蹄趾、银牌、脚环、婴儿衣帽、棉被、小孩鞋袜及红包等12色,而且衣领要用红丝线绣上"卍"字,以兆吉祥。也要分刊仔粿给其他亲戚,收礼者多以红包回礼。

漳平,外公送围兜、衣物。婴儿由母亲抱至厨房灶口,用饼干抹嘴唇,叫"收液",并将饼干放在灶口上烘烤,意为防婴儿日后流涎不止。

台湾,闽南人,娘家会送"红桃和送头尾来祝贺,而婆家要祭拜神明和祖

---

① 陈耕.厦门民俗[M].厦门:鹭江出版社,1998:54.

先,还要为婴儿'收涎',即以红线串着饼干 12 个或 24 个挂其胸前,抱到外面,由长辈剥饼抹唾液,并念着'收涎收干干,后胎生卵葩;收涎收离离,后胎招小弟'或说'收涎收干干,给你不流涎。'"①。客家人,"外祖父母会馈赠衣服、婴儿用品、金戒指等礼物,孩子的父母也同样要宴请外祖父母等亲友"②。

(十七)周岁

从怀胎十月到出生后一年的哺育,个中的艰辛唯有为人父母者清楚。而当婴儿一周岁过后,哺育的艰辛逐渐会因小孩自己的蹒跚走路和咿呀学语变得越来越轻松。因而婴儿的一周岁生日,既是其人生中的第一个生日,也是其离开大人怀抱、迈开自己双腿走路的开始。各地都非常重视小孩周岁的庆祝活动,"抓周"以预卜其今后职业的发展方向是不可或缺的民俗活动之一。如:

蕉城,称"做晬",旧称"抓周"。"抓周"又称试儿、试晬、拈周、斯场、试周。在大米筛上摆放书笔墨砚、土块、算盘、账本、银币、戥秤、剪刀、尺、寿桃、红蛋等 12 种物品,连同外婆家送来食物、衣衫、银器装饰品一起供奉在祖宗牌位前祭拜。之后,将婴儿放在米筛中间,由其随意抓取物件,大人在旁引导,以抓取物来预测小孩将来的前途、个性和兴趣等。如抓书为士、抓土为农、抓尺为工、抓秤为商等。富家办"晬酒"酬谢诸亲戚朋友,来宾要送"晬礼"为婴儿讨福。

莆田和涵江,称"对晬"。娘家送来小孩衣饰、鞋帽及"车椅轿"等贺礼。厅堂上,放一个大"笠弧"(大竹盘),内放书本(《孝经》,俗叫"开宗")、毛笔、剪刀、量尺、算盘、戥子、钱币及"红米团"、"红龟"(面粉制成的食物)等物。母亲给孩子换上新衣,让他安坐在"笠弧"中,暗示他抓取一二物,以卜他未来爱好、志趣、职业和命运,叫"抓周",俗叫"抓晬"。这天,除祭祖外,有的演"北斗戏"谢神,有的办酒席请客,有的二者兼有之。还要分"红米团"、"红龟"给亲友和邻居,收礼者回赠线面两束,"面"与"命"同音,寓寿长之意。

仙游,称"做晬",外祖家要为外孙(孙女)送衣服、线面、红蛋等礼品。靠城关一带要做绿豆饭团,分给邻里。家里摆个晬盘,内放银圆、书本、毛笔、

① 李秀娥.台湾的生命礼仪(汉人篇)[M].台湾:远足文化事业股份有限公司,2008:32.

② 李秀娥.台湾的生命礼仪(汉人篇)[M].台湾:远足文化事业股份有限公司,2008:37.

算盘、花粉、食品之类,让婴儿在盘内抓取,预示未来前途:先拿书本或毛笔,表示将来能读书做官;若取银圆,将来能发大财;若拿算盘,将来能经商。最忌先抓花粉和食品(意为将来没出息)。

晋江,俗称"度晬"(闽南、台湾多称之)。要特别印制龟状糯米粿或面粉粿,俗称"度晬龟"或"四脚龟"馈送亲友。龟者善爬,象征婴儿很快能开步走路;龟者长寿,象征婴儿健康长寿。度晬时,娘家礼品甚为丰厚,其中以缀绣个"卍"字的"度晬裘"和虎耳帽、虎仔鞋等为特色,寓有避邪、吉庆、长寿之意。"抓周"俗称"爬龟":在大厅地板上放有算盘、秤、书、笔、剪刀、尺以及四脚龟等物,让孩子在爬行中任意选择,以占卜其长大后的职业趋向。当天,设筵酬神,宴请宾客。

安溪,亲友送线面、蛋和布料来祝周岁。外婆除面线和蛋外,还要送"寿龟"(糯米和糖制,印成龟形)和衣服、鞋、袜、帽子。午宴后,大厅桌上排着文具书本、红蛋厘戥、算盘和"馒龟"。婴儿换上新衣帽,抱在大厅桌上,双足踩在双叠的"寿龟"上(意长寿),任其"摸周岁",以预示其长大后的爱好和个性特长。

南安,农村孩子周岁时,常拜"七娘妈"(嫦娥)为干娘。家境较好的人家,常为孩子找一个贫苦人家甚至乞丐为干娘。意在秉受贫苦人家的熏陶能受得住饥寒,容易健壮长大。分送龟粿和花包(面粉制成,有豆馅,皮棕红色)给亲友,受礼者回赠鸡蛋和线面,有的送红包。

思明,外家要"送头尾"(自"做满月"、"做四月"以来,一次比一次多)。男婴为小长衫、马褂、碗帽,女婴是"香波衫裙"(现在多为送一套童装),另外还有双头"燕仔龟"(即红色面龟)和一只煮熟的公鸡。富裕的外家还会再送银脚链、手链或手环、脚环。婴儿穿上外家送来的新衣,由大人扶着,一脚在门内,一脚在门外,各踏着一只"燕子龟"或鸡脚,大人大声叫道"出——有通(得)吃,入——有通吃",俗称"接脚"。之后,对男婴"试周"(后来女婴也有)。试时,婴儿坐在中间,周边放着算盘、笔、墨、钱币、书、印章、秤、芹菜、肉、葱、尺、剪刀、针线、鸡腿、土块等,任其抓取:算盘、秤寓将来经商,芹菜寓将来手脚勤快,葱寓聪明,印章寓将来会做官,笔墨寓将来善书善画,猪肉、鸡腿寓将来生活优裕,钱币寓将来富贵,尺寓将来善工匠,剪刀针线寓将来善裁缝,土块寓将来当地主或务农,书寓将来聪明会读书。①

---

① 陈耕.厦门民俗[M].厦门:鹭江出版社,1998:56.

华安,称"着节",要做米粿、麻糍分发亲友乡邻。宴请客人,并备物品拜"姐母"(床母)。娘家要送新衣、虎头鞋帽给婴儿。婴儿剃头换新衣,挂"长命锁"坐于竹筛或米箩里"抓周"。

平和,称"对岁"。外祖家又要送衣服、鞋袜等礼品。衣领上用红丝线绣上"卍"字。男孩要坐在神案前的簸箕中间,任其抓取书本、笔、算盘、种子、鸡腿等12件东西,俗称"抓岁"。有的让婴儿假装"老鹰"由大人抱着,让一群小孩子跟在后面跑,口喊"老鹰",绕着村里走一圈。

连城,拿长寿老人的鞋袜给婴儿试穿,寓长寿,并将之放在盘篮里"抓周"。

大田,称"晬旦",亲友都来祝贺。男孩按家族辈分命名,用红纸写成榜文贴在厅堂上。让孩子"试志",俗称"抓晬"。有的还要讨"百家米"、"百家钱",打成银手(脚)镯给孩儿戴,俗称"乞丐愿",以保平安。有的给男孩穿耳、戴耳环。根基不壮固的,要认命贱的人为干爹或过继给旁系亲人为嗣。

将乐,婴儿家做米圆分送亲邻,俗称"得岁圆",并举行"试周"仪式。

明溪,要给小孩穿上外婆家送的新衣、帽、鞋、袜,因为是第一次穿鞋袜,又称"穿鞋袜"。外婆家还要送寿鸡、寿烛、寿炮为外孙做"寿"。小孩穿戴一新后由父母抱着焚香祭拜天地祖宗,并"摸岁"(抓周)。

台湾,闽南人,"娘家会送头尾,买金饰、衣服,而父母须祭祀神明和祖先,并以红龟粿馈赠亲友和邻居,俗称'度晬'。孩子衣服口袋要放红包,内有铜板,以前较讲究的人家,在男孩满周岁时会准备竹筛,里面放置十余种东西让孩子抓取,称为'抓周'。若是生女婴则不作抓周之俗。抓周完后,要用饺子帮孩子擦嘴,并说'嘴臭去,香的来',再丢给狗吃。意思是说以后没有口臭,满嘴芬芳。给孩子吃米香糖(爆米花糖),则是希望他将来很吃香"[1];客家人,"称为'作对岁',须敬奉神明和祖先。外祖父母同样馈赠衣服、育婴用品、金戒指、金链等礼物,孩子的父母也会宴请亲友,一同祝贺孩子平安顺利长到一周岁"[2]。

(十八)取名

名字是每个人在群体生活中的一个符号,旧时各地大都对取名非常重

① 李秀娥.台湾的生命礼仪(汉人篇)[M].台湾:远足文化事业股份有限公司,2008:33.

② 李秀娥.台湾的生命礼仪(汉人篇)[M].台湾:远足文化事业股份有限公司,2008:37.

视。如前所述,有的在"三旦"时取(上杭和武平等),有的在满月时取(德化、新罗、漳平等),有的在周岁时取(大田等),多数地方则是要专门选一个吉日给小孩命名,如:

蕉城,取名仪式较为隆重,须择吉日进行。一般家族,常用排行,俗称"行礼"。如城区的蔡家按照族谱以"志步思祖泽,作述传家声"十字,代表十个辈分排行,按此排行文字冠于名字之上,如父名祖某,其子即泽某,其余类推。山区农户,随便安上一个名字,少子息的人家,视男孩为贵,其名字常以吉祥文字称之,如小宝、阿贵等,也有将男孩取女孩名的,如称之为"妹""秀"等,以祈好养大。

鼓楼,为孩子取名,有很多讲究,有大名小名的区分。小名是乳名,为出生后不久取的。有的女孩,父母盼望下一胎生个男孩,乳名就取"邀弟""来弟"等;有的男孩,视为"罕仔(宝贝)",乳名多取贱名,如"阿狗""犬俤""犬屎"等。取大名多据族谱辈序命名。辈序是祖先定好的,后代人取名必须遵循。有的还根据父母为出生婴儿"定时"(即算命)提示的"五行"(金、木、水、火、土)齐缺情况,名字中选用带有所缺"五行"的字或偏旁来弥补。

同安的命名在闽台各地汉族中具有一定的代表性,旧俗命名为乳名、正名、字、号等。

(1)乳名

小儿正式取名前由长辈给取的小名,只在亲友间传用,小时叫长大即不叫。旧时也有部分城乡贫困人家的子女称乳名终生。基于"名字越贱越丑越好养"的迷信心理,民间长期有用贱丑字加昵称为小儿取乳名的习俗。如男孩乳名"黑猪仔""阿狗仔""鲈鳗的""黑的""憨的""忝仔""黄毛的""忝狗仔""黑牛的"等等。旧俗贱视女孩,故还有少数人故意给男孩取女名的。女孩则往往以贱丑字加昵称"妹"字或以生下后的生理特征加昵称命乳名。如"臭妹仔""蹋鼻妹""翘嘴仔""扩额的"等等。现在小孩往往生下没几天即取正名,只在正名单字前加上贱丑字或昵称作乳名。如正名取"×宏亮"者,则以"憨宏""狗亮""鳗亮""小宏""阿亮仔"等。女婴如取名"×素真"者,则乳名有"阿素""小真""素妹""真仔""狗真仔"等;还常用单字相叠为乳名,如称"素素""真真""宏宏""亮亮"。取乳名忌加"肥""猴"字,以为不吉。

(2)正名

旧俗小儿诞生后三月正式命名,称"正名""学名""大名",延用终生。

民间给男孩命正名通常遵循以下两个准则：

按族谱辈序嵌入"字云"取名，如"时"字云辈兄弟，则取名"时仁""时礼""时义"等。女名族谱不定"字云"，但姐妹辈也常以同一字嵌入正名，如"淑真""淑英""淑惠"等，以示同辈。

以补"五行"之缺项命名，如经算命先生断为生辰八字缺金者，则取名"金生"；缺水者名"海水"；缺土者名"土城"；缺火者名"火炎"；缺木者名"木森"；缺金、水者取名"金泉"等。女孩命书可改成好命，故无此例。

除正名外，旧俗男孩入学或长大成人后还要取"字"，读书人还要有"号"。新中国成立后该俗消失。

（十九）挂灯

闽台许多地方，凡是前一年"添丁"的，元宵节都要在祠堂里或外挂红灯以示庆祝，如：

在寿宁的清源、犀溪等地，前一年生男孩的人家，在正月十五日晚于家门口或宗祠外的旗杆上挂红灯，并在家中设茶点，招待亲友。犀溪村下半夜还要设酒席请村中老人前来"圆灯"（元宵后出生都在次年元宵节挂灯）。

在台湾客家习俗中，正月十三日为"添丁日"，又称"开灯"或"吊灯"。凡在前一年到新春期间，家中有生男孩的，必须买一对新灯悬挂在祠堂正堂的梁上，称为"添灯"[22]P39。

二、闽台汉族传统的成长礼仪

在出生到一周岁的各种庆祝活动完成后，小孩就进入较为顺利的成长期。从婴儿、儿童、少年直至成年的过程中，家人和亲友们仍然会为他们再举行一次次的庆祝活动，这些庆祝活动即为成长礼仪。成长礼仪与每一个阶段的年龄相关。在闽台，民间算年龄一般按虚岁算，即人一生下来就算一岁，过了一个春节就多一岁，依此类推。因此，有的人哪怕是农历十二月二十九日出生的，过了一天除夕，他就两岁了。

闽台地区传统的成长礼仪如下：

（一）做生日

旧时闽台各地的生日日期，通常为农历的诞生日。在生日里都有吃蛋、面的习俗，具体做法上稍微有异。如：

闽东的宁德和福州各县区的多数地方,在生日里,由家人煮线面一碗、蛋两个吃,俗称吃"太平面"。线面细长,寓意"长命";蛋雅称"太平",取其"长命平安"之意。在福清、平潭等地,凡上寿(即年届 50 以上)的老人,每年生日这天,其已出嫁的女儿都要送蛋、面、猪脚以及衣物回娘家祝贺。

莆仙各县区过生日比较简单,通常也是由家人为之煮一碗面条(或线面)加上蛋两个就行。在仙游,出嫁女都要在父母生日里,买上几斤面条(或线面)、一两斤肉加上两双蛋(父母缺一的只一双)用"面筬篮"(一种竹编上漆的红篮子)送到娘家,父母收下后,回压些花生"回篮",由女儿带回去。

闽南各县区有的人家做生日稍微复杂一点。如鲤城、晋江,在生日里早晨,要炸寿面、煮红蛋(鸡、鸭各半,成双),敬灶君拜祖宗,点红烛、放鞭炮。午餐全家吃寿面,每人外加鸡鸭蛋各一,俗称"食鸡食鸭,活到一百(岁)"。生日祭祖,仅限于男性,女性则要年满 50 岁,或娶了儿媳才能举行。晋江许多地方,对小孩两周岁比较重视,也敬神祭祖,俗称"做头生日";安溪、永春、德化等地,在 20 岁、30 岁的生日时进行自家小庆,参加对象主要为小范围的姑姨舅妗、兄弟姐妹等。40 岁时不做生日,因"四"字方言与"死"谐音;平和,平常的生日俗称"闲生日"。小孩吃鸡蛋、肉肠,"肠"与"长"音近,取长命之意。31 岁为成人的第一个生日,称"初度",结婚后的男女分别要由岳父母和亲生父母给他(她)做。41 岁则忌做生日。漳浦,生日的算法男女有别,男孩以出生日为生日,女孩提前一天。

闽西各县区普遍对过生日不怎么重视。如上杭,小孩生日,父母给煮红蛋粉干吃,一般人生日均不在意;永定,"过生日"只象征性地煮些鸡蛋、面食而已;连城,孩子 11 岁生日时要为他做"起一",外婆送鸡、蛋、衣服(全套)、鞋(两双)、袜(两双);以后直至 51 岁,每 10 年才做一次生日,而且这些生日大多只是在家里简单庆祝,不请客。

闽北的三明各县区平常也不太注重过生日,普通生日也只是吃一碗面条(或粉干)、两个蛋即行,而对 10 岁以上的逢十岁的生日会稍微重视一些。如大田,有些地方由父母为子女做 10 岁、16 岁、20 岁生日。参加者只限亲戚,逢 40 岁不做,有"做三不做四"之俗。女儿出嫁后第一个生日,娘家要送生日礼物,意为让女婿记住女儿的生日。明溪,10 岁以后,每逢十岁均为小庆,宴客仅限少数内亲。沙县,10 岁、20 岁、30 岁(夏茂镇一带 30 岁生日不设庆宴),一般举行小规模庆宴,来宾也仅限于内亲。泰宁,东乡的朱口、龙湖和北乡的上青地区,岳父母在女儿、女婿和外孙逢十的生日里,送布、鞋、粉干之类礼品前往庆贺。永安,青中年逢十祝寿,只吃蛋、面,不设宴请客,但20岁生日称"起家十"可宴请"做生日"。

南平各县区也大多有10岁起逢十岁比较隆重地过生日(有的称"祝寿")的习俗。如光泽,小孩10周岁时亲友共贺"初庚",主人操办"初就"宴;建阳,小孩10周岁时要办酒席,俗称"做生日",客人要送红包或生日礼物;松溪,小孩10周岁生日的宴请叫"做拾",概不发请帖,亲友要事先送礼祝贺,即"请酒贺拾";武夷山,逢十岁的生日做寿,但30岁、40岁一般不做寿,民谚有"三十无人识、四十无人知"之说;蒲城和政和,10岁生日里祝寿请酒,此外要到50岁以上逢十岁生日里又祝寿请酒。

台湾,闽南人,50岁前有些逢十生日带有祝寿的色彩。一般男女结婚后,婆家为媳妇或岳家为女婿过生日,称为"探寿"。女婿30岁和40岁生日时,岳家送猪脚、面线、鸡鸭蛋为之庆祝,分别称"绵寿"和"脱壳";客家人在50岁或者51岁前的生日,家人会煮几个鸡蛋和一碗猪肉汤过"小生日"。岳家要为女婿过两次生日,第一次是在新婚后女婿的头一次生日,叫"新生日";第二次是在女婿满31岁时的生日,俗称"作三十一"。如果结婚时,女婿已过31岁,岳家就只为他过第一次生日。过生日时,岳家要"为女婿准备衣料及项链、戒指等金饰作为礼物,表示感谢女婿照顾女儿之意,而女婿家则会盛宴款待岳家及其亲友"[1]。

(二)做16岁

16岁是少年向青年过渡的转折点,闽台许多地方小孩到了这一年龄就开始意味着成人,可以开始谈婚论嫁了。因此,有些地方会在16岁时举行较为隆重的庆祝活动,时间不一,有的在生日那天,有的在正月里,有的在七夕,等等。如:

蕉城,旧时男女在16岁时的农历正月十四要到神宫奶娘(临水夫人)前,或廿八日到城隍爷前,请巫师念经读疏,然后提红灯、点红烛,披红吹打回家。富家设宴酬宾,以庆贺儿女长大成人,宾客则以礼物相送。

霞浦,16岁行冠礼,俗称"做十六岁"。城关小孩在生日里、农村多在春节里举行,亲戚送来面、蛋、衣物等贺礼。城关人家多数设宴款待亲友,农村

---

① 李秀娥.台湾的生命礼仪(汉人篇)[M].台湾:远足文化事业股份有限公司,2008:112.

多以糕点答谢。80 年代以来,多数地方"做十六岁"举宴成风。亲友的贺礼比较简单,母舅的贺礼比较重。

福州的鼓楼、台江等地,旧时男女到了 16 岁,父母要在正月里挑选一吉日,请道士到家设醮、向神宣告,举行男束发女加笄的成人仪式,称"做出幼"。

鲤城,16 岁生日时,父母为之炊龟粿包粽子,带上寿面和三牲到宫庙里酬神,并设宴请客。外婆家要送公鸡、猪肉、寿面、布匹及成年衣帽鞋袜做贺礼。80 年代以来,送金项链、手表、自行车、摩托车、电脑、手机等大礼成风。

晋江和石狮,16 岁,男称"成丁"、女称"及笄"。在生日或"七夕"那天,亲友送布匹衣服鞋帽等丰厚礼物,富裕的外祖家,80 年代以来与鲤城一样送大礼。主家设筵演戏,酬敬天地,并最后一次祀敬床母、檐口妈和七娘妈等神明。除供品特别丰盛外,有的还把亲友赠送的礼物一并陈列敬神,让人参观,借以炫耀孩子的"贵品"。如幼时曾认"七娘妈"或"夫人妈"作契母(干妈)的,要用饭菜祭拜她,同时烧竹篾、五色纸糊制的"七娘妈亭",感谢她多年的庇佑,并从此脱离关系。

安溪和德化,男孩 16 岁,称"成丁",有的在正月里宰猪"谢天",少数还宴客。俗例,外祖家送布、线面、蛋为外孙祝贺。

新罗,男孩 16 岁、女孩 15 岁生日要"谢姑婆",称"吃鸡做大人"。50 年代后,不时兴此俗。

(三)其他成长礼仪

除"过生日"和"做十六岁"外,闽台有些地方还有以下成长礼仪:

1. 认干亲

闽台一些地方有让幼儿认干亲的习俗。主要有两种方式,一是认人做干爹娘,二是认神佛做干爹娘(闽南较多),其主要目的是让幼儿能够顺利而健康地成长。如:

马尾,小孩出生后,如体弱多病,其父母为使其祛病、交好运而找"好命人"拜为"干爹""干妈",每年要为干爹妈做生日祝寿;干爹妈也要于端午、中秋、除夕等节庆中给干儿子送礼物。

鲤城,一般认多子女的贫困的亲朋邻里做干爹娘,认为贫困人家的孩子身价低贱,容易长大。干爹娘送给干儿子的东西通常有木饭碗、木匙、长命锁和衣服、鞋袜、帽子、围嘴、兜肚等,在婴儿满月时送去。有的甚至认乞丐作干爹娘,取其下贱易养活之意。乞丐送的礼物主要有一个小"加茨"(行乞时装碗筷、钱物的草袋),让小孩挂着,喻"贱命小命",可以辟邪①。

芗城,将幼儿许给注生娘娘、妈祖、观音等女神做干儿子、干女儿的,要在脖子上挂一块用红线拴着的金银牌驱魔。直到16岁成年时,备供品向神明致谢"洗契"后,才把牌子拿下来。

台湾,闽南人和客家人都有给认神佛作干亲、为之做"契子"的习俗。"在孩子诞生之后,在七娘妈(即七娘妈诞辰)或神明生时,求絭牌来挂,有给神明作契子之意。将红丝线系在孩子们的脖子或手腕上,称为'挂絭'。每年七娘妈生或神明生时,再换上新的红丝线,称为'换絭'。直到孩子满十六岁时,再于七娘妈生或神明生时谢掉絭牌,称为'脱絭'"②。

2. 拜床母

闽南和台湾多数地方大多有孩子出生后拜床母的习俗。"当孩子出生三天后,便要拜床母。古代孩子生病、重要的年节、每月初一和十五等,都有祭拜床母的习惯,但后来祭拜较简省,逢七娘妈生时,再一起拜床母,也有满十岁拜床母脱絭的。拜床母时,在床中央或床边加一张小供桌,备油饭、鸡酒或蛋酒、筷子、四方金或寿金,或是刈金、床母衣。不要拜太久,孩子动作才会快。又或是七娘妈生时,上香呼请床母和七娘妈一起拜。"③台湾客家人称"拜床公婆",做法与闽南人一样。

3. 出花园

在云霄,男孩15岁时,要于农历三月十五"花朝"节备糯米糖饭和纸糊"花亭",到注生娘娘殿或其他寺庙神佛前祭拜,以"牵出花园"。民间传说,15岁前在花园里由花公、花婆照管,15岁起已可自立。

4. 赠福寿

在古田,旧时,独生子、晚年得子或由五行推断定的,均为是贵子。父母向长寿老人赠送银钱,让其制作上镌弓箭及"百家赠福"的盾形银牌送来给小孩带。或送钱物给长寿老人、老乞丐,请他们在每月的朔望两日送饭来给小孩吃,称"赠福寿"。

———————————

①　陈垂成.泉州习俗[M].福州:福建人民出版社,2004:233.

②　李秀娥.台湾的生命礼仪(汉人篇)[M].台湾:远足文化事业股份有限公司,2008:34.

③　李秀娥.台湾的生命礼仪(汉人篇)[M].台湾:远足文化事业股份有限公司,2008:35.

5. 过关

在鼓楼,孩子得病痛时,家人延请道士到家里拜忏做法,称为"过关"。具体过程是:主人临时组织几个小孩,跟随在抱着要过关孩子的大人背后走。道士吹法号摇铃,口里念咒,引导这支小队伍从纸糊的"城关"下闯过。一圈又一圈,走上几圈,跟随在后面的小孩还要学鸡鸣犬吠,表示闯过千关万险。过最后一个关,先由道士点燃纸门,然后,人们从火焰下闯过,表示安全过关了。最后分给参加过关的孩子们一人半粒煮熟的鸭蛋,表明大家都平安。"过关"的法事可以做到 16 岁为止。

三、闽台汉族传统的祝寿礼仪

为父母祝寿,是子女对父母养育之恩的一种反哺形式。在闽台各地,每过十年为上年纪的老人祝寿的礼仪,同人生礼仪的其他方面一样,有相同的一面,如布置寿堂、跪拜寿星、设宴请客、亲友送礼、女婿送全套衣服等,但也存在着较大的差异:首先,在祝寿的时间上,有生日里和正月里的差别;其次,在男女祝寿的年龄上,有分别从 59、60 岁开始(如福州)、49、50 岁开始(如莆田),60、61 岁开始(如龙岩)和都是 49 岁(如泉州)、50 岁(如三明、宁德)或 51 岁(如漳州)开始等区别;再次,有的地方父母健在本人不做寿(如福州、泉州),有的地方无论父母在否都祝寿(仙游);最后,在许多细节的做法上有所不同。

(一)生日里祝寿

生日里祝寿其实是过生日的一种形式,但它与一般生日的过法并不相同。一般的生日年年都有,且都是在生日那天做的,大多过得随意、简单;祝寿则要到一定年纪后每 10 年才过一次,而且一次比一次隆重:布置寿堂、接受晚辈跪拜及亲友行礼等。时间上,不局限于生日那天举行,有的要在生日之前祝。

1. 闽东·福州

各县区普遍有"男做九、女过十"的习俗,即男的在 59、69、79 岁等,女在 60、70、80 岁等生日里祝寿。如:

鼓楼、马尾和台江等地,男满 50 岁,女满 45 岁算上寿,男 60 岁,女 50 岁为大寿。根据男庆九、女庆十的习惯,男人在 59 岁时祝寿。正寿前一日先做"禳寿"。晚上,把族内小辈送来的寿烛插在公婆龛前,做寿的本人坐在龛前的公坐椅上,接受晚辈逐个叩拜。有身份的还要请道士设坛拜忏,求北斗星君给予福寿,称"拜斗"。有的还请民间道教乐队在坛前弹奏,叫"夹罐"。次日为正寿,置酒宴请亲友、邻里。来者一般送红包,有的送寿烛、寿幛、寿包、寿面、寿酒、寿炮等,有的兼送钱物,甚至还送珠宝等厚礼和一台戏。父母健在的,不祝寿,只做生日。女人不在80岁那年做寿,要推迟一年或提前一年举行。

福清、平潭和闽侯等地,男女满50岁为上寿,祝寿的年龄和鼓楼等地相同,也是男女分别为59、69、79和60、70、80等。在父母的寿诞前,已嫁的女儿都要做寿礼饼,分发给娘家亲友,几个女儿就分几份。亲友接到寿礼饼后,在寿诞日带红包、烛、炮、面等礼品去贺拜,有的还送寿屏、寿轴等物。女婿、孙女婿要送寿桃,取蟠桃延年益寿、长命百岁之意。主人家挂红灯、贴寿联、设置宴席,寿星端坐厅堂接受子孙和亲友拜贺(闽侯称"做十")。

永泰,男女满50岁开始逢十做寿,也有逢九做寿的,如59岁、69岁等。因做寿花费较大,贫穷的人家一般不做。小康之家也有不声张、小规模做的。祝时,亲友及出嫁女儿要送鸡、线面等礼物去贺寿。

2.莆仙·莆田

莆仙各县区除仙游外,在年满50岁后,"男做九、女过十"进行祝寿,俗称"做十"。即女50岁(寡妇提前一年,49岁)、男49岁开始逢"十""做十"。祝时,备办礼物祭祖。富人家请道士法师做"延生",有的还要请戏班演戏来敬神谢恩。此外,还要大宴宾客。亲友送联、烛、炮及红包前去庆贺。出嫁的女儿要备办猪腿、"寿面"(俗叫"猪筊面")和寿龟、寿桃、衣帽、鞋袜及红包等"十个盘"回娘家祝贺。晚辈也要逐个行拜寿礼,寿星回赠以红包。高龄"做双寿"(夫妻健在)的,礼仪会更为隆重。穷人家则比较简单,只是宴请前来祝贺的亲友即可。收礼时,衣帽鞋袜全收,红包、食物尤其猪腿不能全收并要回赠些糖果等礼物。

3.闽南·泉州

在祝寿的年龄上,泉州各县区多数地方不论男女都是50岁以上逢十祝寿,且大多只"做九不做十",这与福州、莆田等地的"男做九,女做十"不一样。至于为何只"做九不做十",各地有两种相反的说法:一为闽南方言"九"与"狗"谐音,狗会咬人,因而"九"不吉,要于逢"九"岁这年把祝寿的喜事给办了,以避凶;一为"九"与"久"谐音,有"长寿"、"长久"之意。另外,各县区多有在祝寿时置办棺木、寿材的做法。如:

惠安，50 岁以上逢"十"做生日，叫"做大寿"。通常在 49、59、69、79 岁时得提前做 50、60、70、80 大寿。当日，合家男女为老寿星磕头拜寿，晚上大宴宾客。亲友送贺仪、或烛、炮、猪蹄、寿面等七色礼品，或喜联等其他厅面礼物，或聘请戏班唱戏作贺。同时，为在世的父、母置备棺木、寿材，称竖"生寿"，意为"天增岁月人增寿"

鲤城，男女年龄到 50 岁，称"上福"。祝寿的年龄与惠安一样，但一般老父母健在的，本人不举行寿庆。寿诞前夜要举行家宴，子孙团聚一堂，为老人添寿，俗称"暖寿"。翌日清晨，子孙点烛拈香，敬天地、祖先后，请寿星端坐在堂上，依次行礼祝寿。中午设寿宴招待亲友，菜中必有寿面、全蛋。富人家还请乐队笼吹，雇戏班演戏。女、婿、孙女、孙婿要备办寿烛、礼炮、寿面、寿蛋、猪脚、酒和滋补品及寿星衣服鞋帽前来祝寿；亲友送寿烛、礼炮、寿幛、寿联、寿屏、寿匾或贺金，甚至送交椅茶几、卧榻、屏风等。80 年代，送贺金最普遍，更有送金寿桃、家用电器和新式家具的。有的人家乘寿庆之际，购棺材进家，备老人百年之后启用，俗称"竖板（寿）"。"迎板"时，全棺披红彩，棺首插金花，红甲吹前导，沿途燃放鞭炮。到家时，棺首向上、底朝外竖放在厅堂右边，中贴红"福"（男）或"寿"（女）大字，边配"福如东海，寿比南山"的小联。寿木竖放后不得移动，直至老人去世。

晋江，称祝寿为"大生日"，年龄与做法基本上和鲤城一样，只是多了"压筐"的习俗。即在祝寿礼毕，要向四邻馈送寿包、寿面，并让已婚女儿、孙女等至亲带回寿包、寿面以分送邻里。现在由于平均年龄普遍增加，民间做"大生日"已逐渐移到 59 岁或 69 岁时才做。

石狮，也称"大生日"，与晋江等地稍微区别的是，在逢十时祝寿的要比逢九的多。祝法基本上与鲤城、晋江等地一致，也有为长辈做寿衣、置寿板（棺材）的习俗。做寿衣称为"张老衣裳"；置寿板时，也要请"红甲吹"迎送。寿板以红漆为底色，绘有二十四孝图案，并用新草席包扎，挂上红布，再插以金花，然后竖放在祖厅旁。

南安，祝寿的年龄也是"做九不做十"。旧时，子女儿孙共聚一堂吃线面、荷包蛋。线面不可剪断，只能绕着筷子往上抽，叫"抽寿"即"长寿"。富人家也有接受亲友贺仪并设宴款待的。现在，大多数到 69 岁时才开始做"大生日"。祝前一日，寿家要"惠面"，即向族亲邻居分赠熟面（现以快熟面和猪肉罐头代）。寿诞日，天尚未亮时，有的摆香案敬天公；日出时，儿媳妇到祖厅焚香点烛，敬五果，放鞭炮，为长辈祝寿。早餐时，合家吃寿面，各加两个蛋。中午,宴请亲友邻居,来者多以大红烛、喜炮作贺,也有赠送电视机、电冰箱或沙发等贵重器具。祝寿礼毕,也"压筐",即让已婚女儿、孙女等至亲带回寿面等物以分送邻里。

安溪,60岁开始逢十祝寿。祝法与泉州其他地方大致一样,其特色在于寿宴的第一道菜,必是蛋和线面。近永春的东溪村,有的还加上糯米和糖制的"寿龟"。除女婿外,不收其他人的礼品。家境较差的,多只略自庆祝即可。

德化,50岁以上多数逢十庆寿。之前,儿子要养猪为庆寿时宴客做准备。有地位或七八十岁以上高寿的人祝寿,族亲、戚友合制寿幛(俗叫"寿图",以金色料写寿序,或只绣一大"寿"字)或送寿联、寿仪以庆祝。女婿则要送内外衣服各一套、鞋袜、帽子、裤带及猪腿、寿龟、线面等。寿宴上,女婿要坐首位。

4. 闽南·漳州

漳州各县区的男女也是从50岁开始逢十祝寿,其与泉州、莆田、福州等地的最大区别是年龄上可提前或推后一年,而以推后一年逢一时祝寿为多数。如:

芗城,称"做大生日""做大寿",可提前一年、或推迟一年,如在49或51岁、59或61岁时举行。在寿诞前,由子孙发请柬,亲友备猪前脚、酒、面线、米桃、高烛等物品,以双数为吉,送往寿家。寿家收下后,回赠红包。寿诞日时,亲友前往拜寿,主家招待以寿面点心,然后设宴。有的请戏班或布袋戏班来家助兴,有的亲朋如已请戏班,主人则要另请彩戏以示谢意。50年代后,在寿诞日早晨,全家坐在一起吃寿面,吃法与南安同,忌把面线、面条夹断。亲友带寿面、寿桃、寿龟、鸡蛋、鸡、鸭、鱼、猪肉、酒、糕饼等礼品前来庆祝。礼品为双数并要染成红色或贴上红纸,表示"见红大吉"。女婿另要加上老人从头到脚的穿戴。主家收下一部分,余者由送者带回,意为彼此增福寿(女婿送的穿戴要全部收下)。中午或晚上,主家设宴款待。

华安,50岁称"上寿",要做小寿,做粿备宴请客。60岁以上逢十的生日,才较为重视:一般提前一年或推后一年做寿。由子孙布置寿堂,做红桃粿或红龟粿分发亲友乡邻,并设宴请客。

漳浦,大多地方从50岁生日起逢十祝寿,只有湖西蓝姓在"男一女十"(男51、61岁等,女50、60岁等)时祝。富家于寿庆前几日,亲戚朋友送钱送物。寿庆日,寿星拜祭天地祖先后,与配偶同受晚辈跪拜礼。礼毕,吃"长寿面"。当晚设宴并奏乐演戏。贫家只吃汤面或线面了事。

云霄、东山和诏安等,俗称"做生日"。不论男女,从51岁开始逢"一"为"大生日",其他年份为"小生日"。寿庆要在生日之前举行,不能推后。小生日,一般由已嫁的女儿送猪脚、线面,亲友也有送鸡、肉、酒等作贺礼的;大生日,普通家庭由女婿送寿衣、寿帽、鞋袜和寿桃、寿龟、寿面、寿烛等物;富家则广发请帖,接受贺礼和拜寿,寿翁分赠红包,并宴客。有的还请僧道和戏班"做功德"、演戏。

5. 闽西

龙岩各县区除新罗和漳平外,大多从60岁开始逢十祝寿,且有"男做齐头女做一"的习俗,即在男60、70岁等、女61、71岁等时祝。如:

连城,60岁开始逢十祝寿。一般是"男做齐头女做一",即男人60岁、女人61岁祝寿。61岁的,送贺帏书写"六旬加(开)一",余者类推。摆寿堂,寿星夫妻于寿诞早晨外客来之前接受晚辈"拜寿",分发红包。当天宴席上,必有寿面、寿桃和红蛋。

上杭、永定、武平和长汀等地,祝寿年龄和时间与连城相同。多不具帖邀请,一般亲戚给寿翁(婆)送蛋、酒、鸡、寿面、喜联等,女婿须加布料、鞋、帽等物。寿家设宴款待亲友,首碗菜为"长寿面"(长汀,厨师要到席前加面,叫"添寿")。且在庆寿前夕,寿星要设宴请至亲好友,称"暖寿"),宴后以"寿桃"(饼)分赠宾客近邻。

新罗,不论男女,50岁以上逢一做"大生日",也有部分山村在逢十时祝寿。通常在生日前择吉日举行。女儿女婿提前一至三天备送寿礼,多为寿烛一对、鞭炮一包、鸡一只、还有蛋、猪肉、米粉、寿面、寿桃饼、衣服鞋袜等,亲戚送鸡、肉、蛋、米粉、鞭炮、寿轴等礼物,其他的多数送"红包"。庆寿时,也设寿堂和拜寿,但与其他地方不同,要拜二次:寿诞前夕拜,俗称"做满寿";寿诞日清早再拜。拜时,厅堂前摆设香案礼品、焚香参拜天神、祖先。待点好寿烛、燃放鞭炮后,子女等恭请寿星坐堂中,人人衣冠整齐(蓝色衣服为宜)。女儿、媳妇头上插缀彩梅花、腰系绣花围裙,站在寿星面前行鞠躬礼或下跪叩首。寿星把花生、黑豆、红包(俗称"拜钱")分给子女亲属。中午宴请宾客,德高望重的长者和远道亲友坐首席,头道菜为寿面。

漳平,男女满50为上寿,逢十大庆。庆时姻亲戚友送寿联、寿面、红烛、礼炮、衣料、鸡或猪脚等贺礼。寿者称"生日公",生日当天清晨,备办牲醴果品祭拜祖宗与天神。之后,寿星也接受拜寿和分赠红包。主家亦宴请送礼亲友。

6. 闽北·三明

各县区的祝寿年龄与闽台其他地区有所区别,大多 50 岁开始逢十祝寿,且 79 岁时做 80 寿(俗称八十无米,"米"字上面少两点),也有的 60 岁才开始祝。如:

大田,男女满 50 岁为"上寿",逢十举庆,但 80 岁改在 79 岁或 81 岁庆。生日前一天,亲友送寿礼。除女婿的可收外,其他视亲疏程度酌情收受,并回赠答谢礼品。母族送的寿礼分毫不收。寿庆日清晨,晚辈先以米粉、红蛋(必是一个鸡蛋、一个鸭蛋)给寿者祝寿,并说祝颂语"一个鸡一个鸭,吃到整一百"。寿者穿上女婿送的衣服、鞋袜,上厅堂焚香烛,一拜天地,二拜祖先,然后坐在厅头正中交椅上,让直亲晚辈拜寿。女婿拜寿,寿者受半礼,其他众客只行拜烛之礼,寿者发红包。儿子要回拜众宾客。若不是子孙满堂的,不能接受众宾客朝拜,来客就只在厅堂上点寿烛、鸣炮,并向寿星说些"添福寿"之类吉语,表示祝贺。寿宴办在早晨,宴请两天。当天为众宾客给寿者祝寿的酒;次晨,是寿者回敬宾客的酒宴。若只请一日酒席,应分两餐,且众客送的寿烛应折价发还。亲戚可在生日之后送礼"补寿",但免送烛、炮。

沙县,50 岁以上逢十做寿,80 寿庆也大多提前至 79 岁举办,事前不通知不下帖。寿诞前夕,亲友送来寿幛、寿联、寿面、寿鞋等寿礼。"开寿"时,摆寿堂、行拜寿礼,后举行寿宴。

将乐,50 岁开始"做十"。60 岁为上寿,70 岁、80 岁、90 岁为大寿。祝寿只能提前不能推后,如 60 岁寿在 59 岁时做。亲友、乡邻送衣料、鞋袜、公鸡、寿糕、寿桃、寿面、寿联、寿烛、鞭炮等祝贺,有的赠送彩幛、匾额等。寿庆之日,设寿堂、行拜寿礼。之后,设席吃寿面,称"暖寿"。次日中午摆寿宴,寿者为首席首位。

尤溪,50 岁以上逢十做寿,79 岁、89 岁、99 岁生辰,必举行"过九"预庆,逢十再庆。父母健在,不祝寿。生日清晨设寿堂,行拜寿礼,寿者分发红包。寿宴,农村多办早席,县城则办午席或晚席。亲戚送有题名的联、幛、匾、屏(选一种)、衣料、鞋、袜、炮、烛、禽、蛋、线面,农村还加粳米粿等礼品。寿家视亲戚的尊卑亲疏关系酌情收受,并回赠糖果等。普通亲友多封送现金,也有加送题名的联、幛、匾、屏的。寿家家境不宽裕的,吃碗蛋面了事。农村中至亲亲戚可以在生日前送礼预寿或在生日后送礼补寿,城关则不可。

明溪,60 岁以上逢十为大庆,称"享寿",必设垫拜寿,办寿筵。寿诞前晚"暖寿",寿星接受晚辈"拜寿"并向拜者赠"红包",称"拜寿钱"。礼毕,众宾客吃过糕饼点心后入筵,称"吃暖寿酒"。寿辰凌晨,宾客登门祝寿,然后入筵称"吃拜寿朝"。开筵头道菜为寿面,席间分发寿糕(糕、高谐音)、拜寿钱(数额不定)。祝寿花费大,贫困之家多无力举办。

永安,60 岁为"上寿",逢十祝寿称"寿庆"。寿庆前夕深夜,寿星接受子孙行拜寿礼并回赏红包。凌晨,接受来宾祝拜,亲属侍立厅前回拜,并赠之以红蛋一双。女婿孝敬炮烛、寿桃、寿幛、衣料、鞋袜和鸡蛋;亲友奉送炮烛、寿联、衣料、鞋袜等礼物。除至亲外,只收炮烛、寿联或袜。设寿宴时必加一道寿面,称"大庆"

7. 闽北·南平

各县区祝寿的年龄比较复杂,有满 50 岁开始祝的,也有 60 岁开始祝的,有逢整十做的,也有做九不做十的。如

光泽,50 岁开始逢十做寿(也有逢九做,俗称"做九不做十")。寿诞日前夕,备酒面款亲友,称"暖寿"。翌日早,设寿堂,晚辈行拜寿礼。午间或晚间办寿宴,席上必有"长寿面"。至亲送有题名的寿联或寿幛、匾、屏和衣料、鞋、袜、鞭炮、烛、禽蛋、线面等,农村加送寿糕。

松溪,50 岁开始逢十"做寿"。概不发请帖,亲友要事先送礼祝贺,俗称"请酒贺拾"。

建阳,50 岁开始做寿,因十与死谐音,民间有"做九不做十"的习俗。祝寿礼品一般为面条、包子、寿桃、布料等,现在一般改为红包。

顺昌,俗称"拜寿",老人逢 60、70 岁的生日,晚辈为其祝寿。亲友则送蜡烛、鞭炮、布料、衣服之类礼品。主家给祝寿客人"拜寿钱"并置酒宴客。

武夷山,50 岁开始逢十祝寿,70 岁以上的寿庆,可以提前一年做,也可以如时做。提前者系老人体弱、时不可待。设寿堂,寿星夫妻同受晚辈跪拜并分发红包。女儿送寿桃、寿面,无女者由男儿自做寿桃;其他亲友送红包,衣物。寿宴分两餐,早餐吃面条,俗称"吃寿面";午餐为酒宴。

浦城,50 岁、60 岁祝寿请寿酒,69 祝 70 寿。祝寿送礼和宴请宾客,只能提前不能推后,不能逾期补送、补请。富家设寿堂,行跪拜礼。鼓手吹打,唱寿戏;一般人家,只挂寿联。女婿送红烛、寿联、鞭炮,亲友送寿礼。寿筵上必须吃长寿面和寿桃糕。

8. 台湾·闽南人

闽南人的祝寿习俗与其福建闽南祖地的习俗基本一致,"泉州人的习俗则是逢 50 岁、60 岁……做寿;漳州人则逢 51 岁、61 岁……做寿……多由子

孙或亲友发动,事先布置寿堂,做红龟粿、寿桃馈赠前来祝贺的亲友,而寿星的亲友则准备寿幛、寿联、寿礼等作为祝贺,寿宴上则少不了猪脚面线。面线不剪断,喻长寿。已出嫁的女儿则加送鸡、酒、蛋等礼物,父寿加送裘、鞋、帽,母寿则送裘、金簪,俗称为'拜寿''敬寿'。寿星家属并准备寿金和鞭炮,让寿星敬神明和祖先,祝祷庇佑康泰长寿"①。

9.台湾·客家人

50 或者 51 岁时开始逢十年"作大生日"一次。"当夫妻皆健在时,则于51、61、71、81 岁时行祝寿礼;丧偶者,则习惯于 50、60、70、80 岁时举行寿礼……举行寿礼时的请柬,多由男嗣具名发送给亲友,上面多写'家严或家慈某年某月某日六秩晋一(或七秩、八秩)寿辰桃酌敬请',下面则写'承庆男某某鞠躬'。"②

由于厦门从 1840 年开埠以后,漳、泉人大量进入厦门岛内,所以厦门的祝寿习俗混杂着漳泉的特点,而与移民各自祖籍地的比较做法一致;岛外同安、集美的祝寿仪礼与南安大致相同,不再赘述。

(二)正月里祝寿

除在生日里祝寿外,闽台还有一些县区在逢十的生日里简单地过,而在正月里则举行隆重的庆仪进行祝寿。相较于前者,后者要不普遍一些,主要集中在闽东宁德和福州的一些县区及莆仙的仙游等地。

1.闽东·宁德

各县区从 50 岁起逢十祝寿,亲友们大多从年前就开始送寿礼,庆祝活动可延至元宵节前。如:

福安,50 岁起逢十做寿,每年从正月初三到十五为庆寿、请寿酒的佳期。亲戚从年前开始送寿礼:联幛、贺轴、寿糕、寿桃、绛烛、银丝(豆扣)、寿酒、猪蹄等。女婿还须加上成套衣物,并在春节里备办精美酒席一桌前往祝贺,俗称"暖寿"。50、60 岁寿过的比较简单,春节期间挂寿联请寿酒即可;80、90岁大寿,比较隆重,有设寿堂和行跪拜礼、分发拜寿红包等,并请亲邻吃寿面和寿宴,叫"请寿酒"。

---

① 李秀娥.台湾的生命礼仪(汉人篇)[M].台湾:远足文化事业股份有限公司,2008:111.

② 李秀娥.台湾的生命礼仪(汉人篇)[M].台湾:远足文化事业股份有限公司,2008:113.

福鼎,50岁起逢十做寿,在正月初二至初十内举行,也摆寿堂、行跪拜礼和设宴。寿宴菜肴佳、品种多、耗时长,故俗以"吃寿"来形容吃得慢。

蕉城,俗称"做寿",农村多称"做十"。50岁起逢十晋寿,60岁为下寿,80岁为中寿,100岁为上寿,夫妻同登寿年称"双寿"。过程按贺寿、拜寿与请寿酒进行。贺寿又叫"送寿""送十",一般不发帖,知情的亲戚多在腊月十五后送寿,贺礼包括猪蹄一只、布料一块、太平蛋、长寿面、福橘、红联、红烛喜炮等。女婿须另加岳父母从头到脚的服饰。富人家或邀名士至亲为其撰写寿屏、寿序,或由亲朋"与份"送来寿幛、寿匾等,挂在厅堂之上;拜寿,多数在除夕夜举行,家人团聚吃"重岁饭"之后,晚辈行拜寿礼,寿星分给红包,称"磕头钱"或"压岁钱"。亲戚中的晚辈,尤其小孩,多在春节期间向寿星"磕寿",也可得到"磕头钱"和面蛋吃;请寿酒,叫"有动用",可在农历正月初二至元宵间任选一日,由子女发帖通知,众宾客纷送寿联、寿仪。开宴时,寿星坐首席首位。头碗菜必上长命面,吃时不能用筷子截断,搓得越长越好,表示长命百岁。

古田,50岁起逢十祝寿,亲戚送猪蹄、寿面、寿联、寿烛等,邻居送两包寿面即可。普通人家做寿很简单,只在春节期间,煮寿面、烫家酿酒,全家团聚吃一餐,叫"记寿"。富家则于春节期间摆寿堂、行拜寿礼并设宴。

寿宁,50岁起逢十"做十"。子女发帖,摆寿堂。正月初一早五更时分子孙行拜寿礼,其他亲友早饭后来贺。寿家备茶点款待,并给每人分发红包一个,俗称"拜寿包""百岁包"。平溪一带,初二日寿星的家属要回拜,富人家请唢呐班随行,逐户回拜。多在初一日中午或晚上举行寿宴,也有在元宵以前(初二日除外)举办,主要宴请嫡亲好友。席间,女婿坐大位,头道菜为"长寿面"。县城、犀溪等地也有在除夕夜宴请亲朋挚友共进襄寿酒。斜滩、武曲一带,岳父母的襄寿酒安排在正月,由女婿筹办。女婿需送厚礼:联、幛、匾、屏(选一种)及衣料、鞋、袜、鞭炮、烛、猪脚、粿、面、糖、橘等,寿家回赠过半。其他亲友则按辈分亲疏送礼,寿家适量收取,回答谢仪包若干。

霞浦,50岁始逢十"做十",在春节进行。三沙地区有30岁庆寿之俗。祝寿亲友送红包为"包干礼",送寿烛、寿面、布料、猪肉等礼物为"湿礼"。女婿、外甥礼品从厚。南乡岳、舅做寿,婿、甥应送熟猪腿,俗称"猪脚钵"。祝寿贺礼不全收,按亲疏回赠仪包,称"回根礼"。富家摆寿堂、行拜寿礼,子女设家宴祝寿,俗称"做暖寿"。一般人家煮寿面贺寿即罢。

屏南,50岁为初寿,俗称"头十",以后逢十即庆。农历12月27日至29

日,亲戚送寿礼:猪腿、长寿面、布料、米粿、纱袜、布鞋等,寿家收一斤寿面、一块米粿、纱袜和布鞋,回送一个红包。女婿的寿礼要多一套衣料,岳父母也可以多收一些,同样回送红包,另赠外孙(女)小红包。正月初一上午,同房族晚辈备茶点、米酒、放鞭炮前往祝贺。寿者接受晚辈"拜寿",请之吃点心和赠送红包;同房族每户要请寿者吃一餐,俗叫"犒寿",其他各家来一人陪伴,俗称"陪寿"。寿家于最后设宴回敬,每户 1～2 人参加。寿宴上要备盖红纸剪花盖面的寿面一大盆,揭封时要讲"寿比南山"或"寿面(命谐音)长长"等吉利话。

柘荣,50 岁起逢十"做十"。亲戚于除夕前几天先送寿礼:寿面、猪腿、衣料、寿联、贺仪、寿匾等,俗称"送十"。寿家酌收部分礼物,退回部分作答礼,并附红橘、茶包(糖、果茶点)、粳米糍;族亲晚辈大多选在正月初二上午,间或初四、初六上午,手持寿面或粉糕向寿星拜年祝寿。寿家招待以糖茶、点心、糖果,并在元宵节前选一吉日中午办一餐"拜年昼"以答谢。旧时,富人家也于年内摆寿堂、择开春吉日行拜寿礼"暖寿",并雇用乐队从正月初一起吹打闹至元宵。元宵前寿家发红帖择日备办"寿宴"答谢亲友。届时,雇车轿迎送。席间,子、媳在旁斟酒、端菜。1980 年前后,迎送宾客改用三轮车,宴毕发给宾客一被单、被面、床毯、热水瓶等礼品。楮坪、黄柏、宅中等乡部分农村,凡村内开春有上寿者,邻居每户即煮一大碗"长命"面,面上加放两块红"东坡肉"(共约半斤重)送给寿星吃,以示祝贺。寿家答以橘子、红板糖(60 年代后,改用水果糖)或红包。

周宁,50 岁起逢十做寿。女婿为岳父母祝寿须提前至腊月底备礼前往祝贺,称"贺寿"。亲族晚辈在除夕夜给寿者送"点心蛋",寿者以糖、橘答谢。正月初一,寿者接受子女和亲族晚辈拜寿,以糖茶、糖果和面蛋招待拜寿者,并发给"红包"。凡村中儿童来家门口"拜年"的都发给一个"小红包"。寿家于元宵节前择吉日宴请亲友。因耗资大,穷家无力措办,往往隐瞒岁数,或直告亲友免送贺礼。

2.闽东·福州

在福州与宁德交界的县区,祝寿习俗具有明显的过渡性特征。庆祝时间跨度大多与宁德各县区一样,亲友大多从年前开始送礼,仪式最迟至元宵时结束。在祝寿的年龄上,有做九也有做十的,却与福州其他在生日里祝寿的县区类似。如:

连江,50 岁称上寿,以后逢十"做十",时间从农历十二月半以后至翌年元宵节前。女婿及亲友在年前送肉、蛋、猪蹄、寿面等礼品,寿家以米时、橘回赠。正月里由儿子发帖(现女儿也可在帖上署名)择吉日宴请亲友。父母俱在不论是否同庚,帖上均书"双庆",否则书"寿庆"。亲友送寿匾或寿轴、烛、炮等礼品。开筵前,摆寿堂、行拜寿礼,俗称"拜十",寿星分发"膝盖钱"。旧时,只有夫妇、子女内外周全且多有名望或殷实之家才能办寿酒者。

罗源,50 岁起逢十祝寿,称"做秩"或"做十"。无论男女,做九不做十。时间与连江一样,年前也是由女婿与亲友送猪蹄、寿面、衣服、鞋帽、袜、烛炮、寿轴或寿屏等礼品前往祝贺。正月初二日,邻居捧一碗煮熟的寿面上门祝贺,寿家回赠米时、红橘等物。富人家于正月初二至元宵节间择日设宴以答酬亲友。筵前与连江一样行"拜十"礼和发"膝盖钱"。多数人家不办筵席、不行跪拜礼。

闽清,50 岁起逢十年祝寿。与福州其他县区一样,男做九、女做十。农历十二月,外戚送寿联、寿幛、烛炮、肉、线面;女婿、外甥送寿匾、联、幛等。正月初二日,乡亲送鸡、肉、线面祝贺,寿家回敬蛋、橘。富家由子女举办祝寿庆典,择日办寿酒。祖父母健在,父母寿庆不行庆典。

3. 莆仙·仙游

仙游,50 岁起逢十"做十""做正十";逢九也做,称"做假十",如 49、59等。"假十"比较简单,只是由至亲亲戚提"面笕篮"掼"篮仔",装一块布、两双或一双用红纸条裹束的蛋(夫妻俱在者两双,落单者一双)、四结索面(面线)、炮、烛各一对、花粉两块(女的才有)前往祝贺即可。旧时人的寿命短,能活上 50 岁的较少,因此民间一直以 50 寿为最大寿,一定要比较隆重地进行庆祝而不论父母是否健在。儿女上 50 岁且父母还在,是儿女和父母共同的福气,父母要在正月里择一吉日,煮碗面线蛋给儿女吃。族亲于年前每户煮一碗面线蛋"点心"送给寿星吃,寿家收下,要在碗里回压一把花生,意为同"添丁增寿"。正月初一早,邻里族亲要至寿家给寿作偪拜寿,拜时口赞"添福添寿"之类的吉语。寿家备茶水、香烟招待,并赠每人一双红柑。初三日,早上凌晨三、四点,族亲与乡邻们"掼篮仔"挨家挨户到有祝寿的人家里祝寿,寿家不但不能收下里面东西,而且还要以红柑一双、糖果四或八粒压篮子,让来者提走,到下一家去。上午八、九点,县内"担盘""掼篮仔"络绎于道。女婿一定要"担盘""办盘",通常用红布袋装四个盘以上挑至岳父母家,每盘或装染红猪腿、布匹(后为服装)、鞋帽、红寿龟、红柑、红米团、索面、炮、烛、花粉(男有帽无花粉、女无帽有花粉)等,上用大块红纸覆盖,再盖上盖子。另外还要加上"中堂"(即在有鹤、鹿、蟠桃和寿星的年画上下裱上红纸做成可张挂的寿幛,上面写有贺者的祝词和落款)、金饰等;亲戚视亲疏程度,有"担盘"(一般为四个)也有"掼篮仔"(与"做假十"一样),但都要加上"中堂"(90年代后不时兴,改为毛毯、被子、床单等)。客人到时,要先吃碗热"冬粉"(魔芋粉做的长粉条)汤。请客多的,中午的寿宴招待亲戚,晚上招待族亲、朋友和乡邻;少的,则在中午一并进行。女婿的礼品可收下大部分,其余亲戚视亲疏关系酌情收些,回压红柑、糖果等。由于全县多数地方集中在初三日办寿宴,在寿命越来越长的现在,经常因为祝寿的亲友较多,即使全家人分赴各处寿宴也无暇应付,一些人家已将寿宴改在初三以后办,但很少有超过初八的。

4. 闽北·南平

邵武,俗语"四十无人知,五十杀只鸡,六十再来做(祝寿)"。至亲在春节前送鸡、鸭、肉、酒、花烛、粉、面、糕点(以示长命寿高)、衣物鞋袜到寿家祝贺;一般亲友,在春节期间贺寿、拜年。寿家发给前来庆寿者红包,叫"赠寿钿",并在正月十五以前设寿宴答谢曾经前来贺寿、拜年者。

政和,孩子满十岁叫做"头寿",一般人都会为孩子做头寿。以后到五十岁后再逢十做寿。富人家摆寿堂,正月初二黎明,祝寿的亲友登门拜寿。一般亲友只拜寿堂里虚设的交椅。寿家为来客备早点和每人一个红包,并另择吉日宴客。贫者则只请亲友小酌。后来拜寿礼改成正月初一到寿家点烛,放鞭炮,口喊拜寿即可。

此外,闽台还有一些地方个别人家有为已故父母做"阴寿"的陋俗。一般也是逢十举行的。方式与做阳寿差不多,不过,行拜寿礼时对象为死者牌位,亲友也送礼致贺,主家亦设宴款待。

第二节　闽台少数民族的生养礼仪

一、福建少数民族的生养礼仪

福建少数民族中,畲族的生养礼仪还保留有一些特色外,其他民族基本上已与周边汉族一样,没有多少民族色彩。

宁德各地畲族的生养礼仪相差无几,大略如下:

1. 生育礼仪

各地畲族妇女在社会和家庭生活中的地位较高,生男生女不是大家关注的大事,所以一般没有汉族的孕前祈子等活动。在孕中,由于畲族妇女比较勤劳,大多照常参加生产劳动到临产前。临盆前,寿宁坑底乡一带的娘家及其亲属也要送"催生饭"。生产时,与汉族一样,不能在娘家或他人家里,都要在自己家里生产。要坐在一只矮板凳上,先自己把婴儿生出来后,婆婆或接生婆才上前帮忙。

在畲族人看来,妇女生孩子是一件不洁的事。为了不污天秽地、冲撞"神明",在孕妇肚子阵痛临产时,要点燃一束干茅草或一把破纸伞,以驱除房间秽气。然后,将一条产妇的旧裤子和一张用红纸剪成的裤样一起贴挂在产房的门楣上,以示"避邪",使婴儿顺产。旧时,婴儿生出来而胎盘还没出来,就要"圆盘",即将婴儿的脐带缠在木屐或凳脚上,让它自然脱落。断脐时,男婴用毛笔筒劈成的竹片,女婴用吹火管劈成的竹片。前者以求兴文兴业,后者以期理事旺家。随后,用麻丝将脐带缚好,把胎盘贮于陶罐内,埋在四季常青的大树下。婴儿落地后,以杉树叶和香镜草(天南星科,石菖蒲)熬汤给产妇与婴儿洗浴。洗时,先给婴儿"开天门"——洗双目,后"点龙鼻"——洗鼻子,再"开龙嘴"——洗嘴巴,接着从头部洗到胸部、四肢、臀部。之后,男婴用生父旧衣包裹,女婴以生母旧衣包裹。产妇和婴儿在一个月内洗涤用水都要用香镜汤。初生婴儿一月内一般不能见生人。之后,也像汉族那样为婴儿作周岁和满月等。产妇坐月子的饮食和方式等基本上与周边汉族差不多。

2. 命名礼仪

各地畲族的命名礼仪是其生养习俗中较有特色的一环。小孩命名除取正名外,还有奶名和谱名。奶名即乳名或小名。常因保护神的不同分别冠以"石"(石将军)、"奶"(奶娘陈靖姑)、"佛"(神佛)等字。谱名是在宗谱中的名字,刻于灵堂神主牌和墓碑上。谱名的命名对象按世系、排行而定,由讳名(世名)、字和行第三者组成。一般每一世(代)同辈用同一个字头,然后再按出生年月时辰先后依次以"念、大、小、百、千、万"字排行,周而复始循环使用,叫"暗行"。畲族四姓中,雷缺"念",钟无"千",男无"一",女无"二"。按族内规定,雷姓排行仅用"大、小、百、千、万"五字;钟姓用"念、大、小、百、万"五字;男丁排行序数从二开始,如"盘念二郎"、"盘念三郎"等;女丁排行从一开始,要缺二,如"蓝念一娘"、"蓝念三娘",要把"一郎"和"二娘"让给未满16岁夭折的男女。

畲族谱名带有神秘性,晚辈对自身讳字行第不得而知,仅在祭祖或重修宗谱时开启才能阅看。因此,某人逝世时,亲属要向族长索取谱名;对于外嫁女人,生前做"寿材"(棺木)需要"名行"与"暗行"时,要由她的兄弟向族长索要,族长将其行第写明,用红纸封好。在"寿材"做好举行庆宴时,外甥再将红纸包安置在"棺木"内,俗称"讨位",要待棺木主人逝世时才能启封。如果生前未做棺木的,外甥要脆在母舅面前为母亲"讨位"。

　　3. 祝寿礼仪

　　各地畲族的祝寿习俗与周边汉族略有不同,祝寿前要先行祭祖。50 岁(虚岁,下同)大寿的寿庆在农历正月初六日举行,60、70、80 岁则分别在初七、初八、初九举行。祝寿时,全村歌手云集宽敞处,对唱或轮唱,主家应有歌手登场照应首尾。唱罢吃寿宴,吃过后再唱,反复进行,直到参加者都感到疲倦为止。

　　此外,泉州德化畲族的生养礼仪中有以下两个特色值得一提:

　　(1)生育上,不为婴儿庆贺满月和周岁,只有外孙被抱到外祖家时,外祖父母才给婴儿一套衣服和一些压岁钱。钱用用黑、白线缠住送给婴儿,表示对孩子的祝愿。黑、白线缠钱寓意无论白天和晚上都能挣到钱。

　　(2)祝寿上,凡到 50 岁以上逢十的岁数里都要举行寿庆活动。在逢十这年的农历正月内,先由同房至亲择一吉日,在自家中设酒席邀请寿星前来宴饮,为之庆祝,席上必备糍、蛋、线面和猪肉,后依亲疏关系由族亲轮流宴请。至当年秋收后,主人要回请,以猪肉一大块(3～5 两)、糯米豆饭一大碗以及粿、蛋(每人一个)等,送到各户,以示答谢。

二、台湾少数民族的生养礼仪

(一)阿美人

1. 生育礼仪

(1)孕前

由于阿美人为母系社会,以女性为中心,有重生女的观念。所以有孕前没有汉族的祈子之类的活动。

(2)孕中

妇女以月经停止为受孕,以怀孕七个月生产为早产,八、九个月为难产,10 个月为正常。注重胎教和卫生,妊娠五个月后即与丈夫分床,不再房事,并坚持适度劳动,以使胎儿健康和分娩顺利。

（3）分娩

临近分娩时,在宅外走廊僻静的角落上临时搭建"产妇棚",供产妇在小草屋里分娩坐月。生育时,要请女巫师来家里念经祈祷。初产由母亲或姐嫂等前来协助接生,二胎后就多由产妇本人处理一切。在藤床上生产,难产时下地蹲踞着生。婴儿生下后,用竹片割断脐带并用白线或麻丝缚扎,用温水为之洗净后再布片包好,并让产妇进入家屋休息,胎衣用槟榔叶包好埋在屋外地下。

（4）产后

产妇分娩后饮姜汁、食咸肉、米饭。在一周内全家休息,期满宴请亲友,亲友都带贺礼来赴宴。"在花莲县吉安乡,产妇暂不吃饭,不吃油盐,仅以木瓜加糖烧来吃。产妇仅休息三、五天后,大多起来照常出外操作。"①

（5）命名

在婴儿出生一周后（花莲吉安为三、五天）,家里的男人出门打猎或耕种,打到什么动物或遇到什么植物,就以之作为婴儿的名字。如打到野猪是最吉祥的,婴儿就以之为名,俗信婴儿容易长大。

在阿美人中,未婚生子的妇女会遭人讥笑,但对私生子都一视同仁。私生子由母亲单独抚养,母亲会私自向婴儿生父索取腰带一条,作为背负小儿之用。此后即与之断绝往来,路上相遇也视若陌生人。私生子是母亲家族的成员之一,与其生父没有任何关系。

2. 成长礼仪

阿美人的成长礼仪中最有特色的是成年祭,成年祭的主要对象是 13 岁到 20 岁的男子。北部南势的阿美人每八年（或七年）举办一次,在丰年祭之前举行;中、南部阿美人每三年至五年选择在丰年祭中的某一天进行。大致在旱稻收获以后就开始准备,先要举行祭日会议,由部落公廨领袖召集会议决定祭日,然后宣达到部落里的每一家每一户。

为了参加成年礼,阿美少年常常秘密组织起来进行训练,练习跑步、摔跤、跳舞等。在成年祭举办的前一个月,每位参加者都要斋戒,强化练习舞蹈和跑步等。之后,还必须集中在部落的众会所里进行长达一、两星期的谋生技能和服从性训练,主要包括:野外求生、体能、战术、赛跑、歌舞、胆识、应

---

① 许玉香. 台湾少数民族——阿美［M］. 北京:台海出版社,2008:175.

付、机警、耐力、礼节、建屋、修路、捕鸟、狩猎等体魄、勇气、毅力和团队精神的综合训练。野外训练前，要祭拜山神"马拉道"，要举行独木舟下水仪式，晚上睡在海边不能回家。

到成年祭这天，许多村社新晋级者很早各从家里携一桶酒、一只鸡到指定地点集合。长者及头目致祝词，大家在会所的广场上载歌载舞。有男子参加晋级的人家都举行盛宴，开怀痛饮。

赛跑是成年祭中必有的一项仪式，它脱胎于阿美人成年祭典的奔跑"洗礼"。路程分三段，约五、六公里，包括坎坷不平的平地、山丘和沙滩。开始一段象征坦荡平原的平地，中间一段象征群山连绵的山丘，最后一段象征滨海地区的海滩，整个路程似乎是祖先长年迁徙、艰辛跋涉的历史再现，包含着继承和发扬祖先光荣传统与创业精神的教育意义，宗教色彩比较浓厚。参加的男子赤裸上身，头上戴着辟邪的姜叶编成的环饰，在最高长老训话、宣布事项和发出号令后出发。先前的一段路，由一位长老带队，最后由一位体魄强健的长者压阵直到终场。长者一手提着一只白鸡，一手拿着长矛，一边奔跑，一边拔鸡毛往周围和落后的赛手后背抛撒，祈神襄助，并呐喊催促说："祖灵与你同在，吉祥随神俱来，神灵与你同在，跑啊！追啊！"①白鸡是阿美人的神圣之物，具有驱邪祛祟、更新生命的灵力。北部南势的阿美人称长跑为"马楞楞"，由部落头目携带着一个葫芦和一只白色大公鸡压阵，谁要落伍了，就以公鸡的爪子抓其后背，催促他跑快些。由于在参赛前，男子们都经历了一段时间的强化体能和饥饿训练，体力消耗大，要一口气跑完全程是相当艰苦的，一路上自家亲人们沿途呐喊加油，鼓励他们坚持下去。第一个跑到终点的人将被任命为该年龄级别的级长。

跑完全程之后，青年们稍事休息即集合在一起，在长老的率领下向海岸出发。来到海滨，他们手举长矛，"呼喊着冲向海里，让双脚浸泡在海水里片刻，祈求海神帮他们去除身上的污秽邪气，汲取新的活力。长矛也沾上海水，使之去秽并得到无坚不摧克敌制胜的灵力。接着，青年们在海岸列成圆阵，由级长致词，长老训话，共作圆阵舞。歌舞结束后，各自归社，更新衣饰，戴羽冠，然后集中到级长家中，继续举行歌舞会欢呼庆祝"②。

阿美的少年男子都要参加成年祭，首先进入最低年龄阶级，参加下一轮成年祭时进入上一级年龄阶级，逐级晋升。女子没有年龄组织，所以，没有

---

① 许玉香.台湾少数民族——阿美[M].北京:台海出版社,2008:139.

② 许玉香.台湾少数民族——阿美[M].北京:台海出版社,2008:140.

正式的成年仪式,但在达到成熟年龄时,其父母会为她改变发式,盛装起来可与成年男子一起庆祝歌舞。结婚后即随其年龄阶级,可以在庆祝饮宴时与其夫同级的男子携手共舞。

南部阿美少年举行成年礼时,还要在海滨搭起帐篷住两夜,参加捕鱼竞赛。之后,各自归社饮宴歌舞,持续数日才结束。

(二)泰雅人

1. 生育礼仪

由于泰雅人的社会形态是父系氏族社会,家族里男人至上,所以也存在着重男轻女的倾向,但对女儿一般不会轻贱的。

（1）孕前

泰雅人的传统生育观念认为,受孕是神灵的赏赐,因而在孕前存在祈子的现象。如久婚不育的女子,会特意向多产的妇女借衣服穿,希望能借助灵气而怀孕。

（2）孕中

泰雅妇女也将月经停止视为怀孕的特征,每月打一个结,等打了八至十个的时候,就开始准备孩子的生产了 。这期间,大多照常劳动,做些体力运动较轻微的、不影响胎儿生长的活,直到临产。当肚子大到比较明显时,要用藤编的腹带绑在肚脐上腹位置以安胎。

（3）分娩

泰雅人没有职业的助产者。头胎大多由婆婆或生过孩子的其他妇女协助生产,之后就基本上由产妇自己处理。泰雅人的传统观念认为,妇女在生产过程中被别人看到会难产,因此临盆时,如果是白天,家里的其他人都要外出回避,包括其丈夫,等生产结束后再回来。有的部落可以由丈夫在一旁助产。如果是夜晚,家人则不用外出回避,但应该在家里保持肃静。产妇也要克制疼痛、不吵别人进行生产。分娩前,要请女巫来祈祷,还必须用力在宅前斩断一根树枝,以示勇敢。女巫要挑选那些顺利生产许多孩子的妇女来担任。

分娩基本上在平时起居的床上进行。分娩前夫妻可以同居,之后要分居一个月左右。婴儿生下来时,用竹刀在脐带约五寸处的位置割断,末端不打结而是涂上艾草止血。婴儿用温水或冷水洗净后用布包好,有的也不给洗澡,用布擦干净后用布包好,过三五天再洗。产妇生产所用的杂物和胎盘要用布包好,埋在产床下,上面压一块石块。如果生的女孩,婴儿脱落的脐带要收藏在母亲的织布机机身上,以祈祷女儿长大后是个织布能手;如果是男孩,婴儿的脐带要放在父亲装日常重要物品的藤制的小篮子里,期待他长大后成为一名勇士。父母死的时候,女婴的脐带和织布机要随母亲一起入葬,男婴的脐带也要随父亲的小篮子陪葬,表示父子、母女连心①。

（4）产后

产妇在生产完两三天后,要用浸泡过樟树皮的水洗净身体,在家静养七八天,等进行生育的禳祓仪式后即可出门活动。泰雅人的传统习俗认为分娩是不洁的,新生儿在没有举行禳祓仪式前出门,会触怒神灵,导致狂风暴雨,给族人带来灾祸。

禳祓仪式在婴儿生下来 10～12 天时举行。先由产妇抱着婴儿蹲在室内门边,用一块布盖住婴儿的头部,女巫师手持一块燃烧的樟木柴,将之举在产妇头上大约一尺多高的地方,一边口念咒语为婴儿祈福,大致内容是:"我今天为他禳祓不洁,从今以后,此婴出门,必不遇风雨,自山上直至溪谷,扫除干净!"之后,将火把扔到门外,产妇即抱着婴儿走出屋外,以手指天再复述上述咒语,保佑孩子出门在外时不被恶魔侵扰。

也有的部落不请女巫而由产妇自己来做禳祓仪式:从丈夫那索要一片藏在藤制小篮内的松柴,点上火,抱着婴儿到东边离家两三丈远的地方,把燃烧的松柴与其他的树枝点燃,然后对婴儿说:"你已经举行了禳祓仪式,以后出远门不会感染邪气。"②

为婴儿举行过禳祓仪式后,要选择一个吉日,在家里酿酒制糕,邀请亲友来为孩子庆生。前来赴宴的多为同一祭团的成员,都带来珠货、布匹、衣服或酒食等作为给孩子的见面礼。主人家还要为孩子的舅舅、堂舅们准备一份礼物,表示因其姊妹生产后,孩子进行的禳祓给他们族人招来不洁的赔偿。对产妇的长兄赔礼最重,且第一胎也要重于后面的婴儿。在庆生宴上,舅舅、堂舅们只有在得到赔偿的礼物后,才可见到外甥。

（5）命名

泰雅人为新生儿命名要从祖传的名谱中选择一个名字。他们认为,"按祖先留下的名谱取的名字都是祖先认可的,这样的名字能给族人带来吉祥

---

① 陈小艳.台湾少数民族——泰雅[M].北京:台海出版社,2008:169.
② 陈小艳.台湾少数民族——泰雅[M].北京:台海出版社,2008:170.

佳运"①。各族群没有表示男系或者女系家族血统的姓氏,也没有表示家族的姓,因此同名的人很多。在表示人名时,通常在本人的名字后面加上父亲(男孩)或母亲(女孩)的名字,即父子连名或母女连名。在婴儿命名后,如果婴儿经常生病或者家庭运气不佳,可以重新取名。新名字或从名谱里重新选取,或另创一个新名,一般都要请巫师占卜禳祓。

泰雅人对待私生子非常严厉,除非其亲生父母立即成婚,否则会被活埋。因为泰雅人十分重视求婚女性的贞操,有私生子的母亲只有大降身价才有可能嫁出去。

2.成长礼仪

"出草"及之后的"敌首祭"是泰雅人早先传统的最有特色的成长礼仪之一。所谓"出草",就是以猎首为目的而突袭敌人的战斗行为。骁勇善战是泰雅人维持生存所必须具备的素质,没有参加过出草猎首的成年男子不能黥面,而且会被族人轻视,因此,"出草"实际上就是泰雅男子从少年转变为青年的一种仪式。当出草猎得敌首后,由部落首领主持,进行"敌首祭"。先围绕敌首歌舞两次,之后由首领与猎首勇士一起,将少许酒、糕、肉塞入首级的口中,并念咒语:"汝已来此,今以盛餐招待,请速召汝之族人同来!"念完后,将酒从首级后穴注入(事先去除脑浆,开好口),从首级口中流出,令小辈啜饮那酒,以增加他们的胆量和勇气。祭祀完毕,通宵饮酒、跳舞,持续三五天。猎首成功的勇士,经过黥面后就正式成年了②。后来改变了猎首的习俗,男子出猎,猎得鹿、猪等,就可以在额头上刺青,被公认已经成年。

女子的成年,主要以月经来临为标志,父母请人在她脸上刺青后,即可谈婚论嫁。

(三)排湾人

1.生育礼仪

排湾人相信太阳神是人类生命的来源,月神为生育之神,还有撒拉巴奴和马都库特克两位直接司理生育的女神,并且相信祖灵也保护婴儿。没有重男轻女的观念,男女同样对待。

(1)出生

排湾人对头胎的出生特别重视,无论生男生女,做父亲的男方家庭必须

---

① 陈小艳.台湾少数民族——泰雅[M].北京:台海出版社,2008:172.

② 陈小艳.台湾少数民族——泰雅[M].北京:台海出版社,2008:191.

准备毛毯和小米酒向产妇娘家送礼,以感谢产妇生产的辛劳,若无毛毯也可以用红包替代。贵族还要酿酒祝贺。头胎以后孩子的出生都不用送礼和举行庆典。

（2）命名

婴儿出生之日或稍后四、五天,迟的在一个月之后,由父母或亲族会议为之命名。届时,婴儿家酿酒制糕,邀集亲戚等人,在家举行饮宴。

排湾人依各家所属的阶级为婴儿命名,各有一套传统的名录。命名时,由家长与其族长依婴儿的阶级地位为之选定一个名字,再与家屋连在一起,即在本名后连接自己居住的房屋名称,称"家屋连名"。"家屋名是一家一户的专名,往往随家族社会地位的浮沉、分户迁居或入赘等原因而更换。头目和平民、长子与次子,因尊卑不同,家名自然也不相同。头目的家名具有神圣不可侵犯的象征,只能由长嗣继承,次嗣以下者分居后另建新宅,家屋的名字也就不同。子女分家后,家名与袭位传给长子或长女,其余子女就放弃原家名,另建新宅更换家名。"①

一个排湾人只要知道他的名字就可以判断他的阶级。当然,有些名字也可由头目赐予,经过头目允许后才能使用比自身阶级高的名字。

（3）成人

排湾人的婴儿成人礼比较特别。排湾人传统习俗认为,婴儿的灵魂尚未定型,故其生命属于造物神。举行成人礼后,才能真正成为世间的"人"。在婴儿两三个月大时,要邀请女巫师来家里。以新布罩住婴儿的头,由母亲拿着女巫师增加神力后的榕树叶祭品,将婴儿抱出屋外给太阳和造物神看,并向它们献祭祈福。若遇家中兄弟的配偶及姊妹在孕期则不能举行,有的往往拖延至小孩两三岁时才举行②。

排湾人会看不起私生子的母亲,但不会抛弃或残害孩子,仍然会好好把他(她)抚养成人。

2. 成长礼仪

排湾人男孩的成年礼仪通常是出猎祭。当男孩长到16岁时,父亲就会带他第一次上山打猎。上山之前,家人要准备子打猎的武器,如弓箭、长刀、矛、枪等,并请女巫师来举行祭仪。第一天,女巫师用祭叶放在男子头上,念经祈求附加神力,并结束婴儿时期到青年阶段的所有礼仪,然后为武器举行

① 顾扬.台湾少数民族——排湾[M].北京:台海出版社,2008:148.
② 顾扬.台湾少数民族——排湾[M].北京:台海出版社,2008:149.

去秽的仪式;第二天,由家中全部男人和三代以内男性族人陪同男孩一起上山打猎。由男祭师带领男孩带着由女巫师加强过神力的祭品到猎区祭坛祭拜,其他男子继续出猎,归来后将猎物分给女巫师,并献祭祈求该男孩一生猎事鼎盛。此后,男子就正式由少年变成青年。

排湾女孩的成年礼仪也有特色。戴花仪式是其成年礼中的一个重要仪式。当女孩长成少女时,家长就会同亲戚们谈好,由一个远亲男子送木材、酒等物品到少女家,并给少女戴上花冠,向大家宣示她已经长大,可以接受男子的追求了。头目家族做此仪式时非常盛大,就像结婚一样。①

(四)布农人

1.生育礼仪

布农人的孕妇必须在夫家生产,不能在娘家生育,除了表示孩童身价的氏族归属之外,也祈求该家族的祖灵能够永久庇佑婴儿的一生平安。②

(1)分娩

孕妇生产由年长的专职接生婆前来接生。分娩时,孕妇要坐在屋内的泥土上,地上不放置任何垫布,真正让婴儿"落地"。如果遇到难产,在孕妇阵痛三、四天仍没能将婴儿产下,接生婆会另请一位妇女帮忙,并以长布围于孕妇的腹部,双方各持长布一端用力向后拉,束紧孕妇腹部,挤压婴儿,使之离开母体。如果是双胞胎,一子已产出,另一子还在母体中,为了保住婴儿生命,接生婆会用植物果实涂满右手,使之润滑后,伸入孕妇阴户,将滞留的婴儿拉出母体,让之尽快呼吸。

婴儿安全产下之后,母亲会用右手握住婴儿的右手心,对天感恩祝祷。之后,接生婆用竹子做成的刀子将脐带割断,然后用由木炭磨成的粉涂于脐上,并用温水将婴儿清洗干净,穿上衣服,帮助产妇整理干净。此时,家人会将生姜和山羊内脏煮的汤给产妇吃,以增加元气。婴儿的胎衣及秽物用布包起来,由其父亲埋在屋外的树底下,并保留一段婴儿的脐带放至一特殊的地方;给婴儿戴上一条特制的项链,此项链以后一直戴着,具有驱魔的效用。③

(2)产后

第二天,若生的是男孩,父亲要在清晨背着婴儿,拉弓向一目标物射击,

---

① 顾扬.台湾少数民族——排湾[M].北京:台海出版社,2008:149.
② 李树义.台湾少数民族——布农[M].北京:台海出版社,2008:146.
③ 李树义.台湾少数民族——布农[M].北京:台海出版社,2008:93.

务必一箭中的,并对天祝祷,然后将射中的物品收入仓库,表示是孩子所捕获的猎物。

妇女在生产四、五天后,身体就会完全恢复,可以背着婴儿出外工作。在出外的前一天,全家人会准备丰盛的酒菜宴请接生婆,除了感谢之外,也要请她为婴儿往后的生长祝福。

（3）命名

"正名礼"是布农人心目中非常隆重的仪式。在时间的选择上,如果婴儿是在月圆时出生的,就在下个月月圆时举行"正名礼",月缺时出生的月缺时举行。之前,父亲和家中其他的男子要前往山区狩猎,将兽肉烤干,母亲和家中的其他妇女要在家舂米、酿酒、制作腌菜,以备"正名礼"宴请宾客之用。采取袭名制命名,如长子承袭祖父名讳,次子承袭曾祖父名讳,三子承袭叔祖父名讳,其余承袭伯父、叔父名讳;长女承袭祖母名讳,其余承袭姑姑名讳等。

2. 成长礼仪

布农人将拔牙当成年必经的过程,称为"般渡三",在过去被视为成年礼的仪式。男女大约在 13～16 岁时,要拔去两颗门牙,他们认为这是美的表现。①

（五）卑南人

1. 生育礼仪

卑南人认为人的身体是父母给的,但人的灵魂是由父神、母神、母亲胎内造形神、儿童守护神四位司命神赐予。在怀孕过程中还有数位安产神保护孕妇顺利生产。

（1）孕前

由于卑南人的入赘婚非常普遍,男子嫁到女方家里,男家将会失去劳动力,因此多喜欢生女孩,有重女轻男的观念,因而孕前没有祈子之类的习俗。

（2）孕中

妇女在怀孕期间不能参加丧葬、祭仪,不能缝纫、行房事,不食死动物及动物内脏。

（3）分娩

传统的生育习俗是不设专门的产房,孕妇在家里蹲着生产,即孕妇被布

---

① 李树义.台湾少数民族——布农[M].北京:台海出版社,2008:90.

带绑住上腹后蹲下,下腹用力,并念唱安产之神。如遇难产,则要请女巫前来催生。整个生产过程由丈夫或孕妇母亲助产,剪断婴儿脐带,在伤口处涂烟草灰。脐带等放在竹筒里挂在屋檐下或埋于地下。也有用纸包脐带,藏在母亲枕下或针线篓里。如果新生的婴儿死亡,就要把脐带用槟榔叶包裹后丢弃①。

(4)产后

婴儿出生后要举行汲水礼仪,用冷水洗身体,再用旧衣服包裹起来。第二天,女巫会用槟榔摩擦婴儿身体,并分三次抱起婴儿。第一次抱到家门口,第二次抱到走廊下,第三次抱到庭院里。亲属要向婴儿表达祝福。亲属祝福时,男婴手里拿小刀,女婴手里拿小锄,意为男猎女耕。

不管是招赘婚还是嫁娶婚,妇女基本上都是在娘家生产和坐月子。在婴儿脐带脱落之前,母子要分开居住,不能共用水火。之后,母亲要行锄耕祭,模拟锄耕时的动作;父亲则要上山狩猎以解除妊娠时的禁忌。如果所生孩子是第一胎,满月时要摆满月酒,举行长子(长女)庆典,父族要为其准备丰盛的礼物,而且要在庆典时致词祝福。②

(5)命名

婴儿出生后第五天,其祖母或长老要为之命名,也有推迟到一两个月后才命名的。命名的主要规则是③:

①不用家祖之名。男婴不能与父亲的兄长同名,女婴不能与母亲的姐姐同名。

②用事物的名字命名,如螃蟹、黑柿。

③用身体某种形态命名,如跛脚、缺唇。

④用具有美感的词语命名:如露水、草花。

⑤用生产时的情景命名,如听到铃声,则给婴儿取名为铃声。

卑南人的名字实行"家屋联名"制,即在名字之后加上居住房屋的名称。家屋名与排湾人一样,会随着家族社会地位的变化、入赘等情况而变化。

"卑南人对本名看得非常重,在称呼对方时,一般不称呼本名,以示尊重,只有家族中的长辈才能称呼晚辈的本名,平时用绰号等称呼,如绰号相同,则在绰号后加家屋名。在称呼某人的父母时,常以'某某的爸爸''某某

---

① 杨洋.台湾少数民族——卑南[M].北京:台海出版社,2008:162.
② 杨洋.台湾少数民族——卑南[M].北京:台海出版社,2008:163.
③ 杨洋.台湾少数民族——卑南[M].北京:台海出版社,2008:163.

的妈妈'称呼。"①

2. 成长礼仪

按照卑南男子年龄阶层,男子传统的成年礼有两个:一是由童年级进入少年级,一是由少年级进入青年级。第一次是在猴祭中进行,通过猴祭的少年才能进入少年会所,参加会所生活,接受会所教育。第二次是在大猎祭中举行,通过大猎祭的男子才能从少年会所进入青年会所②。

(1)猴祭

最早的猴祭不是用猴子,而是猎人头。后因清政府禁止猎人头,就改用猴子。再后来到了日本占领时期,改用草编的猴子。通过抓猴、刺猴,培养少年的胆识与杀敌气概,通常于每年的12月25日左右举行。在此之前的前十多天,父母要将家中适龄的男孩送到少年会所,先要接受往年已进会所的学长鞭笞屁股,以培养服从的精神和训练的耐力。之后,要练习搭建茅舍、编草猴、制作自己的刺猴竿等。接下来,少年们成群结队抬着草猴,从会所一直跑到部落祭场,举行刺猴仪式。最后进行弃猴,祈求一切灾难从此远离部落。初次完成猴祭后,男孩就由儿童进入少年阶段。

(2)大猎祭

大猎祭是紧接在猴祭之后进行的祭祀活动,是卑南人最盛大也是最重要的祭仪之一。在大猎祭期间,所有即将进入青年会所的男孩(约18岁),必须找一位成年人作为他的教父,并由教父为他举行入会仪式:在太阳升起时朝向东方,教父为男孩祈福,训诫他必须服从尊重老人,并乐于帮助有困难的人。当教父替他围上蓝色围裙后,仪式结束,男孩正式加入青年会所。他与教父之间也建立了永久的义父子关系。他有义务为教父服劳役,教父则要传授他知识和技能③。

在狩猎归来后,青年男子就可以自由结交异性了。

(六)鲁凯人

1. 生育礼仪

(1)出生

鲁凯人在婴儿出生第二天到第五天要举行"出生祭"仪式,向诸神报告

---

① 杨洋.台湾少数民族——卑南[M].北京:台海出版社,2008:164.

② 杨洋.台湾少数民族——卑南[M].北京:台海出版社,2008:163.

③ 杨洋.台湾少数民族——卑南[M].北京:台海出版社,2008:152.

婴儿的诞生,同时还要解除各种生育带来的禁忌。仪式由父亲主持,需在五天之内完成。主持者也可以用假寐的方式代表一昼夜,来缩短实际的日程。祭祀期间,住同家屋的人都不得食用龙爪稷①。

传统的"出生祭"仪式大致如下:

先由家人把小米煮成干饭,并用肥猪油块涂抹婴儿的肚脐、脖子、腋下等处;然后由母亲用麻布将婴儿包起来,抱在胸前求神灵赐福;再由家人捧小米粉末在母亲面前祝祷祈福;裁剪一块巴掌大小的干净白麻布,由父亲为婴儿祝祷,并将白布佩戴在婴儿胸前。这块白布象征着婴儿的灵魂,要等到长牙仪式举行后才可以取下,这期间即使洗澡也不能离身;之后,家人准备小米覆上布块捧到婴儿和母亲面前,由家长向神灵祝祷,产妇之后脱离只能吃稀饭的特别时期,可以像平常一样吃干饭了;父母带着婴儿准备15片树叶和150片猪皮丁,到村落西方的野外,将10片叶子和100片猪皮丁放在石头上,作为献给神灵的贡物,另5片树叶及50片猪皮丁放在另一块石头上,献给凶死村外的亡魂。之后,祝祷神灵庇佑婴儿、凶死亡魂不加害婴儿。完成这个仪式后,婴儿及母亲就可以外出了。在产后第五天举行最后一个仪式。产妇在接受家长祝祷后,可以开始从事清洁工作,如将生产期间使用的褥席拿出去抛弃,并开始打扫整理住家环境,可以开始洗澡,婴儿的摇篮也可以开始使用,生活回到平常状态。

(2)送聘

在鲁凯人的传统观念里,婚姻要等长嗣出生才告确立。因此,男方可以保留一部分聘礼到头胎婴儿出生后再送到女家去。所以,在头胎出生后数天内,由婴儿的大伯或其他长辈将剩下的聘礼送去,最终确立两家的姻亲关系②。

婴儿满月后,产妇由丈夫陪同,携带糕酒和铁器回娘家。两个月后,婿家再取铁锅一只、腕环一对送给产妇娘家,视为补足赔偿之意。

(3)命名

鲁凯人传统的命名方式为连名制,包含"家屋连名"和"家属连名"。"家屋连名"与其他民族一样,不再赘述。"家属连名"的做法是:长子常袭祖父之名,其他儿子则任选一位上代或旁系长辈的名字,或用占卜法来选定一个名字。在鲁凯人的阶级社会中,各人依其家系生来即属于某一阶级,各阶级

---

① 高伟.台湾少数民族——鲁凯[M].北京:台海出版社,2008:77.

② 高伟.台湾少数民族——鲁凯[M].北京:台海出版社,2008:78.

都有传统的名字。

命名仪式在婴儿出生后一周左右举行。届时,邀请双方亲戚共聚一堂。除"家屋连名"外,在长辈中挑选合意的名字。命名除了从阶级地位考虑外,也具有期待新生儿与同名的长辈具有同样德行的意义。一般由父方命名,如果母方的家族地位较高时,母方的意见也必须受到尊重。现在,由于受到汉族的影响,命名仪式多与婴儿的满月仪式一并举行。

2. 成长礼仪

鲁凯人的成长礼仪主要有两个,一是婴儿时的长牙礼仪,一是少年时成年礼仪。

(1)长牙

婴儿长牙后,由家长将小米干饭放在葫芦做成的两个小圆盘里,捧在手中绕着婴儿念祝祷文辞,然后放一盘在屋顶的天窗上,献给太阳神,另一盘放在房屋主柱的基石上献给其他神灵:一为感谢神明,一为祈求神明继续保佑。鲁凯人将婴儿长牙看作一个重要的生命阶段,因而,长牙仪式是一个赋予婴儿身份和灵魂的仪式。只有经过这个仪式,婴儿才成为真正的人,意味着要开始学习应有的德行、知识和技能,同时开始遵守所有的禁忌,如在重要场合不得打喷嚏或放屁等。女孩自长牙仪式之后至结婚之前,就没有再举行其他成长仪式了。

(2)成年

在东鲁凯的大南群,因有会所制度,所以男子有成年礼[①]。十几岁的男孩都要进入会所接受各种技能训练,等学到必要的知识和技能后,就可以举行成年礼。

在成年礼举行之行,先要接受毒草的鞭打。早先,由两位长老分别站立两侧,手持"咬人狗"和"咬人猫"两种毒草,每位青年人都只穿一条短裤,赤裸着上身列队——经过长老身前。长老用毒草抽打他们的全身,象征打去他们不良的品性与身体里的不洁。通常一边鞭打一边训诫,内容包括做人要谨慎、不能任意和女孩子发生性行为、不能偷盗等。由于两种毒草含有一定的毒素,被它们碰触过,皮肤就会产生刺痛和红肿反应,比较难受。青年人只有忍受住这种考验,才可宣告由少年成为成年人。现在只是由青年队长用"咬人狗"毒草拍打每一个人的小腿即可。

---

① 高伟. 台湾少数民族——鲁凯[M]. 北京:台海出版社,2008:80.

　　参加成年礼男孩的家庭都要酿酒,齐聚会所前进行庆贺,并为刚刚完成仪式的男孩换上全新的成年人服饰。之后,青年人集体去拜访头目及长老,接受其祝福。由头目为每一位青年头上戴上头饰,大家再一起回到会所与亲友歌舞欢宴,完成成年礼。过去,还要由长老为其佩戴一把山刀,并上山打猎,以狩猎的能力来证明男子的成年①。

---

①　高伟.台湾少数民族——鲁凯[M].北京:台海出版社,2008:82.

第四章
闽台传统的丧葬礼仪

有生就有死,生,固然是人类自身延续的需要;死,未尝不是代际传承与更新的必然。但是,在万物有灵观念的支配下,面对至爱亲人的离去,作为理性与感性兼具动物的人,常常抑制不住内心悲痛,作出种种举动,希冀逝者的魂灵到另一个世界里过得安宁与幸福。各地的丧葬习俗因此而复杂起来,人们按照各自区域族群对死亡的理解办理亲人后事,使丧葬文化随着地域与民族的不同呈现出迥异的表征。

第一节　闽台汉族传统的丧葬礼仪

在儒家思想"视死如生"的影响下,闽台汉族传统的丧葬礼仪很讲究。特别是在朱熹理学关于"风水"的观念提出之后,趋利避祸的普遍心理给各地的葬仪披上了一层强烈的神秘色彩。

一、临终

(一)送终

老(病)人临终时,各地的亲属们都要陪伴在旁边,在异乡的亲人要尽可能赶回来与之见上最后一面,聆听临终遗言,称"送终""送归终"(蕉城、寿宁等)、"送老"(莆田、仙游等)、"讲好话"(云霄)等。

(二)搬铺(床)

在死者咽气前,一些地方无论男女都要进行"搬铺(床)",如宁德的屏南,住在楼上的要搬到楼下的厅堂上,女的还要搬进房内。福清和平潭,50岁以上的要从卧室里移到祖厅上,俗称"出厅";若在外逝世,来不及赶在死前移到祖厅的,一般不能出厅;未满 50 者则无资格上祖厅,只能在屋外搭一个简易的棚子放置遗体。莆田、城厢和涵江,要抬移到祖厅堂边临时搭成的床铺上(不能在屋脊梁下),俗称"打厅堂边";不足 50 岁的与福清一样,只能安放在屋外临时搭的简易棚子里。仙游,50 岁以上和以下的分别移到上厅和下厅。惠安,先为之净身,换上结婚"上头"时穿的那套白短衫裤,然后男抱上厅侧或厅堂后的寝室(大都不再搬动)。晋江和石狮,凡 50 岁以上或已做"公嬷"(爷爷、奶奶)的都要抬到厅堂上,躺在由四块床板简易搭成的床铺上,称为"寿终正寝",俗称"上厅边"。思明,50 岁以上的,要移到住屋的正厅,放置在用两条板凳和三块木板临时搭起的"水床"上;夭折或父母健在的,不能上厅堂,只能移放在床前地板的草席上,或把"水床"搭在护厝(偏房)里。芗城,凡男女成年、中年以上有配偶、子嗣而死的,称"寿终",与思明一样,都可移放在正厅里由三块木板、两条板凳搭成的"水床"上。连城,移至大厅,男居左角,女入右角。闽北的建瓯、松溪和政和等地也都进行"搬铺"。一些地方则只是"男厅堂、女间房",即男的搬移、女的不移,如罗源、上杭、武平、大田、宁化等地,50 岁以上的男性移体正厅,称"寿终正寝";女性在卧室,称"寿终内寝"(沙县,40 岁以上就算寿终,男称"正寝",女称"内寝")。一些地方,如福州各县区大多不"搬铺",等。

　　台湾,闽南人,在弥留之际,其"家属首先将正厅或公厅打扫干净,准备搬铺供病患休息。'水铺'或'水床'依男左女右摆设,不靠墙。有的长辈在,放右边,不分男女;长辈过往了,则在左边,头向内,脚朝外,称为'搬铺'"[1]。客家人,将临终者"移寝于厅堂,铺上禾秆草席,让病人睡卧,依神明方位为准,男左女右安置,且头在内,脚朝外,称为'移寝'或'出厅'"[2]。

二、初终

　　逝者咽气后,一系列丧仪随之展开。在内,为亡者洗沐、更衣、布置灵堂;在外,报丧、造棺、修墓、延僧道做法事等。各地丧家往往请族中谙熟此道的长辈出面操持这些事宜。

---

　　① 李秀娥.台湾的生命礼仪(汉人篇)[M].台湾:远足文化事业股份有限公司,2008:118.

　　② 李秀娥.台湾的生命礼仪(汉人篇)[M].台湾:远足文化事业股份有限公司,2008:150.

（一）断气

亲人是否逝去,各地大多以呼吸和脉搏为探察准则。许多地方会放一丝线或棉在其鼻子上,如完全不动,再辅以按触脉搏,脉息亦全无,则说明已经逝去。即时亲属们悲恸难耐,或号啕大哭,或忍住悲伤,开始着手处理逝者后事。闽台一些地方要马上为亡者沐浴更衣,有的要"搬铺"至厅堂上,多数地方要在死者床头或床尾摆一碗饭、点一盏灯或一支白烛,称"脚尾饭""脚尾灯""头顶灯"等,并且要烧纸钱供亡魂到阴间报到使用,称"脚尾钱"等,并开始守灵。

1. 闽东

（1）宁德

宁德各县区大多有在逝者断气时鸣炮"送魂上天"的做法。如福鼎,即放三声爆竹,亲属不得放声恸哭,俗信哭声会阻碍灵魂上天。蕉城,也鸣炮三响,将厨房里的灯火点亮、水缸里的水盛满,然后烧纸轿和锡箔,让亡魂上路。将原先扎在其身上的白带解下,给各亲属手腕上扎一圈,俗称"手带"。如死者高寿,须准备更多的白带供人讨用作裤带,以祈长命之愿。同时,还要煮更多的白米饭,叫做"长命糜",供人讨用的。屏南,在床头放一盏长明灯,床边烧一些纸钱,俗称"床前钱"。柘荣和周宁,鸣放单声鞭炮,举家哀哭。

（2）福州

福州各县区由于多不"搬铺",因此大多有在逝者断气时拆去床上蚊帐、让灵魂出窍的做法。如鼓楼,即时拆去床上蚊帐,为亡者"张穿"——更衣化妆。在大门口"贴白"、鸣炮,在死者脸上盖张白纸,以隔开阴阳。亲人在旁举声哀哭。死者床前放一个装满沙子的脚桶,把内亲送来的全部白烛插上点燃。请僧道在厅堂诵经念咒,带领披麻戴孝的孝男孝孙,围着点上七层共七七四十九盏的树形油灯架绕圈啼哭喊着"亡人"名字诉说哀词,称"跋襀抬"。最后,焚化纸人纸马,送亡魂上马离家。闽侯和闽清等地也马上拆去床上蚊帐,让亡者灵魂出窍。罗源,撤去蚊帐,用被单覆盖身躯和脸部,淘去水缸里的蓄水,放一碗饭在逝者床边,称"走路饭",让之吃后好上路。马尾,子孙穿孝服向祖先牌位上香、哭送。台江,除要在祖先牌位前上香、哭送外,还要稍隔一些时间鸣炮,以免炮声震醒"阴魂"。

2. 莆仙

莆田和涵江等地,全家男去冠、女披发,号啕哀哭,用白布蒙盖住亡者的身首,并在床前桌上燃一盏七根灯芯的长明灯,直至出丧,不让熄灭;同时,在桌上点白烛、上炷香、供"家饭",在桌前烧纸钱。大户人家以少许散碎珠玉放入死者口中(一般人家用喷过水的烟叶或茶叶一片),以掩盖尸体秽气,俗称"含殓"。在仙游靠城关一带,也要男去冠、女披发、号啕恸哭、白布蒙身首,要在逝者床下脚尾处摆一碗米饭,上面放一个不去壳的熟鸭蛋、竖插着一双筷子和一炷香,俗称"脚尾饭"。头顶处点一支白烛或一盏油灯,要保持至入殓前不熄灭,俗称"头顶灯"。

3. 闽南

闽南各地普遍要取下正厅的天灯、天公炉或三界公炉,并以布、纸、米筛遮住神明和祖先牌位,直到大殓入棺后才除去。

(1)泉州

泉州沿海各县区在摆"脚尾饭"和"脚尾灯"时,大多用瓦片装泥土插烛和后插香的习俗。如惠安,子孙举哀,号啕大哭,立时在大门横楣上挂块大红彩布、烧掉门外备好的魂轿。之后,孝子穿丧服哭着到宅外扒回一抔土放在瓦片上,捏成圆锥状,上插一支点亮的白烛,放于死者床下的脚尾处,雇请鼓乐队吹奏鼓乐,叫"闹厅"。晋江和石狮,当即用被单覆盖躯体与面部,并在其上放一面铜镜。大门上挂一块白布,亲眷披麻戴孝,跪坐在床前铺着稻草的地板上哭哀,俗称"温狗岫(狗窝)"。死者床头点燃一根白烛或一盏油灯,并放置一块上面有一坨由孝男从池塘旁或田埂边挖来的粘泥土的瓦片和蛋线面一碗。碗中插着一双竹筷,瓦片泥坨上插炷香,为死者"辞生"。民间守灵时间一般不超过七天,亲友乡邻们会来与逝者家属作伴守灵,称"坐暝(夜)"。披麻戴孝者不得随便出入他人住宅。外人则忌见守灵的烛光或灯光,俗称"见刺"。守灵结束,道士常以桃枝清水蘸洒厅屋,以驱凶避邪;鲤城,孝眷更换孝服,在露天处烧米饭一碗、炸鸭蛋一个。把蛋放在饭上,插上筷子一根,点燃油灯一盏或白烛一支,并与惠安、晋江等地一样,在瓦片上放一团泥土插上香,供于逝者床前。内陆的安溪、永春、德化等地,大多并不进行"搬铺",只要将蚊帐撤除即可。在未择出殡日期前,亲属们只可无声泣而不可有声地哭。

(2)厦门

思明,亲属号哭举哀,脱下鞋、帽与饰品,妇女披头散发。亡者从头到脚盖上一条中间缝着红绸布的"水被"(白被单),头下枕头换成石块,脚边点上白烛或油盏,供上一碗上插着一双筷子的"脚尾饭",置两个"脚尾娟"。一个已"上头"(已婚)的家属跪在其脚边,边号哭,边不断地烧"银仔纸"(冥钱),供其去阴间路上用。丧家昼夜守灵,家里猫的脚被绑起来了,以免它跃过死者遗体。

(3)漳州

芗城,号哭举哀,也供"脚尾饭"、点"长明灯"和不停地烧"脚尾钱"。云霄,号哭举哀,"烧脚尾纸"、"点脚尾火"。平和,祖辈去世,要击钟鼓告丧,但死者如父、母健在,不击。漳浦,子女(媳)要为之换上白色殓衣,无子女(媳)者由孙或孙媳代;殓衣穿好后,尸体搬至厅堂上,盖上"殓被",用一个米斗(现用水桶替代)套住双脚,摆上"脚尾饭"和长明灯。华安,用白布蒙面、盖上"天地被",并将床铺移到厅堂上。

4.闽西

上杭,号哭举哀,为之梳洗、整容、更衣,点燃"长明灯";长汀,旧时断气后在其口中放置金银玉器,称"含殓"。有的乡间,亲人断气后,亲属用清水或菖蒲等芳香药草煎水,为死者洗擦全身,再穿寿衣、整容。

5.闽北

(1)三明

大田,若遇"落枕空"(死者的生肖与临终当天的干支纪日犯冲),儿孙不得哭丧,待到吉时方可啼哭。子或媳即刻为之穿上寿衣,将其移至正厅后堂。头边放一盏"头边火"和一碗"头边饭"(饭上放一个白熟蛋、插一双筷子),床边放一口铁锅,不断地在锅里烧纸钱,称送"盘缠"。孝子(媳)等跪地啼哭,以示孝道。将乐,举家嚎哭,由子或媳用清水为之洗擦全身,更衣整容,男盖红色被,女盖绿色被。泰宁,为之沐浴、更衣,用苎麻缚住其双拳,将之移放在厅堂左边(朱口横置于厅堂上方)由房门板和两条板凳架设的床上,从头到脚披上"水被",亲属们穿孝服、带丝麻在旁哀哭守灵。

(2)南平

松溪,子女下跪哀哭,为之梳头、洗脚、更衣;之后,在其面部蒙一块白布,俗称"孝布",脚前点一盏灯,并点香、烧纸。政和,将之放平,用白布盖脸,放鞭炮,烧纸钱,送归"冥途"。为了冥途安全,在其身边放一根梅树枝木棍以防"阴狗",棍叉上挂两只用灶灰裹成的粽子以喂"阴狗"。

6.台湾

闽南人,逝者一断气,要取下正厅的天灯、天公炉或三界公炉,并以布、纸、米筛遮住神明和祖先牌位,称"遮神",直到大殓入棺后再除去;丧家"会在亡者口中放入一枚龙银或玉石,称为'含殓'。后来则用红纸包住古铜钱或硬币、金箔,放入亡者口中,俗称'金嘴银舌',有富贵之意,称为'含钱'。眼部再用两个古铜钱盖住双眼(待入殓时取下,置灵桌掷筊请示用),也有用现钞蒙眼的"①;要打破亡者生前用的一个碗,表示"碗破家圆"。或将其生前用来煎药的药罐打破,并告知亡者病已好,从此不用再吃药了,也不会将病痛遗留给子孙(若是是病故者,作功德时得请法师诵《药王宝忏》,并煎药壶、喂药给亡者魂身,为其治病;佛教则诵《药师宝忏》);要马上烧一顶纸做的轿子给亡灵使用,称"烧魂轿"或"过山轿";要在亡者脚边供"脚尾饭",饭上放一颗熟鸭蛋,并在中央插上一双筷子;点"脚尾灯",设"脚尾炉",并烧脚尾纸(小银纸钱、库钱、往生钱等),供死者前往阴间报到使用,直到入木。

客家人,在亡者断气后,要"为其换上寿衣。若男性亡者殁于家中,称为'寿终正寝',女性亡者殁于家中,称为'寿终内寝'……并以红纸包住银币,塞在亡者口中,称为'含玉'……在亡者脚边置油灯或蜡烛,为其照明阴间路,称为'长明灯'。也有在其头边点细油灯照明的,称为'点头灯'。并横倒摆一张板凳,凳面朝里,触到亡者的脚。凳后放一碗饭,饭盛十二分满,上面有一颗熟鸭蛋,直直插上一双筷子,称为'脚尾饭'。饭后又置一香筒,点香拜亡者。家属须留意香枝不可断,并烧脚尾纸(即银纸)给亡者于阴间使用"②。

(二)开殃榜

在闽南多数地方,如安溪、永春等地,逝者一咽气,就要派人带死者的生辰八字和"断气"的时日去请僧道或择日师择定入殓、出殡、安葬、落土等重要时日和避讳等,将之写在白纸上带回,俗称"开斗书""开七单"等。以后的丧仪活动必须按榜书上规定的时日进行。

在台湾,闽南人,"丧礼要特别请择日师看安葬吉课的日子,包括入木、转柩及掩土(安葬)或进塔等,皆须选吉日吉刻,并注明冲克生肖岁数,用以趋吉避凶"③;客家人,"丧家会派人前往地理师处,请他帮忙推算相关的吉日

---

① 李秀娥.台湾的生命礼仪(汉人篇)[M].台湾:远足文化事业股份有限公司,2008:119.

② 李秀娥.台湾的生命礼仪(汉人篇)[M].台湾:远足文化事业股份有限公司,2008:151.

③ 李秀娥.台湾的生命礼仪(汉人篇)[M].台湾:远足文化事业股份有限公司,2008:121.

吉时,如大小殓、移柩、祭奠、还山、安葬、测定墓穴方位等"①。

(三)洗沐、更衣

当逝者弥留之际或断气之初,趁其躯体尚柔软,许多地方亲属(父亲由儿子、婆婆由媳妇)往往会为之洗沐、更衣,也有些地方要等快入殓时才为之洗沐、更衣。亡者的衣服,各地称"寿衣"或"老衣",大多忌用皮毛类原料做成,俗信到阴司分配投胎时,穿皮毛类的会被投去作牲畜;多数穿奇数件(层、重),少数为双数件(层、重)。一般于事前备好,也有临时制作或向寿衣店购买。在更衣之后至入殓,各地大多忌讳亲眷们将哭泣的泪水滴在遗体上。俗信如滴到了,会让亡者的魂灵不安,以致不能放心离开人世,带来不吉。

1.弥留时

弥留时洗沐、更衣的,如福清、平潭和长乐,寿衣一般由已出嫁的女儿缝制,上下俱穿单不穿双,如上九下七或上七下五,有的多达十几重。鲤城、晋江和石狮,亲眷要边哭边为其换上寿衣(仿清服,内外七层),俗称"换张老衣裳";如断气后才更衣,俗有死者得不到之说。连城,男女所穿衣服均为上六(重、件)下六(重、件),男人外套长衫马褂,戴红顶六合帽;女人穿大红绿裙,罩凤冠霞帔。长汀,上身六件衣衫,下身四层裤子,俗称"上六下四"。沙县,富者穿绸绫寿服12件,贫者着布衣七件,并用丝绢系于死者胸前,殓后取出挂在灵幡上,俗信可以招魂归来。

2.断气后

各地更多的是在逝者断气之初或入殓前为之洗沐、更衣。洗沐之前,除闽西龙岩各县区外,大多要到井边或溪河边"买水"或"乞水"。前者要用铜钱(硬币)或纸钱向龙王或水神"买",后者有的要、有的不要。

(1)闽东

宁德各县区多数是在断气之初进行的。如福安,孝子要到水井或溪河边,点香烛焚纸钱祭告龙王,向之买水。回去后,按死者的年龄一年一杯倒入锅中,加进柚叶烧汤,为死者作象征性沐浴。儿子或媳妇用毛巾,前三后四,拂拭其胸和背,然后换上寿衣(也称"老衣")。衣服上不能有字迹,少的五层,多的达13层布,取单不取双,并穿上鞋袜各一双。之后,让死者右手握

---

① 李秀娥.台湾的生命礼仪(汉人篇)[M].台湾:远足文化事业股份有限公司,2008:151.

一枝桃枝、左手拿两个包裹草木灰的粽子,口含冰糖,脚朝后天井方向仰卧在灵床上,再在床前点起油灯,焚烧纸钱,举家哀哭。蕉城,寿衣要单数5～13件,尸面均用白巾覆盖。靠福安一带的山区百姓,穿寿衣后也要在死者手边放一小茶枝。霞浦,孝子要去井边"买水"回家擦拭遗体,然后梳头(理发)、更衣,理发留后半部,寓意"留后发";寿衣穿单数,五、七、九重不拘。周宁,烧坑荽汤为死者洗脸、擦身、理发、更衣。

福州各县区,有的在断气之初,有的在入殓之前进行。如台江、马尾和闽侯,一断气就为之梳头、擦身、整容、更衣,寿衣上七下五,不钉纽扣,以布带系上,并在脸上盖上白布或白纸。连江,入殓前,先由直系亲属为之全身洗擦一遍,然后用白布或绫罗包裹,穿上新制的多重衣裤和鞋帽。罗源,要等嫡系亲戚到后才开始为死者沐浴更衣。

(2)莆仙

莆仙各县区大多在断气之初进行。如莆田和涵江,孝子要到河边或井边用铜钱或纸钱向水神"买水",用来抹擦死者尸体;要剪下死者指甲烧成灰留念;要揉合死者眼眶,使其瞑目;要用白布或白纸盖上死者脸面;寿衣多至七套或十多套,上下合计取单数,先一件件套好,再一次性穿上其身上。仙游,孝子到井边打水回来,为之洗身、穿好殓服;女儿还要为其穿鞋袜。

(3)闽南

闽南各县区基本上在入殓前进行洗沐,更衣有的是之前就换好的,如晋江等,因而洗沐也只是洗手和洗脸,有的只是比划着做洗的样子而已。

惠安,孝子提一个新水桶,带领孝眷到宅外附近的水井汲水,叫"乞水"。收殓者把一支竹箸从中间剖开,以之夹一块白布片从钵里蘸清水,在遗体上从头到脚作洗涤状,意为"净身就木"。

鲤城和晋江,孝子要以钱两文投入井中或溪中"乞水"。回时要让桶绳拖在后面的地上,以寓子孙绵延不绝。到家后,取水一碗加温洗尸,剩下的水倾倒在台阶前,俗称"上水"。

安溪,由孝子持铜钱到附近水沟(不能用井水)"求"舀一些水回来洗尸,俗称"买水"。之后,为其穿戴,更换寿衣、鞋袜、帽,然后头垫"瓜枕",身盖"水被",脸蒙"掩面布"(白布)。床边放一块瓦片,不时在瓦片上烧纸楮,还在头边放一碗饭(俗叫"头边饭",又叫"辞生饭",上放一粒蛋和插上一双筷子。出葬后,要将之倒在谷柜上,任其发酵,意为"家发")。等择日的"时日单"到家后,全家披麻带白,放声大哭。

思明,孝子到附近溪边或水边,扔下两个用红丝线系着的铜钱,说:"给土地公买水"。然后取水、啼哭着回家。亲属在门口迎接,一起啼哭入门。乞来的水倒在瓷钵里,请父母双全的"好命人"来洗。"好命人"先为亡者梳头,接着用一双筷子夹着白布做样子为之洗头面和擦拭全身。一边擦拭,一边不断对之说好话。最后,告诉他(她)已拭净了,可以去见阴府里的先辈亲人。俗信用"长流水"拭身,可使死者投生乐土。然后,为之穿"寿衣"。寿衣又称"张老衫仔裤",多在死者生前择"大生肖年"(如龙年等)制下,也有临时赶制或到"寿衣店"购买的。外套,男性多为长袍、马褂加瓜皮帽,女性多为衣裙披风。女性内衣为当年结婚时穿的"上头衫仔裤"。死者穿衣服,以"重"计算,每件算一"重",夹衣算二"重"。通常穿三领(衣)五"重"或五领(衣)七"重",最多的有十三"重"。男性一般穿两条裤,女性三条裙。穿衣之前,要举行"套衫"仪式:在厅前的院子里放一个大"筛箩",孝男(孝女)手持竹筒撑地站稳,头上戴着一个新竹笠,笠上插着一枝红春花。另一人与之面对面站着,将寿衣按内外顺序一件件套在孝男身上。之后,以麻绳穿入两袖筒,在袖口处扎住,然后孝男抽出双臂,脱出套成的寿衣,放在新米筛上,端进正厅给死者穿上,将竹笠往屋顶上扔。之后,孝男(孝女)要吃一碗甜汤圆①。

芗城,全家人穿孝服,由孝男当先捧盛水器率领到附近溪流或井边,投入12枚铜钱汲水回家,俗称"请水"。先为逝者洗头发,然后用白布蘸水象征性地给他(她)洗脸、擦身、洗脚。接着去掉其身上旧衣换上新衣。衣服穿的件数与式样基本与思明相同,穿前也举行"套衫"仪式,由孝男站在竹凳上,头戴竹笠套殓衣,然后给死者穿上。接着,放数粒米、珠银屑在其口中。再"小殓"或"大殓"。小殓殓衣的多寡随家庭经济而不同,不拘新旧,最多不超过19层。殓衣要颠倒着铺,一半铺尸上,一半铺尸下。大殓,最多不过30层。

华安,死者长子要去"请水"。孝男手捧"请水钵",钵内放一小块白布和若干铜钱,孝妇跟着,亲属按亲疏列队随其后到附近溪边或井旁,半跪于地,投钱"向土地公买水"。钵口朝水流逆向舀起水,端回家,孝妇随后嚎哭。用白布为死者象征性洗涤,然后为之换上寿衣。寿衣多少依死者岁数而定,50岁以下只能套三层,以上的五层、七层不等。内衣裤都须是白衣白裤,外套男的为蓝衣衫,女的为红衣、青裙。

诏安的"请水"较有特色:由死者儿子披麻戴孝,反穿上衣、袒露一肩,手

① 陈耕.厦门民俗[M].厦门:鹭江出版社,1998:91.

捧土钵、笀篱(竹丝编成的,形如小土箕),由二人搀扶到水边,烧香后投钱币取水、淘沙,回来为死者净身。死者如多子,由长子捧土钵,次子捧笀篱,其余跟在后面,如儿子外出赶不回来,由其妻或兄弟背雨伞代替,如儿子已先死亡,由长孙代替。之后,更衣,上七下五(或上五下三),男性戴帽,女性穿裙,足穿纸鞋,脸盖草纸。

(4)闽西

闽西龙岩各县区基本上没有"买水"的习俗,且多在临终时就换好寿衣,一般也以奇数件(重)为主。武平则多数地方是在断气后进行更衣,寿衣要逢单数,衣上口袋要撕去,否则有碍后代。

(5)闽北

三明的明溪,断气时,亲人围床哭拜,为其沐浴、整容、更衣,叫"装死"。寿衣一般在闰年备制,通常为衣服三件,裤子两条,布帽一顶,布鞋、布袜各一双。男为长衫,女为大脯齐膝短衫,下穿围裙。富人家则衣服为五、七件不等;大田,入殓前,儿女、儿媳妇按长幼顺序排列成行,为死者举行沐浴仪式。长子到小河边点香烧纸钱,丢下一个铜钱乞回一碗水,碗内放一块白布拧干,从死者头部到脚比划三下,边念:"头把洗身洗清清,二把洗身见观音,三把洗身益子孙。"寿衣也是以单数计,三、五重不等。

南平各县区有在断气之初也有在入殓前进行的。如光泽,人死后12个小时内,子女带上香纸、蜡烛、鞭炮和水桶到河边取水,按死者年岁,一岁一小勺,带回给死者沐浴、梳洗、更衣,称"买水"。建瓯,逝者断气后,儿女媳孙下跪痛哭,并覆盖上白布被单遮面,到井边投硬币"买水"为死者"洗浴",寿衣多用五层、七层、九层、十一层单数。邵武,入殓前,亲人带香、烛、黄纸到河旁、井边"买水"49碗回来,为死者沐浴更换寿衣;富家穿七重衣、五重裤(贫者五重衣、三重裤)及鞋、帽。武夷山,断气时,孝子女到河边烧纸钱,跪取小半盆水回来为逝者擦身、更衣(年事高的,子女预先为其制备,合计要七至十一重布料;入殓垫盖的寿被、寿席,由女儿置办,无女则由儿子办)。政和,断气时,孝子女到河边"买水"为其沐浴、梳头,然后换上六至十套的寿衣。

6. 台湾

闽南人和客家人都是在入殓前行的。前者"分孝服后,遗族穿好孝服,以钱币掷筊向河公河婆'乞水',意指向河神买水为亡者净身沐浴用。也有放水桶在马路边,向自来水公司水栓行乞水之俗的……请道士或家属,以竹子夹白布浸乞回之水,象征性地为亡者洗澡净身,并念吉祥话,称为'沐浴'。

男性亡者有的会剃光头；若女性亡者则由女儿和媳妇为其梳头化妆，现代多用红包请专人做……寿衣为奇数，一般是穿五件或七件，十一件较罕见，此即为'套衫'……有的人会在尚未断气前将寿衣穿好。套衫过后，丧主带领丧家人员吃加黑糖的长面线，为子孙延长寿命，称为'抽寿'"①；后者也行"乞水"和沐浴礼，"寿衣必须是未穿过的新衣服，件数则依经济状况不同而有差异，原则上是男双女单。客家人的寿衣是蓝色的，在父母61大寿时，女儿要购买寿衣赠送父母，好让他们先安心。"②

（四）移尸、守灵

在临终时已"搬铺"的，一般不用再搬移遗体就开始守灵。有些地方则要在断气、更衣后将遗体移至厅堂上才开始守灵，上厅堂的资格大多也以满50岁为限，安放的位置通常也是男左女右。守灵的时间各地不一，停柩待葬的，一般守到入殓即可；否则，守到出殡为止，通常为3~7天。

1.闽东

（1）宁德

各县区除屏南外，多在断气、更衣后移尸和守灵，如：

福安，人死后尸体不经前厅而由左右侧边门并经露厅进入后厅，安放在灵床上，俗称"停尸"。经过露厅时，要撑雨伞以遮住尸体。如果人死在楼上，不能经过楼梯移尸，要撬开楼板，用绳索吊下尸体，再按上述规矩移尸后厅。俗信死人过楼梯或死在楼上，秽气居高临下，对生人不利，是大忌。

蕉城，如逝者在楼上，与福安一样，也要撬开楼板或楼梯，用绳索吊下楼。其他则在更衣毕，大开中堂门，由孝男孝女将尸体搬到后厅当中的尸床上，叫"迁兜案"。凡尸体经过的门槛，都要烧"过门钱"。尸床尾点上一对红烛，叫"脚尾烛"。

寿宁，将尸体移至厅堂（未满50岁者多放房内或厅边）。灵床床板用三块板搭成，死者头枕三片瓦（现多用小枕头，枕边放布包的公鸡一只，包裹草木灰的粽子一个），双手持三枝桃树枝于胸前。另在枕边放油灯一盏，床前插香焚纸，日夜不断，直至出殡。举哀期间，孝子及亲友朝夕轮流在床前守灵。

_____

① 李秀娥.台湾的生命礼仪（汉人篇）[M].台湾:远足文化事业股份有限公司，2008:125.

② 李秀娥.台湾的生命礼仪（汉人篇）[M].台湾:远足文化事业股份有限公司，2008:153.

霞浦,遗体移至后厅的"七星板"(俗称"七床")上,俗称"殓后厅"。直系子孙举哀,披麻挂孝,昼夜守候尸旁,丧事托旁人主持。高龄老人去世,俗称"老喜丧",停尸一段时日,全族停炊举哀。

柘荣,移尸置于后厅"戚床"(陈列死尸的简易床铺)。尸体两脚系红绳,开始脚底朝后门。床头边点燃长明灯,尸口含银圆(贫户以铜元代,后来均为硬币),尸脸覆盖白布或白纸,躯体盖"渡被"(覆盖死尸的被单),左手执鸡蛋,右手握桃枝,桃枝上也系个裹灶灰的粽子。孝男孝女麻服在苫,号哭、焚化纸钱。在大门口贴上白联(父死写"严制",母死写"慈制")和讣告,在厅堂设置灵位,多数人家还请道士做道场。

周宁,将死者安坐椅上,咸村、玛坑一带把死者平放在床板上,停放于厅堂中,设置灵堂,孝子跪着守灵。门口张贴白联,父死为"严制",母死为"慈制"。

(2)福州

各县区除福清和平潭等地临终时"搬铺"外,闽侯和闽清等县区更衣后也要搬尸:由孝眷将尸体抬出安放在后厅,俗称"出厅"(闽清为"入厅")。死者脸上要盖上白纸,以示阴阳有别。连江,死者弥留之际,一般习惯要放在死者寝室或长子房中,称"寿终正寝"(女称内寝),断气后再移放厅堂。

2.莆仙

各县区因有"搬铺",大多不用移尸,自断气后就开始守灵。除非晚上突发死在卧室里无人知,否则要将之移到厅堂上洗沐、更衣,并撤去其在卧室里的床、帐。

3.闽南

闽南各县区也因有"搬铺",基本上死后不移尸就开始守灵。但惠安等地因女性为"寿终内寝",在卧室内去世,因此也需移尸:更衣后抱尸上厅,如须过天井,须打伞遮护,并由孝妇或孝女边哭边用梳篦在其头发上各梳理三下。之后,开始守灵。少数如安溪湖头,没有"搬铺",也不用移尸,等"日子单"取回后,即为逝者洗沐、更衣和守灵。

4.闽西

各县区有移的也有没移的。如上杭和武平,也因"搬铺"而不移。移的如漳平,更衣后移尸厅中,称"出厅"。一般按男左女右停放,如住房是死者生前所建亦可横陈厅中。厅前横挂一孝帏,内为停尸守灵处称"狗厩",在死者头侧置长明灯,上香烧纸,孝眷日夜守灵。长汀,称"落枕"。遗体移至厅堂孝幛后的地面上,垫以白布代席。头枕白布制作的菱角枕,枕下垫新瓦三块,双脚左右各放新瓦两块,遗体上盖红色夹被,上加女儿、姑姐送的白色面布若干块。头侧放一盏长明灯,米饭一碗,蛋一个,饭上插筷子一双。孝子及亲友日夜轮流守候,切忌狗猫接近。遗体四周撒些石灰,以防虫蚁。汀南的涂坊、河埔等乡村,死者断气前即抬至厅堂竹床或木板上,则无此俗。

5.闽北

(1)三明

各县区也有移和不移的。移的大多在更衣后移,如将乐,丧家排设灵堂,并遮盖天井上空,将遗体移放在厅堂后方竹床或木板上,厅前点香、烧甲纸,称"出厅";明溪,更衣后,抱死者至大厅"坐凳",用一块白布从上披到下,遮掩其头和躯体,然后进行祭拜和守灵;沙县,将死者移放在厅堂临时搭起的"苦床"上,孝子到河边取一碗水放在"苦床"前,床前点长明灯一盏,放米一斗,上插尺、秤、镰刀各一件,秤上挂五色布、纸钱,夜间派人轮流守灵,烧香烛、焚纸钱和用白纸仿制的轿马。

(2)南平

各县区大多要移尸。如光泽,更衣后设灵堂,请吹鼓手吹唱哀乐。将遗体移到厅堂,使之端坐在厅堂正中,用一条红布从头遮到脚,摆设香案祭品;邵武,更衣后移尸中堂,盖上红寿被,设孝堂香案,供上"三牲"斋饭;武夷山,更衣后将死者搬至厅堂后的灵床上,床尾摆供米饭一碗,米饭上放一个鸡蛋,饭碗边插筷子一双。床前灯光长明,香火不断。由子女、近亲好友为其守灵,通宵达旦直至入殓。

6.台湾

闽南人,"在丧礼初期,家属会在亡者尸体四周围白色或黄色布幔,俗称'吊九條';现代也有人用蚊帐围起来,再为亡者盖上白色'水被'(中央缝一块红色的绸布),并以白布包银纸或石头为枕,称为'换枕'……家属可在灵前哭泣,有哭念的调子思念之,称为'哭念',但不可将眼泪滴到亡者身上,否则亡者无法投胎……死者未入殓尚停在正厅时,家属需日夜看守,防止猫靠近。民间忌讳猫跳过尸体,以免尸体起来抱住旁人,故称'惊猫'或'赶猫'"①。客家人,"会以白色布簾悬挂于停尸的厅前。正五代亡者,挂粉红白布,称为'挂孝簾'。并以米筛遮住厅堂神案上的神位,以红纸遮掩祖宗神

---

① 李秀娥.台湾的生命礼仪(汉人篇)[M].台湾:远足文化事业股份有限公司,2008:121.

位,以免神明祖先遭受丧事不洁的污染。且会撕去门红利市钱、红色的春联等等"①。子女跪或坐在草席上,轮流守护在亡者尸体旁。

（五）报丧

报丧是逝者咽气后对外宣示的一个重要环节,形式有口头和书面两种。前往报丧的人一般为丧家近亲,有的也由孝子孙亲自去。如果是女性去世,必定要报其外家。闽台各地比较有特色的报丧习俗如下:

蕉城,在大门口贴上大幅讣告,叫"讣音"。格式很复杂,丧家多请有经验的人来写。农村多在门口垂挂黑布或白布,然后将小张讣告分送亲友家。报丧人不论晴雨天,到较远的亲戚家,都要带把雨伞,到达时不能坐,将雨伞搁在桌上,亲戚即知来意。若主人请吃点心或用饭,都要吃光,表示不吉利的事不能剩下重来(寿宁俗与之同)。

霞浦,待逝者去后,迅速遣人将噩耗报知亲友。若是女性去世,应向其娘家报丧,俗称"母死报外家"。不分晴雨也都带着雨伞,到时把伞倒倚在门外墙边上,不行常礼,对方即知来意。

安溪,等择日的"时日单"取回时,通知亲友,俗叫"发丧"。如果丧母,俗谚"死父扛去埋,死母等人来",在母病重时,就要先往外祖家"报病",到母死时,再派亲族前去"报死"(报丧)。在湖头,报丧人到亲戚家后,规矩是不能先报死讯,要等主人招待完茶水或面线蛋点心后才说。女儿家突然来个娘家亲族,往往已知来由,但只能悲而不哭。等招待完来人茶水或点心,听到父(母)死讯后,才可哭泣成声。报人返回时,主人不能说"再见""再来",只说"慢行"或"细顺"等话,作为辞别。

晋江和石狮,丧家门口悬挂白布,门上贴白色挽联,并分派堂亲到诸亲戚家"报丧",俗称"报死"。被报亲戚,需给来者一杯清水或汤茶漱口,以添"彩气"(余下的需倒掉)。

思明,报丧者抵达亲戚家时,不能进入家家门,只能在外呼叫,待人家出门来才报告死讯,随即离开。

武平,印发"讣闻",派人遍告亲友。接讣告者须给报丧人吃一双红蛋。

漳平,凡三代内的姻亲都要派专人上门递送讣告。讣告送达时,放在厅中的香案上,不得口传。

---

① 李秀娥.台湾的生命礼仪(汉人篇)[M].台湾:远足文化事业股份有限公司,2008:150.

长汀和将乐,外祖、母舅家和亲房叔伯长辈,孝子孝孙要亲自去面报,见母舅须下跪。同时出课,又称"讣告",贴在木板上放在门前或路口。内容包括:死者姓名、年龄、生卒年月日时,入殓、发轫(送殡)时间,应回避者年岁,末具孝子孝孙名,现有的也将女儿、女婿名写上。

明溪,委托族人分头向至亲报丧,俗称"报知"。报丧者须随送白糖一包为礼,亲友家即以粉干蛋款待。书香人家,或富裕人家,老人死后,用黄纸黑字写上"严制"(丧父)或"慈制"(丧母)两个大字和"讣闻"贴于大门口,以哀告亲友。

泰宁,母亲死亡,儿子要在当天或翌日,披麻戴孝向外家报丧,先跪拜祖先,后向娘舅依次拜请。如有虐待母亲的行为,要受到外家的严厉训斥。

松溪,孝子反穿上衣,胸前挂细麻束,向近亲长辈及舅家报丧。

政和,孝子孙也要把外衣反穿,腰束稻草绳,披麻戴孝,手执孝杖先到母舅家再到至亲长辈家跪地哭泣报丧。

台湾,闽南人,"母亲去世时,儿子须带一块白布,到外婆家向外祖父母报告母亲的死讯,称为'报外祖'或'报白'"[①]。其他亲友则在择日师"开殃榜"之后分别派人前去通知。

台湾闽南人的讣告

① 李秀娥.台湾的生命礼仪(汉人篇)[M].台湾:远足文化事业股份有限公司,2008:122.

（六）接外家

在接到女儿或姐妹死讯之后，外家人（外祖或母舅）随即前来探丧。丧家的子孙需做好迎接外家来人的准备。外家来人非常重要，闽台各地都有外家人没来验视之前不能收殓的习俗，且来人之后，对他们提出的丧仪要求丧家都得服从与满足。因此，接待好外家人成了一件非同寻常的事。典型的做法，如：

屏南，要在村外排好横桌，孝男孝女跪接外家前来的吊唁者。

古田和闽清，孝男孝女要事先在大门外准备香案，身披麻衣，跪着迎接"外头家"来人。"外头家"叫起来时，才能站起来。

安溪，须在家门口（向外祖的来向）设一香案，案系麻桌裙（或白的），案上摆着香炉、烛台、香烛和火柴。外家人将到，孝男全家都跪在桌下的麻裙内等候。到时，负责接待客人的族亲上前接去来人带来的礼品，来人点上香烛（有的把香烛等拔下，连烛台倒放于桌上），再将麻裙掀起一角（父在，掀右角；父母双亡，全掀），然后扶起孝男，由接客导引，孝男等随后，一同入屋内；有的外祖是官宦或乡绅宿老，案桌裙内先系白的，外重加红桌裙，桌裙前铺着草席和红毯。桌上点亮一对红烛和三条香，另备放白烛一对和香一束，礼候外祖。外祖到时，认为当不起红毯、红桌裙礼待，即将铺地的红毯叠摺于桌前，把桌上红烛吹熄，换点上两条香或四条香，然后掀起红桌裙（一角或全掀），使露出白桌裙，再扶起孝男。接客者引导他到丧房内，孝男揭开死者的掩面布，外祖向死者行礼。之后，由接客者请出丧房，取一盆水给他洗手脸，再到另外的房间休息、吃点心。

芗城，请外家人来，叫"接祖"。外家人可在丧事中发号施令，称"头祖"，如外家没人来，要以一条地瓜藤代替，叫"接番薯祖"。孝男孝女等跪于灵前答谢。

诏安，外家接到"报死"后，即由母舅等人带领其族亲到丧家，称"做外家"。人数不限，可几个人到十多人，要单数，忌"九"，性别、年龄不拘。如是正常死亡且比较贫困的，去的人数会少一些；若较为富裕或死者已做祖母的，则人数要多一些。外家人到时，孝眷跪着迎接。来人先验视遗体，询问病情及子孙侍奉情况，对寿衣、寿材也可提出意见，丧家要诚恳解答、热情接待。在死者灵前招待来人，菜肴不能有猪头骨，不能用盘装，有鸡有酒，以糖代酱油。不摆汤匙，饭后不辞而去，丧家也不送行，仅备死者生前一套衣裤送给外家,称"回祖"。若丧家需要他们帮忙,要回去后再来,或拐个弯从另一条路转回来。客家地区是在入殓第二天宴请外家。死者如非正常死亡,不涉及刑事责任的,娘家来做"外家"的可达数十人,丧家要抱"斗灯"跪接,外家人可以喧闹、摔东西乃至揍人。死者丈夫要走避,并请"公亲"(中间人)与来人"道直"(讲条件),通常为抚慰外家、厚葬死者等。

明溪,外家人莅临,孝子要在大门外匍匐迎接。外家人叩拜死者时,孝子须陪拜答礼。丧主对待外家来人,必须特别恭敬。丧主如对死者生前有不孝或虐待等行为,外家就会寻事刁难,有的会不顾丧主的经济能力,责令把丧事办得隆重排场一些;有的甚至责令丧主昼夜跪于灵柩之前,以示惩罚。

台湾,闽南人的"外祖父母接到女儿死讯后,要马上去吊祭女儿,了解情况,而丧家的外孙要在门口跪接外祖父母,即称为'接外祖'"①。

(七)哭路头

得知父或母噩耗后,嫁出的女儿们都会急切而悲伤地往娘家赶,都会"哭路头"。如思明,在接近家门的街头巷口,要边走边放声大哭。华安,在村口就要恸声大哭。台湾闽南人,"女儿或孙女接到噩耗后,要尽快换上素衣,回娘家奔丧。在快到家附近时,便要跪在地上,一路哭着来到亡者的灵前致哀,称为'哭路头',而媳妇也要出来陪同哭丧"②。

(八)制棺

闽台各地多为土葬,棺材是盛装遗体不可或缺的器物,民间一般忌直呼之"棺材",而婉称为"寿板"(闽东、闽南等)、"老厝"(仙游又叫"长生")、"寿堂"等。一般上50岁以后或在病重期间,家人会事先为之预备,否则要临时买板制作或到棺材店里购现成的。如:

连江,少数人在生病时提前制寿棺,俗称"并寿",免得死后忙乱,并有期望病者好转之义。

闽侯,老人上寿后,家人就可为之预制棺木,称"睏寿"。"睏寿"要择年择

① 李秀娥.台湾的生命礼仪(汉人篇)〔M〕.台湾:远足文化事业股份有限公司,2008:122.

② 李秀娥.台湾的生命礼仪(汉人篇)〔M〕.台湾:远足文化事业股份有限公司,2008:121.

时,多取闰年。"睏寿"时,已出嫁的女儿要预备寿被、寿衣、寿帽、寿鞋等送来。

福清和平潭,为上寿老人预制棺木,俗称"倚喜寿"。制作前,要先在寿材上贴红联、挂红布和红筷子进行祭拜。已出嫁的女儿要买蛋、面祝贺。有些地方,制作的工钱还要由女儿出。

莆仙和闽南的许多地方在父母做50岁以上的寿时,就开始为之准备,详情在前面的"祝寿礼仪"部分已述,不再赘述。

云霄,生前未备"寿板"者,由亲属带"土公"(以埋葬为职业者)或死者晚辈到"长生铺"里选购棺木,称"插板"。

明溪,通常一般老人生前必备"寿堂"(棺材)和寿衣。枫溪、夏坊一带,有的还给10来岁的小孩备制寿堂,寓意能长寿。寿堂要砍"双生"(即同根连上两株)的上乘杉木,于闰年制作。寿堂制好,搁置后不得随意移动。老人寿终前进行油漆。头写"福"、尾写"寿"字,并以花纹装饰。

松溪,所制的棺木颜色按死者年龄区分,未成年用白坯,中年用黑色,50岁以上老人用红色(现今一律涂红色)。

(九)修坟

闽台各地对墓地的"风水"非常重视,甚至超过对房屋"风水"的要求(如马尾,有"一墓二厝"之说)。大多数人家会请"地理(阴阳)先生"(风水师)到处择地,祈求找到一块能福荫子孙后代的福地来安葬先人。安溪龙涓一带,则是由死者长子带领亲族上山找"风水",看哪里可以,亲手锄掘三下,就算定位。筑墓时如碰石头,也要填成圹穴不改变位置。

有的殷实人家在生前就修好坟墓,称"寿坟"(福安)、"生人墓"(闽侯)、"禄丘"(莆仙)、"寿城"(安溪)等;大多数人于初终后择地建造;少数人则为了找到一处好"风水",甚至在死后几年都无法修造。无论何时建造,都得在请"风水"先生择地时一并择时择日进行。

墓的式样主要有地穴式和洞窟式两种,因各地的地形而异,但有的地方如永春岵山,以后者为贵、前者为贱。上寿的、经济过得去的人家一定会造洞窟式坟墓,否则为地穴式坟墓;蕉城,将前者称为"土葬"、后者称为"墓葬"。两者均重堪舆,择地卜吉,寻找风水,但相比较而言,重视后者的程度远远超过前者。前者是凿土为穴,放入棺木,覆土筑实,再用三合土封面,安上一块小墓碑,过三五年后必要时要剖棺拾骨,装入"金瓮"(专门用于装骨骸的陶瓮)迁入墓穴合葬。墓葬则不再剖棺拾骨。

台湾新竹湖口公墓里的地穴式坟墓　　　　　　宁德屏南洞窟式的坟墓

民间认为为修坟的好歹关系到后代人的穷达、寿夭和凶吉,因此连墓碑上的文字数,都要选择长生的吉字,如 13、25、37、49 字等,以示吉利。

各地比较有特色的墓葬形式与修墓方式如:

霞浦,也分"墓葬"和"土葬"两种葬式。"墓葬"多为合葬或丛葬,先修筑坟墓、寿域,死后即葬的,俗称"血葬";停枢择吉安葬,俗称"喜葬"。"土葬"是民间薄棺速葬的主要形式,多数地区凿穴为圹,一枢一穴,俗称"土圹"。三沙与南乡沿海地区多平地挖坑入葬,俗称"平埋"。

福安,由墓室(一般平行两个)、墓碑、墓坪、墓面组成,外观颇似靠背椅。旧时主要用石块和三合土,现在主要用石块和水泥等砌筑。除"寿坟"(活人墓)外,一般砌好墓室即可下葬,日后安放墓碑,再修建墓面。在砌墓室时,要埋下文房四宝、七宝以希冀子孙后代出达官贵人。

晋江,墓圹一般为砖石砌体,有单、双、多圹之分。墓牌镌刻死者的郡望姓氏,其字数严格按"兴旺衰微"取舍。殷富者以糖水、糯米、三合土或花岗石筑砌成龟状大墓,铺设有墓桌、墓埕和墓脚、墓手之类;一般百姓砌三合土长墓,各种墓茔左侧均立有"后土"的牌位。

思明,富家墓室以砖或石砌成,或以糖水、糯米、三合土捣筑而成。落棺后,加盖木板、石板,再以灰土封闭,呈龟盖状。墓坟四周有步道环绕,左右和后方堆土,筑成"墓山"以为依托,并以砖、灰土砌挡土矮墙。墓碑前以长石板筑成墓桌,供祭祀时摆放香烛祭品。墓两侧砌起砖石"墓袖",向左右延伸,环抱坟墓。墓前左右立石狮守墓。"后土"(土地公)牌立在墓左旁。墓埕前开凿山塘,碧水滟滟,与墓山相映①。

①　陈耕.厦门民俗[M].厦门:鹭江出版社,1998:105.

大田,一般人都是死后临时选地造墓。除未成年夭折的用"朝天窟"(地穴式)外,都是依山凿孔造墓(洞窟式)。

宁化,坟墓的显著特点是其整体外观很像宁化客家人的围龙屋。往往选在山脉延伸的终点,坟后要筑"地坟头"承接"龙脉",就像住屋的"后龙山";坟前要筑半圆形"地坟塘",酷似屋前供洗涤排水的池塘;墓碑前有"醮坛",好比屋前的晒坪;碑后建大穹窿葬棺枢,如住屋的正厅;碑侧筑小穹窿供香火,呈左右对称,似住屋的"横屋"。

永安,本地有"拾骨葬"二次葬的习俗。初葬的葬法分穴葬和洞葬。穴葬俗称"包埋",是在山上挖个长三米,深、宽各一米的穴位,放下棺木填土掩埋;洞葬俗称"矿洞",是在山地挖个深三米,高、宽各一米的洞穴,把棺木推入洞内用砖密封。不论穴葬、洞葬,一般都要经过 10 年左右再开棺拣骨,另装入"黄金瓮",然后做"坟墓"永久安葬。坟墓也有直接葬棺木的,一般由坟堂、坟凳、坟面等组成。明朝的坟心(坟肚)凹下,清代的凸起。另外,一种像铜锣状的铜锣坟,用砖和三合土建造,圆形,中心直径约三米,高一米,周围有排水沟,正面建一至二个拱形矿洞,放置"黄金瓮"或棺木。

(十)做法事

闽台各地在逝者断气之后大多有马上请僧或道前来做法事的习俗。如芗城,孝眷延请僧道,在死者铺前念"往生咒",称念"铺前经",并做起一支"幡仔":将死者姓名、生死年月日写在一块三尺许长的布条(今用纸条)上,再将之扎在带叶的竹枝上,成了飘忽的魂幡,称"开魂路"。如果死者在外死去,则由孝男操幡到死处招魂回去。古田,报讣后即请僧、道"开光"念经,有钱人念七夜,一般人念一夜,孝男要陪着跪地守灵。霞浦,死者入殓前,多要举行"超度亡灵"的法事,俗称"做殓暝"。台湾,闽南人,丧家习惯请"乌头师公或僧尼,到亡者灵前诵念'脚尾经',如道教诵《度人经》;佛教则诵《金刚经》、《弥陀经》、《普门品》等,为亡灵打开阴间返回魂帛内接受祭祀的冥路,称为'开魂路',又称'开通冥路'"①。同时,以厚纸写亡者姓名、农历生卒年月日时,称为"魂帛"。将之供于正厅一角,燃烛烧香,称为"竖魂帛"。

---

① 李秀娥.台湾的生命礼仪(汉人篇)[M].台湾:远足文化事业股份有限公司,2008:124.

（十一）乞灰

在莆仙、晋江和厦门等地，在"乞水"之后还有"乞灰"（方音与"乞发"近）用以铺棺底的习俗。如思明，孝男手提竹筐，将一个米斗倒盖在竹筐中，到距离自家三户以上的人家门口，下跪乞求人家的柴草火灰。被乞的人家将灶里的火灰放在孝男的斗上，丧家用红烛一对答谢。孝男乞得三家不同姓人家的火灰后，啼哭回家，孝女孝妇在门口啼接。

三、入殓

各地的入殓时间大多视"殃榜"单规定而定。通常情况下，除炎热天外，一般停尸三天后即入殓。所谓"入殓"，就是将死者的遗体放入棺材、盖上棺盖的丧葬环节。在闽南和闽西许多地方，将死者放入棺材的环节称"小殓"，而将棺材盖上棺盖、封上棺钉的环节称为"大殓"。如遇"重丧"（每月辰日）、"三丧"（春辰日、秋戌日、夏未日、冬丑日）忌日，多数地方则不能哭亦不能殓。在入殓前后，各地都要进行一系列丧仪活动。

（一）刷棺

旧时各地都有停柩几天乃至几年才出殡的习俗，因此，为保持棺材良好的密封性，不致秽气外泄，在入殓前要用桐油、蜊灰、面粉等东西熬成的油灰对棺材进行漆刷。这个环节，福安称为"布柴"，晋江称为"打桶"。

（二）接棺

在闽南各地大多有接"寿板"的仪式。如晋江，逝者断气当天或翌日，要进行"迎寿"。所谓"迎寿"，是指把棺木一路吹吹打打抬至丧家大门时，孝男率领全家大小披麻戴孝跪地迎接的丧仪环节。思明和芗城，叫"接板"，也由孝眷合家穿丧服，列队跪伏在大门外迎接棺材。旧时棺材运抵时，主持葬礼的司仪烧银纸并将白米一包、干柴两把放在棺材上抬入门，寓"载柴米归来"的富足之意。思明现在改为，司仪将事先准备好的"花米"（花瓣或纸花瓣和米掺和在一起）撒向孝男女们，每人各捧起衣襟以接住"花米"，寓意与旧时相同，具有发财之意。云霄，也称"接板"。棺木扶归，由长子捧"斗灯"率全家晚辈至村口（路口）跪接。诏安，棺木抬回时，吊丧亲友头上或手臂（以死者性别为准，男左女右）缠上白布，跟在后面，孝眷披麻戴孝、哀号匍匐跪在门外或巷口等,叫"等棺"。

台湾,闽南人"入殓前,得先买棺木,称为'买寿板'或'买大厝',择吉日将棺木接回家中来,吹音引导,由抬棺者用车运到丧家,途中过桥、十字路口时,需留银纸和红布一条,称为'放纸'。棺木运到时,由丧家子媳穿孝服在门外跪接,为首的要带一袋米(内放铜板,现有改红包者)和一只桶箍,放在棺板前,俗谚:'白米压大厝,子孙年年富'。此有'碛棺压煞之用。另需一只新扫帚,用来扫棺除煞,并在棺前烧化银纸,才抬入厅堂,称为'接板'或'接棺'。有的会在棺木内放一斗米及红包……家人可在门外行'围库钱'的仪式,将随身库钱及库官库吏烧化,代表死者生前向库官库吏所借库钱悉数归还,并送亡者冥币"①。

(三)入棺、盖棺

各地入殓时,如死者为女性,都要有其娘家人在旁视殓。此外,其他习俗各地差别则较大。

1.闽东

(1)宁德

福安,入殓前,孝子须屈膝为仵作捧上甘草茶、蛋和红包。当将死者放进棺材后,仵作将甘草茶倒入死者口中少许,踩破一个茶杯,并用筷子量死者鼻子,看安放尸体的位置是否端正。然后折断筷子,留取半截,另外半截夹上一块瓷杯片放入棺中。接着将寿被和"荷封"(麻布制成)盖到死者身上,将长出部分剪下,留给遗属作荷包和包鞋戴孝。蛋和红包归仵作所有。盖棺后,子女手执哭丧杖,举竹篾做成的火把绕棺材走三圈,叫"环柴"。然后,在棺木上点起油灯——俗称"柴头灯"。

福鼎,先在棺内放"七星板",铺放灯芯草、木炭、草席。死者入棺后,子女按长幼跪棺旁,依次以手沾茶、酒点其唇上,称"拜茶拜酒"。盖棺时,子女匍匐灵前,不得抬头,以免"煞气"冲身。

古田,死者入棺后,仵作用干稻草或一小段小竹篾量死人的鼻子,直至将之调整至不偏不倚为止。接着,全部直系亲属手执醮油点燃的红纸捻或点燃的香线,半躬身慢步从左边棺材尾至右边棺材尾环绕一圈,以示永别之意,称"巡棺"。

---

① 李秀娥.台湾的生命礼仪(汉人篇)[M].台湾:远足文化事业股份有限公司,2008:126.

蕉城，由仵作将遗体放进棺材后，由法师念经，孝男手捧内燃七支烛的"斗灯"，率领孝女、孝妇依次匍匐绕棺三匝，叫"巡棺"或"巡柴"。棺内铺以香末，尸侧放七星袋，撒上"灯芯草"等。巡棺入殓后，撤去"脚尾烛"进行封棺，并在棺木上首放一盏点燃的"柴头灯"，直至出殡为止。当日以酒宴款待来宾，叫"做丧""吃丧昼"，常以吹打迎送。如死者是儿孙俱全、高寿而殁的，要擂大鼓；如果死者的父母还在世的，则只能敲小鼓和磬。女宾至灵堂前行跪拜礼或三鞠躬，入后厅尸床旁哀哭，称为"行礼"。男客也如此行礼，但不哀哭。霍童一带不停棺在家，入殓后即移柩上山，然后在家"做丧"。

屏南，孝男捧头，孝女捧脚抬入棺中。有婴儿的家庭，要做小稻草人放进，避免重丧。

霞浦，入殓在黄昏涨潮时举行，亲属披麻挂白，向遗体行告别礼，子女绕棺跪行三匝，俗称"辞棺"，然后盖棺。

柘荣，大殓时辰一到，先行撤去死者"口含银钱"和手里的鸡蛋、桃枝、灰粽等物（要将之弃于野外），由子孙扶尸入棺。孝男孝女用甘草浸酒滴入尸口三滴，撤去"戚床"。之后，孝男孝女三步一跪，亲戚晚辈随后步行，鱼贯绕棺三匝，然后高举火炬，盖棺封殡。

（2）福州

福清和平潭，由长子抱头，女、媳、孙等抱腰、膝、脚入棺。之后，儿女子孙围着棺柩哭泣，然后男先女后，各执蜡烛，向左绕棺三圈，再向右绕三圈，俗称"环棺"。最后，亲属再睹死者一面，盖上棺盖。

长乐，由长子捧尸首，其余亲属扶持左右入棺。之后，先盖虚钉，亲人到齐后再将棺盖钉紧。人死异地，要就地收殓，收殓之日，请道士设醮"破地狱"，为死者超度脱罪。

罗源，收殓时移尸后厅，由司仪宣读祭文，亲戚分别行三跪九叩或三鞠躬礼，与遗体告别，最后盖棺。殡殓当晚，请道士念经、诵咒，称"点药师"。

台江，入殓前请道士"搬药师"：在厅堂上安放灯树一棵，共七层，每层燃油灯七盏，共49盏，延请僧道念经，超度亡灵，死者家属及其侄辈哭泣着扶灯树绕行。该费用俗例要由出嫁女担负，无出嫁女则由丧家自理。封棺后，丧家设筵席，宴请前来吊唁的亲友，名为"封棺酒"，也叫"上马祭"。

马尾，要赶在当天水涨时入棺。入殓后，丧家要办"封棺酒"招待前来吊丧的亲友。在农村，信佛道的，这天也要举行与台江一样的"搬药师"仪式。

闽侯，死者由长子抱头，长子不在由长孙抱头，其他子孙帮着抱腰、膝、脚等,把尸体装入棺材,叫"落棺"或"落材"。子孙亲朋围棺向遗体告别。

2. 莆仙

涵江,亲友都来向遗体告别,但"八字"冲犯者要避开。空棺放在厅堂边,用纸钱或"纸边"铺棺底。殓工先用白绫或白布裹尸,再用布条捻成布绳扎紧,称为"殓"。殓毕,将之放在棺盖上。吉时一到,孝男抬头,孝媳抬脚,女儿、孙辈抱腰抬腿,把逝者放入棺中,遮上"水被",扣上棺盖,钉牢封口,叫做"闭殓",俗叫"入木"。

莆田,由族亲把棺材(俗称"喜寿"或"长生")抬到厅堂,棺底放入向七家邻居乞来的灶灰,再铺上纸钱、灯芯草及碎纸边。"入木"时辰一到,子孙们哭着向遗体告别。之后,孝男捧死者头部,孝媳抬死者足部放进棺内,遮上"水被",盖上棺盖钉牢。此过程中,"八字"冲犯的也要避开。

仙游,入殓前要确定一个送草、盖棺盖和出殡时在队伍前面举"火盏"引灵魂上山的人选。这个人在家族里的辈分要比死者高,但年龄不一定比死者大。如果死者是家族里辈分最高的,那么就得到外家族去找,最好是曾经做过这类白事的有经验的人。当抬棺的(村里已结过婚的青壮年男子,一般为八人)把"长生"抬进厅堂后,孝子往棺底一沓沓地铺"纸公"(毛边纸,切割成10厘米见方的纸片),然后铺上白布单,并在棺旁放一小篮子"盐米"(盐和米掺和在一起)。时辰一到,由长子捧头、其他孝眷分别抬脚和腰身移入棺。遗体与棺壁的缝隙用死者的旧衣服塞紧,再从头到脚盖上"水被"。封棺盖时,通常由长辈一人去搬动棺盖,如果长辈年龄较大或棺盖较厚重,就得从家族里临时叫出一个青年上去帮忙把棺盖抬起,斜搁在棺材上。之后,其他人都躲开,由长辈一人小心翼翼地把棺盖调整好,注意自己影子不要投映到棺材里。然后,一手拿起一把木柄上贴着红纸的斧头,一手抓起一把"盐米"摔向棺头和棺尾以"去煞",边迅速钉上棺钉。

仙游的火盏

3. 闽南

闽南许多地方在入殓前有进行"辞生"的祭祀习俗。

（1）泉州

惠安，孝妇或孝女边哭边用梳篦在死者头发上各梳理三下（重演"上头"仪式），孝男或承重孙跪在灵桌前，接过给死者供的最后一次"圣餐"，然后进行祭奠。等僧（尼）在旁念《往生咒》和做功结束时，"土公"（职业殡葬者）抱起死者放在厅侧床板上对遗体作最后包扎，叫"五绫包"。外一层又裹上一条红的寿衾被单，后装尸入棺、填实，打上银锭栓。

鲤城，沐尸更衣，扶尸坐于厅中交椅上，供菜肴12碗进行祭祀，俗称"辞生"。时刻一到，仵作抬尸入棺，尸体面蒙面布、身盖水被，盖棺时孕妇或生肖五行相克者回避。

安溪，丧家先备一席"入木筵"在丧房前祭奠，叫"辞生"。再由孝男、孝妇和孝女等扶尸入棺，盖上水被（不盖眼面）。盖棺时，其他人都须躲避，不使人影盖入棺内。若是母死，要由孝男捧盘，盘内放棺钉四个，斧或锤一把，红包一个，跪请外祖或母舅亲手授钉、斧与和尚，由之动手封钉棺钉。否则直接由和尚封钉即可。

（2）厦门

思明，入殓前丧家先进行祭奠，即"辞生"：备12碗菜肴，荤素各6碗。若死者为虔诚的信佛者，则全为素菜，三牲的猪头、鸡、鱼等也是由面食做的。祭时由"好命人"或请来的师公（道士）逐一拿起每一碗菜，口中说着好话，边用筷子夹起菜肴，做出喂食状，将12碗菜一一敬献给死者。祭后请和尚诵经，叫念"铺前经"，多念"往生咒"。之后，打开棺盖，全体孝眷围在旁边，不能号哭。将乞来的火灰铺在棺底，再铺上金银纸钱或纸屑，有的还铺上成片成封的"库纸"（冥币的一种），最后放上一叠金银纸作为枕头，随葬金银玉器等也一并放入。

遗体入棺之前要举行"放手尾钱"仪式。"好命人"或师公将12枚铜钱经由死者手，溜放入米斗，再将之一枚一枚分发给孝眷们，口中高声喊赞："放手尾钱，子孙富贵万万年！"得到"手尾钱"的子孙将之用带子穿过，系在手腕上。孝男用麻带，其他用白带、青带，叫做"结手尾钱"。

遗体入棺时，由孝男扶头、媳妇、女儿扶脚，其他孙女扶双手。安放好后，盖上"水被"，将写有死者姓名、生辰年月的木制神主牌覆在死者身上，并呼死者名字，请其灵魂附在木主上，再请出木主。然后由仵作盖上棺盖，丧家要赠给仵作一个红包。之后,举行"祭棺"仪式,孝眷按辈分依次跪拜,并将门外放置的"过山轿"烧化,让死者灵魂乘轿前往阴间报到。如要停柩待葬的,拜毕,即由仵作钉钉封棺;不日出葬的,则在临出葬时才封钉①。

(3)漳州

芗城,入殓俗称"入大厝","辞生"仪式与思明无异,甚为隆重。"放手尾钱"形式有些不同,是将死者身上余钱(事先放在死者身上)取出分给亲属。"入殓"时,打开棺材,铺上地被,由孝子、女及媳等将遗体抬入棺,覆上天被(与地被合称"天地被"),放入一些死者生前的用品,供其在阴间使用。盖棺后与思明一样要进行"祭棺"。

华安,棺里铺上"地被"(白被),由孝子、女将遗体放进去,盖上"天被长"(白布)后合上棺盖。接着进行"祭棺",孝男、孝女按顺序围着棺木爬跪三圈,再回向祭拜。之后,由"土公"为棺木钉角钉,边钉边唱"一钉东方甲乙木,子孙代代有福禄;二钉南方丙丁火,子孙代代发家伙"之类的"封钉歌",最后一根棺钉留钉头一小节不完全钉进去,意为"出丁"。

云霄,由孝子、媳将死者扶入棺木,并放进寿衣、寿被、纸锭等,其余亲属在棺前持香跪哭。接着,孝眷和戚友列队在旁,由僧人(道士)拿接好的黄麻片,一头系在死者手上,一头让大家各用双手往外牵拉,然后边念经边割断各人手中麻片,称"割阄",意谓与死者割断生死界。割毕盖棺,由儿孙将缠红布的棺钉轻按在棺盖上的引洞中。当晚抬柩到门外,请僧人为死者做节目较简单的"引路斋"或节目较多的"开冥路"。富家择日出殡的,则请僧道做道场称"拜忏"。仪式结束时,请长辈拿着斧头、按着棺钉边赞吉语,称"进钉"(丁),再由"土公"接过斧头钉牢。

诏安,在棺内四周和底下垫放草纸、石灰包或茶叶包,由孝子、媳等人抬尸入棺。之后,也行云霄的"割阄"仪式,用麻缕或白纱线,一端系在死者手上,另一端由全部亲属列队执着,一道士或和尚口中念念有词:"生者犹生,死者自去,生死殊途,从此割断",把执着的线从后到前一节一节割断。然后由长辈封棺安钉(或由殡工代劳)。

4.闽西

武平,入棺暂不加盖,称"小殓"。吉时一到,由"八仙"(抬柩者)给逝者盖棺,钉棺,称"大殓"。之后,移柩大门外,用两只长条凳架起,上盖红毡。

---

① 陈耕.厦门民俗[M].厦门:鹭江出版社,1998:93.

"八仙"在灵堂前给孝子孝孙披麻戴孝,叫"成服"。丧属须反穿衣服,孝子腰围稻草绳,手持"孝杖棒"(父死用竹,母死用桐)。

长汀,俗称"入材",即将遗体放入棺材,亲友肃立,举哀,相当于告别仪式。有的迷信禁忌要偷入殓,不举哀,不祭奠。入殓时,由抬丧者两人,提起白布将遗体放入棺内,头部、手掌用丝棉包裹,棺内空隙处填上木炭、火屎(杉木柴烧后遗物,彭坊镇彭坊村则用瓦片),遗体下垫棕垫。用两块砖各写上死者姓名世系、生卒年月日时,书写的那一面对合在一起,称"合砖",放在棺内,然后盖棺。

漳平,入殓前,棺盖上书写死者郡望、官衔、世代、姓氏、名讳、性别、年龄等铭号,底板画七星座图,棺底垫粗纸旧衣。时辰一到,移尸入棺,上盖寿被(红被单)。盖寿被时,按亲疏关系逐一唱名让亲属为之披盖,一户一床,随葬物品也同时放入棺内。盖棺前用三牲祭奠,告别遗体,盖棺上钉。当日要"做功德"和"还库",规格有三种:一是请道士主持盖棺,撒神水、诵经超度片刻,然后奠祭,称"开路灯";二是入殓当晚设坛诵经至下半夜,称"半暝唱";三是诵经超度至次日早晨,称"全暝唱"。请工匠扎糊灵厝、金山银柜等冥器,有的富人家请道士连续三昼夜诵经超度,最后焚化冥器,叫"做大功德"。不管哪一种,都要进行奠祭。奠祭要备三牲、果品、茶酒、香纸,由内亲到外戚,先长后幼依次上供奠祭。孝眷跪地伴祭。如有外家来祭,孝子孝女须在大门外伏地跪接,未经外家来人扶牵不得抬头起身。祭毕,仍要跪送到大门外。

5. 闽北

(1)三明

大田,由长子捧头、长媳抬脚、女儿扶腰等顺抬入棺,平放在白布席上,脚底紧靠尾板(称"着地"),上盖红色的"锦被"。接着由礼生主持祭奠仪式,称"脚尾祭":奠酒,读祭文,孝子四跪四拜,其他孝眷人陪同哭泣。姻亲也得奠祭。祭毕,盖棺,钉棺盖。钉钉子时,孝子、孝媳按长幼排列,跟着钉棺盖的人转,俗称"转棺"。钉棺的四根钉子,俗称"子孙钉"。

将乐,灵柩前点"树灯",形状与福州各县区"点(搬)药师"时的树灯一样。女人跪在灵前哭唱"树灯"丧歌。棺内铺垫甲纸或棕席,枕下垫上新瓦片,两侧空隙处填放五谷、五色布及纸张。遗体由"土公"抬入棺,上铺"锦被",众亲眷在旁见最后一面。盖棺后,每个子孙轮流钉子孙钉。

明溪,入殓称"落棺"。落棺前,将用纸剪好的日、月、鸡、狗贴在棺内,放入"和衣""和被"（纸剪的衣、被），让死者两手握住金银冥币（左手握金，右手握银），寓意老人死后，能见天日和不致受穷。有的亲人剪些指甲、衣襟纱放入棺内，寓今后家中一切灾厄全由死者带走。"落棺"后，棺前设香案，点长明灯，俗称"板头灯"，焚香供斋饭，至出葬前昼夜不熄，并由道士立"灵幡"于棺前。如死者年过花甲，上书"××郡显考（父）或妣（母）×××公（嬷）太灵位"。以6、7或11、12字合"小王道"，17字即"大、小王道"均合更好；没上花甲即死亡的，上书"故父（或母）×××灵位"。再在香案前放一个灰盆，往里焚烧冥币。设灵堂，全家披麻戴孝，女眷早晚哭拜，叫"做孝"，孝子"守灵"。经阴阳先生测算，死者临终时辰如遇冲犯，则须在棺前放一米斗，插上尺、秤、剪刀、镜子和通书皇历，以"镇邪去煞"。封棺前，至亲要送给死者盖上的"扛被"（一般死者盖五床或七床）和留作送葬时用的"寿席"，俗称"报孝"席。封棺时，亲人回避，不得观看。封棺后，取两块薄土放在棺盖上，

明溪的灵幡

表示死者已安然入土。然后请道士做道场，为死者减罪，超度亡魂。

清流，以用白布包好的12块瓦片做枕头，其中一块瓦片上书写死者的生卒时间。褥席衾被均用白布。盖棺时"土公"大声喊着"天塌下来了"，将棺盖盖上，钉实密封。之后，在棺首点上长眠灯。亲属在一旁恸哭。

沙县，棺底铺放石灰、纸屑、白布、鸡鸣枕、脚垫等物，请道士做法一番，然后由死者的直系亲属用七根布带将遗体扎好移入棺内，上盖蓝布（俗称"过河衣"），在死者肩膀边放置其生前喜用的东西或旧衣服，称为"塞肩"。夏茂一带还保留在棺内放墓志铭的习惯，一般人家墓志铭用石板制作，称为"墓碣"，富家用银板，称"定身牌"。进棺时，遗属不得哭泣，按迷信说法，眼

泪掉在死者身上,死者将来在阴间会受罪。盖棺时,与清流一样,土公也大喊一声"天崩下来"。若入殓时日未到而先将死者入殓的,钉棺时要留一枚棺钉等时日到时再钉以加固,称"寄棺"。棺钉加固后再漆封,并用七色布条挂在棺钉上,以讨吉利。此外,有些地方还有将遗属的衣角剪一块挂在棺钉上的习俗。

（2）南平

建瓯,殡殓合棺时,请至亲视殓,有钱人请有官职的人(如县长、区长、中学校长等)前来视殓。当天晚上,办简便酒菜请亲邻和帮衬的人"吃合棺暝"。

松溪,由子女抬尸入棺。如果死者父母还健在,要给死者戴白帽服孝入棺。要将先前停尸时给死者蒙脸的白布撕成细条,分给子女扎在手腕上,俗称"孝带"。长寿死者,在洗沐、更衣后要在其胸前放一束麻线。入殓时,取出供亲友邻居索取给小孩戴,希望小孩像老人一样长寿。

6. 台湾

（1）闽南人

在将亡者抬入棺内前,孝眷要为其"准备最后一次告别餐宴,有六道或十二道菜,由道士或家属作势夹菜喂亡者吃,称为'辞生'……在亡者袖口放入一些钱币或纸币,再将钱分给子孙,此即'放手尾钱'……以一长绳系在亡者的衣袖上,遗族拉住绳子另一端,请道士边念经边以师刀(法器)将每位遗族手中的绳子割断,以示亡者与家属阴阳两隔,不会干扰子孙……将穿好寿衣的亡者,依择日师择定吉时抬进棺木中安置好,称为'入木',又称'入殓'或'大殓'。棺底要铺石灰或火灰、茶叶,以银纸塞身旁。由长子抱头,次子抬脚移入棺中。脚边会摆一件'过山裤',一只裤管正缝、一只反缝,免得恶鬼纠缠。男戴帽,女绑黑巾,并放'鸡枕',用首饰珠宝陪葬,再盖上水被和莲花被。请道士为入殓而诵经,并行简单的'封棺''盖棺'仪式,此即'收乌',又称'大殓'"①。出殡日,还要举行"封钉"仪式,即在"棺头祭"毕,"道士会口诵祝福的话,引导封钉者以长铁锤象征性地把四根四角形的钉子钉在棺盖上,后钉'子孙钉'。根据河洛人习俗,若死者为母亲,便请外戚来封钉;若亡者为父亲,便请同姓的好命人或同辈来封钉,最后再轻轻钉下'子孙钉',让丧主以牙拔出来,并从棺木上削下一块木头,一并供在灵桌的香炉里,称

① 李秀娥.台湾的生命礼仪(汉人篇)[M].台湾:远足文化事业股份有限公司,2008:128.

为'割棺',等到丧期满时才能丢弃"①。

（2）客家人

入殓时"男戴帽，女戴绉纱、耳环，头垫布点枕（菱角枕，内装狗毛、鸡毛）左手执扇、手帕、发板，右手执桃枝，或是右手持桃枝串七块发板。枕木底放背筋线、串银纸垫底，脚穿布鞋。左脚前放银纸，右脚前放金纸。另放棺席布、过山裤、裤脚一正一反，再盖上亲友赠送的盖面被，最后再盖上孝子的盖面被，被上胸前放一'照身镜'，或称'照心镜'。也有在亡者身上覆盖铭旌面被的，依序为孝子、外家、孝女、孝孙女所赠……客家人习惯在大殓时放一套衣服，亡者得衣，子孙得裤，然后以钉封棺。客家话'裤''富'同音。封棺时，会先请道士敲打铜锣等法器，并进行相关的仪式。客家人男殁，请族长出面持斧封棺；女殁，则请亡者娘家持斧封棺，由孝男一人代表跪请。先为四周钉四寸或五寸钉，再钉小一点的'子孙钉'，并串上五色布。封棺时，由道士念诵相关的吉祥话"②。

（四）敲棺头、跳过棺

在闽南许多地方，如思明、华安、平和等，父母还健在的，入殓后父母要持棍棒敲击死者的棺材头，以谴责死者为人子而未尽养老送终孝行的过失，称"敲棺材头"。若青年丧妻，其丈夫准备再娶，入殓后要手持雨伞，身背包袱，从棺上跳过，高喊一声"我去番边（出洋）"（思明）、"我去出洋"（芗城）、"我去过番"（华安）、"跳过棺，走过番"（平和），称"跳过棺"。俗信以后再结婚时，亡妻魂灵就不会来作祟。

台湾的闽南人和客家人都有"跳过棺"的仪式。如前者，在"灵柩两旁各置一椅或八仙桌，由亡者之夫背着包袱、挟着雨伞，口中念'你回大陆，我去台湾'、'你转唐山，我去台湾'或'我到番边去挣钱'等类的话，站在椅子上跳到灵柩另一边的椅子上……彰化鹿港的民众除了'跳棺'外，还会将衣服打包背起来，到外面绕一圈再回来，欺骗亡妻有远行，将来不会作祟于他。倘若亡者为男性，其妻打算再嫁，则要远送到坟地，若不再嫁则需坐在户磴（门槛）哭泣她的苦命"③。后者是用一把伞扛一个包袱，跨过亡妻的棺材，称为

---

① 李秀娥.台湾的生命礼仪（汉人篇）[M].台湾:远足文化事业股份有限公司，2008：131.

② 李秀娥.台湾的生命礼仪（汉人篇）[M].台湾:远足文化事业股份有限公司,2008:155.

③ 李秀娥.台湾的生命礼仪（汉人篇）[M].台湾:远足文化事业股份有限公司，2008：133.

"作扣庙"。

(五)送草

各地在入殓后,除要马上撒去尸床及床头床尾的灯、烛、"脚尾饭"外,一般还要将死者生平用过的碗、瓶瓶罐罐、床垫、草席、棉被等遗物,拿到外面去焚烧。这一习俗,涵江叫"送卧褥席",莆田叫"送草薪席",惠安、鲤城、晋江和石狮叫"送草"或"送脚尾"。典型的做法,如仙游,孝眷披麻戴孝,抱或拿着死者遗物,由举"火伞"的长辈在前领路,一行人号哭着来到三岔路口,放在路边后跪下,燃火将之烧毁。之后,再由举"火伞"的在前,绕另外一条路返回。到家后要更衣,男换蓝服,女换红衣,并用柚叶煮沸水洗手,梳理头发,俗称"送衔絮"。惠安,由女婿或外甥、孙婿点燃火把在前头引路,长子或长孙捧起一个装满死者生前用过坛坛罐罐的米筛,次子或次孙抱起草席、被褥、铺盖,女人们手拿拐杖、便盆等遗物,亲族们跟在后,前往郊外荒地里烧化。回来时,门楣红布彩已换作蓝布横眉,开始居丧守制。在鲤城,"送草"后,还要请道士用桃枝蘸水遍洒室内外,撒盐米,以被凶驱邪,俗称"收乌"。"收乌"前,外人不得进入厅堂。

四、吊唁

各地在守灵、报丧的同时,要对居处作一些布置,一为表达亲人离世的哀痛之情,一为起到对外宣示丧事的作用。亲友们在得知噩耗之后,会纷纷前来奔丧、祭吊。

(一)灵堂布置

灵堂布置除前面"报丧"部分已述的在门前挂黑、白布,门上贴白纸、门口贴讣告等外,以下地方的做法比较典型:

蕉城,亲人断气后要在厅堂摆设灵堂,供人吊唁。在大门贴上白纸,上写"严制"(父死)或"慈制"(母死);如长子已死,由长孙主丧,则写"承重"。有的丧家还在大门口挂一对"门头灯",上写"×旬寿考(母),×代同堂",并将房屋柱子的楹联换成白孝联,或在其上贴上白纸条。

马尾,亲人断气后在大门上"贴白"。村庄一般不写字,城镇有的在白纸上写"×府×××(先生或夫人)丧事"之类。70岁以上的老人去世,用红纸。

莆田和涵江,在大门口挂白灯一对。上面写"严制"(父丧)或"慈制"(母丧)以及"享年××寿"或"五代同堂"等字。

思明和芗城等闽南多数地方,死者咽气时即刻"净厅":撤走供有祖龛(内置祖先灵位)和神龛(内置神明像)的长第桌,或用布将之遮盖起来。正厅上拉布帐子遮住"水床",门前摆放供桌,上摆"桌头婖(纸做的奴婢)"一对,点燃白色的蜡烛和线香;大门斜贴上白色的长纸条,父丧贴左边,母丧贴右边,双亲皆已亡者左右都贴。有的两边都贴成白色的 X,以示"失双头",称"挂孝";大门外还摆上一顶半人高的纸轿,供死者乘去阴间,叫"过山轿"。轿前轿后都立有纸做的轿夫,旁边放着插着线香的乌糖发糕——"碗糕粿"给轿夫作点心,还要串上几串"银仔纸"给轿夫挂上,作为工钱。"过山轿"是丧家最显著的标志,也死者性别的显示:男性为绿色红顶,女性为白色红顶①。之后,也多如石狮一样,在"送草"后设置灵堂,堂上立置纸龛和死者遗像,灵柩停放堂中,四壁列置亲友送的挽幛、花圈。石狮等地还有在灵堂两旁摆上纸糊的直系亡者遗像的做法。

石狮蚶江祥芝村灵堂上真系亡者的遗像

长汀,断气后布置灵堂,俗称"孝堂"。遗体放厅中后方,有天井的上空要遮住,俗信遗体不能见天。孝堂两侧悬挂挽幛,按送者辈分依次排列。早晚女眷均须在孝堂哭灵。

---

① 陈耕.厦门民俗[M].厦门:鹭江出版社,1998:89.

建瓯,更衣后中堂摆好衣架和跪拜铺垫,门口贴出"讣告",大门上悬挂灯笼,有钱人则布置庄严肃穆的灵堂。

台湾,闽南人,丧家在大门上张贴告示,以白纸黑字写"严制"(父死)、"慈制"(母死)或"丧中"(祖父母辈健在的)等字样。春联撕掉,有的换成青色,且要在邻居门边贴上红纸辟邪,称"挂红",出殡启灵后去除;客家人,也将门口的红春联撕掉,换上白色挽联,并与闽南人一样也用白纸写"严制"、"慈制"或"丧中"张贴在正厅门边或大门上,同时送金花及一块红布,横挂在邻居门框上方,称"挂红"。

(二)祭吊

各地亲友的祭吊,有的在入殓前,有的在入殓后,而且通常都会向丧家赠送吊礼,或物品或现金。如屏南,亲戚送香、纸、烛和纸被(现改为床单),女婿加一担祭品。寿宁,亲友邻里都在入殓前带香纸到丧家吊唁,送香仪、挽联;涵江,亲友送"纸钱"(冥币)。思明,亲友送银纸(冥币)或白纸包的现金(在"过山轿"烧化后不可再送),由丧家指定的专人接收、登记,回赠一袋装一块缠着红丝线的白布块(现改为毛巾)和两粒糖果的礼品,即"送巾断根",寓与死者决断、生者生活和顺之意。长汀,亲戚送挽幛、香烛、大宝(纸锭)及猪肉、粉干,后两物为慰问丧家生人的,丧家只可收一部分;出嫁女儿、孙女等加送遮面布(六尺);朋友邻居送烛礼,钱用白纸包,上书"代烛"两字,若用来探生人的书"代探汤"三字。沙县,姻亲要备办"三牲"或"五牲"祭奠,女婿还须备办纸制"银树""金山"及"仙童玉女"等。将乐,亲友送奠仪和挽幛,要按辈分将挽幛依次排列,悬挂在灵堂两侧。武夷山,近亲送香纸烛、冥洋(冥币)、色箔、花圈,友邻送挽联,也有用白纸或黄纸包钱作奠敬,等等。

1. 入殓前

入殓前的祭吊,称"探亡"(沙县)等。如柘荣,近邻亲族前来吊唁时,要将尸体掉向,将其脚底由原来的朝后门改为朝前厅,并解去系脚的红绳,以便来人向遗体告别;若吊唁者是亲族晚辈,当其向遗体行跪别礼时,在旁的孝眷应按照相应的辈分、性别匍匐跪着回礼。台江,亲友来吊唁时,孝子要揭开盖在死者脸上的夹纸,让来吊者与死者见上最后一面,并向来者致谢。思明,亲友来吊唁的要在死者的床铺前拜,称"探铺"。孝子孝妇长跪在灵前,向"探铺"的亲友磕头,并陪着亲友号哭。明溪,亲友前来探丧,俗称"看生",即瞻仰遗容和向遗体告别。随带香、纸、烛、花边(冥币)四样,叫"冥仪四色",叩拜死者,以示哀悼。建瓯,亲友登门探丧时,孝子跪伏陪拜,并给探丧亲友系佩红髻索,称"挂红",以示吉利。台湾客家人,"当有亲长来吊祭时,孝子女,须爬行至门前跪接,等待亲长扶起才可起身。"①

2. 入殓后

入殓后的祭吊各地在时间安排和做法上也差别较大,如:

蕉城,入殓次日,称"开吊日",孝男匍匐着跪在灵桌前的左右侧(死父为左,反之为右),候亲友吊唁,称"吊礼"。宾客来了,在灵前或跪拜或鞠躬,孝男跪拜回礼,子侄辈们在旁陪跪陪拜。拜毕,请客人吃四碗一汤的简单酒宴,称"吃面菜"。一般人家只吃水饺等点心。至午前截止吊唁,并鸣炮"撤筵"。

鼓楼,在死后"五七"或"七七"日,举行开吊出丧。丧家向亲友发出丧帖讣告,请他们参加吊唁活动。当日上午,丧家张素灯结素彩,鸣奏京鼓。大门上方挂一对一人高的长形大灯笼(称"高照"),灯上用蓝字标明某旬(每十岁为一旬)寿考(父)或寿妣(母)和三代或四代同堂,以示福寿双全之意;门口斜竖一块大屏风,糊白,上面贴着讣告,讣告右上角写一个大楷"闻"字,亲友前来吊唁,见了讣告,表示闻知;门口另一斜角,放着堂鼓。吊唁客人一到,"礼生"(司仪)马上击响堂鼓,催奏京鼓,然后,由礼生高举名帖,边走边喊"客!"引导吊唁者步进灵堂,在灵前向亡灵跪拜三叩首。孝男孝女跪在一旁陪拜。灵堂四壁,挂满亲友送来的素联、素轴,气氛肃穆、哀戚。

马尾,头"七"后发讣告,亲友得到"讣闻"后,送来"吊丧"礼品:挽联、挽幛、蜡烛、鞭炮等。"挽幛"的书写十分讲究,男女、长幼有别,一般中间均为四字句,上下款称谓严格。简单的,只在挽幛中贴个"悼"字或"奠"字。"六旬"(即"六七")之后开吊,念经起度。开吊的场面有大有小,多则三五天,小则一天。最后一天"断七",第二天出葬。

鲤城,择日开吊,请僧道做法事超度亡魂,俗称"做功德"。亲友备奠仪前来吊唁。"做功德"期间,富人家常雇演傀儡戏或打城戏,剧目为《目莲救母》。最后一天下午,僧道表演"献罗钹"和"打桌头城";晚上由僧道讲故事,唱道情,劝亡魂西归,劝凡人事亲至孝,语言诙谐,俗称"解愿"。翌日凌晨焚化冥屋,俗称"化纸"。

---

① 李秀娥.台湾的生命礼仪(汉人篇)[M].台湾:远足文化事业股份有限公司,2008:154.

武平,厅中设灵堂,由孝子当天跪写灵牌。亲友携带"奠仪"(用白纸包)、挽联、香烛、冥镪等物前来吊唁,孝子、孙跪地号哭谢吊,无人搀扶不得起身。

大田,入殓后,搭灵棚,布置灵堂,灵前桌上摆供品、香炉、烛台和长明灯等。亲戚邻里前来吊唁,平辈鞠躬,晚辈跪拜,痛哭致哀,孝眷在旁陪哭。孝子要屈右膝跪拜亲友,称为"谢孝"。姻亲吊孝的仪式比较隆重,有三牲祭、五牲祭,有的则出钱由丧家代办,吊孝仪式由礼生主持。

松溪,盖棺之后,横置棺木于厅堂,以挽幛白布搭起灵堂定期开吊。亲友来吊唁时,孝子按长次顺序,跪地迎送,孝女则在屏后啼哭。富裕人家还要举行诵经及施斋食活动(1950年后废除)。

五、出葬

出葬包含出殡和下葬等,是丧葬活动的高潮,也是亲人们哀伤情绪由浓烈转向平淡的重要转折点。时间各地不定,有的死后当天,有的三、五、七天,有的几十天甚至几年。丧仪的繁文缛节往往在这个环节展现得淋漓尽致。

(一)祭奠

出殡前的祭奠,少数地方在前一日进行。除上文已述的吊祭外,还有以下地方的习俗较有特色:

蕉城,出殡前夕,延请亲友参加,厅堂上排设酒肴、瓜菜、糕点、鲜花等物,请吹班弹奏,气氛肃穆庄严。夜半,主祭孝男举行三献礼,由傧赞朗诵祭文,致祭亡灵,称"上寿"。

连江,出殡前夕,延请僧道作醮,诵经超度亡灵,称"拨亡",俗称"悦尸"。搭造与前述台江等地"搬药师"时相同的能转动的树灯七层,每层燃灯七盏,孝眷随树灯边转边哭,通宵达旦。

涵江,出葬前一天,举行开奠(俗叫"开吊")之礼,亲友向灵堂焚香礼拜,孝男在孝帏外回拜,孝媳在孝帏内哭灵以谢。

惠安,一般都在出殡前夕请僧道做"功德",叫"功德腹(里)出山"。子孙祈望先人灵归天国,在"阴司"有处栖息,在"功德"临结束时,烧给先人纸篾糊扎的"冥屋"(配套有池、亭、水阁、衣、食、住、行等用具的高楼大厦),希冀其在阴间过上舒适的"生活"。

明溪，大户人家在出殡前请"南摩"（道士）和吹鼓手做 3~5 天道场（一般人家只做 1 天，贫困者不做），为死者超度亡魂，大摆"醮坛"，称为"课诵"，俗称"做醮""做功德"。出殡前夕，女儿和女眷要给死者拜莲灯，以荐亡灵。莲灯树与连江、台江等地的树灯形状一样。女眷在道士的引导下，手执香火，诵经跪拜（起灯 12 拜、报恩 12 拜、谢灯 12 拜、莲灯 49 拜，每树计 85 拜）。如死者女儿多，每个女儿搭一树，当晚每个女眷要跪拜几百次。是夜，丧家还让死者挑"千斤担"：取布米袋两只，一袋装斋饭（糯米饭），一袋装厘戥、米斗、通书、算盘、镜子、尺、禾刀，叫"七星袋"。有的一袋装铜钱和茶叶，一袋装冥币、草鞋。用扁担串好，将担子搁置在棺枢上，称挑"千斤担"，俗信家人一切灾难均由死者承担去，家中从此平安。

宁化，出殡前夕"堂奠"致祭。当晚，孝子孝孙披麻戴孝领人去"偷青"，即明火执仗地"偷"别人地里的蔬菜瓜果，用作佐料煮米粿丸。吃完进行祭奠，祭文用红纸写，称为"辞堂"。第二天清晨，送葬亲友到后分发给孝布带上，僧道在灵前诵念"请起文"，接着起棺出门，俗称"出送"。

（二）出殡

"出殡"又称"上山""出山""出灵""出丧""出葬""发引"等，多数地方在临出殡时也要举行祭奠仪式，称"起马祭""棺头祭"等。有的亲友也会在路上设祭，称"拦路祭""拦马祭"等。当送葬队伍送灵枢到半路或三岔路口时，孝男通常要跪谢送葬者，请他们止步，多数地方亲友和女孝眷脱去孝带和孝服返回；少数地方只是亲友返回，女眷也跟随孝男们一起送灵枢上山。返回的，大多要绕道，不走原路。

1. 闽东

（1）宁德

福安，民间有人死后七天内下葬不择日子、不看风水的习俗。一般穷人家，只是临时择地挖一个墓室，草草安葬，俗称"做红冢"。待日后再修墓面，或修好新墓后，再捡骨殖重新举行墓葬大礼。超过七天下葬的，在墓室砌好后，即可择日出殡。出殡时，在灵枢前摆祭品祭奠，亲属披麻戴孝，按亲疏辈份依次上前拜祭，称"哭祭"。然后"发引"，用蓝白布条系一面大锣，挂在带枝叶竹竿上（称"引布"、"功布"），由若干人扛着，在前面鸣锣开道。接着依次是挽联、挽幛，死者遗像及神主魂轿、香亭、乐队、灵枢、死者遗属、送葬来宾等。灵枢在哀乐声中抵达墓地。

福鼎，棺木一般由四人抬，富家或高寿的逝者请八人扛，称"八车"。棺枢上披一块红毯，棺首上立一只白纸鹤。出殡时，子孙披麻戴孝走在棺前，长孙捧遗像，长子扛招魂幡，女、媳穿麻衣裙，头戴"孝斗"跟随在棺枢后，女婿腰缠白布手扶在棺木左右，其余送葬者发给白布缠左臂以示哀悼。一路鞭炮鼓乐齐鸣前行。

棺上的白纸鹤

蕉城，出殡俗称"除灵"，即拆去灵堂，出棺安葬。灵枢上披着一块大红缎帷，旁边用纸扎的八仙作为装饰，棺首上竖着纸扎的仙翁跨鹤。出发行先行祭拜，桌上摆满"三牲"或"五牲"：猪头、鱼、鸡、鸭等，孝眷跪拜祭奠，送葬者依次祭拜，称"起马祭"。女婿或朋友要在路上做"拦路祭"。先鸣炮起枢出殡，以锣鼓乐队开道，幡幛挽联引路，孝子持哭丧棒跟随在棺枢后，亲友随后，一般亲友和女眷送至半路即可返回。灵枢所经的村落、路口都要贴"路贴"，过桥、过神庙要"参神"，焚烧纸钱，沿途陆续鸣炮，散发"买路钱"。在大小鼓吹、洋号洋鼓和僧众铙钹声中抵达墓地。

霞浦，出葬时抬灵枢的有4人、8人、16人，俗称"四人扛""八坐""十六车"。前头以黑彩为引，鸣锣开道，彩旗、魂亭、鼓乐队随后，孝男孝女披麻扶枢左右，亲友臂挂白带送行。到近郊时，孝男跪叩"谢客"，亲友和女眷止步回去。

柘荣，一般在葬期前一日移枢或将"金瓮"放置在村口空阔处。当日，设下祭桌，陈列神主牌（后来加上遗像）和香炉，摆上猪头、鹅、鸡、鸭、鱼、蛋等12～16样祭品，旁插招魂幡。若用全猪、全羊致祭的，要用木架另置案旁。请祭生赞礼、读祭文，孝眷上香、三跪九叩，亲族晚辈依次拜祭，孝子孙依辈分和性别相应回跪答礼，并给参与祭奠的亲族"发白"，俗称"起马祭"。祭毕，移枢上"丧车"，盖上红毯，棺首竖一只与福鼎一样的白纸鹤，表示死者"驾鹤归仙"。若夫妻俱已殁，则鹤首向前高昂，以示无后顾之忧；否则，鹤首弯后回顾，似有依恋之情。以蓝白两面丧旗作前导，一人撒放纸钱，俗称"买路钱"。神亭、灵枢、孝眷、亲友、打击乐、吹鼓手、挽旗依次随其后。孝男执绋，队伍徐徐前行，一路鸣炮。到三岔路口时，孝男跪谢。之后，除孝男、嫡亲继续上山外，女眷、戚友止步，脱去素服，"挂红"回家。

（2）福州

鼓楼，开吊酒席吃过，已经过午，出殡开始。殡葬队伍视贫富而不同。队伍最前头的是"导引队"，跟着就是扛着一合"高照"素灯笼和几个人扛着竹丫上绕着红布条的"彩旗"。在彩旗招引下，四个吹京鼓的，一路上吹吹打打。之后是彩结的"亡灵亭"，供奉着亡人画像，四人抬着走。接着是十番伬、乐队和一队和尚。装在彩结棺罩下的朱漆棺枢，由八人或12人抬，跟随在和尚后面。棺后是一队孝男孝孙，他们持着"孩儿杖"（即哭丧杖，有父木母竹之别，用小木杆或小竹竿糊以剪成细条的白纸制成），在白布大围中，哭哭啼啼，步行而过。尾随的是女眷和亲友。棺枢离家后，门首的丧事讣告用蓝水圈上，作为出殡标志。到半路，除孝子等男亲属送枢到墓地外，余者皆回。

台江，殡葬队伍以鼓乐为前导，彩旗先行，女婿在灵枢前撒纸钱，女婿不在则由外甥代替。灵枢后是孝男、孝媳、孝女、孝孙等亲属，最后为送葬的亲友。途中遇到有人为死者设路祭，殡葬队伍要停下来，让亡灵受祭。

马尾，称"出葬"。前头是纸扎的面目狰狞的"开路先锋"神像，一合白"高照"、彩旗、花圈、朋友、棺木、孝男、孝女、孝媳、里亲外戚依序随其后，其间穿插着鼓乐队、高跷、行舟、肩头坪等。除孝眷披麻戴孝外，其他亲友均在手臂上系白带，高寿老人（90岁以上）系红带。沿途亲友设路祭，孝眷跪谢。送到墓地，根据"地理先生"看的日子，有"利"才下葬；若当年无"利"，则先停棺墓埕。

罗源，出殡前设家堂祭。灵枢出门的程式各地不同，县城及郊区一带灵枢头向外，退出门楼后转尾向前，意为风水不让逝者带走，碧里一带则相反，意为让死者一路顺风而去。送葬队伍前有彩旗锣、挽幛和"十番"吹奏，后为灵枢和送葬亲友。富家有的还在灵枢前设"香亭"和安放"神位"的"看轿"。亲友在路上设祭，称"拦马祭"。亲友和女眷送到村口即返回，孝男、孝孙则护送灵枢上山。

连江，灵枢抬走后，即在大厅贴"安门大吉"红联。送葬的亲属，五服内穿大小功服，披麻戴孝，亲戚穿白衫，女婿穿白长卦，朋友素服，一般由遗像前导，挽联、花圈、朋友、乡邻、乐队随后，之后为灵枢、孝男、孝孙、孝女、族亲和亲戚。

一路撒下纸钱,沿途鸣炮,有的姻亲还要在路边设祭,直系亲属均要行跪拜礼。亲友等一般送至城外、村口即回,孝眷无论男女都要护柩上山。

福清,多在中午举行(平潭在上午,仪式与福清大致相同),仪式由较有声望的人主持。出殡前,孝眷在灵柩前哭祭、跪拜,亲友行三鞠躬礼,然后起柩出门。有些地方还要致祭文,亲友在门前或路上致祭,叫"路祭"。队伍一般以白色灵旗为前导,花圈、挽联、魂轿(内置遗照)、乐队在前,孝眷扶棺跟随,亲友在后。送到大路口时,孝眷跪谢,亲友散去。孝眷无论男女要一起送到坟山。路上过沟、圳、桥时,孝男都要对死者大声喊叫:"现在过桥(沟、圳),顺顺通过!"既表哀痛,又可提醒抬棺者注意路障。

2. 莆仙

莆田和涵江,孝眷、亲友等向灵堂礼拜后,起柩出门,俗称"出葬""出寿"。每过一道门槛,就要用刀把以红纸封成一束的三根干稻草斩断,以示"斩草断根"。出大门后,亲友散去。出葬队伍有孝幡、挽联、纸人、纸马、纸轿和乐队。孝男头戴草圈麻帽、身穿麻衣,挂着"哭丧棒"(样式与福州鼓楼的"孩儿杖"一样,也有父木母竹之别,俗叫"孝子鞭"),扶柩哭泣而行。沿途放纸钱,俗叫"买路钱",过桥时放纸元宝,一路上山去。

仙游,出葬前一天,先分给帮葬者每人草鞋一双,分到草鞋者即使有急事或对死者生前有仇怨,也不能推辞。出殡时,先把灵柩抬到门外宽阔处,放在上面架着两根用来扛棺的长木条的两只"椅鼓"(长条凳)上,行"棺头祭"。祭桌上的猪头、发糕等祭品由女儿提供,俗称"生女儿尾日有猪头食"。

仙游的"棺头祭"

孝眷行跪拜礼后,扛棺的人上前用绳子把棺材结实地捆绑在木条上,披上红毯。起棺时,要踢倒"椅鼓",由"火盏"前导八人轮换抬着,孝眷随其后哭别。孝子身着麻衣,手执白孝杖(样式与莆田同),脚穿草鞋;孝女一袭白衣、白裤,腰间缠麻绳,手执红孝杖;女婿着白衣白帽。女眷(除女儿外)和亲友送到三岔路口"送草"处即回。路上执"火盏"者不时撒纸钱,为死者买路,若逢过桥,则扔"大银",意为交"过桥费";还要不时地往"火盏"里添松油柴条,以保持不灭。半路上若要歇息,需将棺柩放在预先备好的条凳上,不能放在地上。

3. 闽南

(1)泉州

自古有"生在苏杭,死在泉州"之说,泉州各县区自古以来经济较为发达,因此殡葬仪式普遍比较奢侈铺张,耗资巨大,让外人观之大有在泉州死不起的感慨。当地贫者往往因之而倾家荡产。

惠安,俗称"出殡""出葬""出山"。出葬队伍一般以一条上书"×××出殡(或归虞)仪式"的横幅为前导,接着是各一对的白、红姓氏灯(去时白灯在前,回时红灯在前),之后依次为挽轴、花圈、女婿、开道鼓乐(亦称大鼓吹)、"铭旌"(写着死者姓名衔的旌旗)、鼓乐队(西乐、杂音钹鼓之类)、魂轿二项(又叫"主亭",一挂死者遗像,一置死者木主)、沿途"引魂"的僧道、棺木及孝眷、吹鼓队、"执拂"亲友等,穿插着小戏剧出、架岔脚、弄彩珠,甚者弄龙舞狮等。鼓乐队有的雇请至五队,送葬队伍可达上千人,绵延成里。女婿沿途撒放纸钱,过桥越境时要撒放金纸,意为向"土地公"和"桥头将军"买路。"铭旌"要请一个社会上较有声望的人来督送。气氛既热闹又悲切。

晋江和石狮,俗称"出葬"。

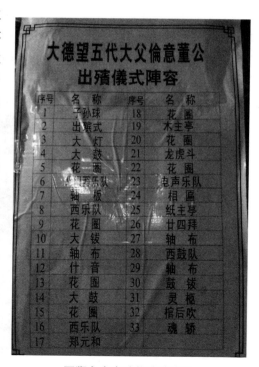

石狮永宁出殡仪式阵容单

之前,亲友、宗亲、邻里要送赙仪(金银礼)。出殡时,棺夫把灵柩移至宅外,俗称"转柩",后"绞棺"(把灵柩用粗麻绳绑在扛棺的木条上)上罩。此时,孝眷披麻戴孝跪地哭挽,道士"开光"作祭,送殡亲友对棺行礼,丧家设礼生陪拜,行"棺前祭"。之后,孝眷免冠谢拜,开路鼓吹响,开始起程。送葬队伍常有一人在前沿途"压金银"(将冥币压于路旁桥头)带路,之后是前导牌、横彩、铭旌灵幡、白红大灯、开路鼓吹等,队列的组成和长度与惠安差不多。灵柩抬夫一般 8~16 人不等。灵柩棺尾系结执绋,由孝眷边走边拉,俗称"拔麻尾",寓挽留之意。送葬队伍徐徐行进,哀乐阵阵,锣鼓喧天,哭声凄切,气氛肃穆。

鲤城,出殡时亲友齐集。抬棺出门,孝眷跪地举哀。出殡队伍以与惠安一样的横幅仪为前导,队列与惠安、晋江等地类似,最后是灵柩,上覆饰龙首凤尾的棺罩,孝男孝孙披麻戴孝手执孝杖于两旁扶棺随行;子孙众多的,龙首下延伸白布两条,分左右在后牵挽而行,俗称"拔龙须"。所经路上,亲友在自家门口设香案祭奠,孝男谢拜并赠以红布。队伍出城时,半路停棺设奠,让宾客行礼回归,俗称"辞客"。

安溪,棺木封钉后,抬棺者四人(或八人),将棺材绷结打扣,即"绞棺"。简葬的只有"寮鼓吹"(一钟一鼓一哨),以及火把伴棺上山;"礼葬"的,先抬棺在门口或宽阔处,举行"棺头祭":祭桌上摆满猪头等三牲、五牲及荤素祭品,奏哀乐,孝眷上香、奠酒、献烧冥币、读祭文、跪拜(亲友行三鞠躬礼)后,由和尚引导孝男在前,孝女、媳、内外孙及亲友随后,环绕棺木左右各三周,以示惜别。棺木上压着一小袋"谷头米",棺后系缚着 12 尺或 24 尺长的白布,俗叫"拔龙须",由孝子、孙挽着。走一段路后,"龙须"和"谷头米"须丢在路旁,由事先安排的人带回。在湖头,70 岁以上而且子孙满堂的逝者,棺柩头上可以装饰一只昂首向前的白纸鹤。出殡的队列大致为:"铭旌"前导,后是红白姓氏灯各一对,乐队、挽轴、花圈、魂轿、火把、灵柩、孝眷、亲戚、五服以内的宗亲等依次随后,鼓乐队等间杂其间。其中,火把叫"带路火",有几个孝子就要几把火把,由他人执拿。龙涓等地,孝男穿麻衫、草鞋外,头上还要戴草箍,且亲手执拿木火把;孝妇、孝女,腰系麻带,也须执竹的火把。孝男、孝妇及未嫁出之女所执的火把,回家后各放在自家灶孔内;已嫁出的孝女所执的竹火把,在送葬回来快到娘家时,要把它丢放在夫家方向的路口;孝孙,则各执一盏红灯。另外,若死者的父母尚健在,不能动鼓乐出殡。但有的认为死者生前勤劳有为,不忍其凄凉"出山",就需由孝男跪在其祖父

（母）面前，乞"借"鼓乐。经其祖父（母）亲手递给锣鼓，才能动用鼓乐且一般不宜过分讲究排场。另有些地方，相信吉凶，一时择不出吉日出葬，就采用"偷山"。先无声无息把棺木抬上山去埋葬，然后再择吉日，举办丧仪，到葬地"迎魂"回家的。

（2）厦门

思明，亦称"出葬"，俗称"出山"。当日临近"出山"时，孝眷披麻戴孝跪在棺侧哭泣，叫"哭棺材头"。棺夫把灵柩扛出宅外，俗称"转枢"。之后，进行祭奠，俗称"起柴头"，也称"启灵"。接下来钉棺盖，俗称"封钉"。孝眷依序排成长队，在司仪引导下，绕棺三周，称"旋棺"。然后进行"绞棺"，用粗绳把棺材缚于"独龙杠"（粗长的木杠）上。木杠两端又横小杠，抬杠的棺夫有8人、16人、32人几种，再盖上棺罩，也称"绞龙"。棺罩上部是彩扎的宫殿和古装人物，下部垂下绣帘，罩住棺木。顶上有吉祥彩扎，男性用麒麟，女性用凤凰。此时，孝眷跪地哭挽，师公作祭，送葬亲友对棺行礼。

开路鼓乐吹响，开始出山，队列常以纸糊制的高一丈多、面目威武狰狞的"开路神"为先导，后是一对大白灯，灯上按死者儿孙的代数写上"×代大父"或"×代大母"（常虚增一代）。如系五代则在大白灯上加红布半罩。大白灯一般由外甥挑着，一路撒着给野鬼"过路钱"的纸钱。接着是燃火冒烟的"草龙"（稻草束，后多用香炉燃香代替），再次是横匾，用黑色或蓝色布条，上写"×××出殡仪式"，用两根竹竿撑着。后面依次是香亭、像亭、挽轴、乡音民乐、彩旗、送葬亲友、师公，最后是灵柩。灵柩棺尾系结执绋，由孝眷边走边拉"拔麻尾"。有的是孝男、孝孙手执丧仗（俗称哭丧棒）扶棺恸哭。孝妇依亲疏辈分别列队跟随在后。有的大户、子孙众多的丧家，丧属要走在灵柩的前面，攀拉着由"独龙杠"上的龙头引出来的两条白布而行，俗称"拔龙须"。孝主（也称丧主，一般是长子）手执"兔仔尾"走在中间，"龙须"的两端（称龙目）由女婿或孙婿或侄婿拉着。灵柩后面是民乐队，俗称"棺后吹"。"出山"队伍走过热闹市街后，孝男要跪在路旁向送葬亲友叩头拜谢，请求止步，俗称"谢步"。亲友在路上设奠致祭，曰"排路祭"。也有游民以排路祭来赚丧家的赏钱①。

（3）漳州

芗城，俗称"出山"。出葬时先行祭礼，由礼生主祭、代读祭文。丧家对

---

① 陈耕.厦门民俗［M］.厦门:鹭江出版社,1998:99.

司祭者须致回礼。孝眷们围棺大哭,俗称"哭棺材头"。礼毕即安钉封棺,前四颗钉钉四角,钉实;后一颗钉钉后边,钉得松的,由孝男或孝孙用嘴咬着拔起,吐到一个装着米谷、铜钱等物的大斗中,寓意"出丁"。封棺后,亲属绕棺三周。棺夫用大绳将棺材绑在"独龙杠"下,罩上棺罩,俗称"俊龙"。灵柩抬夫8～32人不等。抬棺出门时,若死者父母还健在的,父母要持竹枝鞭棺,责其不能尽孝。随后,孝男扶灵柩两侧,孝妇跪地哭送,送殡队伍开始出发。出殡行列以与思明一样的"开路神"作先导,燃烧的"草龙"相随,女婿撒纸钱,后依序为铭旌、孝灯、吉灯、挽联、挽轴、魂桥、纸轿、送葬的亲友、诵经的和尚或道士、鼓乐,之后是灵柩,孝男、孝孙手持丧仗扶棺恸哭。乡音(俗称"八音")民乐队等穿插于行列间。队伍走了一段,孝男跪在路边,叩请送葬亲友留步,俗谓"辞客"。

平和,俗称"出山"。出山前,将棺木放置在两条长凳上,设祭桌摆三牲、五牲进行祭奠。孝男、孝妇身穿麻衣,腰围麻丝,脚穿草鞋;长孙、长孙媳亦穿麻衣,在帽额上贴一小块白布;其他孙辈穿白衣,曾孙穿浅兰色衣,玄孙穿红衣。祭毕,孝男手执丧杖(父丧为竹简,母丧为刺葱)和众孝眷围棺一周,然后请长者封钉(女的由外家钉)。抬起棺木时,踢倒条凳(若父母有一人在,只能踢倒一只)。出殡时,沿途散"纸钱",俗称"引路钱"。亲友送至村外,孝男、孝妇、孝女们均应跪在路旁,低头叩谢,请送葬亲友止步。抬棺过村庄或路边有土地庙时,均要放鞭炮、撒"寿金纸"等。孝男要随棺护送到墓地(县西半部的孝妇也应送到山上,县东半部则任其自便)。

云霄,俗称"出山",城关在上午、农村多在下午。在门外或附近旷地设供桌,进行"棺头祭"。孝男服斩衰穿草鞋,第三代披麻戴孝,第四代孝服缀黄布,第五代孝服缀红布。祭毕,儿孙"围(绕)棺"后出殡。出殡行列,由小鼓队开道;富家、有社会地位或三代以上者,请地位高的人题写"灵帧"(铭旌),由外孙执举前导,"魂亭"随后(一般人家不设此两项);长孙举引魂幡(俗称"幡仔尾"),女婿用篮子提着遗像、灵牌,并在沿途焚香撒放纸钱;接着是灵柩和儿孙(父丧孝男执竹节,母丧执荆条),最后为锣鼓队和亲朋。送到一定路程,孝男返身向送葬亲亲友跪谢,亲友及孝妇返回。

漳浦,出殡时,亲友向死者致祭,孝男孝女匍匐地上哀哭陪礼。孝服论辈穿戴,已婚孝男身着麻衣,头戴麻孤帛,脚穿草鞋,手执孝杖(父死用竹,母死用桐)和红灯,未婚孝男身穿白衫,头环白布,孝妇及成年孝女头上加遮盖头帛。除媳妇及已婚孝女穿麻戴麻外,其他盖头帛按不同辈分缝上不同麻布或彩布。祭毕,开始出殡,女婿在前放纸,后面"宝铜鼓"、挽联、乐队及送殡亲朋随行,棺枢前有像亭、铭旌、铭旗引路,配以"八音"奏乐,孝男孝妇及"魂轿"紧随其后。途中行跪拜"辞客"礼,并赠亲友每人一个盛红丝线、香烟、糖果等物的红木盒。孝男及主要亲属护送灵枢上山。子女(媳)先于父母而丧者,与芗城一样,出殡前父母要以竹策鞭棺,俗称"溪水倒流",且出殡时棺木须前后互调,棺头在前、棺尾在后,行几步后复原。

诏安,出殡前举行祭奠仪式。客家地区死者亲属执香绕棺顺逆时针各转三圈,然后鸣炮起枢,由6~8名青年扶棺,夭折者则不扶;闽南话地区祭奠毕,殡工抬起棺材推翻架棺椅子抬往墓地,送葬队伍跟在后面,有的请乐队奏哀乐送葬。约走一段至路口,除孝子及一些墓地帮忙者直奔坟场外,大多数送葬亲友及女眷从岔路返回。太平镇等山区有些村庄,上山前停枢再祭一次,然后才把棺木转头上山。

4. 闽西

武平,出殡前举行堂奠,俗称"家堂祭"。吹班在下厅奏哀乐,孝男、宗族、戚族、外家、生前好友等依顺序随礼生唱赞进行祭奠,丧属在孝幔内跪谢。除家祭外,富人家还有的在上山途中举行祭奠,叫"拦路祭"。出枢前,棺木上矗纸扎白鹤、仙童,取"驾鹤归仙"之意。抬棺木杠称"龙杠",绳称"龙索"。"八仙"抬棺起枢后,孝眷沿棺号哭,亲友擎竹幛列队送枢。到村外,由僧道诵经咒,"八仙"引孝子捧灵牌绕棺做法事。之后,亲友和女孝眷止步回去。

长汀,出殡多在清晨。前一夜多有"闹丧"之举,通宵达旦,锣鼓喧天,周围邻居不得安宁。临出殡前,如思明一样也有"送巾断根"之俗,丧家要将按死者性别,一袋内装一条毛巾、一段红线和一个红包(现金人民币20元等)的礼品放在米筛内,由孝子顶在头顶,来到每位亲友前,跪请亲友收下。亲友们拿到礼品后,打开袋子,取出毛巾和红线,将红线包在毛巾中,男右女左,将毛巾扎在手臂上。之后进行棺前祭奠,孝子、媳反穿外套,披麻戴孝,

孝子跪请亲友收下"送巾断根"

亲友将"送巾断根"扎在手臂上

孝眷及亲友在礼生(道士)引导下依顺序在枢前奠酒(酒要倒在枢前的一个陶坛里)、跪拜。祭毕,礼生吹响长号,开始出殡。一宗亲挑着炮仗走在前头,一路放炮引领,后面的队列分别为:灯笼、引路童子、仪仗、花圈、挽幛、鼓乐、众吊客、礼生、灵枢、孝子、孝孙、女眷、内戚、宗亲。一宗亲手提一鸡笼随礼生旁。到城郊或三岔路口时队伍止步,礼生吹三声长号,唢呐等乐队应和。接着,礼生提出鸡笼里的公鸡,以刀轻割鸡脖(以不杀死鸡为佳),滴几滴鸡血在灵枢前进行最后一次祭奠。孝子、媳跪拜之后,站起,将孝去除、外套脱下正穿,并背朝棺材行进的方向往后用力将鞋甩脱,换上新鞋之后,礼生向孝眷洒钱米(米里掺硬币,平年 12 枚,闰年 13 枚,寓意留财给子孙)。送葬队伍绕路回去,抬棺者(业余兼职)继续抬棺上山停放在墓坪上,等天亮后根据择定的时辰,与孝子一同上来将之下葬。

亲友在枢前奠酒

提鸡笼的宗亲

连城,称"出枢"。死者年满60就算有寿。若家境尚可,一般在首七日出枢,仪节包括家祭、外氏致祭、亲戚按亲疏一一祭奠、五服内亲人再在灵前跪拜把盏等,然后抬棺上路。出枢仪仗顺序为灯笼(左右各一,黑字,一边写姓氏,一边写死者或族内最高功名)、火把、大锣、鼓吹手、执事牌、死者神位、棺材、孝子、孝孙、五服内亲人、宾客(包括外氏、女婿等)、挽联。棺材出门时要放鞭炮。走一段路后,孝子孝孙须跪拜辞送,宾客返回。首七出枢的,当日还要进行"安灵"(安设灵屋)仪式。

漳平,出殡时,丧属手执火把、香烛绕棺三匝后出棺。送葬队由灯笼引路（50 岁以上的为红灯，以下的为白灯），依序是铭旗（魂幡）、挽幛、遗像或灵牌、灵柩。孝子扶棺，其余按亲疏排列，后为鼓乐队。死者的五代玄孙送葬时着红衣，灵幡亦为红幡，以示高寿。送葬至近山岔路口时，孝子跪地叩辞亲友，再由直系血亲送棺上山埋葬。所有送葬者均不走原路，要绕道回家。若距择定出殡日期过长，为防尸臭，有提前悄声埋葬或夜间偷埋的"偷山"之俗。掩埋后以草席草垫代尸，仍上香守灵，至出殡日期将草席等送到半路焚烧即可。

5.闽北

（1）三明

大田，入殓后，每天三次烧纸钱哭祭，称"捻香"。由礼生或僧道主持出殡。灵柩放在彩架上，上加白的柩罩。抬棺者一般是八人，司仪高喊"起驾"，抬起灵柩，踢倒板凳。送葬队在哭声和哀乐声中缓缓行进，孝子头戴孝帽，外加草箍，耳垂棉纩，身穿孝服，披粗麻，脚穿白鞋套草鞋，一手拄着哭丧杖（父丧用竹，母死用桐），弯腰随行。途中，还要举行路祭——在灵柩前摆一桌供品，亲友们一一拜祭。祭后，女眷及亲友返回，其他人伴随灵柩直达墓地。后路一带，长寿者（下有四代、五代子孙，媳妇齐全者）出殡，还要有和尚或道士"骑棺"的仪式。

将乐，出殡日早晨办"八碗（八道菜），招待送葬亲友和邻居。饭后在灵堂致祭，宣读祭文，而后出殡。送葬队伍顺序为：灯笼在前开道，孙子举幡、捧灵位或遗像引路，随后是挽幛、鼓乐、灵柩、男女眷属、众吊客。送葬者穿戴依与死者关系有别。孝男孝女与儿媳身披麻衣，男加执孝杖，脚穿草鞋，扶棺前行；女加披白头，随棺痛哭。孙辈穿黄鞋，戴黄帽。族亲晚辈头戴白帽，腰束白带。一般亲友戴白花。婿郎（女婿）穿戴白衣白帽，在送葬队伍最后。一路上撒纸钱，放鞭炮。城关一带送殡到城郊或村

将乐白莲镇的孝杖

口,抬棺者抬灵柩上山,送葬者每人接一支点燃的香,从另一条路返回孝家。孝子在家门旁跪谢众亲友后,再到墓地参加安葬。余坊、大源一带孝男孝孙则直接扶柩上山安葬。

明溪,通常在凌晨寅时或卯时出殡,以便于当天上午将入穴、埋葬等事办完毕。灵柩在鼓钹和鞭炮声中移至大门外(或大路口),称"起柩"。富人家用白布设"板蓬"遮盖棺材,板蓬上装饰一纸制白鹤,表示死者"鹤返仙游"。一般人家仅在棺柩上盖一条红毯,然后在门外设祭,叫"拦门祭"。孝眷披麻戴孝,一般亲戚、族人戴白纱,朋友戴黑纱。香案上摆"三牲"祭奠,主祭者焚香念读祭文,孝眷三跪九拜,其他亲友三拜或三鞠躬。亲友行礼时,孝眷跪于灵旁答礼。富家门外设三个祭,有亲朋还在途中设"拦路祭"。一般人家和贫者仅设一祭,祭仪也较简单。祭后,富家由八人抬棺出殡,一般人家四人扛抬。县城里的扛夫多为雇用,乡村由族人扛抬。若亡者为高寿者,大家争相前往做扛夫,寓意能沾寿。出殡时,撒纸钱开路,俗称"买路钱"。鼓钹齐鸣,鸣锣开道,孝眷扶柩啼泣,匍匐而行,随后为灵幡、挽幛和亲朋。到第一个路口时,女眷哭别灵柩,返家做孝。孝媳各捧一束杉叶回去,放在各自灶内加盐燃烧。杉叶和盐燃烧时发出噼噼啪啪的声音,寓意今后"发达"。灵柩送至城外或第二个路口时,停柩设拜,亲朋行礼后脱去素服返回,由孝子、孙送至墓地。

沙县,出殡时灵柩的上端饰有一纸制白鹤,表示死者驾鹤仙归。祭奠之后一般由八人抬棺出殡,孝子、孙身穿麻衣,头戴麻帽,脚穿草鞋,手执头扎麻布的节棒(丧父用竹节,丧母用梧桐木棒),弯腰啼泣,匍匐而行;一般亲友头戴双角白布帽,身着素服。如有亲朋路祭,孝子必须跪于灵右答礼。送殡的吹鼓手吹奏各种管弦和打击乐器,并有专人沿途放爆竹撒纸钱。

(2)南平

建瓯,出殡日早晨,富家为逝者举行点主仪式。旧时16岁以上去世的均置有木制"神主牌"一块,以便每年七月烧纸或做冥寿拜祭之用。神主牌上有的用红纸条写着死者姓名,尾加"神主"二字。若要"点主"的,则在神主牌上刻字贴金,只刻"×××神王","主"字上面缺了一点,以便"点主官"用红笔在"王"字上加上一点成为"主"字。"点主官"需是曾经做过武职官员的人。上午,参加葬礼者都来鞠躬拜祭,叫"行祭"。吃早饭叫"吃行祭早"。开奠主祭后,孝子行"拜棺礼",叩拜敬酒,然后在两侧匍匐,由亲友行礼拜祭。出殡时还要装"宝甑"一只,放在厅堂敬桌上,里面装满大米,四周插上红筷,用红绳把筷子连好,再在红绳上挂银首饰。棺木抬至门口时,由阴阳道士手提火烧毛扫帚由厅堂烧至大门口丢掉,叫"出煞"。孝子们手执木竹制作的"哭丧棒",用白长布(叫金桥)牵引灵柩前行。农村出葬,灵柩在前,送葬队列在后;城里则相反,从主要大街游行一圈,显示"风光"。

松溪,出殡之日,家祭之后启灵。灵柩经街道路口要设路祭,孝女要备素烛、猪头上供,孝子伏地陪祭。民间送殡亲属服饰有严格规定,配偶丧亡,夫或妻均不服孝不送葬、直系子孙身穿白袍披麻布,腰系草绳,脚穿草鞋,头戴孝圈,手持孝杖。女儿、孙女、儿媳等内眷头披麻布。女婿、孙婿、侄儿等则头戴白方巾身穿白衫,其余送葬亲友头戴白方巾,腰系白布带。未成亲的儿媳、孙媳、女婿、孙婿等人在身穿孝服外,手腕扎一红布以示区别。孝子、孙低头执孝杖,走在灵柩之前,其余送葬亲友都尾随在灵柩之后。棺至城门口,孝子要跪地谢客,送葬亲友与仪仗撤回,孝子与内眷扶柩上墓地。

武夷山,出葬时,孝眷披麻戴孝扶柩而行,近亲戴白帽子、白布头巾随后,朋友也戴白布帽或佩小白花送行。送葬队列依次为引幡、遗像、花圈、挽联、乐队、灵柩(有装大轿的,两边用白布牵引,供执绋牵丧)、孝眷、亲友。孝子及近亲送至墓地,其他人送至村庄水口后,撤卸挽联条幅和脱去孝服返回。

6. 台湾

(1)闽南人

出殡日,将棺木抬出院子,称"转柩"。之后,先由孝眷、亲友"为亡灵供上五醴牲祭,包括五牲醴、水果(三项)、礼品等来'吊祭',有的称为'起柴头'。家属与外家亲戚依序三跪九叩,此时丧主要跪地回礼,期间则由礼生当司仪,代为诵念祭文"[①]。祭后举行"封钉"仪式,在道士引导下,孝眷手持红色小灯笼,跟在后面绕棺三圈,为亡者照明,称"旋棺"。然后用麻绳绑起棺木,即"绞棺",并为之罩上华丽的棺罩或写满往生咒的莲花形的莲花被。接着,孝眷将银纸烧化,送葬队伍抬棺启灵前往墓地安葬,称"发引"。孝男捧着魂斗(红色圆形木斗里置放亡者的魂帛,上插两炷香、孝杖及五谷丁钱),由另一位亲属持黑伞为亡魂遮蔽阳气,丧葬队伍随行在后。沿途要边走边撒银纸,称"放路纸"。过桥时,也要放置一些银纸在桥上。途中遇到路旁有人摆上香案设"排路祭"时,丧家要上前跪地回礼,并以四果、白布、牲醴或牲礼钱答谢。

---

① 李秀娥.台湾的生命礼仪(汉人篇)[M].台湾:远足文化事业股份有限公司,2008:130.

在抬棺启灵时，"有的会用笳（竹编容器）、碗、筷子、桶箍、发粿、点10支蜡烛放在原先停棺处，有祈求昌发、亡者将发达福气留给子孙之意。称'压棺位'。有的地方会请有德者将12粒红圆（即汤圆，闰年再加一粒）、发粿或饼干、水桶、碗筷、石头12份，以圆盘放在原来的停棺处，祈求团圆昌发。也有丧家用蛋糕、烘炉放在原来的停棺位的，即亡者将发达、兴旺的福气遗留给子孙之意，此即'压棺位'（压柩位）或'碛柩位'。"①

（2）客家人

出殡前"移柩"（或称"出柩"）后行告灵、告祖灵与告天神的仪式，分别对亡灵、祖先灵、天神等"告知追修功德圆满，亡灵的灵柩将于当天的吉时安葬还山。告灵时，若男殁，由族长代表；女殁则由娘家代表。告祖时，由族长代表。告天神时，任何人皆可代"②。

之后，有些传统的客家人，出殡前还会行三献礼。祭奠前备好丰盛祭品，包括"主家和亲戚所准备的五牲、猪羊等等。猪在左，羊在右，供桌下摆一碗茅沙，以备酹酒用。由孝子担任主祭，孝孙（或孝姪）一人为與祭。并请深谙礼仪的三人担任礼生，一人为'通'，一人为'引'，一人读祭文，并对祖先、亡灵行三献礼，有初献、亚献、终献，上香、奠酒、奠馔。后行分献礼，献化财帛、焚化哀章、奠章，主祭、與祭齐到焚化的金鼎前恭送，行最末的'望燎'。之后，由孝媳妇进汤饭，孝子孝孙辞灵，礼毕后撤馔。礼生中的'通'、'引'合赞：'子孙昌盛、富贵万年。'以为祝福"③。

之后，行"封钉""旋棺""绞棺"礼，出殡"发引"。"出殡的行列，队伍最前方为媳妇等二人'送火'，点三枝大香以红包系之，赶在最前端。其后依序是乐队、持花圈者、持挽联者、灵柩（以前会由男性族人抬，现由葬仪社派人抬）、由长子或长孙捧神主牌、香炉和招魂幡，最后是子孙、亲戚、朋友……前往墓地的途中，灵柩所经之处，每隔一段时间便插一支香，过桥时也插一支香，沿路也会散发银纸，作为'买路钱'。路遇认识的人家或商店，他们燃放鞭炮致意时，丧家须赠送对方一条毛巾。行经庙宇前，丧家须烧金纸、点香

---

① 李秀娥.台湾的生命礼仪（汉人篇）[M].台湾:远足文化事业股份有限公司，2008:134.

② 李秀娥.台湾的生命礼仪（汉人篇）[M].台湾:远足文化事业股份有限公司，2008:160.

③ 李秀娥.台湾的生命礼仪（汉人篇）[M].台湾:远足文化事业股份有限公司，2008:161.

致意。灵柩抬离丧家三、五百米远后,由子、孙各一人持事先写好'跪谢'的八尺白布,跪于路途中,请送葬的其余亲友就此止步,不必再跟随送往墓地了……若亡者为女性,于出殡后,丧家家属要将'转祖衫'送亡者娘家带回去留念。所谓'转祖衫',即一疋蓝布、一疋黑布,各八尺长。"①

(三)安葬

灵柩到达墓地后,各地通常也要择时安葬,做法上也各不相同。总的来说,闽东的宁德和闽西、闽北等地区采用洞穴式墓葬的比较多,大多有在墓穴内点蜡烛和将棺柩推进墓穴的习俗;闽东的福州和莆仙、闽南、台湾等地区多采用地穴式的葬法,当棺柩放进墓穴后,多要由孝长子先洒一捧泥土在棺木上,后再由其他孝眷洒泥土或众人合力填土等;莆仙和闽南、台湾地区,在填好坟土后普遍还有立"后土"和祀"后土"等举行墓祭的习俗。此外,闽南和台湾地区多数地方另有独具特色的"点主"仪式。尽管其他地区也有"点主"的习俗,但大多不是在安葬时的墓地里点的,如前文已述的建瓯,是在出殡时点的;莆仙各县区是葬后在家里点的,如涵江,葬后第六天,在灵堂上立木主牌,正面写"显考×公讳××府君神主""不孝男××奉祀",背面写生卒年月日时。木主牌要请族中长辈"点主"。同时,大户人家还要请名人用长约四米的黄绸或黄布书写死者"功德",俗叫"铭旌"。这两项所写字数,俗以"兴旺衰"三字循环计算,不用"衰"字之数。写好后,将之挂在灵堂上,与木主一起接受祭祀。各地典型的下葬习俗如:

1.闽东

(1)宁德

福安,廉村、赛岐以下有潮水的地方,要等涨潮时刻进葬;没有潮水的地方则选择良辰进葬。葬前先用孝子衣服擦拭墓室。封墓门时,长子要往做墓师傅嘴里塞肥肉。如死者配偶不是同时下葬的,则要在墓室中挂八卦钱,点七星灯,并放入两个鸡蛋,将来开穴,以鸡蛋是否孵化成鸡,作为儿孙能否繁衍昌盛的预兆。

福鼎,死者先入土,三年后拾骨骸装"金瓮"葬入墓中,俗称"葬金",逝后即葬的称"带血葬"。上墓地的孝眷要随带一口小铁锅,内燃炭火(寓旺子孙后代),挖好墓穴后,将之放进去烘一会取出,称"烘圹"。之后,将棺柩推进

---

① 李秀娥.台湾的生命礼仪(汉人篇)[M].台湾:远足文化事业股份有限公司,2008:165.

墓穴后,留一支点燃的白烛在里面,等涨潮时再进行封圹。封时,与福安一样,要拿大块熟猪肉或冰糖塞进封墓师傅口中。

周宁,与福鼎一样也要"烘圹",但用的是火袋。棺木进葬时,亲人回避。葬毕,孝子给封圹师傅披挂红布,以表谢意。

柘荣,临葬时,设"圹前祭"。之后,扶柩入穴。穴内点燃蜡烛,先将圹封一半,待封圹的吉时一到,立即将圹内的蜡烛取出,以之点燃纸灯(或马灯),让人赶着把灯送回家,放进灶膛里,俗称"抢火",然后将圹密封,并请地理先生"点主"。

(2)福州

鼓楼和台江,将棺木放入墓坑后,由"地理先生"用罗盘校正方向后,用灰土掩埋。封土时,先由孝子们排成一行,用麻衣捧着灰土,一把一把将灰土撒进墓坑棺木上,并围着坟墓转一圈,叫做"圆坟"。填好后,孝子将"孩儿杖"插在坟墓圆顶上。

福清,将灵柩放入已挖好的墓穴后,由长子率领其他亲属绕墓穴左右各转三圈,边转边向灵柩上撒少许泥土,俗称"环棺",意在表示子女对死者的悼念,然后覆土掩埋。

平潭,一般选择涨潮时间进葬,寓意后代子孙能如潮水般兴旺发达。有些村俗,进葬后与福清一样举行"环棺"仪式。然后,覆土掩埋或封闭墓门。

2.莆仙

莆仙各县区的安葬做法基本一致,都是在棺柩放入墓穴后,先由长子捧土盖棺面,以示终别。后由众人铲土覆盖,用石灰土和砖垒成坟丘,丘前安放墓碑,并在墓左安上"后土"碑(土地公,意为请土地公护看坟墓)。儿女依次序将红白孝杖插在墓丘上,在墓前摆上祭品祭祀。

3.闽南

(1)泉州

惠安、鲤城、晋江、石狮等县区的安葬做法差不多,都是在灵柩抵达墓地后,先祭棺头再入圹,然后孝眷各用衣裙兜或手捧泥土一把,由长子前导,边哭边绕墓地一周,将土徐徐撒入,俗称"帕土"。最后,由送葬族亲、邻里和墓工合力封盖墓穴并在墓左旁立"后土"碑和祭祀"后土"。期间,还要举行"点主"仪式:长男背负木主或遗像,由点主官点朱盖黑(即将神主牌上的"王"字上加一点成"主"字)。惠安、鲤城大多在入圹前点,石狮、晋江大多在填好土后点,但都要在封盖墓穴时,由长子取墓土一块放置在魂轿的木主座上,等回家后放入灵前炉内供插香之用。

安溪，推棺入穴后，孝长男跪在穴口，用两枚硬币当"筊杯"，口中叫"父阿（或母）回去吧。"把"筊杯"掷下，一反一正表示亡魂"许允"了，就捏着一小撮穴泥，带回家去"安位"。

（2）厦门

思明，灵柩要在太阳下山前入土。抵达墓地后，取下棺罩，抬到墓穴前，孝男孝女等分列左右，跪拜号哭以诀别。和尚或道士在旁诵经。之后，先在墓穴里放墓志铭，再由土工拔下棺木底下的通气木栓，抬棺入穴，盖上灵旐。长子将"木主"覆在棺上，请死者魂灵附在木主上取起，同时与惠安等地一样，取一撮墓土供回去插香用。接着，由长子撒下第一抔土，大家一起合力将墓填上。然后，在墓左立"后土"碑，由点主官先以五牲或三牲祀"后土"、烧金纸和举行"点主"仪式：长子把木主背在背上，向着太阳的方向跪下，由点主官用朱笔和墨笔"点主"。先用朱笔在"王"上点红点，再覆以墨笔（这与惠安等地的点朱盖黑不同）。点主官点时要唱赞："点天天青，点地地灵，点眼眼明，点耳耳聪，点主子孙兴旺。"点完朱笔后，将朱笔朝太阳方向掷去，只留下墨笔。有的则是点在遗像上，点法与点木主一样。丧家向点主官拜谢，并将木主或遗像放入装有五谷和棺钉的米斗内。之后，将米斗放在墓碑前，移过祭"后土"的牲醴，跪拜祭坟、烧银纸。祭后，将带来的五谷种子撒在坟上，留下一部分带回家。最后，孝眷绕墓一周，拾起一块墓土放在米斗里，以兆子孙丰收富足①。

（3）漳州

各县区下葬的做法与泉、厦各地大致相同，也墓祭、"点主"和由长子先洒一把土等。细节上，还是有些区别。如芗城，灵柩抵达墓地，先将棺木放在墓穴前。亲属哀哭，僧道诵经，在棺木上穿气孔，送棺入穴，由长子先动土埋葬。埋毕祀后土，随即行"点主"：用毛笔在遗像上点红，表示把死者之灵定在遗像中。华安，下葬时，墓前摆供品，孝男列跪墓前，长孝男背向墓跪，由风水先生手持朱笔点"主"。漳浦，到达坟地举行"谢土""落葬"。葬毕，在墓前摆设牲醴，点香烛，焚纸钱，进行"点主"。

4. 闽西

长汀，棺柩下葬前先要由孝子、孙跪拜祭奠，之后进墓圹。之后，由长子将出殡奠酒时装奠酒的陶坛安放在棺头，然后率先捧一抔土洒下，众人合力

① 陈耕. 厦门民俗[M]. 厦门：鹭江出版社，1998：103.

填埋好。

5. 闽北

三明、南平各县区多选择在山冈或丘陵坡地造墓,大多为洞穴式葬法,做法与大田基本一致:灵柩到达墓地,撤去柩罩,由"八仙头"(亦称"土工头")在墓孔里靠墙壁处左右各点一支烛,然后将棺推进去,用土坯或石块、砖头封孔。葬毕,将哭丧杖插在墓头上。明溪在封圹之后竖碑时,要以鸡血祭拜。沙县则要行三牲祭等仪式。

6. 台湾

(1)闽南人

当送葬队伍到达"坟地时,等道士念完经后,开始'放栓',即在棺木前后打洞通气。再依下葬时辰放下灵柩、魂帛或铭旌旗,掩土封圹。孝男要拿两团土,一团放入墓穴,一团放入香炉,有叫亡者起来要将亡灵引回之意……当象征性掩土安葬孝坟后,需在坟地立后土碑,写上'后土'二字,并准备三牲、水果、汤圆等供品祭祀后土神,且正式禀告后土神(土地公),祈请守护庇佑新亡者的坟地与亡灵,称为'祀后土'。之后,备丰盛牲礼、水果等供品,祭拜亡灵的新坟,即'祀新坟'。接着便是执行'点主'"①。台湾闽南人的"点主"仪式与厦门思明的一样,不再赘述。"点主"仪式结束后,由孝眷先用衣襟装土撒入坟中,后培土筑坟。

(2)客家人

当"灵柩抬到墓地后,先置于圹旁,再依地理师所择的吉时下葬、掩土,作墓头。在灵柩下葬前,会请一人'开龙门',即打通一个洞使棺木通气,让尸体可以腐化,并给此人一个红包。家属并备斋蔬、金银纸、香、酒茶、蜡烛、牲礼,敬祀后土(客家称'伯公')与亡者,之后再引亡灵之魂,返回丧家安灵。但是高雄县美浓地区有些人家,其在墓牌正前方供奉的是'天神位',祭祀供品与供伯公相同"②。

(四)喝龙

在闽台的一些地方,棺材入葬后众人临下山前,有在坟上唱赞的习俗。

---

① 李秀娥.台湾的生命礼仪(汉人篇)[M].台湾:远足文化事业股份有限公司,2008:136.

② 李秀娥.台湾的生命礼仪(汉人篇)[M].台湾:远足文化事业股份有限公司,2008:164.

如福安,葬毕,地理先生撑一把伞站立坟头,高声喊赞说吉利话,俗称"喝龙",同时撒上五谷、竹钉、钱币等物,象征五谷丰登、人丁兴旺、财源茂盛。孝子们争相捡拾,或由舅舅平均分发,孝子们将之装在内有五谷的香火袋里带回家中,挂在楼仓内。台湾,闽南人称"呼龙"。"民间俗信地理风水之说,山脉有龙脉,山神为龙神,祭墓之后要有'呼龙',请龙神多照顾这块墓土,庇佑子孙兴旺。接着进行'分五谷丁钱'仪式,由道士撒五谷丁钱(如稻子、玉米、豌豆、高粱、黄豆等五种谷子及铁钉、钱币,象征米粮丰足、添丁发财之意)于墓园。道长仍须诵念吉祥字句,家属则在一旁同时应合'有喔'。道长也会将斗中的五谷丁钱留一些,分给在场的孝男与子孙。后旋墓三圈,最后家属带一块坟土回去,放在有神主、五谷丁钱的红色斗中,象征日后五谷丰登、添丁发财。"①

(五)回龙(回虞)

闽台各地安葬逝者后,在墓地的孝眷与亲属回家,闽东、莆仙、闽北多称"回龙""回虞",闽南、台湾多称"返主"等。回时,大多要将孝服换成吉服或披红挂彩,并从山上带炭火(或灯火)回家。到家后,要将炭火(或灯火)放进灶膛里,同时还要举行祭祀或"安主"仪式。另外,在闽南和台湾多数地方,下山时要绕道走;闽北的一些地方要从山上带青竹枝或树枝与泉水回家,等等。如:

福安,封过墓门,取下"引布"、"功布",换上红彩,送葬者脱去孝服换上喜服,妇女则换穿红裙、红袄;女儿媳妇各提马灯一盏,上贴写有"百子千孙、五代同堂、长发其祥"等字样的红纸条。同时,儿子们分别将点亮的"斗灯"和撒上食盐烧红的炭钵装入箩筐中挑回。斗灯和火钵的数量按儿子的人数定,由他人带上山。下山时,乐队改奏喜乐,送葬队伍列队返回,俗称"回龙",亦称"回虞"。到家后,大厅高烧红烛,供起祭礼,亲属来宾分别上前行跪拜礼,号称"虞祭"。

福鼎,亲属身披红布或胸佩红花,手提灯笼,敲锣打鼓,沿路鸣炮回来。女眷在门前接回灯笼和里装烧着炭的铁锅,称"接龙",并各取少许火炭放进自家灶膛内,称"分家火"。再各取一灯笼挂屋内,意寓"旺丁"。

蕉城,孝子身披红布,一路上奉神主、点灯笼、放鞭炮,由亲友迎接入宅,

---

① 李秀娥.台湾的生命礼仪(汉人篇)[M].台湾:远足文化事业股份有限公司,2008:137.

燃红烛,供神位入祖宗堂。

屏南,孝男孝女点着火把下山,到家后在山上的人都要喝糖茶。当晚请道士念经,追悼亡魂升天。

寿宁,子女除去孝帽、孝衫,送葬者换穿吉服,长子披红,手捧遗像走在前头。回家后,安神主牌于祠堂或自家神龛内。富家,当晚请道士或和尚为死者超度亡灵,俗称"做殓晚"。依经济条件而定,一般只做一个晚上,也有连续三天三夜的。超度后,将纸"香亭"送入宗祠焚化,俗称"送祠堂"。

柘荣,高擎"回龙吉庆"红旗,抬着神轿,奏乐列队"回虞",俗称"回龙"。先将神主牌送进本姓宗祠,然后回家"拜厅"。

周宁,手持马灯,肩挑火砵回家,俗称"回虞"。亲族代表在村口设置钱桌,以橘饼、酒迎接回虞人员。抵家后,孝子各将马灯放置在灶台上,将炭火倒入灶膛里,现炒爆米花,取意大发。

鼓楼和马尾,人们身上的白带换红带,亡人画像上披的黑纱换成红绸,亡灵亭轿杠上挂着一对"百子千孙"字样的小灯笼,一一列队下山。到家时,由族亲燃放一串"鸡母鸡子"的长挂鞭炮予以迎接。门首烧一束稻草,所有的人都要从上面跨过,以示平安无事。亡人画像供放在灵堂后,送葬的人逐个向亡灵拜别,孝子孙在旁伴跪志哀。

台江,丧家须把带去的酒瓶,装满清水带回倒入家中的水池里,俗称"回水"。返回时,众人换掉素衣白带,系上红带,妇女要戴上红花。到家门前,与鼓楼一样,要从燃烧着的稻草上跨过,意为驱邪。

闽侯、闽清、长乐和福清等地,众人换上吉服,孝男挂红彩,孝女穿红裙、亲友族人换下白衣、扎上红腰带,列队返回。其他物件也要贴上红纸,以示吉利。归来后,把亡人画像供在灵堂之上。

莆田和涵江,下山时,孝眷和亲友素服换上吉服,脱下黑纱火化,头上插柏,以示生者平安、长命百岁。

仙游,执火盏的长辈在前引路,抬头披红毛毯或红布长木条(原先扛棺用)的青年在后,孝子肩披红巾、手执用红纸封的青树枝跟着下山。修墓的工具也都要贴封红纸,以示吉祥。到家门口时也从燃烧的稻草上跨过。

惠安和鲤城,称"返主"。以红横彩或归虞仪式牌前导,族姓灯前红后蓝接之,仪仗队如出殡顺序排列,安放木主的魂轿在后,孝男孝孙在轿两侧扶着,绕道回家。将到家时,女眷捧红米圆、碗糕、线面哭迎,俗称"接主"。之后,孝眷脱孝冠止哀入门,将木主安放在厅堂上祭祀,俗称"安位"。

晋江和石狮,送葬队伍要另外取道"归虞",俗称"返主"。路上,红灯在前引导,孝眷反拉魂轿执绋,把死者亡魂引入祖厅宗祠。丧葬如在农历七月举行,则不得抬魂"返主",以避引鬼入宅之嫌,引魂返主诸事一般要等到农历八月才可进行(惠安、鲤城等地也有此俗)。

安溪,回家安位前的仪式与晋江等地基本相同,安位后则有较大的区别:要烧"桌头龛(纸屋)"、净手,再于门扇上贴白纸条(父母都已死贴双叉,若只丧父或只丧母只贴单叉)。龙门、官桥一带,出殡时大张旗鼓,抬棺上山。但回来时,却不走原路,偃旗息鼓各回家去。如有女婿其父母尚健在或未婚女婿、媳妇来送殡的,丧家要给系上红绫"挂采"。

思明,"返主"一般不走原路,在过桥拐弯时要招呼死者,请神灵跟着归家。丧家妇女要在户外路口哭迎木主。神主请回后,安放在正厅临时的灵桌上,供上祭品,点燃香烛,丧眷跪拜,称"安灵"。

华安和漳浦,孝妇等在山下接送葬队伍列队归家。门庭挂白斗灯(白布做成似斗的灯),厅堂挂死者遗像,奉香烛、供品,称"安灵置孝"。

云霄,按送葬队列返回,称"返主"。请僧人在灵堂诵经,并为灵牌"点主",子孙参拜。

大田,孝子脱下孝服,点上灯笼下山。回家后要将灯笼放在各自的卧房里,松明把的余火倒入灶膛,意为"子孙丁财两旺"。若丧母,丧事毕,母舅离去时孝子要在门口跪送,并呈上一个连着猪尾的猪腿,以示谢孝。母舅收后,将猪尾取下送回厅头,意为给外甥们好头好尾。

将乐的南口一带,孝子须在墓地拖一株带青叶的小树或小竹回家。

明溪,孝子们以纸伞遮身(表示罪孽深重,祸延父母,不能见天日),手执香火返家。香火置于各自灶君前,寓意"香火不断"。

建瓯,称"回龙",也叫"接香火"。孝子下山时,要在山上采些碧绿的连叶竹枝、往空酒瓶里灌满泉水,并点两支红香。至家时,把竹枝插在家门口,称"接青";把酒瓶中的水从门口洒至水缸,将宝瓶内装有麻、豆、谷、麦的"五谷袋"放入米缸,吉兆"风水接到,五谷丰登"。

松溪,孝子披红布持香火、灯笼随道士与乐队吹吹打打回家,称"接风水"。

武夷山,孝子脱去孝服,点一炷香,敲着锣,挑着水桶,盛少许水回家,意即带风水回家。

政和,孝子执火炬引灵返家时,家中要爆米花、放鞭炮"接火",之后在厅堂上设灵位祭拜。

台湾,闽南人,"安葬完成,将死者的神主牌位从坟地迎回家中供奉,并拿回装有坟土和五谷的神主米斗,称为'返主'……回到家中,将神主牌位等安置在一张临时供奉的'灵桌'上,摆上相关供品,请道士诵经,上香点烛举行'安灵'仪式,称为'安灵'或'竖灵'。家属也要烧香祭拜与哭嚎,表示追念之意"①。

(六) 丧宴

安葬逝者后,各地丧家都会举办酒宴,谢请参与丧事帮忙的亲友。如:

福安,虞祭后,丧家摆上俗称"搓圆"的汤圆,款待亲友来宾,并设午宴或晚宴,宴谢亲朋。如已停枢三年的,至此服满孝除。

蕉城,当晚在家中设宴,谢请地理先生和亲友赴宴、致贺,称食"回龙暝""下山暝"。

霞浦,当晚设"回虞酒"宴请宾客。若是中年悲丧,则不设宴,只用"平九碗"招待亲友。

仙游,晚上丧家举办酒宴,酬谢众亲,并给帮葬者每人一份红包,俗称"花彩"。

安溪,通常备简便的无酒丧宴招待送殡者。民国十四年(1925年)间,蓬莱刘维立葬母时,改以菜饭招待亲友。几十年来,附近各地,丧事多不设筵,只吃干饭。

思明,丧宴最后一道菜必是"红糟肉"(猪三层肉煮红酒糟),参加葬礼的人都以吃"红糟肉"为吉利。

平和,办"平安酒"感谢送葬的亲友,并送每人红丝线、红烛各二,祝回家平安吉祥。

武平,备盛宴谢抬棺的"八仙",每道菜肴都要同时上两碗。

明溪,丧家宴请亲朋,称"吃送殡朝",名为"朝",通常要到近午方能开筵。

宁化,治丧期间,开吊要做"斋饭",出殡后做"拆封"谢客。吃斋饭时不拘席位,"拆封"时,如女死则要由"外氏"坐首席。

建瓯,办丧酒,称"吃豆腐"。出殡午宴称"吃回龙","回龙酒"要收受奠礼。若是为高寿老人办"回龙",有的人还要包少许饭食带回去给小孩吃,称

① 李秀娥.台湾的生命礼仪(汉人篇)[M].台湾:远足文化事业股份有限公司,2008:138.

"吃老饭"。有的人剪已故老人用过的旧衣布块,称"剪老块",缝到小孩衣上,以兆长寿。

邵武,中午备办"回龙"酒,次午要请"挽帐"酒。如遇高龄逝世,还要备办拌有黄豆的白米蒸饭,任人取食。俗信小孩吃了该饭会长寿。

松溪,当晚吃素,次晨吃荤,各备五碗菜酬谢送葬亲友,俗称"开荤"。1950年后"接风水"已废,当晚只备一餐荤菜宴请送葬亲友。

台湾,闽南人在"神主牌位迎回家后,要宴请来帮忙丧事的亲友吃酒席,并为他们备清净符水,用榕枝叶沾着洒身体洗净,去除丧事的不洁"①。

(七)复山(巡山)

一般在逝者下葬后的几天里,以第三天和第七天为多数,各地的孝男还要到墓上进行祭奠和培土等丧仪活动,称"复山""巡山"等,如:

福鼎,第三日或第六日孝眷上山,称"看三天"或"看六天"。

福清、长乐和平潭在第二日,罗源、马尾、台江和连江在第三日,孝眷到墓地烧纸钱祭奠和培土,叫"复山"(连江称"安山")。

涵江和莆田,第三日上坟探墓、培土,前者叫"三日看墓",后者俗称"望墓"或"复山"。

安溪,第三日,孝眷带香、纸钱、菜肴等祭品和锄头畚箕,到坟上探穴(探墓)、祭奠,并在穴头环左右开一条"子孙路"(环穴的水沟)。之后,从原路哭泣着回去,到大厅的神主牌前,又要哭一场,称"探墓"。

芗城,下葬七日后,由孝男合家大小披麻戴孝,手持小红灯,至墓前祭奠,称"收灰"。

漳浦,多在葬后七日前往墓地"巡山",俗称"做七"。

漳平,下葬三日或五至七日后,备牲醴果品至新坟祭吊"巡山"。返回时,每人都带些草木枝叶回家,称"拖回家火"。

长汀和将乐,第三日,亲属穿着孝衣到坟上去祭奠哭拜,烧纸钱,称"祭三朝"。

明溪,第三日,女眷披麻戴孝,到墓地致祭。祭毕,绕新墓走三圈,叫"踏新墓",孝子孝孙将纸杖插在坟头,将烧"灵厝"的灰烬埋在墓边,叫"做三朝"。

邵武,第三日,亲人到墓地培土,俗称"恋三"(留恋意)。

---

① 李秀娥.台湾的生命礼仪(汉人篇)[M].台湾:远足文化事业股份有限公司,2008:138.

武夷山,第三日,子女带箕荷锄,为坟墓修补排水沟,添培泥土。之后点香烧纸,称"添土"。在外就业的子女,必须待添完土后才可离家。

台湾,闽南人"丧礼结束后的第二、三天和第七天,死者家属要穿着丧服到坟地察看有无异状,并准备供品祭拜后土和亡坟,称为'巡山'或'巡灰'。拜后土时,以牲礼、水果、酒为供品;拜祖先以牲礼、五味碗、水果、酒。拜后土以寿金、刈金、福金为供品;拜祖先则备银纸……坟墓整个完成的仪式,称为'完坟'。一般,较富裕的人会特别挑选一个吉日,举行正式'完坟'的祭拜仪式。至于经济较不富裕者,则会在巡山没有异状时,顺便举行完坟的仪式"[①];客家人于"出殡后三日内,孝媳(或由遗族二人)仍须为亡者'送火',点三支大香,首日送往墓地,次日后慢慢缩短送火的路程。送火回程不可与他人言语。'送火'是为亡者归路,使其知道如何返家"[②]。

六、祭祀和做功德

对逝者的祭祀,从咽气后供"脚尾饭"、点"脚尾灯"或长明灯、烧冥纸就开始。除了入殓、出殡和安葬时拜祭外,闽台较有特色的祭祀,还有"捧饭""做七""百日""周年""三年"和"忌日"等祭祀。在这个过程中,大多伴随各种"做功德"的活动。

(一)捧饭

闽台各地特别在闽东、莆仙和闽南、台湾盛行"捧饭"习俗,有的在入殓后停柩待葬时"捧",有的因不停柩在葬后即"捧",但都是从入殓或安葬后的第二日开始,"捧"到"尾七"(49天)或"百日"结束,有的甚至"捧"到"做三年"为止。如:

1.入殓后

福安,大厅设神主牌位及帘桌,早晚供祭茶饭,有供49日的,也有供百日的,此后每逢初一、十五日定期上供,直到"做三年"为止。

蕉城,停柩待殡期间,一般到尾七49日内,孝眷每日晨昏在灵前供饭菜,点香,啼哭,叫"兆早""兆暝",夜间供以茶点叫"兆茶"。

---

① 李秀娥.台湾的生命礼仪(汉人篇)[M].台湾:远足文化事业股份有限公司,2008:139.

② 李秀娥.台湾的生命礼仪(汉人篇)[M].台湾:远足文化事业股份有限公司,2008:166.

柘荣,殡殓之后,富户停枢后厅,晨昏在厅堂灵位进香、送茶、递烟、供饭、焚化纸钱、号啕,一直坚持七七49天。

古田,在堂屋上设灵堂和供灵桌。每日清晨,儿媳送热水、清茶、热饭、熟菜到灵桌,毕恭毕敬,达49日。此后备柴、米、菜、油、盐、酱、醋等,供亡灵自理,直到出葬后为止。

长乐,在中厅设灵堂,供香火。每日早午晚,家人供奉面饭,俗称"上汤"或"上饭",至49日为止。

建瓯,百日守孝期间,有的人在厅堂糊"灵床",摆"灵桌",三餐盛"灵饭"。妻子、女儿、儿媳早晚在"灵前"啼哭,天亮称"报灵",入睡前称"哭灵"。

思明,称"敬饭""孝饭"。大殓入棺后每日早晚两次,泡茶做饭,供在灵桌牌位前,请死者享用。"捧"时,要对着牌位号哭,叫其起床和睡觉,称"叫醒叫眠"。早晨先茶后饭,晚上先饭后茶,直到"做七旬"或"做百日"时做"散饭"后才结束。以后每逢初一、十五都还要早晚敬茶饭,称"孝初一、十五",直到居丧期满。由于时间长,有的丧家捧一段时间后便改用干茶、白米奉祀,跪请死者"自己做",称"寄饭"。也有做"头旬"后只在初一、十五"捧饭",但一逢"做百日""对年""三年",前三日都要恢复捧饭,称"起饭"[①]。

台湾,闽南人从入殓后次日起,孝眷早晚"要为死者准备'孝饭',又称'捧饭'。供奉死者的餐饮与生活作息如生前,供盥洗用具、早晚餐、香、银纸,直到百日结束为止,才改为初一、十五晨昏各拜一次,或捧饭至对年(一年)。漳州人要捧饭三年。河洛人有公厅者,则会将魂帛立在公厅一隅,接受早晚捧饭"[②];客家人也如闽南人一般"扛饭"七七49日或百日,之后,由长者除之,称"除饭餐"[③]。

2. 安葬后

莆田和涵江,葬后第二日,以厅堂为灵堂,悬挂孝帏、死者遗像和挽联。灵桌上供放香烛、《心经》、木鱼等,旁立纸糊的"金童玉女"。每日早晚"上饭"(摆饭菜祭奠)哭灵,至"百日"结束。

晋江,"返主"后,在祖厝或宗祠里往往要糊纸龛(冥屋)奠祭亡灵,五天

---

① 陈耕. 厦门民俗[M]. 厦门:鹭江出版社,1998:108.

② 李秀娥. 台湾的生命礼仪(汉人篇)[M]. 台湾:远足文化事业股份有限公司,2008:129.

③ 李秀娥. 台湾的生命礼仪(汉人篇)[M]. 台湾:远足文化事业股份有限公司,2008:166.

或七天内,孝眷每日都要在清晨以汤、茶水、点心等供品进行祭奠,称"捧茶";中午、黄昏以饭菜祭奠,称"捧饭"。"捧饭"时,要逐日添加菜肴的品种或量。"捧"时,妻、媳妇辈都要呼喊着叫死者进餐、用茶、用饭,俗称"叫茶"、"叫饭"。到第五天或第七天"倒龛",把厅堂中的纸龛焚烧。这一天,丧家要做咸煎、米粽(后改为咸糕子及饮料)答谢送赙仪的亲友邻里,俗称"答金银礼"。此后,不用再捧茶饭了。

安溪,从下葬回家"安位"后的第二天开始,每天捧"菜羹饭",一连七天,以后每月逢初一、十五时各捧一次,一直到捧到"做三年""撤灵"(俗称撤桌)时为止。

（二）做七

闽台各地都有"做七"的习俗,即从逝者断气之日算起,每七日做一次祭奠,有的完整地做完七个七,有的做其中重要的几个七,有的则只做头七。除闽南和台湾一些地方叫"做旬"外,大多叫"过七"或"做七"。闽西和闽北的一些地方还有因"撞七"而走七的习俗。典型的如:

蕉城,称"过七",或做祭或念经不等。小康之家过三个七:头七念经、二七做祭、三七"坐蒙山",即做报恩道场;富家过七七,平民只过一七。过七时要在家门口竖立一条"坊竿",上挂灯笼,灯下垂挂长幅白布,一七一条坊竿,七七49天,要竖七条。请僧道做"坐蒙山""放焰口""打地狱"和"施食"等法事,并请亲友吃"午供昼""蒙山暝",花费浩大。

鼓楼和马尾,旧时富家将棺柩停放在厅堂上要过七重漆,七天一漆。福州方言"漆"与"七"谐音,"过七"一语双关。"头七",也叫"孝男七",由孝男延道搭坛诵经做功德,向城隍爷"报亡";"二七"为"内亲七",由族内六亲九眷出资进行;"三七"又是"孝男七",由孝男主持,为亡人超度;"四七"为"亲友七",由族外亲友安排;"五七"后即出葬的,此"七"即开吊,否则可不做;"六七"是"孝女七",由出嫁女请尼姑诵"血盆经",超度亡灵;"七七"也叫"绝七""断七",要烧灵厝、金银山、车轿、仆人等纸品,供死者享用。

长乐,死后男六天为一"七",女及老者七天为一"七"。依次做头七、二七至尾七,家祭或设坛念经、超度死者(俗称"做功德")。

惠安,咽气后第六天晚上,请僧、尼或道士为死者"开路"。次日凌晨,在大门外摆香案。孝眷们长跪案前哭请亡魂来归。僧尼摇铃念咒、洒净水,为亡魂开路。孝男将信杯掷地,若一阴一阳,表明亡者灵魂已经归来。孝眷便抱起案上木主、香炉、孝灯，迎入灵堂安置的"冥屋里"，举家号啕哭叫，俗称"接七"。七天为一旬，"接七"为头旬，每旬都得念经做佛事，叫"做旬"。

思明，叫"做旬""做七"，多数做到"七旬"，一、三、五、七为大旬，二、四、六为小旬。头旬及七旬由孝子主祭，称"孝男旬"；三旬由出嫁女主祭，称"查某仔旬"；五旬由已嫁孙女主祭，称"查某孙旬"；其他旬则只作一般祭祀。大旬较隆重，尤其"尾旬"，祭品丰盛而且往要烧"灵厝"，即将纸做的灵厝焚化，给死者的灵魂居住。多数在做三旬、五旬、七旬时"做功德"，有的在五旬或百日、对年（周年）时才做。时间不等，有的做一天一夜，有的做三天三夜甚至七天七夜。做功德时也要烧"灵厝"。"灵厝"要请糊纸店专制，有的在广场上搭起高大的楼房庭院式竹架纸糊灵厝，厅堂匾额高悬，死者纸像端坐其中，两旁仆役伺候，卧室内各种家具摆件应有尽有，厝外有路桥、车船马轿、街市店铺、行人景物等。做完功德时，将之烧给亡者在阴间里享用①。现在，如集美英村，大多将七旬放在一天里完成，每过一两个时辰做一个旬，从早上七八点开始，一直做到下午五六点。做法与原来的一样，请道士或和尚来做功德，每旬祭奠的菜肴等供品都要换新的摆上去，最后也烧灵厝，等。

集美英村烧给亡者的地契　　　　　　集美英村烧给亡者的灵厝

① 陈耕.厦门民俗［M］.厦门:鹭江出版社,1998:109.

武平，每逢七日，已下葬的，丧属要备香烛至坟前哭奠。49 日为"满七"，须在坟前烧化冥钱及纸扎冥具；停枢没下葬的，则在厅堂上的灵枢前哭奠、烧纸钱。

长汀，有的人家逢七即请僧道念经、做法事，超度亡魂。其中"五七"和"完七"最隆重。"五七"时，出嫁女（无女者由死者外戚）须备办饭菜酒礼祭奠，俗称"送五七饭"；丧家油炸猪肉、鸡蛋、粉干、米糕之类祭品在门前焚化，俗称"烧饭箩"；而且要拿一两件死者遗物，俗称"手尾"送给出嫁女，留作纪念。"七七"，叫"完七"。有的另择日期举行祭奠，焚化灵屋、灵椅。焚化时要请僧道念经点火，孝子们在烧着的灵屋两边互扔一个装着钱、米的裤腿，边喊着"富啊""富啊"（长汀话里"裤"与"富"同音）。"撞四七"是最大的忌讳，如"四七"是农历的尾数七日时，俗信阴魂会回家作祟。因此，全家人均要避开，同屋的邻居也要回避，甚至也要把猪狗鸡等牲畜移走。

连城，有"犯七"之说，即"做七"时与农历的初七、十七和廿七同日。以犯"三七"最好，有利生人（本地方言"三"与"生"同音）；犯"七七"为凶（俗谓"犯尾七"），须走"七"，即生人须于这天避开住地。首七一般和出殡连在一起，不做。贫者停尸至首七，只烧"包"（装有纸钱、金银纸之类）；二七通常只烧"包"与纸钱；三七由出嫁女烧香烛、包、金银桶，供奉米箩；四七与二七做法一样；五七是七个"七"中最隆重的一次，早晨举行移灵祭（将"灵屋"移到与正厅同一方向），中午宴请亲友、宗亲（每个女儿都要办一桌酒席，先供奉在灵前，后由生人食用）并赠以"五七饭"（咸饭）带回，晚上烧灵厝致祭。之后，将亡者灵牌送入祖庙。五七过后，整个丧葬过程基本完成，六七、七七只烧包、烧纸。

大田，死后要请僧道念经，超度亡灵。依家庭经济条件，有的做一昼夜、三昼夜，有的做小、大冥阳或小、大周天，富家做七昼夜。僧道念经超度亡灵时，须糊制冥屋，有一厅一库、半城全城之分。还有金银山、聚宝盆、钱柜、童男童女等，最后付之一炬。之后，逢七日"做七"。有的地方，有几个儿子，就免做几七。但头七和尾七一定要做。尾七孝眷要将粗麻箍、手尾带同纸钱一齐烧掉，改带细白布的袖箍。

明溪，下葬后的当日下午，为死者烧纸"灵厝"和冥币，意为让死者在阴间能有房子居住，有钱花。"灵厝"通常仿照旧式深院大宅，设有金仓银库，室内有佣人奴婢等纸俑。"头七""三七""五七"为子孙"七"，"二七"为女儿"七"，"六七"为六亲"七"，每逢"七"日，必请尼姑道士诵经拜忏，为死者超度亡灵。与长汀一样,如遇"撞四七",俗称"乞丐七",全家人要离家回避。

宁化,称"做七"。孝眷着孝服,备牲醴哭拜祭奠,请僧道做"法事",直至七七结束。忌讳"撞四七"和"撞七七",这两七家人都要"走七"(离家暂避)。

松溪,亡故第七天,请僧道设道场诵经追悼"亡灵",叫"头七"。当晚要给死者烧纸钱和纸扎的房屋、车马、童仆等,俗称"烧库"。死者若是已生育妇女,要加做"忏血盘"道场。

台湾,闽南人"'头七'由孝男负责祭品;'二七'由媳妇负责;'三七'由出嫁女儿负责;'四七'由侄女们负责;'五七'由出嫁的孙女们负责;'六七'由出嫁的侄孙女或曾孙女负责;'七七'或称'满七'由孤哀子负责。一般头七、三七、五七、七七会较隆重。作七时,须以牲礼、菜碗祭拜,烧库钱、银纸……每10天为一旬,最后为'作百日'。作旬如作七般,以菜碗、米饭为供品。百日供牲礼,烧化专用钱包及私钱给亡灵"①。客家人"每七日之前夕要作'丁忧',丁忧时需备供品两桌,一拜王官(阴府的检察官),用金包金纸;二拜亡灵,用银包银纸。一、三、五、七为大七、供品较丰富;四七为女儿七(妹子七),由女儿们备办牲仪祭拜,且不会与丧家多言语。至于四七前夕的丁忧,仍由丧家主办。丁忧后,预备红包及布,等待女儿翌日领取。且随'作七'至'作三年'的不同,祭祀不同的十殿王官(首七秦广明王、二七楚江明王、三七宋帝明王、四七五官明王、五七阎罗天子、六七卞城明王、七七泰山明王、百日都市明王、对年平等明王、三年转轮明王)。七七即为满七,又称'圆七'"②。

(三)做百日和周年

各地在死者死后一百日、一周年和两周年时都要进行祭祀活动。一百日,通常称"做百日",一周年和两周年,称"做周年"和"做三周",闽南和闽西的一些地方称"做对年""小祥"和"做三年""大祥"等。如:

罗源,死后一百日、一周年、三周年均应请僧人或道人"做功德",为死者超度亡灵,俗称"做功果"。每次做"功果"时间短者一昼夜,长者五昼夜。

① 李秀娥.台湾的生命礼仪(汉人篇)[M].台湾:远足文化事业股份有限公司, 2008:140.

② 李秀娥.台湾的生命礼仪(汉人篇)[M].台湾:远足文化事业股份有限公司, 2008:167.

安溪,死后一整年称"小祥",俗称"对年"。女儿家或戚友,要送纸钱等礼品给丧家。"小祥"前夕,孝眷点上香烛,在厅上痛哭一番。中午,备牲礼向堂上灵位奉献。死后两个整年,称"大祥",俗称"三年"。此日,门上贴"慎终已尽三年礼,追远尚存一片心"之类的大红联,有的还请和尚或道士来做"三年"(小道场)。女儿家要送猪头或肉等厚礼,孝眷在道场中,卸除孝服叫做"脱孝"。中午,宴请当时抬棺的棺伕和亲友,表示酬谢。有的还在这日糊纸"灵厝",专请和尚"开经缴库",俗叫"三年缴"。

安溪湖头"做三年"的对联

明溪,死后一周年,仍须请尼姑道士为之诵经,称"做冥寿",亦称"做周年"。

沙县,百日烧纸宅,并迎神主牌位入家族祠堂。

建瓯,百日或一周年、两周年"烧库""除桌",请僧人或道士念经,除去死者遗像和一切守孝陈迹。晚上鼓乐清唱,再无哭声,半夜以荤食(猪头、五牲)招待亲友邻居,表示后事一了百了,名为"大祥"。

政和,百日或一年,或三年后才烧"灵屋"除灵位。

台湾,闽南人,"'尾旬''作百日'或'作对年'时,将临时安灵或竖灵时所作的魂帛和香炉完全撤除,选一个吉祥的方向将这些东西丢弃,并请法师念经、上香、烧银纸,称为'除灵'……丧期届满时,将供奉死者的新牌位火化,或将其部分香炉灰放进供奉祖先牌位的香炉内,再把死者的姓名列入祖先牌位中,称为'合炉'。在未行正式的合炉前,有的人会将除灵后的香灰,先放入一只红色的香灰袋内,悬挂在公厅祖先牌位上,等待适宜合炉的吉时,称为'寄炉'。有的河洛人会在对年后择日行合炉之俗。一般漳州人多在'作三年'和'除灵'时同时进行合炉的仪式。合炉后,一切便恢复正常作息。而花坛乡刘厝庄许姓族人为晋江人后裔,除灵后即择日合炉,不必等作三年再合炉。亦有出殡当天除灵合炉的"①。客家人则习惯于做三年后,行"除服""除灵"和"合火"(合炉)礼,仪式大致与闽南人相同。

此外,闽清、将乐、永安、沙县、建瓯、政和等少数地方,还有做"六旬"的习俗,即在死后 60 日进行祭奠。如沙县,于第 60 日焚化纸船,表示亡者渡登彼岸;闽清,孝子做 60 日后始可理发,等等。

(四)做忌日

闽台许多地方在三年孝满后,每到死者去世的周年日要进行祭奠,以示对先人的纪念,称"做忌节""做忌"等。如闽侯,子孙备酒菜供奉、烧化纸箔,有的还供一碗捞米饭,碗中插双筷子,俗称"烧忌""做忌"。漳浦,按湖西赵氏习俗,凡遇忌辰,孝眷都要换素服,到祠堂里迎神主到自家厅堂上致祭;若为父母忌辰,当尽哀哭,是日不可饮酒、听乐、看戏。宁化,逝世纪念"做忌日",满十生日做"冥寿",都要虔诚敬祀一番。台湾,闽南人在三年后每逢亡者的周年日"于中午前准备敬拜已故亲人的菜肴、酒食等祭品,于祖先牌位前祭拜。燃香过半接近香脚时,便掷筊请示是否已吃饱。若得圣筊,则可以烧金银纸、莲花金(可由女儿买来)等。此后年年以此日为忌日,祭祀亡亲,称为'作忌日'。也有较慎重的人家,会在已故亲人的生日时,准备供品祭拜,为其作'生日忌',亦即'作冥诞'。至于移居台湾的漳州人或泉州人后裔,不一定于清明祭祖或分别为不同的祖先作忌日,而会在重阳日为所有祖先的忌日举行'作总忌'"②。

(五)其他

除以上祭祀和做功德外,闽台有些地方还有以下各具特色的祭拜先人

---

① 李秀娥.台湾的生命礼仪(汉人篇)[M].台湾:远足文化事业股份有限公司,2008:145.

② 李秀娥.台湾的生命礼仪(汉人篇)[M].台湾:远足文化事业股份有限公司,2008:147.

的习俗:

1. 拦社

武夷山古有"不去拦社,死者灵魂要被贬去当野猪"之说。因此,在父母亡故三年内,子女于每年的社日都要备糕榖、荤素菜肴、茶酒、香纸、蜡烛、鞭炮等供品到坟墓前摆祭。

2. 烧新床

思明,未到"对年"的正月初三,丧家要祭亡灵并为死者"烧新床"(用竹纸扎成的床),让死者在阴间睡新床。

3. 分年和礼新坟

台湾客家习俗,在亡故后逢第一次过年时,"家属要在过年前三、五日,携带芹菜、葱、蒜、木炭、糖果等供品,前往祖先新坟祭拜,并将各项祭品分两半,一半留在坟前给祖先享用,一半携回,称为'分年'。但新竹新埔地区的客家人,并无新亡第一年过年前行分年之俗,但会在新年前数日前往坟地祭拜'礼新坟',拜后则将供品完全携回"①。

4. 追荐功果

安溪,俗信佛教轮回之说,以为死者出世前,按生肖欠下阴府库钱,所以报答父母之恩就要为他们还钱"填库"、做"功德"。家境较差的,请和尚,糊纸"灵厝",草草办完"追荐"了事;宽裕之家,有的连做两三天的法事。每年有不少旅外华侨回乡,大多会为其先人追荐功德,有的排场铺张,宴客几十席。没法举办"做功德"的人家,则于其本族姓修宗谱谢谱时,由家族总"追荐"。

七、丧服与服孝

闽台各地汉族的丧服基本上按《周礼》的规制穿,根据与逝者的亲疏关系分"斩衰、齐衰、大功、小功、缌麻"等五种。从逝者断气开始,孝眷就开始披麻戴孝,且服孝的时间根据与死者的亲疏关系大体和上文的"做七""做百日""做周年"和"做三年"相对应。在服孝期内,各地大多子孙不穿红衫、不赴喜宴、春节不贴红联等;孝子大多百日内不能理发,有的49天内不能理发;已订婚的,大多在百日内嫁娶,否则都要等3年期满才可嫁娶。如:

福安,儿女、长孙、长侄均须戴重孝,其他人戴轻孝;夫妻一方亡,另一方

---

① 李秀娥.台湾的生命礼仪(汉人篇)[M].台湾:远足文化事业股份有限公司,2008:168.

不必戴孝。戴重孝要穿麻衣麻鞋；戴轻孝只穿白衣，束白布条，或佩戴白纱、黑纱，在鞋头嵌一块白布即可。轻孝七日后即可脱去，重孝则要留头发49天，且分别要到"百日"（长孙、长侄）、"周年"（女儿）或"三年"（儿子）后才可脱孝。

蕉城，子女为父母丧，妻为夫丧均服孝三年。三年内不得穿红，不得婚嫁（可赶在百日内婚嫁），不得吃喜酒、看戏等。子、媳穿着叫"斩衰"，用粗生麻制成麻衣、麻帽，断处外露，不缉边；女儿穿着叫"齐衰"，用缉边的粗生麻制成麻衣、麻帽；孙辈服孝一年，曾孙辈服孝五个月，再下辈服孝三个月。其穿着分别称"大功""小功""缌麻"，用粗熟或细熟麻布缉边。

霞浦，居丧戴孝按子、孙、曾孙、玄孙辈分、亲疏，分为斩衰、齐衰、大功、小功、缌麻等五服。子女服丧三年，披麻百日，男不理发，女不艳装，妻随子服。居丧婚嫁，已订婚男女应在百日内婚娶，逾限则须三年消孝之后婚娶。50年代后，一般在出葬当日披麻挂孝，葬礼结束后，子女仅戴"孝箍"，以示居丧。

闽侯，孝男穿麻衣戴麻帽，孝媳罩麻布，孝女穿麻衣，称"戴孝"。丧家给吊唁者各送白布巾一方，白腰布一块（有的为黑纱）。葬毕，子孙要佩戴麻布或黑纱袖圈三年，孝女戴白花，以示悼念，称"守孝"。

福清和平潭，儿子与媳妇须服孝三年，女儿周年脱孝，换穿吉服。妻为夫服孝三年，夫为妻服孝一年。儿子待百日后方可剃发，俗称"留百日"。后来一般百日即脱孝。

莆田和涵江，逝者断气时，全家大小边哭边换上白衣素服，鞋面盖上白布。长子、长媳或长孙、长孙媳再穿麻衣，腰系一根麻编带，鞋头钉块麻布。在手腕套上串着孔铜钱的白带圈（男左女右）。旧时，父母之丧，为期三年。子孙不穿红衫；过年不贴红联，只贴写上"守制"两字的绿纸条；不参加人家喜庆事。三年期满"起服"，家属换上吉服，头上插柏，贴红联，除"灵堂"，吃"寿面"，以示丧事结束，全家吉庆。有的还要请僧道念经、做"道场"以超度亡灵。

鲤城，服丧期间，百日内不理发（49日一天除外）。每逢初一、十五早，女眷备汤茶饭菜在灵前哭祭。除夕第一年贴绿联，第二年贴水红联。岁时节日，提前一天单独祭祀，俗称"做节仔"。三年礼尽，除服纳吉。

安溪，丧服分斩衰、齐衰、大功、小功、缌麻等种。对父母为斩衰，三年正服；对祖父母齐衰，一年正服；夫妻之丧齐衰，一年义服。多数地方，孝男穿麻衣,头戴麻包,足着草鞋;孝妇和孝女,身披半麻,孝孙挂青。长卿一带,丧家如有子外出奔丧未及的,儿媳脖子上挂一双草鞋以代之。丧事当年除夕,不贴红联,贴青联。外客到丧家贺年,不能说"恭喜"或"贺喜"之类的话语。这一年中,与人交往用印章,不能用红,只用青色或黑色。署名之上,要加一"制"字,或加"从吉"两字,以示守孝。

　　思明,有的在逝者咽气后就穿丧服,有的则在"大殓"之后正式穿,叫"成服"。丧服也分斩衰、齐衰、大功、小功、缌麻五服,分别用粗细生熟不同的麻布制成,根据亲疏远近相应穿戴。关系越亲近的,丧服越粗糙。一般的亲友以白布条围戴左臂(后改为用小白纸花缠着一小段红线小鲜花戴在胸前)。依五服穿戴着丧服的服孝期,与所着丧服相对应,从七天到三年不等:缌麻七天、小功49天、大功"百日"、齐衰"对年"、斩衰三年。

漳浦杜浔正阳村出殡时孝子、孝妇的丧服

　　连城和长汀,百日守孝,子孙杜门谢客,不问世事,甚至不洗澡、不理发。百日举行"烧百日"祭祀,从此可理发、洗澡,儿女的孝服改为有白标志即可。一周年,孙辈除孝,脱去手上孝带,称"开小孝",又称"小祥";二周年"开大孝",儿辈除孝,又称"大祥",俗称"出孝"。

　　将乐,子孙等亲属戴孝长则三年,短则一年。孝期内,晚辈不可穿红绿衣裤,不可男婚女嫁。孝子在父母去世60天内不能理发。

　　明溪,"斩衰"守孝三年,"齐衰"守孝一年,"大功"九个月,"小功"五个月,"缌麻"三个月。"斩衰"臂带粗麻布,鞋、帽加饰麻布;"齐衰"戴细麻布。

49 天内,子女男不得理发,女不得剪发、插花、穿红。孝期内不赴宴、看戏、婚嫁,春节不贴红联,端午节不做粽子。

长汀彭坊村出殡时孝子的丧服

沙县,首七后,丧服易换素服,在头发、帽顶及鞋面用素色装饰表示服丧,男子须蓄发 60 天。父母之丧,均须居丧三年。

邵武,子女过 79 天后才能理发,着素鞋三年(一年白、二年蓝、三年灰)。

政和,孝子在百日后才可以理发,子媳守孝一年。守孝期间,不穿红绿等艳色衣服,不办婚嫁寿庆等喜事。

武夷山,孝子两个月不得理发,家中一年内不得办理喜庆事宜,臂带白布或黑布条圈三年。

台湾闽南人"五服包括麻、苎、蓝、黄、红等布。孝男穿麻衫、戴麻帽、绑草箍、脚穿草鞋。媳妇穿麻衫、戴箬头,上缝麻布、白布鞋缀麻布。女儿分出嫁、未出嫁之别,未嫁者穿有袖麻衫、头结麻将;已嫁者穿苎衫(茶仔衫)、箬头上缝苎布。长孙穿苎衫套麻衫、戴草箍套麻与苎。长孙媳妇身穿与长孙同样的箬头缝麻与苎布。孙子、孙女穿苎衫,戴白箬头,上缝苎布。曾孙穿蓝衫、蓝帽。玄孙穿红衫、红帽。侄子、侄女穿苎衫,女头戴白箬头,同辈子孙绑头白仔。堂兄弟以白布条绑在手臂上。妯娌、姊妹穿白布裙,戴白箬头。女婿穿白长衫,白帽缀苎布或缀红布。孙女婿白布长衫、白帽苎布下加一块红布。义子女、交兄弟比照子弟、兄弟,但在帽上缀红布。上述未婚者无袖,已婚者有袖。家属在孝服外,如头上或臂上,再系上'孝诘',孝诘材质分麻、苎、毛线(白、绿、黄、红),称为'戴孝'。以前戴孝最长有三年,现代多出殡后就'脱孝',放在正厅桌上"①。

台湾客家人"丧服分五种:(1)以前斩衰三年者:子、女、媳、承重孙(本身及父皆为嫡长,而父先亡……)服全套粗麻缝制不缝边的丧服,今多简化为

① 李秀娥.台湾的生命礼仪(汉人篇)[M].台湾:远足文化事业股份有限公司,2008:124.

白服麻冠。（2）齐衰者，分
一年期服（杖期、不杖期）、
五月齐衰、三月齐衰。昔用
麻布缝制，现今全改为白布
缝制。（3）大功：九月，白布
缝制。（4）小功：五月，白布
缝制。亡者的长孙丧服今用
全身白布，麻布盖头加缝一
块红布料；第四代孙（曾孙）
一人穿红色，其余穿蓝色；第
五代孙（玄孙）用红色；第六

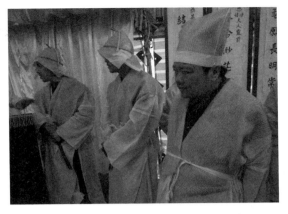

新竹竹北客家出殡时长子、次子、三子的丧服

代孙（来孙）用黄色，也有用黑色者。至于亡者的一般亲戚，皆用白色披巾。
亡者为男性时，左肩右斜；亡者为女性时，右肩左斜。妇女则仅用白布缀蓝
盖头即可"①。

新竹竹北客家出殡时女婿的丧服

新竹竹北客家出殡时媳妇的丧服

① 李秀娥.台湾的生命礼仪（汉人篇）[M].台湾:远足文化事业股份有限公司,
2008:153.

新竹竹北客家出殡时孙女的丧服

新竹竹北客家出殡时宗亲戴的孝

八、停枢

旧时各地大多有在入殓后停枢不葬的陋俗,短者几天,长者几十天、几年,甚至几十年,以致到最后任由棺木朽坏,无人收埋。停枢的原因有多种:一为尽孝,有的地方民间以停枢越久,表示子孙越孝顺。因此,即使贫者,也要在入殓后二、三日到一、二周才下葬;二为风水,因一时找不到让子孙们都满意的风水不能下葬;三为远方亲人(如南洋华侨)奔丧未至,等等。还有的如古田,夫妻一方先去世时,其棺木停放在住家附近的粪寮内,等到另一方也去世时,才把两具棺木一起抬去埋葬,以示生同衾死同穴之意。

在停枢期间,为防止尸臭外漏,每过一段时间就要在棺木外刷油漆。一般结合"做七""做百日"进行,如福州的"做七"与"做漆"既谐音又表明给棺枢刷漆是"做七"时的一项内容。各地刷漆的方法并不相同,如"在漳州,盖棺之后,富家的棺材外面用瓷器舂成细末灰和着生漆涂之,先粗后细,使其坚润无比。贫家则用瓷器舂碎和着生猪血涂之,先粗后细……厦门人打桶时,先用油灰填棺材的缝隙,再裱以纱布,然后再涂上生漆密封。泉州人打桶时,先用麻布裱褙封口,再用猪血混合着桐油、石灰涂上,外表再重重加油漆,多的甚至可至数十遍。而且,多在停枢期间的祭奠日子如做七、百日、对年等重新油漆,以表示卑亲的孝心。"①

停枢的地点,通常在自家厅堂的后边,有的在专用的小屋里,有的在旷野外搭的简陋小屋里,等。如涵江和莆田,将棺材寄放于旷野的"利厝"里,俗称"寄厝"。"利厝"仅容一部棺材,以土坯瓦片围盖。

九、拾骨葬

除了将遗体下葬外,闽台各地还有"拾骨葬"的习俗。其原因有多种,一是家贫无法厚葬,初葬时草草简葬,日后再行"拾骨葬",闽东和闽北各地多属于此;二是观念上认为多葬利生人,如芗城民间有"十葬九迁、十葬万年"之说,闽南、闽西和台湾各地多属此类;三是葬后子孙流年不顺,进而认为是墓地"风水"不佳,需重新捡骨改葬;四是因工程建设而迁坟改葬;五为夫妻合葬,等等。具体做法如:

屏南,贫家停棺于山上或旷野处待葬,三五年后将骸骨收存于瓮内,放于偏僻处。平溪、芹洋、坑底等乡,长年停棺灰寮(俗称厂寮,与莆田的"利厝"相似)里,三年后取出火化"寄金"。

柘荣,地穴式土葬的,经五至七年尸体腐化后,雇人开棺捡骸装入"金瓮",俗称"搕骨",然后再行正式安葬。

晋江,称"拾骸",俗称"拾骨",多在清明节前后择吉日吉时进行。挖茔取骨,放在有雨伞遮盖的草席上,按人体骨骼结构摆放。用朱笔逐一检查无遗漏后,用丝棉缠束,依序装入陶制的"皇金"(形似腰鼓,口宽底窄,径一尺,高二尺)里盖密封紧。再由孝男背至新穴处埋葬。背时,沿途不得回头。葬毕,带回"烘炉枣灯衣食"。另有用"骸棺"的习俗,目的是将先后亡故的夫妻合葬一圹。因民间有皇金与棺木金木相克之说,不能合葬,故把先前亡者骨骸按人的形状拾入小棺木,俗称"骸棺"。

思明,称"拾骸",俗称"拾骨头"。一般在死者葬后三年或五年、七年的清明节前后 10 天内,也有另择吉日吉时进行的。届时,死者亲属请土工掘坟开棺,将尸骨捡出整理曝晒,用红丝线按人体骨骼的衔接贯穿,放入与晋江一样的俗称"夙金瓮"里。也有将骸骨装在与晋江一样的小棺中,叫"金棺",也称"骸棺",再迁葬到新穴或合葬在他穴。

诏安,山区客家注重迁葬习俗,葬后 8~10 年,择日捡先人骨骸,装入陶

---

① 陈支平.闽南乡土习俗[M].福州:福建人民出版社,2007:188.

罐(称金斗)另择地或就地改葬,打灰堆、立墓碑,并择日"完坟",亲友送"金银山"(焚化冥品,金银色纸糊制),祭祀放鞭炮,出嫁女儿、孙女辈穿红裙。

武平,安葬后 8~10 年必须挖出遗骨,放进俗称"金罂"的陶瓮内重葬,再筑永久性坟墓(非正常死亡者除外)。

长汀,下葬后 6~12 年,挖墓开穴,将遗骸拾起用炭火烘烤,放进俗称"金盎"的陶罐里。有的原墓重葬,有的另择坟地安葬。

明溪,一般葬后 10 年左右"拾骨",俗称"捡金",另择吉地再葬。

建瓯,农村多有陈棺在山、三五年后拾骨移葬的习俗;城里则多一次性下葬安碑,也有立碑简葬,若干年后拾骨移葬的。

松溪,有的丧家在三年后的冬至日,开棺收骸骨于俗称"金瓮"的陶瓮中,并择地安放,俗称"拾金"。

台湾,闽南人,"在亲人以尸葬埋葬数年后,择吉日重新开坟,捡洗骨骸及捡拾陪葬的首饰,重新于吉日为其安葬,称为'捡骨'或'洗骨'。又因同时有捡拾陪葬的金饰与首饰等,故又称为'捡金'。一般未满 16 岁(即未成年)身故后是不捡骨的;30 岁以上亡故的,在五年后捡骨;40、50、60 岁亡故的,在六、七年后捡骨。民众习惯择吉日为亲人进行捡骨之事,届时会特别聘请捡骨师(土公仔)来处理。将骨头放入金斗瓮(奉金瓮)中,内放木炭固定。再择日安葬祭拜,称'进金'。若是安置于灵骨塔,则称为'进塔'或'晋塔'"[①];客家人,习惯在亡者埋葬后满四至六年,择吉日至墓地"启攒",称为"捡骨"。

十、特殊葬俗

闽台各地除上述各种丧葬习俗外,还存在以下特殊的葬俗:

(一)客丧

逝者在外离世,有两种情况,一是尸体无法运回家乡埋葬的,各地大多有请道士或僧人为死者超度亡灵、招魂回乡的习俗。如鲤城,一般在就地安葬后,引魂归故土。先放纸船在溪(海)中,在水里插一竹竿,将海外寄回的死者衣服挂在上面,请僧道在水边做法事。之后,将衣服取回,举行"归虞"仪式,俗称"引水魂"。90 年代以后,有在寺院超度,用纸飞机"引空魂"的做法。闽侯,在招魂之后,家人还要通过建衣冠冢的形式为死者做墓立碑。二

---

① 李秀娥.台湾的生命礼仪(汉人篇)[M].台湾:远足文化事业股份有限公司,2008:149.

是尸体运回家,各地大多有不能进村或进(厝)的习俗。如屏南,棺木不能通过外村的街道,只能绕村而过,到本村也只可放村外田寮或大树下;罗源,遗体应就地或在村外收殓埋葬;连城,只许在屋外搭棚停尸办丧;仙游,只能放在大埕(晒谷场)或屋檐下收殓,但在出殡前要用公鸡和火盏到死亡处招魂回家;明溪,尸体不能进屋,必须在外搭一临时停柩的灵棚或暂寄停柩场,并在门外竖一长竹竿,上缚死者衣服和香纸,为死者招魂。

在台湾,无论闽南和客家人,亡者因意外罹难的,须请"道士或法师、僧尼持招魂幡前往事故地点招魂,又若意外身故的往生者尸体无法寻觅,如溺毙、山难、空难、失踪等,则须于事故地点举行'招魂葬'。根据古代习俗,会制一银牌,写上亡者姓名,咬指血点之,放入金斗甕内埋葬……以草扎替身(仅具头部,脸画五官,颈部钉缝上衣,上衣下端缝下衣,裤脚'穿鞋吊袜')挂在竹竿顶,另以白布吊白鸡,作为引魂。当白鸡啼叫时,卜得圣杯,表示亡魂已归来。之后将亡魂引至一旁所搭灵厝,灵厝内有交椅两把,一大一小……草人脚不可着地。待法事完毕,将草人与灵厝一起焚化,也有人将草人装于木板所钉之小棺木盒内,再行土葬的安葬仪式,供子孙祭拜。若有水难或投水身故寻不着尸首时,可以西瓜画五官,投入水中,岸边家属携带亡者衣服,先上香再行招魂仪式,据说可使尸首容易浮出"①。

(二)猎七丧

各地对一家同时办理两位亲人丧礼或一年内两件以上丧事时,有一些特殊的做法。如台湾,当出现"两件'重丧'时,便会以草人替身(仅具头部,脸画五官),请道士开光,将草人穿上第二位亡者之衣,或用畚箕装,或装纸棺内,祭一碗饭、一颗鸭蛋(或鸡蛋),在重丧的丧葬行列中,雇人捧持草人、祭品,到村落外,弃置路上;也有将其带往墓穴一起埋葬的。此举有避免出现三丧不幸之意"②,称"猎七丧"。

(三)喜丧

各地普遍称90岁以上老人亡故为"喜丧"。办丧时,亲眷不用啼哭,戴红不戴白,其他丧仪与常规一样,只是哀伤的色彩淡了一些。且多数不服丧,春节也贴红联,嫁娶与常规无异,没有什么禁忌。

(四)夭折丧

各地对未满16岁死者的葬礼大多比较简单。如安溪,死者为未满16岁的男女,叫"殇",视同小孩一样,要让死者一手拿手巾或扇子,一手拿一个熟蛋,用童棺,无声无息地抬去埋葬。但如已18岁或20多岁死的,叫"夭",男女各用纸糊异性"代人",先在厅口,举行"上头礼"(意已结婚成人),然后与死者一起放入薄板棺内,无声无息地抬出埋葬;大田,婴儿一出世就夭亡者,尸体装进土箕,拿到乱坟岗上埋掉。15岁以内的小孩夭折,10个指头要用红纸条圈住、衣襟尾剪破,意为可逃脱捡石、筑"天溪"之苦工。尸体要放进米筛一会儿,意为让他早日出世,后用木板钉匣盛殓,挖坑埋葬,不做坟墓。16至20岁的男子死亡,即使是未婚,也要用棺椁殓,做坟墓,并将香火送入祖祠,只是一切从简。

(五)意外丧

对于意外死亡,特别是不得体死亡的,各地有一些如大田般的处理方式:未婚之女死亡、老虎咬死(需锅盖锅葬)、雷电触死、麻风病死、水淹死者等,其香火送进无嗣坛,族谱不得记载。

第二节 闽台少数民族的丧葬礼仪

一、福建少数民族的丧葬礼仪

福建少数民族中,畲族、回族和满族的丧葬礼仪,相较于其生养礼仪而言,保留下来的民族特色成分要少一些。

(一)畲族

1. 霞浦

霞浦境内畲族的丧葬特色与其婚嫁特色一样,都是"俗不离歌"。在整个丧事过程中,都要唱歌、以歌代哭来表达生者对逝者的缅怀之情。与周边汉族一样,凡享年50岁以上的死者为寿终正寝。而因为有歌声,所以办丧事有如办婚事一样热闹,俗称"老喜丧"。

（1）买水、洗沐、更衣

死者断气之后,孝眷换上孝服,由孝长男带领,捧着陶罐到溪河边,跪下,点燃三支香,边烧化纸钱,边唱《买水歌》向水神"买水"。唱毕,把陶罐放进河里舀水。舀时,如死者为父,要顺流舀,以示男人在天;否则,要逆流舀,以示女人居地。

水"买"回后,要先放在火炉上暖几分钟,再用白布在水中浸湿,前三后四地往死者胸前和背后揩。不论贫富,敛衣要新的,旧衣和有口袋的新衣服都不能给死者穿上。男女衣服的颜色都是黑的,有单、夹与棉的区别。与汉族一样,穿衣以重数计算,一般上身九重,下身三重。女性还要戴上结婚时头上戴的竹制凤冠。衣服穿好后,要为死者理发(通常在临终前就已理好头发)或梳头。整个过程都伴着哭歌。

（2）移尸、报丧、吊唁

死者更衣、梳理完毕,从卧房移到后厅,将之放在用两条板凳、四块木板、一张草席做成的"灵床"上。之后,用炉灰和竹叶裹成10个小粽子,缚在一枝桃枝上,放到遗体旁。有"祖图"的村子,凡亡者年龄50岁以上的,要在厅堂里悬挂"祖图"三天。

移尸后,由族亲反穿衣服前往亲戚家报丧。接到噩耗,亲戚哭唱《思亲歌》前来奔丧。吊唁期间,亲友、家属的歌声不断。

（3）讨位、入殓、下葬

旧时,畲族每个人在宗谱里都有一个讳名行位,只有掌握宗谱的族长可以查阅。男性死后,孝长男要向族长讨行位;女人死后,如果棺材在其生前已做好的,孝男已向母舅讨过,不用再讨。否则,母舅前来视殓前,要先到族长那取得亡姊或妹的行位,以备外甥讨要。外甥向母舅讨位时,手端托盘,上放两杯米酒、两个束有红纸的鸡腿和一对点白烛,走向母舅桌前,双膝跪地,高举托盘唱《讨位歌》。母舅将酒喝下、鸡腿收下,将用红纸封好的行位放在托盘里。孝子以之刻神主牌和墓牌。

死者装殓的时间要选择海水涨潮时分,忌讳在"重丧日"和"三丧日"入殓。装殓时,孝女要哭唱《落棺歌》。钱、米和有文字之物不能装殓,先前放在遗体旁的裹灰的粽子和桃枝在入殓时要扔到河里去。

下葬的整个过程均以歌代哭,孝眷亲友们分别唱《起棺歌》《路祭歌》《劝酒歌》《跪祭歌》《进葬歌》《回垄歌》等。

（4）做阴功

做阴功德是畲族超度亡灵的一种仪式。做时，在丧家厅堂上布置起"师爷间"，仪式由畲族巫师执行。

此外，霞浦的畲族也有"做七""百日"等习俗，与周边汉族的做法差不多。

2. 德化

德化畲族的丧葬习俗与霞浦等宁德地区畲族的丧葬习俗相比，"歌"的成分较少，"打赤足"和"办助桌"是其两大特色。前者为孝男在披麻戴孝的同时要打赤足为父母办理后事；后者为亲族必须帮助丧家办理伙食事宜，依亲疏而定，每户赞助一餐，或早餐、中餐、晚餐，丰简不一，最后一餐由丧家自理。此外，长寿或多子孙的人死，也有"做功德"的习俗，分半场、三场、五场（三个儿子以上，媳妇齐全者）。

（二）回族

泉州回族历史上的丧葬习俗大略如下：

（1）移尸、洗沐、入殓

断气之后将遗体移至厅堂中架起的三块床板上，头北脚南面朝西，或枕东脚西头稍填高正面朝西。朝西表示归向麦加圣地。厅中点安息香。死者生前所穿衣服全部脱去，盖上白布，然后请有德望的人为之净身和穿上特制的白布葬服，移入从清真寺里借来的"搭卜"（尸匣）中。

（2）守灵、出殡、安葬

回民称死为"归真"，意谓归于真主，讲究速葬，一般是晨亡午葬，夜死晨埋，最长不超过三日。在停尸待葬期间，厅堂上保持安静，孝眷不哀哭，亲友们只是小声地默诵"清真言"："万物非主，唯有真主，穆罕默德是真主的使者"，等。

出殡前，孝眷举家前往拜请阿訇主持丧礼。阿訇来到死者家里为死者祈祷。然后将"搭卜"抬到厅堂口，阿訇诵经，再次为死者祈祷，乞求真主饶恕亡人，解脱亡人的一切罪愆。

出殡时，不用鼓乐，不作任何排场。送殡者随在"搭卜"后面静静地走，妇女送至离丧家百步距离就返回，男的送到坟山。埋葬不用棺木，把遗体从"搭卜"中移出来，再用白布吊入墓圹，脸部露出朝西。圹用石板或砖块砌成。圹底及遗体上都撒下相当数量的檀香末等香料,然后盖上石板七块,用纸塞缝,涂上灰土。葬毕,家人跪于墓前,静听阿訇诵《古兰经》句,为死者祈祷。然后绕墓一周,取墓土少许置于香炉中,炉中点燃安息香,由孝男捧香炉走在前面,家属及送殡者随后,结队返回。

（3）葬后

返回后,丧家请送殡者吃"油香"（油炸面食）,喝甜茶,谓之"彩气"。"搭卜"要归还给清真寺。

墓盖一般用白石雕成长方形弥座式的石墓;清代以后,多有以灰代石的。

如果请不到阿訇,丧葬时只需捧出《古兰经》就可以成礼,形式更加简单。

（三）满族

长乐航城镇琴江满族村历史上的丧葬习俗大致如下：

1. 更衣、停灵

死者临终前穿寿衣,多为长袍、马褂,与汉族一样按重数算,上五下三等,为单数。遗体不"搬铺",放在卧室内用木板临时搭成的灵床上,头西脚东。灵幡用三尺左右的红布制成,上缀以黑穗,悬挂在院中的高杆上。通常停灵期为七天之内,此期间合家举哀,举行祭奠。

2. 入殓、出殡

入殓时棺内放金银等物,贫者用金银箔元宝代替,口含铜钱或玉器。棺盖盖上后,放在院内灵棚内。出殡多选阴历单日,抬灵有 16 杠、32 杠、64 杠之分。出殡后要感谢帮忙的人并请吃饭。

3. 葬后

下葬后,每七天到坟上烧一次纸钱,连烧七次。百日时要烧百日,周年时要烧周年。纸钱的形状为口袋状,俗称"烧口袋"。

二、台湾少数民族的丧葬礼仪

台湾的阿美、泰雅、排湾、布农、卑南和鲁凯六个人口上万的山地少数民族,旧时没有用棺椁埋葬死者的习俗。除阿美外,其他五个民族都将人的死亡分成善终和恶死两类。所有善终,大多指在家里自然老死或病死。此外,凡是战死、自杀、误杀、坠死、溺死、难产而死等,都属于恶死的范畴。善终者大多埋在家屋内,丧仪复杂;在外恶死者大多就地掩埋或埋在隐蔽之处,丧仪简单;在家里恶死者一般也埋在家屋里,丧仪简单且丧属大多要搬迁而将该家屋抛弃。

近代以来,由于日本殖民和基督教的传入,各民族的室内葬等风俗被禁止而消失。在日本殖民统治时期,日本人强迫实行公墓制度,一律改为室外葬,甚至连家屋内的骸骨也得迁出,重新埋葬;1945 年后,基督教新旧两派相继传入,各民族开始采用棺材和基督教的丧葬礼仪,传统的丧葬礼仪变化巨大。

(一)阿美人

1. 易箦

病人临危时举行易箦仪式,家人为之洗身,换上干净的衣服,并给他(她)找一个房子,请巫师拿着香蕉叶呼唤男神女神为之驱魔。如果不能使病人转愈,则在其弥留之际将之移到席上,净身更衣,然后抬到门口以蓁草为席、鹿皮作垫的床板上,身体作屈肢侧卧的姿势。

2. 呼名

病人临断气时,在旁看护的族中年长者,蹲在死者右肩旁,用响亮的声音大呼其名,并说:"不要彷徨,一直往前到你母亲的地方去吧! 就是在家的牛、猪、鸡、孩子们都会受到好的照顾,你不必再指指头,不必再向后看。你是你,不要彷徨吧!"①

3. 断气

断气后,如是男子,就由其兄弟把金属物放在他手中,左手握铜铃,右手拿项链,穿戴整齐,头部转向南面;姊妹要把特制的糕放在他的背甲里,同时把其生前所用的枪和祭器悬挂在门上。若是女子,则由年长的姐姐把饰物放在她手中,把她生前跳舞穿的漂亮舞装盖在尸上,糕放在方袋里,并把方袋和祭器挂在门上,这些做法无非是希望死者能有吃有穿、披金戴银地到阴间去。如果是部落头目逝世,在其停止呼吸后,要用竹竿把他的背部撑直,扶坐在床上,保持直立的姿势,禁止倒卧。因为阿美人的头目是农作物生命的象征,若其遗体倒卧,就会导致农作物枯萎、连年歉收。然后,用酒给他拭身,穿上华丽盛装,戴羽冠,右边放置象征生前地位与权威的法器、手杖,四周围绕粟穗、农作物的茎叶,还有象征农作物根部的锁链等②。

---

① 许玉香. 台湾少数民族——阿美[M]. 北京:台海出版社,2008:177.
② 许玉香. 台湾少数民族——阿美[M]. 北京:台海出版社,2008:178.

4. 报丧

族中有人死亡,部落里的其他成员都会前来吊唁。亲友则由一人专门前去报丧。在大家聚集哀悼时,如果发现还有亲戚没来奔丧,则派出族中两位年轻的男丁火速跑步前往通知。去时,两位年轻人必须在腰间绑一条南瓜藤,其中的一位手中还要拿营芒最粗的一节。营芒代表指南针和护身符,具有辟邪作用。

5. 安葬

死者埋葬在死亡当日或次日举行。装殓完毕,死者兄弟及伯叔父或子侄要参加掘墓工作。参加葬礼的人,必须用柏叶及芭蕉叶插于头上及腰间以避秽。坟墓挖在室外的院落中,南部阿美人,通常挖在住屋的北侧,穴长约1.8米、宽约1.2米、深约1米,圹内离底约30厘米的高度,以木板架尸床,下葬后把土覆盖在墓上,以卵石排成圆形为标记,日久泥土下沉,任由践踏而不必修理;北部阿美人,则在墓穴四周排插木桩或加插木板以为壁,尸体向南放入圹内,以木板覆盖,再盖上茅草后掩土。墓上堆土如岗,成半球状,高达30厘米。阿美人棺椁埋葬的习俗是后来才有的,先前是将尸体用布帛或草席包裹下葬的。死者生前所用的、喜用的物品都要跟死者埋葬在一起。如生前的爱犬,也要击毙以殉葬。还要把稻谷和小米各一把,撒放在死者头旁。

6. 葬后

将死者埋葬后,要洗手,用水拍头,然后从燃烧的稻草堆中跳过去,才能进入屋内,以示驱除鬼魂附体。进入屋内,由巫婆为参加丧礼的人举行洗礼、驱邪仪式,需要用槟榔、年糕敬祀。葬礼完成后,丧家以铁器一件(如铁钉等)赠送给每一位送葬者,作为谢礼。参加抬尸的,另外各送一件衣服。礼物都不能在当时带走,暂放在丧家门口,以后来取或放弃。亲友们为使未亡人节哀起见,有的居住在丧家达一个月左右才走。丧家一个月内不能穿彩色的服装,否则视为不孝会遭雷打。

(二)泰雅人

泰雅人将人的死亡分为善终和恶死两类。自然衰老或者老病在家中者,临终时有亲属在旁边抚摸右手和双目的,为善终;凡是因为意外事件,如战死、被动物咬死、溺死、跌死、被害、自杀、难产而死等,是恶死。不同的死因,其安葬习俗也不一样。

1. 恶死

对恶死者,泰雅人要分不同的死因进行安葬。

(1)战死

战死是指族人在出草或在与其他族群交战中死亡的。族人战死时,如果尸体让敌人夺去,是莫大的耻辱,因而族人会尽力抢回尸体。但抢回的尸体并不带回安葬,而是在山林中找一个隐蔽的地方,用死者的雨衣盖住尸体,再在上面覆盖树枝并用石头压住,以免尸体被野兽啃噬。在以后的行走中,要避免从该处走过。

(2)横死

凡是自杀、他杀、误杀、难产、溺死、摔死或老人临终时无人看顾的,都属于横死的范畴。根据死亡之地不同,对横死者的安葬习俗有所不同。对于横死在外的族人,尸体要就地挖坑掩埋,覆盖上泥土后,上面压上石头,以防野兽啃噬。在古代,如果有人横死在部落中,常常会导致整个部落搬迁;如果有人横死在室内,族人则会从外面把门锁住,舍弃室内的一切物品而举家迁移。近代则是在一周之内携带物品迁徙他处。如今,大多举行安葬仪式进行安葬。溺死的通常都是将之打捞出来后在岸边安葬。上吊的人,有的部落会任其尸体腐烂而不予安葬。老人断气时如果没有旁人在身旁,在泰雅人看来是很不吉利的,一般情况下是马上请巫师禳祓。如果死者无法瞑目,且眼白外露,则表示其家将继续有人死亡①。

在泰雅人的传统习俗里,恶死是非常不吉利的事情,并且认为接触死者的人会遭到厄运。恶死者的埋葬处及弃屋,都是族人的禁忌之地,会在其附近插荻草做标志而禁止人们踏入。恶死者的灵魂也不能归到祖灵的境界,在其丧葬仪式完成后,要请巫师作祓祭,以驱除恶灵。不论死者生前如何善良,只要是恶死,就得不到正常死亡者的待遇。

2. 善终

对于善终之人的安葬习俗,泰雅人比较讲究,有一整套的规矩可循。

(1)临终

在快要死亡或病得很严重时,要通知亲友前来探望。弥留之际,亲属要在一旁守候,抚摸其右手及双目。不能肯定是否已经死亡的,要立刻去请巫师来招魂,作法把死者的灵魂请回来;如果作法无效,则请巫师另外作

---

①　陈小艳.台湾少数民族——泰雅[M].北京:台海出版社,2008:176.

法,祈求鬼神善待死者灵魂,引领死者的灵魂到达祖先的灵界。家里的狗要立即拴起来,防止它去抓闻尸体。若尸体不幸被狗碰到,该狗要立即被捕杀。

(2)洗沐、更衣、收殓

断气后,男的由妻子或儿子、女的由丈夫或女儿,为他(她)洗身、梳发、洗面等。之后,换上生前的盛装,戴上首饰、耳环、臂饰等,然后在地上摆一块方布,将遗体从床上移到地上做蹲坐的姿势,两膝屈收到胸前,两臂放在膝盖上或是交置于胸前,头要抬起平视。否则,会让死灵生气而给家人带来灾难。再由子女或近亲用布毯将之包裹,用带子绑紧,布毯四角结于头后,把头露在外面,使之安坐在地上[①]。

(3)守灵、挖墓、安葬、

收殓好后,必须等所有的血亲都到达后才可下葬,不过最多也只能等两天,否则会很不吉利。待葬时丧者家属在尸旁守灵。入土时间以白天为佳,动手挖墓坑及埋葬的人,有的是男性近亲,有的是送葬中的年轻人。墓坑要挖在室内死者的床底下,挖得很深,以防止尸臭溢出或者家狗来扒。挖时,要先把床拆掉,挖完后要将衣服丢弃。要先在墓坑下铺石板,再将死者放入墓坑里,安放的形状如初生的婴儿,脸部朝向河岸,寓意人类来自自然,最终归于自然。接着放进陪葬品,男人用帕、弓、箭、刀、烟斗等,女人用背筐装麻布、手锹、梳子、小刀、金饰等,有的不用死者的物品进行陪葬,而是在死者的墓穴里埋下饭菜。之后,往死者身上覆盖土砂并瓷实。埋好后,负责埋葬的人要打穿墙壁或从屋顶出来。出来时,要把埋葬时剩余的泥土、挖墓穴用的工具以及那些没有用于陪葬的死者的遗留物带出来,丢弃在族人共同遗弃死者遗留物的地方,再到溪流中洗净身体。然后又从先前打穿的墙壁或屋顶进入室内,穿上衣服,把打穿的地方修补好。如果是从窗户或门出去的,一定要把门窗关好,否则死者的灵魂会回来作祟。

泰雅人的室内安葬习俗,一直流传到日本殖民统治时期。那时开始设立公共墓地,泰雅人用麻袋装着尸体,将其抬到公共墓地埋葬。年长的子孙要跟在尸袋的后面一路抛撒炭灰。洒在地上的灰,族人不能碰触,否则会招致厄运。到达预先挖好的墓穴后,抬尸袋的人将死者放下,背向着死者用脚将泥土推入墓穴中进行埋葬[②]。

① 陈小艳.台湾少数民族——泰雅[M].北京:台海出版社,2008:177.
② 陈小艳.台湾少数民族——泰雅[M].北京:台海出版社,2008:178.

（4）守丧、送灵、除服

泰雅人根据与死者亲疏关系的不同而有不同的守丧规定。如马利巴群的丧忌时间：夫妇之间 15 天，长子或长女对父母 15 天，父母对长子或长女 15 天，父母对其他子女 8 天，父母对已婚嫁子女 3 天，同父母兄弟之间 7～8 天，双系直系血亲间的丧忌 1 天，同族世系群内 1 天，同部落邻人之间 1 天。不同部落守丧的时间长短不相同，有的长达一个月。但对于婴儿的夭折，都只是由父亲把婴儿安葬在床下即可，不要守丧。在守丧期间，家人不得离开屋子，不能梳洗，并要穿着破烂的衣服，不可参加祭仪饮宴，一切饮食所需由近亲邻人提供。

在丧事完毕后半个月或一个月，要举行送灵除服祭。祭前要酿酒做糕，由死者家的家长或者死者配偶拿着酒和糕到野外呼喊死者的亡灵，把死者的灵魂送往灵乡。之后，邀请亲友一同到家里喝酒，此后恢复正常的作息生活。

如果部落中一段时间连续死亡多人，部落就要搬迁到新的地方居住。同样的，如果一家中连续死亡多人，也要迁居到新的地方。

（三）排湾人

排湾人与泰雅人一样，也将死亡分为善终与恶死两种。不同的死因，其丧葬习俗也不一样。

1. 恶死

恶死者分成两类情况进行处理。

（1）意外死亡

尸体不可进入部落内，必须由头目派人在部落的边界用毛毯包裹尸体，直接运到部落外专为埋葬意外死亡者的墓地里埋葬。葬后，女巫师要先行卜问，问死者亡灵，看他希望由哪一位男子来替他安置石头祭坛上的灵位。女巫师一边旋转葫芦上的神珠，一边念着经语和人名，等到珠子停止转动时，人选就定了下来。

次日，男人们从发生意外的地点带回泥土和三个石头，由女巫师念经将死者的灵魂迁至一个选定的僻静处，竖立三块石头作为祭坛，象征死者的灵位，让路过的人祭拜，以避免冒犯亡灵。如是溺死的，则由女巫师带着祭品和佩带长刀的男祭司一起到河边死亡的地点做祭。女巫师一边念经、一边就被亡灵附身，呈现死者生前被淹死的动作，在旁的男祭司火速将她救起，并请求亡灵离开。之后的祭仪和善终者基本相同①。

（2）过失致死

自杀、他杀、难产等过失致死的,女巫师不能干涉,任由家属独自处理,其他人也不能协助。自杀的,必须在部落及各处土地的守护神坛进行洁净礼,祭仪中使用的猪肉也比一般的多,并在祭仪之后由头目分配,将之视为对死者家属的一种惩罚;凶杀和误杀等,其惩治办法由头目依具体情况作决定;难产的妇女,若婴儿已脱离母体则较不严重,仍可以一般室内葬的方式来处理。但如果婴儿没有离开母体,其尸体则被比喻成"粉状的小米糠",完全被视为废物而遭厌弃。家人要完全抛弃房屋,所有室内的东西都不能带走。

2. 善终

（1）临终

将断气时,家人上前拥抱其身体,并以左手紧握死者右手,以右手抚摸死者的手掌心三次之后,压在自己的胸膛,祈求将垂死者的智慧能力转移到自己身上。

（2）洗沐、更衣、收殓

断气后,将遗体放在地板的月桃席上,面向门口,由其家人和近亲（第二代内）为其梳洗、换衣,并穿上许多层衣服,盛装得像要出发远行的样子,还配上随身携带的用具,并让死者手中握住三片祭肉:一片祭死者父母兄弟、一片供同行者食用、一片供死者自己食用。接着,将遗体摆成蹲坐姿,由死者的男性近亲以白麻布、白棉布等长布条将尸体捆绑,停放在屋内主柱下。

（3）报丧、奔丧、守灵

将死者遗体处理好后,家属才可以大哭并向亲友们报丧。丧家门口竖起竹枝表示丧忌,并由家族近亲青年奔走全村告知此消息。亲友们闻讯即穿丧服赶来奔丧,依次哭泣并对死者说话。妇女们以手巾掩面,并触摸死者右肩表示惜别。死亡当天晚上如果没有下葬,部落的人都会来彻夜守灵。死者原家老大、父母辈原家老大以及祖父母辈的原家老大都要在屋内陪伴死者,其余部落的人在屋外守灵,依照年龄、性别、地位而形成一个个小团体。

（4）安葬

旧时,若行室内葬（即葬在死者家屋内客厅的地板下）,要等到家族亲友

---

① 顾扬.台湾少数民族——排湾[M].北京:台海出版社,2008:160.

会集时才下葬,因此常常推迟到死亡隔日的下午埋葬。排湾人对其死后的归处通常有"回到原家埋葬"的理想,即回到原来出生的家和兄弟姊妹葬在一起。而对于结婚后分出去的弟、妹,原家会欢迎他们回来埋葬。但死者的配偶或小孩可能希望死者在分家埋葬,因此如果双方无法达成协议,就可能发生抢埋尸体的纷争。

要挖好墓穴下葬前,由家族中一人对死者做告别式,对尸体投以祭肉,并说"你前去不要把田地之好运、山之好运带走,祈求把好运和幸福留在这里吧!"或说"你去吧!不要把病痛留下!"由死者的兄弟或儿子跳下墓穴接尸体,让其蹲踞面向东而坐①。

陪葬品是死者生前常用的物品,如女子首饰或男子配刀,只有头目或有财产的长嗣才可以佩带琉璃珠、戒指等珍贵的饰物。葬好后众人向死者告别:"此后你永远离开我们吧!你不可以再回世间!请你多多保佑我们幸福!"

若行室外葬,全部落的人都会来送葬。巫师到达墓地,在尸体入墓穴和墓穴封好时都会用祭叶和猪骨献祭,希望死者的灵魂能够旅程平安,顺利到达冥界祖先处。大家回部落时,巫师赶在最前面,在部落入口处安置两端打结的茅草,上置猪骨并点酒祈祷亡灵不要再跟随生者进入部落。众人一一跨过茅草并回头吐一口口水。等死者家人及埋尸体的人回家,巫师便为他们做驱逐污秽的洁净礼,让他们以加了骨粉的水洗手,并将秽水泼洒于门外。死者家人进入家中,捡出地灶中剩余灰烬抛弃到室外,再由男性家长以火石发新火。接着,丧家宴谢前来帮忙的亲友,将吊唁者送来的食物、酒及奠仪按辈分分配。

(5)葬后

葬后次日即第一日为不吉之日,全部落的人要哀悼亡魂。第二日,巫师为负责搬尸体的死者家属行洁净及增强灵力的祭仪,让他们的精神复苏;然后巫师将属于死者的日用品、粮食及家中的财产以祭祀的小刀象征性地刮下一点,盛放在祭品中包好,派两个男子送到墓地附近专门堆放送给死者财物的地方。第三日,亲戚们陪同死者家人到墓地去追悼和献祭。从墓地回来后,再到死者生前最后耕作过的耕地行追悼礼,称赞死者生前工作的努力。自耕地回来后,还要到死者父母方的老大家哀悼。外村亲戚会邀请死者家人到家中坐,以安慰死者家人的悲伤和哀痛。第五日,举行丧礼结束的

① 顾扬.台湾少数民族——排湾[M].北京:台海出版社,2008:159.

祭仪。巫师为死者家屋和家人做洁净除秽,招引好运到屋内祭坛,并为死者家人做增加灵力的仪式。丧家要杀猪宴请亲友和部落的人。至此,女巫师在丧礼中的基本职责完全结束,死者也与生者脱离了关系。约在死者下葬后一个月左右举行分财产仪式,家属要把死者生前所使用的物品分给亲戚们做纪念,并将死者遗留下来的粮食酿成小米酒,让亲友们最后一次为死者聚会和追悼。

（四）布农人

布农人也将死亡分为恶死与善终,二者的丧葬习俗也不一样。恶死者由最先发现者就地掩埋,不举行任何仪式。善终者的埋葬方式是坐葬,即让死者以坐姿的方式下葬。与阿美和排湾人一样,实行屋内葬法,即将死者埋葬在自己家中。当家中有人死亡时,便在屋内依死者身体大小挖一四方形且深约四米的墓穴。葬礼在白天举行,同氏族的人们都要前来参加葬礼。在卡社群,去的人每人均须带一殉葬物去参加埋葬,并留在丧家帮忙做挖墓穴等丧事工作。下葬时,死者的头部面向西边日落的方向,其生前所用的衣物器具也要随之陪葬。下葬后,在墓穴上盖上石板。死者家属静居家中六天以志哀,若有事须外出时,要以上衣盖头。六天过后,同氏族的人在家里休息一天以志哀。守丧期间死者家属不吃酒肉、不扫家屋、不洗身体,六天后解除禁忌,一切如常生活。

（五）卑南人

卑南人也有善终和恶死之分。对于善终者,传统的丧葬仪式如下：

1. 装殓

由死者家人及近亲装殓,其长女为主丧人。她在死者右手放一粒槟榔,然后手里拿着三颗琉璃珠,从头至脚抚摸尸身一遍,然后将珠子塞进一粒槟榔里,并将之留在家中,象征死者的灵魂。之后,将尸体移至室内中柱下面,将死者的上下肢弯曲在胸前,并用布绑着,背靠着中柱,接受亲友的告别悼祭。①

2. 下葬

悼祭后,在室内挖一个深度为五、六尺的墓穴。墓穴的四周立上石头,家族的长老把三粒琉璃球抛入墓穴内,然后把尸体放入墓穴。死者须头朝

① 杨洋.台湾少数民族——卑南[M].北京:台海出版社,2008:159.

西、面部向上安放,并用其衣物、饰品等陪葬。男的还要放置一把腰刀,女的放置一把锄头。接着在墓穴上盖上石板,由主丧人撒下三把土、其他近亲各撒一把土后,盖上泥土。

后来,死者逐渐移到室外安葬,现在普遍入公墓了。

3. 改火、改水

安葬后第二天,丧家请女巫到家里改火,把火塘里以前的火种扔到室外,用火石打火,重新点燃火塘;倒掉水缸里原来的水,用竹筒汲取新水到水缸里,以示开始新的生活。

4. 弃秽

改水、改火后,丧家要制作粟糕,并在室外的左角放置三块粟糕。同时将死者遗物、用过的器具放入死者生前使用过的背篓里,由主丧人丢掉,称为"弃秽"。然后在女巫的指引下,主丧人进屋做熄灯睡觉的动作,一会儿听到家人做鸡鸣的声音即作出起床的姿势。

5. 陪灵

下葬后,死者的配偶须陪灵三晚,即将床移到墓上,生者与死者反方向睡三晚。到了陪灵的最后一晚,由女巫行驱灵祭,近亲则洒水净身。

6. 田间做祭

在陪灵期满后的第二日,丧家要到田间祭祀土地神,恢复田间工作。做祭时丧家要携带水、米、炊具等到田间做饭。

7. 出猎做祭

下葬后第五天,即在田间做祭后第二天,丧家男性集体到山中狩猎,并搭建屋子,在屋子外设祭坛向山神做祭。妇女则在家做粟糕、酿酒等。

8. 别灵

下葬后第十天,在女巫的陪同下,丧家携带槟榔、料珠等到灵屋向死者做祭,称"别灵"。

9. 服丧

死者家属取下身上的装饰物,妇女还要将头巾盖在头上。服丧期的长短依据死者的年龄和与死者的亲疏关系而定。夫妻间服丧期最长为一年,一般亲属服丧期为一个月。在服丧期里,死者的配偶不能再婚,也不能化妆、打扮等。

10. 除丧

除丧祭一年有两次,可分别在猴祭和大猎祭时进行,由父母均健在的少年会所或青年会所成员到丧家除丧。之后,丧家才能参加部落里的祭仪等活动,生活一切如常。

对于恶死者,没有停尸祭告仪式。丧家要丢弃以前住过的屋子,迁移三次后才盖新屋。如果是暴死者,必须立刻装殓埋葬。葬后,女巫在丧家门口放置槟榔,死者家属跨过槟榔后一起离开,然后女巫关上屋门,单独在屋内作消除灾殃的祭仪。

(六)鲁凯人

鲁凯人也将死亡分为恶死与善终两类。因衰老或█░█自然死亡的善终者,其灵魂为善灵,反之都为恶死,其灵魂会留在人门█░丧葬仪礼差别很大。

检验员 7

1. 恶死

在外恶死者由死者父母或同行者就地草草埋葬,还要█░识别回避,有的甚至弃而不葬;妇女难产而死,由其丈夫埋葬,死者衣物及其治丧所用的物品都要丢弃;夭折的婴儿由父母埋葬,只能用特别的树叶包裹,不得有任何陪葬的东西,否则母亲会被认为将无法再怀孕。恶死者住的房子也大都废弃不用,不得不使用的也要请巫师来祛除恶气,同聚落的人经过丧宅时往往会绕道而行①。

2. 善终

(1)入殓、报丧、吊丧

人死后由近亲为死者梳头换衣服,男女都在头上戴花环插羽毛,然后将尸体移到地上,曲折尸体的上下肢,绑在胸前,使尸体形成蹲踞状,用裹尸布来包尸,使他露出头部,再放在中柱下或石板上,以供人吊祭。丧家要在门口竖立一要竹枝表示丧忌。族中青年向亲友报丧,亲友知情后,就到丧家来吊丧,碰触死者右边,向死者话别,颂扬死者生前功德及慰问丧属②。

(2)下葬、陪葬、服丧

鲁凯人善终者主要为室内葬,埋葬的方式为曲肢葬。用白麻布包裹尸体,仅留头和右手在包裹外。人死后马上开始挖掘墓穴,即使是午夜也要进行。要先揭开室内地上的石板,挖好墓穴,等亲友前来吊丧后即由死者兄弟以内的近亲移尸放置于墓穴内,将尸身横置,面向东,埋葬者握住死者的右

①　高伟.台湾少数民族——鲁凯[M].北京:台海出版社,2008:91.
②　高伟.台湾少数民族——鲁凯[M].北京:台海出版社,2008:94.

手祷告。之后,覆土与盖上石板,将空隙填紧,上铺草席,由安葬者睡在上面20 天。这种丧葬方式寓意着,死者距生者只有一石板之隔,死者能感知生者的活动。同时,将死亡的家人葬于家屋下,可以保护家族免受外来欺侮,也可使之免除葬在野外受日晒雨淋风霜之苦。

埋葬的墓穴一般是同一家族的人墓穴相连,一人一穴。死者下葬时,墓穴里要放置新的月桃席和被褥,让死者使用,死者生前使用的工具也要随葬。如果是丈夫死,妻子要取下头上的百合花陪葬,以示终身不再嫁的决心。百合表示贞节,是妇女高贵品格的象征。

在死者下葬之后,其配偶要守丧一年,子女为父母守丧六个月,父母为子女守丧三个月。如果是部落头目死亡,全部落人要为之服丧五至七天。守丧时要着丧服,丧服包括有复杂图案的头巾和披肩及丧棒和斗笠。守丧期间不能参加婚宴或其他祭祀礼仪,也不拜访他人,保持静默以示追念哀悼之意。

第五章
闽台传统人生礼仪中的禁忌

人的一生,从出生到死亡,短短的几十年间经常要面临着各种不可知的影响因素。怀着对美好生活的向往,人们往往用趋利避祸的言行应对可能产生的种种不利结果,因而形成许多约定俗成的言行规制和禁忌。人生礼仪中的禁忌与各种人生礼仪相伴而生,在闽台各地也呈现出各不相同的特色。

本章节主要就前述章节中没有提到的禁忌进行介绍。

第一节　闽台汉族传统人生礼仪中的禁忌

一、婚嫁禁忌

(一)婚嫁年龄

闽台各地的男女年龄普遍以相差三、六岁为结婚禁忌,俗信三岁偏冲、六岁正冲,若结合在一起,婚后诸事将可能不谐。在闽东信仰临水夫人的许多地方,女子不可于 18 岁和 24 岁出嫁,是因为陈靖姑 18 岁出嫁、24 岁升天之故;漳州长泰,男 25 岁不娶(25 岁是本命年),女 19 岁不嫁;平和,男女双方年龄合起来 50 岁暂不成亲(50 为百之半,意为会做半路夫妻)。

(二)结婚时间

结婚时间上闽台各地择日时都忌农历单日,且在月份的选择上,一般不挑农历四、五、六、七月,"四""五"在各地方言中与"死""误"谐音;六月是一年一半,有夫妻不到头之讳;七月为鬼月,会娶鬼妻,不吉。在云霄,除上述月份外,还忌正月(因方言"正"与妖精的"精"同音,平和亦是)、三月(清明通常在此月,是祭亡灵的月份)和九月(方言"九"与"狗"同音)。在永定,农历逢七、八的日子不相亲;长汀,农历年无立春节气为"瞎目年",不宜结婚,等。

(三)属相五行

闽台各地大都在婚前有合婚、排算生辰八字的环节,因此对男女属相和五行非常讲究。生肖和五行相克的,婚事皆不可续谈。许多地方尤其是福州各县区有"白马畏青牛""猪猴不到头""龙虎两相斗"之说,即属马与属牛、属猪与属猴、属龙与属虎的不能结合;在闽南和闽西等地还有属猪的不能和属虎结婚的说法,认为虎会吃掉猪,从而克死夫妻其中的一方;在马尾,妇女忌属羊,俗信"肖羊"的女子将来必克夫而守寡。因而在生辰八字上要把上半年出生的改为肖马,下半年的改为属猴以避嫌。另外,在五行忌讳上,多数地方如土克水、水克火、火克金、金克木、木克土都不宜婚配。

(四)血缘姓氏

受"同姓不蕃"观念的影响,旧时闽台许多地方不仅禁止直系血缘"五服"以内的男女结婚,甚至出了"五服"外,只要同姓就不可通婚。有的在历史上祖先互为仇家或其他原因,其子孙后代通常也忌与仇姓通婚,如姓岳的忌和姓秦的结婚。在永定有林、翁两家忌通婚之俗。相传两姓后代曾同时携带祖先骨灰还乡巧遇于客栈,因双方骨灰混在一起无法辨认分开,只得各取一半带回故土埋葬。从此,为避免同宗联婚之嫌即互不通婚。

(五)其他情况

1.忌喜丧相值

闽台各地结婚都忌遇出殡。如遇上了,喜事一方要摔掉东西以禳解。如在平潭,轿子到夫家路上如遇到出殡队伍、寡妇或孕妇,新娘需马上捏破衣袋中预先放的桂圆干,以趋吉避凶;许多地方,如仙游,在新婚前后当事人及其亲属都忌参与丧葬礼仪。俗信红白会相克,不利喜家。

2.忌双喜对冲

在闽南许多地方,如南安、同安,同一个月里结婚或生育,或一方结婚、一方生育,都不互祝贺和探访。云霄,一个家庭一年中不能办两件大的喜事,认为会"喜事相冲",遇到不可避免情况时(如结婚与生孩子在同一年),

要想办法增加一喜,俗称"三打散";且在办喜事后,四个月内不能参与别人的红白事活动。长汀,同一大门出入的,一年内不能两次嫁娶,可一嫁一娶,但须先嫁后娶。

3. 忌孕寡入洞房

各地普遍以孕妇为有喜之身,而将寡妇视为不吉之人,因此不论从喜冲喜和喜丧相冲的角度,这两种人都忌讳在别人新婚时进洞房。在龙海,孕妇严格忌入未满四个月的洞房。

此外,在上杭,新娘入门时,忌见屋内有竹杈、木马、木梯、笼、磨等物。除生肖相冲及寡妇回避外,再婚和三四十岁以上未生育的妇女都要回避。在平潭,举行婚礼时,新郎、新娘之间忌有狗或小孩从中穿越,俗信会"冲",引起日后夫妻不和。且凡新娘所接触的地方忌放五辛蔬菜,因"葱"与"冲"、"蒜"与"丧"谐音。还有,各地都禁忌别人带雨伞入洞房,"伞"与"散"方言谐音;禁女儿、女婿在娘家同床,俗信会坏了娘家的风水。在闽清,夫妇也忌在亲友家留宿同房。武平,忌将衣服借他人做嫁衣,旧谚有"宁借给死人妆殓,不借与新人妆嫁"。

二、生养禁忌

(一)生育禁忌

从怀胎到产后各地都有一系列禁忌。各地孕妇大都有不可看戏、不吃兔肉和狗肉、不在卧室里钉钉子和搬移物件、不可在娘家或别人家生产的禁忌;生育后的月子里,都有外人不可进月子房、产妇不可碰冷水和洗头、洗澡、吹风、食生冷食物等禁忌。如:

蕉城,孕期忌看戏,怕胎儿会给戏中人换掉,变成红脸、黑脸;忌观看裁缝裁剪衣服,怕胎儿会缺嘴(兔唇);忌到宫庙烧香拜佛,怕会生怪胎;忌至葡萄树下游玩,怕生葡萄胎;忌与丧葬事情接触,怕"凶冲喜";忌应酬、酗酒、相争、相打,怕对胎儿不利;忌夜间外出、出门远行,怕遇冲煞等。产后"坐月里",不论寒暑,忌坦胸露首,要用布把头部包起,用"红兜肚"把肚脐盖严,即是夏天也忌打扇;忌外人(乞丐)高声叫喊,或在产房附近劈柴、打闹、随便进入产房等。

鼓楼和马尾,孕妇不能动用剪刀、针线,更不捆绑、穿刺、切割等,以免伤害胎儿;不看戏,尤其是不能看傀儡戏;忌出入寺庙观看僧道的佛事活动,以及其他迎神赛会和丧事等,以防"煞神"伤及胎儿;夜间不出门,以防凶神恶煞感应胎儿或投换怪胎。分娩时,胎盘及其他污物要埋入地下,以免亵渎神明。坐月子时,属虎的及着丧服的不能入房,以防冲克,更忌带雨伞进房,以防恶死的产妇鬼"找替身";忌孕妇和外人进入月子房;忌带金属器进房,以防"踩断"或"带走"母乳。产妇出院时,在担架床上要盖蓑衣避邪。赞婴儿忌说"胖"等。

晋江和安溪,孕妇忌看做(砌)灶。灶未砌好,灶口缺上沿,怕感应生兔唇儿;问新生儿出生日子称"旦"不称"日"(只有问丧事才称"几日");赞人婴儿长得好,不说"肥"(胖),忌折福损寿;忌和另一孕妇同坐一条椅子和同一床沿,怕被换胎(闽南各地大多有此俗);忌看提线木偶戏和马戏或猴戏,怕生怪胎;忌吃鸡爪,怕会生下手脚卷曲的孩子;忌吃兔肉、吃麻雀(俗信孩子长大了会好淫)和姜母(怕生畸指儿);忌参加红白喜事、跨牛绳;进入月子房的人一个月之内不得到神庙等。

长汀,俗称孕妇为"四眼妇娘",小孩尤其是婴儿忌被"四眼布娘"看见,更不能让她抚摸怀抱;忌食兔肉、狗肉;不宜去墓地,不跨井桶索,以免难产等。

大田,孕妇忌看傀儡戏(怕生的孩子会哑巴、软骨);忌跨牛绳(怕延长孕期);忌看棺木、参加丧礼(怕婴儿会百日啼);忌抱别人的幼儿(怕幼儿受惊);忌吃兔头(怕生缺嘴子)等。忌在娘家生产(怕会带走娘家福运,使娘家衰败)。产房一个月内禁外人进入(忌血光秽气,不洁)。月内忌冷水洗涤(怕患月内风痛)。婴儿"落地时"忌人知(防人做扣)。赞婴儿忌说"肥""重"(怕折福损寿)。婴儿忌入宫庙(因魂魄不全,怕见鬼神)。婴儿面前忌说"猴"字(怕患"猴损",发育不良)。忌抱婴儿参加丧事等。

台湾的闽南人普遍存在以下的孕期禁忌①:

(1)不可拍孕妇的肩膀,以免造成流产。

(2)孕妇忌看布袋戏,以免生出无肝肺内脏的孩子的;忌看傀儡戏,以免生出无骨或软骨病的孩子。

(3)孕妇忌看月食、月晕(白虹),以免贫血、流产或生下残障的孩子。

(4)孕妇忌在室内捆绑东西,否则会产下十指不全或手脚弯曲的孩子,或是脐带缠在胎儿脖子上。

---

① 李秀娥.台湾的生命礼仪(汉人篇)[M].台湾:远足文化事业股份有限公司,2008:23~24.

（5）忌在孕妇卧室里钉钉子，墙壁、家具、门窗不可随意钉钉子，以免伤到胎神，使孩子成为死胎生残障。

（6）孕妇忌动剪刀、针线、锥子，以免伤到胎神，生下无耳朵、兔唇或瞎眼的孩子。

（7）孕妇忌跨过牛绳，否则会像牛一样怀胎 12 个月，有难产之兆；忌跨过磅秤，因其 16 两为一斤，会让孕妇怀孕 16 个月。

（8）孕妇忌接触喜丧之事，前者会"喜冲喜"，后者会"凶冲喜"，皆不利于胎儿。

（9）孕妇不可接触孕妇和产妇，有喜冲喜之忌，尤其前者还会将肚子里的胎儿相换。

（10）孕妇忌手臂上举，怕腹中胎儿本含着的奶头（奶筋）脱落，导致死胎或流产。

（11）孕妇忌吃烧烤类食物，以免生下有痣、胎印（紫斑）的小孩子；忌吃螃蟹，怕将来胎儿横生，导致难产。

（12）孕妇忌晚归或露宿室外，前者怕遇黑虎神、白虎神或其他邪祟的煞气，伤了胎儿；后者因夜间有雾气，会"误"了胎儿。

（二）成长禁忌

各地大都有不让儿童吃鱼卵的禁忌，其原因有两种代表性的说法：闽东的鼓楼和马尾等地，民间认为吃一口鱼卵就是吃大量的鱼，超过小孩福分，可能导致夭折；闽南的南安和同安等地则俗信因鱼子成团，难以计数，会导致小孩长大后不会数数。此外，小孩也不能用手指月亮，各地普遍认为月亮是太阴娘娘，手指对其不敬，会被割耳朵等。其他的如：

鼓楼和马尾，忌小孩 8 岁入学读书，有"七上八下"之说；忌小孩在屋里打伞，怕小孩会长不高；忌小孩入睡后在其脸上涂抹，怕灵魂归来时认不得自身而长睡。

罗源，赞扬小孩长得聪明、肥胖、可爱，要说"长得瘦""长得坏（呆）"。每逢日辰属丁，忌让孩子理发，因"丁""疗"谐音，怕理了发头上长疗疮。

同安和南安，儿童忌食鸡爪，怕写字手抖。

龙海，忌小孩吃老母鸡肉，特别是鸡尾椎。说是吃了会多病，不聪明，皮肤会变粗；小孩掉牙，忌乱扔，要立正，上齿丢床下，下齿扔屋顶，俗信牙齿才会长得整齐。

平和,县西部忌"四",因"四"与"死"谐音。如果小孩四岁,就说"两双岁"。新生婴儿未满月,忌见戴孝的人、病人、孤寡、陌生人、新娘、孕妇。孩子忌食鸡、鸭、鹅的肠,也不吃脚尖。

永定,与罗源一样,忌让小孩丁日理发;孩童四岁,与平和一样要说"两双岁"。

长汀,小孩生病忌说病字,改说"做狗"或"冻感"(莆田和仙游说"怀好");农历年无立春节气为"瞎目年",不宜上学,要上学(指开蒙、俗称"破学")者应在前一年提前去孔庙拜孔夫子。

三、丧葬禁忌

闽台各地普遍忌讳说"死"字,老人去世通常说"百岁""老了""过后",小孩或年轻人死了说"走了";亲人哭泣时,大多忌将泪水滴在尸体上或棺材里,俗信会让死者的魂灵不安,舍不得离去而作祟于生人;守灵时,都有不能让猫接近或跨过尸体的禁忌,民间以为死者会起身抓人;到丧家的人,当天不得再到别人家;孝眷服孝期间,尤其是穿丧服不得进入别人家等。其他的如:

马尾,"发引"用的布,不能用尺量,要以筷子计长,亦要量奇数。停棺在家时,不得掀动杵臼、石磨等。遗体未入殓遇到打雷时,要撑支雨伞遮住死者头部,或取黄泥撒于死者身上,表示已入土。戴孝之人忌打扮,更不能穿红戴花。子女挂孝穿的素服,不能在七旬内洗涤。死者所有寿衣不能有带子和口袋,袋与代谐音,意不能让后代被死者"带"去。出殡队伍遇另一家丧事,要避过或暂停前进。

罗源,老人死人,应说"百岁""万寿""过身";青年人或小孩死了,说"走了""无命在"等。棺材板或灵柩,分别称"寿部""柴"。

永定,丧家用餐,桌面上的盘碗不宜层叠,忌防丧事层出不尽。

大田,忌说"死",而说"走了""百年""过身";忌说"棺材",而说"老寿""寿器";魂杆忌砍多根,只能砍一根;送丧礼忌用红纸包帖,只能用黄纸;参加吊唁的亲戚忌串门;孝男忌在大厅同亲友一起就餐,忌坐桌吃饭;忌重丧日(春为甲、乙、戊,夏为丙、丁、己,秋为庚、辛、戊,冬为壬、癸、己)、三丧日(春辰、夏末、秋戌、冬丑)及己亥日安葬;亲友来吊丧,要回归时,孝家忌说"再来";忌与和尚、道士告辞,忌说"再来";丧家忌春节贴春联、放鞭炮等。

第二节　闽台少数民族人生礼仪中的禁忌

一、福建少数民族人生礼仪中的禁忌

福建少数民族人生礼仪中的禁忌与人生礼仪的其他方面一样,受到汉族的影响巨大,至今已基本上没有多少本民族的特色。如闽东宁德地区的畲族,女子忌 18 岁出嫁;结婚日公婆忌与新娘相见,要"避冲";孕妇卧房忌钉钉子或乱翻动,忌去看或参与红白喜事,忌看戏,忌跨牛绳、扁担、犁耙,忌吃田螺、兔肉、牛肉和野兽肉;未满月的婴儿忌见生人,等等,与周边汉族的禁忌并无二致。能够算得上有民族特色的禁忌,寥寥无几,如:

(一) 畲族

(1)结婚日忌点在"香火堂"上的一对花烛熄灭,否则婚后夫妻会不和睦。

(2)新娘第一次回娘家住宿天数忌单数,俗信夫妻会不成双。

(3)孕妇忌摘水果,据说摘了果树会不结果。

(4)整个月子内,产妇忌吃鸭子、鸭蛋,因为有"七月半鸭不知死期"之说。

(5)小孩麻疹后数十天忌吃芥菜。

(6)孝眷忌与死者生肖相冲。若死者为子年出生的,其子、媳、女为午年出生的,后者不可为前者送葬,因"子午相冲,金木相克";出殡时,忌棺材碰触门框,会导致亡魂不离家而不安宁。

(二) 满族

正月十五日晚上,嫁出的女儿如回娘家看灯,会导致其父不吉。

婴儿头要睡成扁形,尤其女孩,若枕骨部位没有睡扁,会被视为"丑姑"。

二、台湾少数民族人生礼仪中的禁忌

台湾少数民族人生礼仪中的禁忌与汉族传统人生礼仪中的禁忌具有许多相同之处,如婚嫁礼仪中近亲不婚、同氏族(即同性)不婚、仇敌不婚,生养

礼仪中孕妇不参加丧事、祭仪,丧葬礼仪中家属在服丧期内不喝酒、不娱乐、不盛装,等等。也有一些独具民族特色的禁忌,如忌生双胞胎等,具体如:

（一）阿美人

生育时忌丈夫去看;忌生双胞胎,但不杀婴,经常留下一婴,另一婴送亲友养育;难产与倒生为不吉利,要立即招请巫师祓禳。

参加"成年祭"时,在部落祭日决定后,"预备入新级者要开始禁忌训练,开始食物禁忌、禁食,每日只在半夜进食一次,社中普通禁食鱼、鸟、虫、兽肉。"①并且不得回家睡觉,禁与女人交谈,不触妇人用具、渔具。

（二）泰雅人

具有父系四世代(兄妹、堂兄妹、再堂兄妹和族堂兄妹)不婚,母系三世代(兄妹、表兄妹、再表兄妹)不婚,四世代、三世代后的亲戚关系,要经过禳被仪式破除后才可结婚。邻家不婚,同部落可婚,但如果没有隔一小山丘或小溪以上的两家即使没有任何亲戚关系也禁止结婚。破解之法就是其中一家搬走,两家隔开。此禁忌大概源于两亲家距离太近,容易因各种琐事产生冲突。敌族不婚,男女两族如有亲人被对方族人加害,即使在和解之后,也要再相隔数年才可通婚。否则,双方都要受家族的重罚。

孕妇忌吃野兽的血和内脏,否则可能会难产;忌生吃果实,可能会生双胞胎而增加生产的难度;在外活动忌听凶兆的鸟叫,听到了就要马上回家,以免在外生产或发生不测而导致流产;忌与不孕或曾有过难产、流产经历的妇女交换、借贷物品;忌接近尸体及到有丧事的人家中去。

产妇忌在露天生产,否则会招来暴风雨;生产时忌被接生婆以外的人看到,否则会难产;产后的血污忌由他人帮忙处理,俗信婴儿会发育不良;婴儿脐带未脱落前,家人忌外出打猎,否则会一无所获,而且还会有人受伤。忌生双胞胎,"双胞胎被视为不吉利的,在泽敖列群通常会活埋一个婴儿。在赛考列克群与赛德克人的传统中,如果双胞胎是同性的,则可以养育;若是一男一女,则留养男婴而窒杀女婴"②。

婴儿忌用父母或兄弟姐妹的名字命名;忌用亲族的名字、人体部位的名称、数词和表示男女关系方面的词语命名;忌用与犯罪有关的词语和表示疾

① 许玉香.台湾少数民族——阿美[M].北京:台海出版社,2008:138.
② 陈小艳.台湾少数民族——泰雅[M]. 北京:台海出版社,2008:170.

病、贫穷、愚蠢、笨拙等意思的词语，及不吉利动物的名称、污秽之物的词语命名，也忌用上述词语称呼族人。

亲友不能不去奔丧；亲友来吊祭，忌给吃隔夜饭菜，否则会遭到鬼魂谴责而生大病。

（三）排湾人

忌生畸形儿与双胞胎，以为受到神的责罚或恶灵的作祟、畜生的投胎，是一家最大的不祥。因此，畸形儿生下即埋，并请女巫禳灾；双胞胎或养一杀一或两并杀。

（四）布农人

忌转房婚，甚至堂兄死后，堂弟也不能继娶堂嫂；忌同胞姐妹一起嫁给同胞兄弟。

妇女怀孕后，夫妇均忌杀生、饮兽血、食死物和食猿、熊、豹等兽肉；家中有人出生，忌出外狩猎；忌生双胞胎、畸形儿或双脚先出来的婴儿，若生了要立刻杀死；外人不得进入产妇的住屋，如果硬要进入，必须跨过门口摆放的火堆才能进去。如此恶魔因见火而不敢入内，加害母子；外人也不能吃产妇家的食物，更不能用该家的火种点火吸烟，否则，婴儿会病死。产妇在三个月之内，禁食芋头、糯米、地瓜、青菜等食物，否则婴儿将会终年受疾病的干扰，并且长不大。

丧葬期间，禁止吹奏任何乐器。

（五）卑南人

孕妇忌参加缝纫、行房事；忌食死动物及动物内脏；在婴儿脐带脱落前，产妇忌和婴儿住在一起和共用水火。

除长辈对晚辈外，称呼对方忌称呼其本名。

（六）鲁凯人

两家之间若曾有通奸之事，不能通婚。

妇女怀孕后，夫妻不能参加战争、狩猎等；不采有蔓藤的木材；不吃鸡及猎物，尤其是熊与猴；不能搓麻线；不能与别人共用刀具。此外，孕妇还忌用有缺口的餐具，忌吃畸形的水果。

在举行"出生祭"之前,产妇不能吃干饭,不能从事清洁工作,不得和婴儿外出。

婴儿取名忌用父兄或母姐的名字。

在守丧期间,忌渔猎、饮酒、唱歌、高声谈笑、穿盛装;忌触生麻、缝织、梳洗、吃鱼肉,等。

附录 1

人生礼仪被调查人信息表

序号	姓名	性别	年龄	职业	文化程度	地址	备注
1	陈梁娥	女	65	农民	文盲	厦门市翔安区内厝镇莲前村	
2	陈 科	男	77	农民	小学	厦门市翔安区新圩镇东寮村顶乡北一里	
3	蔡 碧	女	50	农民	小学	厦门市翔安区新圩镇东寮村顶乡四组	
4	杜建守	男	51	工人	大专	厦门市集美区杏滨街道西滨村	
5	庄作仁	男	55	农民	初中	厦门市集美区后溪镇何山埔	道士
6	李老猪	男	85	农民	小学	厦门市集美区后溪镇英村	土公
7	汪信明	男	78	农民	小学	厦门市集美区后溪镇英村老年人协会	会长
8							
9	林秀珍	女	52	农民	小学	漳州市长泰县经济开发区积山村	职业喜娘
10	洪和碧	男	71	农民	小学	漳州市漳浦县杜浔镇正阳村	
11	邱和睦	男	78	干部	中专	漳州市漳浦县杜浔镇文卿村	退休
12	卢国宾	男	47	农民	初中	漳州市漳浦县杜浔镇范阳村	
13	李建龙	男	44	教师	本科	龙岩市永定县湖坑镇洪坑村	
14	高武州	男	61	农民	小学	龙岩市上杭县才溪镇下村村	
15	李建林	男	62	个体户	小学	龙岩市武平县城关	
16	彭慕亮	男	65	农民	文盲	龙岩市长汀县童坊镇彭坊村	
17	黄雄华	男	45	工人	高中	三明市将乐县白莲镇余家坪	
18	吴友欧	男	73	农民	小学	三明市将乐县白莲镇余家坪	
19	陈玉兰	女	60	手工业者	小学	三明市将乐县城关	
20	李金铭	男	78	手工业者	小学	三明市将乐县城关	
21	杨火珠	女	65	农民	小学	三明市将乐县万全乡良地村	
22	梁佑芳	男	72	农民	小学	三明市将乐县万全乡良地村	

续表

序号	姓名	性别	年龄	职业	文化程度	地址	备注
23	张淑琴	女	53	农民	小学	三明市沙县西霞乡际硋村	
24	姜阿玉	女	69	农民	小学	三明市沙县西霞乡际硋村	
25	吴先丽	女	54	农民	初中	南平市浦城县富岭镇双同村	
26	李仕银	男	54	农民	初中	南平市浦城县富岭镇双同村	
27	张金铖	男	87	农民	小学	南平市浦城县富岭镇泽潭村	
28	郑美香	女	60	农民	小学	南平市浦城县富岭镇圳边村	
29	叶灼英	女	71	农民	文盲	南平市建阳市徐市镇大阐村	
30	吴晓芳	女	50	农民	小学	南平市武夷山市镇下梅村	
31	张书岩	男	64	干部	中专	宁德市屏南县棠口乡漈头村屏南耕读文化大观园园主	退休
32	张贤读	男	75	剧团演员	小学	宁德市屏南县棠口乡漈头村	退休
33	黄布济	男	54	农民	小学	宁德市屏南县棠口乡漈头村	
34	危维笑	男	70	农民	初中	宁德市屏南县棠口乡棠口村	
35	雷有田	男	75	农民	小学	宁德市霞浦县溪南镇白露坑畲族村	
36	雷有香	女	72	农民	小学	宁德市霞浦县溪南镇白露坑畲族村	
37	黄华锋	男	54	工人	大专	莆田市涵江区黄霞村	
38	连宗华	男	72	农民	小学	莆田市仙游县盖尾镇前连村	
39	黄素英	女	83	农民	文盲	莆田市仙游县盖尾镇前连村	
40	李雨电	男	80	干部	中专	泉州市安溪县湖头镇李氏宗亲理事会	退休
41	李澄清	男	75	干部	实践	泉州市安溪县湖头镇李氏宗亲理事会	会长
42	吴致雨	男	76	教师	中专	泉州市永春县岵山镇塘溪村	退休
43	陈玉英	女	76	教师	高中	泉州市永春县岵山镇塘溪村	退休
44	陈培植	男	57	教师	大专	泉州市永春县岵山镇塘溪村	
45	董良泽	男	27	个体户	高中	泉州市石狮市永宁镇永宁村	
46	黄昭祝	男	89	教师	大学	泉州市石狮市永宁镇金埭村	退休
47	李冬青	男	72	农民	小学	泉州市南安市石井镇院前村	
48	冯兴龙	男	60	医生	大专	泉州市德化县三班镇蔡径村	
49	兰秋华	女	70	农民	文盲	泉州市德化县龙门滩镇大溪畲族村	
50	谢赐龙	男	35	教师	硕士	台湾中央大学客家学院	

附录 2

人生礼仪调查报告目录

23. 朱秀梅（统稿）：厦门集美区英村丧俗调查报告
24. 王煌彬、柯水城：集美后溪镇何山埔丧俗之"七旬"调查报告
25. 郑慰琳：厦门集美区英村丧事仪式的民俗解释
26. 郑慰琳：泉州石狮市市永宁镇永宁北门丧俗调查
27. 陈阿静：厦门翔安区内厝镇莲前村新生儿满月习俗调查报告
28. 李蓓青：泉州市安溪县龙涓乡婚俗调查报告
29. 马娜芳：厦门鼓浪屿嫁娶习俗调查

参考文献

本课题写作主要参考"福建省情网"（http：//www. fjsq. gov. cn／）上的《福建省民俗志》和以下各地的《县志》资料：

一、宁德市

1.《宁德市市志》2.《福安县志》3.《福鼎县志》4.《霞浦县志》5.《周宁县志》6.《寿宁县志》7.《古田县志》8.《柘荣县志》9.《屏南县志》

二、福州市

1.《鼓楼区志》2.《台江区志》3.《马尾区志》4.《长乐县志》5.《闽清县志》6.《闽侯县志》7.《福清县志》8.《平潭县志》9.《罗源县志》10.《永泰县志》

三、莆田市

1.《城厢区志》2.《涵江区志》3.《莆田县志》4.《仙游县志》

四、泉州市

1.《鲤城区志》2.《惠安县志》3.《晋江县志》4.《石狮市志》5.《南安县志》6.《安溪县志》7.《永春县志》8.《德化县志》

五、厦门市

1.《厦门市志》2.《同安县志》

六、漳州市

1.《芗城区志》2.《龙海县志》3.《云霄县志》4.《漳浦县志》5.《东山县志》6.《诏安县志》7.《平和县志》8.《华安县志》

七、龙岩市

1.《龙岩市志》2.《长汀县志》3.《连城县志》4.《武平县志》5.《漳平县志》6.《永定县志》

八、三明市

1.《大田县志》2.《明溪县志》3.《将乐县志》4.《泰宁县志》5.《清流县志》6.《宁化县志》7.《沙县县志》8.《建宁县志》9.《永安市志》

九、南平市

1.《光泽县志》2.《邵武县志》3.《建瓯县志》4.《建阳县志》5.《松溪县志》6.《政和县志》7.《武夷山市志》8.《蒲城县志》

后 记

当厦门市社会科学重大课题《闽台历史民俗文化遗产资源调查》的总主持人刘芝凤教授打电话给我,希望我担任《闽台传统人生礼仪习俗文化遗产资源调查》这个子课题的负责人时,我有些犹豫,担心自己难以担此重任。后来,在刘教授的热忱鼓励下,我还是比较爽快地承接下来。

2011 年 5 月,本课题正式被厦门市社科院立项,我们的田野调查工作也随之开始展开。在为期两年的时间里,我和课题组的其他老师、学生利用周末和寒暑假走访了闽东、闽北、闽西和闽南的部分市、县,采集了大量的一手资料,个中的甘苦只有亲身经历者才能深刻体会到:有下半夜走近五公里路前往观看迎娶新娘仪式的,有在出殡现场被丧家粗暴驱赶的,有为博得调查对象支持而顶着烈日帮助其收割水稻的……

随着田野调查工作的逐渐铺开,我越来越感到完成本课题任务之艰巨。首先,闽台范围广大,在应对学校繁忙的教学之余,要在两年内对所有的县、区进行系统调查是不可能完成的事;其次,人生礼仪具有可遇不可求性,每次出去调查偶遇的成分很大,尤其是丧葬;再次,近二三十年来,由于生活节奏加快和人口迁徙流动频繁,各地习俗不但趋于简化,而且呈现出不平衡的发展面貌。如甲、乙两地曾经共有某一习俗,现在甲地还保留着,乙地却已不存,当乙地被调查者凭记忆难以确定是否存在过该习俗时,甄别资料真伪的难度徒然增加;最后,在所有调查资料汇集到案头准备动笔写作时,各地纷繁复杂、千头万绪的习俗细节一时让人难以下笔。

如今,"丑媳妇"终于见"公婆"了。尽管拿出这样的成果,我内心非常忐忑,但我还是要非常感谢刘芝凤教授,是她使我对民俗的研究领域有了更深入的了解。刘芝凤教授率领总课题组(简称大组)田野调查队,走访了闽台地区 60 多个县、乡、镇的 300 多个社区和村庄、部落,采集了数千张相关资料图片,组织撰写了数百份调查报告,并分发到各专题组作资料使用,本课题摘用了大组分发的人生礼仪相关内容的调查报告成果。在此,非常感谢帮助我进行田野调查和资料整理的众多老师和学生,特别是文化产业管理专业 2009 级的王煌彬、陈伟宏和 2010 级的刘少郎同学,以及众多无私地为我们提供支持的受调查者,是他们的不辞辛劳为本课题的研究奠定了扎实的资料基础。

黄金洪

2013 年 8 月 20 日

图书在版编目(CIP)数据

闽台传统人生礼仪习俗文化遗产资源调查/黄金洪著. —厦门:厦门大学出版社,2014.5

(闽台历史民俗文化遗产资源调查)

ISBN 978-7-5615-4970-4

Ⅰ.①闽… Ⅱ.①黄… Ⅲ.①礼仪-文化遗产-资源调查-福建省②礼仪-文化遗产-资源调查-台湾省 Ⅳ.①K892.26

中国版本图书馆 CIP 数据核字(2014)第 038408 号

厦门大学出版社出版发行

(地址:厦门市软件园二期望海路 39 号 邮编:361008)

http://www.xmupress.com

xmup @ xmupress.com

厦门集大印刷厂印刷

2014 年 5 月第 1 版 2014 年 5 月第 1 次印刷

开本:720×1000 1/16 印张:19.75 插页:4

字数:350 千字 印数:1~ 4 000 册

定价:52.00 元

本书如有印装质量问题请直接寄承印厂调换